沙逊家族

一个犹太商业帝国兴衰史

〔英〕约瑟夫·沙逊 著

魏微 译

浙江人民出版社

图书在版编目（CIP）数据

沙逊家族：一个犹太商业帝国兴衰史 ／（英）约瑟
夫·沙逊（Joseph Sassoon）著；魏微译. — 杭州：
浙江人民出版社，2023.7
ISBN 978-7-213-11071-9

Ⅰ.①沙… Ⅱ.①约… ②魏… Ⅲ.①沙逊—家族—
商业经营—经验 Ⅳ.①F715

中国国家版本馆CIP数据核字（2023）第092304号

浙江省版权局
著作权合同登记章
图字：11-2023-018号

沙逊家族：一个犹太商业帝国兴衰史

SHAXUN JIAZU: YI GE YOUTAI SHANGYE DIGUO XINGSHUAISHI

［英］约瑟夫·沙逊 著 魏 微 译

出版发行：浙江人民出版社（杭州市体育场路 347 号 邮编：310006）

市场部电话：（0571）85061682 85176516

责任编辑：方 程

特约编辑：涂继文 瑰 夏

营销编辑：陈雯怡 张紫懿 陈芊如

责任校对：王欢燕

责任印务：幸天骄

封面设计：李 一

电脑制版：北京之江文化传媒有限公司

印 刷：杭州广育多莉印刷有限公司

开 本：710 毫米 × 1000 毫米 1/16　　　　印 张：22.75

字 数：325 千字　　　　　　　　　　　插 页：12

版 次：2023 年 7 月第 1 版　　　　　　　印 次：2023 年 7 月第 1 次印刷

书 号：ISBN 978-7-213-11071-9

定 价：128.00 元

如发现印装质量问题，影响阅读，请与市场部联系调换。

◀大卫·沙逊，拍摄于1850年（经允许复印自沙逊家族相册，阿什利庄园）

▲法哈·沙逊，拍摄日期不明（经允许复印自沙逊家族相册，阿什利庄园）

从新加坡起航运输鸦片的飞剪船"红海盗号"（Red Rover）。油画，新加坡英华自主中学，19世纪（图源：英国邦瀚斯拍卖行）

沙逊船坞大门，孟买（图源：《肯尼斯与乔伊斯·罗宾斯藏品集》）

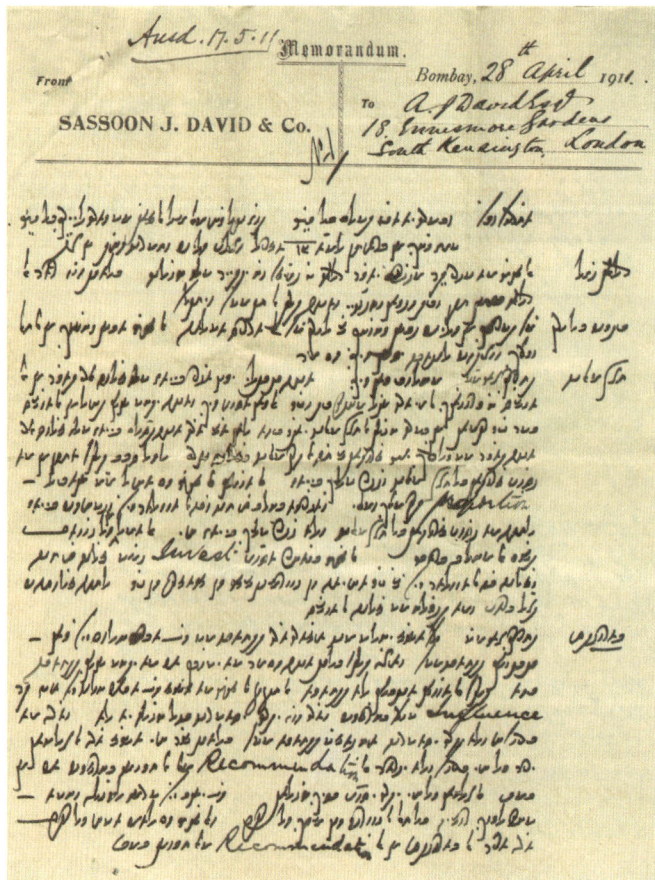

沙逊·J.大卫公司签发的备忘录，孟买，1911年4月28日（图源：《肯尼斯与乔伊斯·罗宾斯藏品集》）

无忧宫，拜库拉（图源：埃德温娜·沙逊友情提供）

沙逊家族族徽，马希纳医院，孟买
（图源：Arun Bhargava / Dreamstime版权
所有）

大卫之盾犹太教会堂，孟买（图源：
Dinodia图片社/Alamy图库）

大卫·沙逊陵墓，浦那

（图源：Boaz Rottem / Alamy图库）

大卫会堂，浦那

（图源：ePhotocorp / Alamy图库）

大卫会堂内部，浦那（图源：Boaz Rottem / Stockimo /Alamy图库）

阿尔伯特·沙逊，Spy（莱斯利·沃德）于《名利场》发表的漫画作品，1879年（图源：Chronicle / Alamy图库）

伊莱亚斯·沙逊，拍摄日期不明（图源：阿诺德·赖特，《对20世纪香港、上海以及中国其他通商口岸的印象录》，1908年）

▲大卫·沙逊雕像，1865年，托马斯·沃尔纳作品，位于大卫沙逊图书馆，孟买（图源：海伦·杰克逊）

▶鲁本·沙逊，Spy（莱斯利·沃德）于《名利场》发表的漫画作品，1890年（图源：Artokoloro / Alamy图库）

鲁本与凯瑟琳的婚书，1853年（图源：《肯尼斯与乔伊斯·罗宾斯藏品集》）

爱德华·沙逊，Spy（莱斯利·沃德）
于《名利场》发表的漫画作品，1900年（图
源：Peter Jackson / Bridgeman Images图库）

约翰·辛格·萨金特，《沙逊女士肖
像》。油画，1907年。私人藏品（图源：
Bridgeman Images图库）

沙逊洋行在卡拉奇的代理商寄给伦敦总部的信件信封，1903年（图源：《肯尼斯与
乔伊斯·罗宾斯藏品集》）

新沙逊洋行代理商标签，曼彻斯特
（图源：《肯尼斯与乔伊斯·罗宾斯藏
品集》）

婚礼上的法哈与苏莱曼，孟买，1876年
（图源：美国国会图书馆）

（左）黎明棉纺厂代理商标签（图源：《肯尼斯与乔伊斯·罗宾斯藏品集》）

（中）蕾切尔沙逊棉纺厂代理商标签（图源：《肯尼斯与乔伊斯·罗宾斯藏品集》）

（右）新沙逊洋行代理商标签，曼彻斯特（图源：《肯尼斯与乔伊斯·罗宾斯藏品集》）

身着宫廷礼服的弗洛拉·沙逊，
1907年（图源：斯坦利·杰克逊，《沙逊
家族》，海尼曼出版社，1968年）

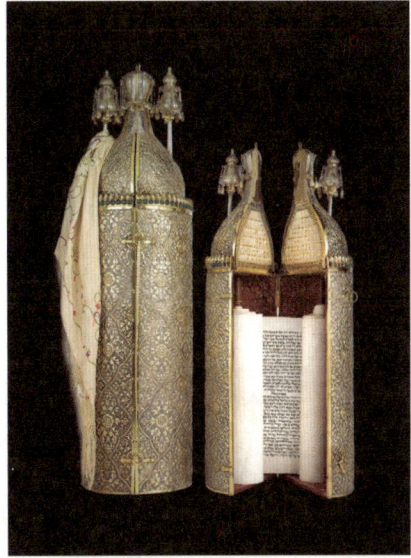

镀银妥拉经文和哈夫塔拉经文，
1893年，弗洛拉·沙逊私人物品（图
源：苏富比拍卖行友情提供，苏富比股
份有限公司版权所有，2020年）

银质和珐琅妥拉盾牌，1872年，鲁本·沙逊于1887年之前购买（图源：苏富比拍
卖行友情提供，苏富比股份有限公司版权所有，2020年）

西格弗里德·沙逊与父亲阿尔弗雷德以及兄弟迈克尔和哈莫，1887年（经允许复印自沙逊家族相册，阿什利庄园）

菲利普·沙逊，拍摄于1915—1920年
（图源：美国国会图书馆）

西格弗里德·沙逊，1915年
（图源：AF Fotografie / Alamy图库）

约翰·辛格·萨金特，《菲利普·沙逊肖像》，1923年（图源：Tate版权所有，伦敦）

温斯顿·S.丘吉尔，林姆尼港宅邸餐厅，1921年（图源：TopFoto，Churchill Heritage有限公司版权所有）

菲利普·沙逊在英国国家美术馆向国王和王后鞠躬行礼，伦敦，1934年（图源：英国国家美术馆版权所有，伦敦）

维克多·沙逊，上海港战舰照片，1937年（图源：沙逊家族文件与照片，德高勒图书馆，南卫理公会大学，得克萨斯州达拉斯）

▲维克多与玛丽琳·迪特里希以及其他女性宾客在好莱坞宴会上，1940年（图源：沙逊家族文件与照片，德高勒图书馆，南卫理公会大学）

▶维克多与查理·卓别林，好莱坞，1940年（图源：沙逊家族文件与照片，德高勒图书馆，南卫理公会大学）

上海外滩（图源：Siwabud Veerapaisarn / Dreamstime图库）

大卫沙逊图书馆，孟买（图源：Shutterstock图库）

（左）印有大卫·沙逊的邮票，印度，1998年（图源：作者收藏）

（中）印有西格弗里德·沙逊的邮票，圣赫勒拿岛，2008年（图源：乔安娜·沙逊友情提供）

（右）印有维克多·沙逊的邮票，巴哈马，2011年（图源：乔安娜·沙逊友情提供）

作者其他作品

《伊拉克经济政策：1932—1950年》（1987年）

《伊拉克难民：中东新危机》（2009年）

《萨达姆·侯赛因与复兴党：威权体制之下》（2012年）

《阿拉伯共和国威权主义剖析》（2016年）

献给阿雅

目 录
contents

有关人物名称与货币的说明

名　称

本书中的城市与国家均采用旧称，比如孟买使用英语旧称"Bombay"，而非现行名称"Mumbai"，斯里兰卡使用旧称锡兰等。此外，中国有些地名也沿用沙逊家族在其书信往来中所用名称。

值得一提的是沙逊家族的成员称呼，他们大多给自己起了英文名，比如阿卜杜拉改名阿尔伯特，法哈改名弗洛拉。不过在这些家族成员正式宣布改名之前，均使用他们的阿拉伯文旧称，因此阿卜杜拉在移居伦敦之前仍称阿卜杜拉，之后才改成英文名阿尔伯特。

有的家族成员用"小"（ha-tsa-'ir）来区别在世的长辈，比如沙逊·大卫·沙逊有时会在信函末尾署名"小沙逊"，以免跟在世的父亲混淆。

货　币

19世纪以来，英镑与美元明显经历了数次重大变革。比起150年前，通货膨胀导致这两种货币大幅贬值。网站Measuring Wor88th可以计算货币价值（网址为http://www.measuringworth.com/），不过货币价值的计算方式多种多样，所以该网站的计算结果可能不大准确。

  沙逊家族的大部分生意都在印度，所以印度货币卢比在本书中经常提及。有关1850—1910年期间卢比与英镑和美元的换算，请参考本书附录。

致　谢

2012年，约瑟夫·（乔伊）·沙逊从苏格兰给我写了一封信，一切缘起于此。约瑟夫和他的孩子——塔尼亚和皮特对本书提供了诸多帮助，对此我深表感激。过去九年，还有很多人、很多机构拨冗相助。本书若未能一一提及，我希望在此表示深深的歉意。

为了写成本书，我走访了好几个国家，好几座城市，不过跟沙逊家族19世纪初的奔波逃命不同，我出门是为了做研究，走访档案馆，伏案查资料。我从伦敦出发，前往耶路撒冷、孟买、浦那、上海以及其他几座城市。这本书大量援引耶路撒冷国家图书馆大卫沙逊档案室的史料，这些史料多数采用巴格达犹太方言写成，这种对沙逊家族史料未经删节的引用，我认为尚属首次。在写作研究与史料考证的过程中，我有幸获得各方鼎力支持，尤其是耶路撒冷国家图书馆及工作人员蕾切尔·米斯拉提，在此特别感谢。还有多家档案馆和档案管理员为本书的写作提供了宝贵帮助：美国达拉斯南卫理公会大学埃利斯·维克多·沙逊爵士文件与照片档案馆及档案管理员安妮·皮特森；伦敦罗斯柴尔德档案馆及档案管理员梅拉尼·阿斯佩；《肯尼斯与乔伊斯·罗宾斯藏品集》及其所有人肯拨冗相助，与我分享了很多详细知识。此外，多家档案馆与图书馆也在本人写作过程给予了巨大帮助：巴比伦犹太人遗产中心档案馆（特拉维夫）、布莱顿霍夫档案馆、大英图书馆（伦敦）、英国国家档案馆（伦敦）、中华协会文件档案馆（伦敦大学亚非研究学院）、英格兰教会档案馆（伦敦）、印度国家档案馆（德里）、嘉道理档案馆（香港）、大都会档案馆（伦敦）、奥斯曼帝国档案馆

（伊斯坦布尔）、上海市档案馆，我对这些机构表示诚挚感谢。

在撰写此书的漫漫岁月中，我得到了多位优秀助手的鼎力协助。我很幸运，能遇到多伦·戈德斯坦。他是如此博学多识，帮助我解读每封书信、每篇文章，破译大卫沙逊档案馆保存的数千份手写文件及其一些行话与术语。戈德斯坦能说流利的希伯来语，对阿拉伯语及各种方言以及波斯语和土耳其语也有一定了解，这种语言能力非常宝贵。贝南·格拉姆斯和法提赫·Çalısır帮忙解读了奥斯曼帝国档案馆的一些资料以及部分土耳其语手稿。王亚琼（音译）帮助解读了上海市档案馆的一些资料。华盛顿特区的丽贝卡·墨菲和我一起收集了大量数据，并从报纸上查找资料来源。凯莉·斯特克也帮了大忙，她是一位优秀的研究员，组织能力很出色，对资料的见解也很深入，令我叹服。如果没有凯莉帮助，我很可能无法掌控为本书所收集的海量信息。她还帮我绘制了沙逊族谱以及孟买和上海的地图，协助完成了本书插图的初步搜索工作。劳伦·斯特里克则为众多文件以及其他类型的材料编制了索引，让我在写作过程中查找起来更加方便。辛妮·罗德帮我处理了后期编辑工作。

我跟有些城市的当地人成为朋友，获得了他们提供的信息。孟买的西敏·帕特尔对当地了如指掌，给我讲解了某些地点的相关知识，还将我引荐给了知道沙逊家族的人。浦那的卡扬·卡亚拉为我提供了沙逊家族在孟买的房产详情。赛勒斯·帕塔尔和内维尔·帕特尔协助我在默哈伯莱什沃尔开展研究，在他们的盛情款待下，我有幸在美丽的格林诺戈度过了三个晚上（沙逊家族当时建的山中度假别墅）。这是一处神奇的地方——书中一些主要人物曾经一年好几个月都在此处度假避暑，能住在先辈住过的地方，是一种不可思议的经历。在新德里期间，我住在马克斯·罗登贝克及妻子卡里玛·哈利勒的家中，并承蒙他们盛情款待。我第一次去默哈伯莱什沃尔，马克斯还陪同我前往。我的侄子奥默之前住在中国，我在上海期间，他陪我参观了曾经属于沙逊家族的建筑——如今的费尔蒙和平饭店（20世纪30年代归沙逊家族所有）。工作人员非常热情，甚至为我提供了饭店图纸，还有介绍饭店历史的书籍。到访达拉斯期间，我有幸与艾弗琳·考克斯（维克多妻子巴恩西的侄女）一起用餐。她告诉我，她们一家曾与维克多·沙逊在达拉斯、英国和巴哈马度过一段时光，这段时光对她们家的意义非同一般。

弗吉尼亚·迈尔斯负责本书最初阶段的编辑，后期编辑则由企鹅兰登出版社负责。沙逊"大家族"的一些成员为我提供了海量照片和信件，还有一份全面的族谱，他们是西比尔·沙逊、休·沙逊、乔安娜·沙逊（珀斯）和埃德温娜·沙逊（伦敦）。我还与詹姆斯·沙逊（伦敦）就本书有过多次讨论，他为我提供了诸多有用的建议，给我讲述了沙逊家族的很多往事。

很多朋友和同事鼎力支持了本书的写作，提出见解，并阅读了部分手稿，我在此致以诚挚的谢意：约翰·麦克尼尔、查尔斯·金、威廉·克拉伦斯·史密斯、戴安娜·吉姆、斯蒂芬·艾希、保罗·弗伦奇、哈罗德·詹姆斯、南希·伯格、凯文·奥洛克、兹维·本多尔、艾玛·罗思柴尔德。尤金·罗根、理查德·奥文登和迪娜·库利一如既往地热情相助，提出非凡见解，并给予我莫大鼓励，就像他们对我此前几本书的支持一样。约翰·梅金森提出了宝贵意见，并建议将书稿交由企鹅兰登出版社，这本书因此得以跟大家见面。在之前几本书的著书过程中，每个研究与写作阶段，无论是行文流畅之时，还是沮丧失落之时，我都会与孩提时代的好朋友特里·沙美讨论手稿，这次也不例外。埃文·奥斯诺斯非常了解中国，还把我介绍给曾经或如今在上海生活的人，对本书的写作给予了极大支持。与罗伯特·沃思在一起的时候，我涌现出很多写作灵感。对这些朋友和同事，我表示万分感谢。

多家机构曾邀请我讨论本书内容或相关情况，我在此表示最诚挚的谢意。参与本书研究的学者与读者留下了很多评论，也提出了很多问题，让我受益匪浅：

普林斯顿大学家族史叙述研讨会、哈佛商学院、牛津大学现代犹太史研讨会犹太乡间住宅研习所（由阿比盖尔·格林教授主持）；北京大学中东研讨会，布兰迪斯大学，伦敦犹太教博物馆，伦敦犹太人纪念馆；还有我任职的乔治敦大学，这所大学的历史系非常出色，过去四年我开了两次讲座，各位优秀同事全程阅读并点评了书稿内容。还有当代阿拉伯研究中心，过去十多年来，已成为我最亲密的家园，在此衷心感谢该研究中心和乔治敦大学的所有朋友和同事。我还有幸成为宾夕法尼亚大学卡茨犹太研究中心的研究员，得以与该中心的同事交流想法，听取他们对本书的意见，并结下珍贵友谊。

我衷心感谢企鹅兰登出版社的诸位朋友，特别是斯图尔特·普罗菲特，他对本书的写作提供了鼎力支持，鼓励我从不同角度思考，在与企鹅兰登出版社签署协议前，为我提供了诸多建议。还有本·辛约尔，从落笔之初就一直陪伴我，全程参与本书的编辑与讨论。爱丽丝·斯金纳在本书最后阶段给予了极大帮助。我的经纪人弗莉西蒂·布赖恩是一位令人叹服和敬佩的女性，她在患病期间甚至生前最后几个星期，还在为本书的写作提供宝贵建议。我何其有幸，她的同事凯瑟琳·克拉克后来接手本书，并且一开始就表现出对本书的坚定支持。塞西莉亚·麦凯负责整理本书所有插图，这项工作非常繁杂。我的排版编辑马克·汉德斯利对正文与引用资料进行了出色的排版。

我的家人一如既往地全面支持我：我95岁高龄的母亲依然关心我的写作事业；我的女儿蕾切尔阅读了本书部分章节，并提出意见；我的女婿丹尼尔也阅读了部分手稿，分享了一些有趣的想法。但给予我最大支持并且陪伴我写完前面三本书的是我的伴侣：海伦·杰克逊，在过去这些年的研究和写作岁月中，她真正地陪在我身边，与我一同前往印度旅行，在伦敦和耶路撒冷做研究期间，给予我宝贵帮助。很难想象，如果没有她，我将如何完成这项巨大的工作。

在撰写本书的最后三年，一个新的人儿进入我的生命：那就是我的外孙女阿雅，我要将本书献给她。阿雅的笑声与笑容融化了我的心，让我忘记著书之苦，忘记新冠肺炎疫情带来的诸多困难与波折。我称她为我的"菲德瓦"（fidwa），这是巴格达方言中的一个爱称，代表自己深爱甚至愿意为之付出生命的人。感谢你，菲德瓦，感谢你给我生命带来的所有快乐和喜悦。

插图列表

本书已尽量联系每幅插图的版权所有人。如有错误或疏漏，本书的出版社将非常乐意在后续印次予以修订或更正。

彩色插图

1. 大卫·沙逊，拍摄于1850年。（经允许复印自沙逊家族相册，阿什利庄园）
2. 法哈·沙逊，拍摄日期不明。（经允许复印自沙逊家族相册，阿什利庄园）
3. 从新加坡起航运输鸦片的飞剪船"红海盗号"（*Red Rover*）。油画，新加坡英华自主中学，19世纪。（图源：英国邦瀚斯拍卖行）
4. 沙逊船坞大门，孟买。（图源：《肯尼斯与乔伊斯·罗宾斯藏品集》）
5. 沙逊·J.大卫公司签发的备忘录，孟买，1911年4月28日。（图源：《肯尼斯与乔伊斯·罗宾斯藏品集》）
6. 无忧宫，拜库拉。（图源：埃德温娜·沙逊友情提供）
7. 沙逊家族族徽，马希纳医院，孟买。（图源：Arun Bhargava / Dreamstime版权所有）
8. 大卫之盾犹太教会堂，孟买。（图源：Dinodia图片社/Alamy图库）
9. 大卫·沙逊陵墓，浦那。（图源：Boaz Rottem / Alamy图库）
10. 大卫会堂，浦那。（图源：ePhotocorp / Alamy图库）
11. 大卫会堂内部，浦那。（图源：Boaz Rottem / Stockimo / Alamy图库）

12. 大卫·沙逊雕像，1865年，托马斯·沃尔纳作品，位于大卫沙逊图书馆，孟买。（图源：海伦·杰克逊）

13. 阿尔伯特·沙逊，Spy（莱斯利·沃德）于《名利场》发表的漫画作品，1879年。（图源：Chronicle / Alamy图库）

14. 伊莱亚斯·沙逊，拍摄日期不明。（图源：阿诺德·赖特，《对20世纪香港、上海以及中国其他通商口岸的印象录》，1908年）

15. 鲁本·沙逊，Spy（莱斯利·沃德）于《名利场》发表的漫画作品，1890年。（图源：Artokoloro / Alamy图库）

16. 鲁本与凯瑟琳的婚书，1853年。（图源：《肯尼斯与乔伊斯·罗宾斯藏品集》）

17. 爱德华·沙逊，Spy（莱斯利·沃德）于《名利场》发表的漫画作品，1900年。（图源：Peter Jackson / Bridgeman Images图库）

18. 约翰·辛格·萨金特，《沙逊女士肖像》。油画，1907年。私人藏品。（图源：Bridgeman Images图库）

19. 沙逊洋行在卡拉奇的代理商寄给伦敦总部的信件信封，1903年。（图源：《肯尼斯与乔伊斯·罗宾斯藏品集》）

20. 婚礼上的法哈与苏莱曼，孟买，1876年。（图源：美国国会图书馆）

21. 新沙逊洋行代理商标签，曼彻斯特。（图源：《肯尼斯与乔伊斯·罗宾斯藏品集》）

22. 黎明棉纺厂代理商标签。（图源：《肯尼斯与乔伊斯·罗宾斯藏品集》）

23. 蕾切尔沙逊棉纺厂代理商标签。（图源：《肯尼斯与乔伊斯·罗宾斯藏品集》）

24. 新沙逊洋行代理商标签，曼彻斯特。（图源：《肯尼斯与乔伊斯·罗宾斯藏品集》）

25. 身着宫廷礼服的弗洛拉·沙逊，1907年。（图源：斯坦利·杰克逊，《沙逊家族》，海尼曼出版社，1968年）

26. 镀银妥拉经文和哈夫塔拉经文，1893年，弗洛拉·沙逊私人物品。（图源：苏富比拍卖行友情提供。苏富比股份有限公司版权所有，2020年）

27. 银质和珐琅妥拉盾牌，1872年，鲁本·沙逊于1887年之前购买。（图源：苏富比拍卖行友情提供。苏富比股份有限公司版权所有，2020年）

28. 西格弗里德·沙逊与父亲阿尔弗雷德以及兄弟迈克尔和哈莫，1887

年。（经允许复印自沙逊家族相册，阿什利庄园）

内页插图

英国巴斯皇家文学与科学研究所）

沙逊家族图谱
（主要人物）

抄迪·本·萨利赫·沙逊族长 1750—1830 ＝ 亚曼·加贝 1821年去世

约瑟夫　木杰明　拉里尔　法哈

鲁本

大卫·沙逊 1793—1864
（第一任妻子）汉娜 1826年去世
（第二任妻子）法哈·哈依姆 1812—1887

阿卜杜拉（阿尔伯特）第一代从男爵 1818—1896 ＝ 汉娜·摩西 1826—1895

马扎尔·托佛 1816—1844 ＝ 以斯拉·赛拉斯·沙逊

雅各布·佛克多·艾弗琳·巴恩斯 1881—1961
埃各布·佛克多·艾弗琳·巴恩斯 1881—1961

雷切尔·西蒙·艾萨克 1911年去世

希西斯 1847年去世

伊莱亚斯 1820—1880 ＝ 利奥·摩西 加贝 1878年去世

亚曼·摩西 1823—1885 ＝ 梅薇·摩西 1820—1881

雷切尔 第一代从男爵 1843—1916

伊莱亚斯 1885—1886

约瑟夫 1851—1868
约瑟夫 1843—1884
雷切尔 1842—1913

以斯拉绍·J.亚伯拉罕 1824—1896

阿哈隆·摩西 加贝 1832—1894

爱德华 第一代从男爵 1853—1924

莱昂丁·利维 1955年去世

大卫 1866—1938

汉娜＝沙逊·佛各布 1857—1921

莉迪娅 1883年出生

古斯塔夫·塞思科莫 ＝ 伊莎贝尔 1885年出生

赫克托 1889—1923

阿娜·汉弥来斯 提文

吉娜达（吉娜）波利亚科维 1860年出生 ＝ 鲁本·加贝

雷金纳德·埃弗德·沙逊 1893—1933

大卫·加贝 1865—1928

面阳卡·哈依姆 ＝ 约瑟夫 1843—1884

莫泽尔·加贝 1872—1964 ＝ 梅耶·伊莱亚斯 1855—1924

菲利普 第三代从男爵 1888—1939

西比尔 1894—1989

莫泽尔 艾琳·德·罗斯柴尔德 1856—1912 1853年出生

乔治·乔斯维利 第五代 乔斯德利侯爵 1883—1968

德里克·巴林顿 事实杰拉德 1892—1967

增奥利特·利娅 1894—1970

法达米·哈依姆（弗雷德里克） 1853—1917 ＝ 珍妮特·拉斐尔 1859—1919

苏莱曼 1841—1894 ＝ 法哈（弗洛拉） 1856—1936

阿哈隆 1841—1907

亚伯拉罕·余拉姆（阿思） 1840—1912

鲁本 1835—1905 ＝ 凯特·以西结 1906年去世

路易丝·朱迪思 1877—1964

加贝·丽贝 1847—1918 ＝ 令妮娜·以西结 1845—1912

莫泽尔 1884—1921

查尔斯·卡文迪什·博伊尔爵士 1849—1916

大卫·以斯拉拉爵士 1871—1947

雷切尔 1877—1952

尤金妮·路易丝·阚鲁贾 1854—1943

弗雷德里克·梅耶 1862—1889

阿尔·弗雷德·以斯拉拉 1858—1927 ＝ 雷切尔 1855—1903

弗雷德里克 以斯拉 1861—1895

特雷莎·罗夫特 1853—1947

大卫 1880—1942 ＝ 塞利娜·普林斯 1883—1967

迈尔 1884—1963

西格弗雷德 1886—1967

哈奥 1887—1915

约瑟夫 1855—1918 ＝ 路易丝·德·金戈堡 1862—1921

赫斯特·加答 1906—1973

拉比所罗门 1915—1985 ＝ 变福丝·本杰明

弗洛拉 1914—2000 ＝ 阿令

前　言

　　整个故事要从一封来信说起。2012年初的一天，我在牛津大学万灵学院（All Souls College）参加联谊午餐，回到办公室时发现桌上放着一封手写信，是学院门卫帮我放好的。信封背面有回信地址，来自苏格兰柯库布里镇。我从没听说过这个镇，觉得这封信应该是跟我开玩笑，要不就是寄错了地方。后来我打开信，发现写信人也叫约瑟夫·沙逊（Joseph Sassoon）。跟我同名同姓的这个人读了我在法国《世界报》外交栏目关于威权独裁政体的一篇文章，觉得内容很有意思，不过让他提笔写信的不是文章内容，而是我的姓氏。他说自己是沙逊·本·萨利赫·沙逊（Sassoon ben Saleh Sassoon）族长的后代，认为我跟他是同宗，希望我能回个信。

　　我以前对沙逊家族的历史一直不是很感兴趣。我在巴格达长大，小时候每次父亲想把祖上的显赫事迹说给我听，我都不想理睬，甚至还捂住耳朵，故意惹恼他。后来着手写这本书期间，有很多次想再听他讲祖上的故事，想再问他几个关于沙逊家族的问题，哪怕几分钟都好，可惜已经晚了，我的这份愿望，迟到了20年。那封信我一直放在桌上没回复，后来同事海伦听说这事，责怪我无礼，让我给对方写封回信。我照办了，还跟那位约瑟夫·沙逊提议，两人电话聊一聊。不过让人哭笑不得的是，两天后门卫得意地告诉我，他拦下一通电话，是一个自称"约瑟夫·沙逊"的人打来的恶作剧。后来，我终于跟苏格兰的约瑟夫通上电话，他跟我谈起他的父亲，也就是诗人西格弗里德·沙逊（Siegfried Sassoon）的亲堂兄弟，还有他的祖父——俄罗斯望族金兹堡家族的女婿。没有约瑟夫的鼓励，我怀疑自己根本没勇气提笔写这本书。

本书主题跟我上一本书毫不沾边，那本讲的是萨达姆·侯赛因复兴社会党的往事，与之前那本关于阿拉伯共和国威权政体的书也几无关联，正是因为那本书，我受邀成为牛津大学的客座研究员。尽管如此，我写书的胃口还是被吊了起来。我前往丘园的英国国家档案馆，还有伦敦的英国国家图书馆，查阅沙逊家族的有关资料，我还去往苏格兰跟约瑟夫会面（别人一般叫他乔伊）。他和我谈起那些家族往事，给我翻阅祖传的珍贵图片，还跟我谈到西比尔·沙逊（Sybil Sassoon）。西比尔是沙逊家族出的另一个历史学家，修订了完整的沙逊家族图谱，最早可追溯到1830年。这张族谱对区别同名族人和本书下述人物非常有帮助（沙逊家族用到的名字很少，一般都是几代人共用名字，让研究人员十分头疼），英帝国时代他们在各大洲之间往来迁移，为了入乡随俗，会改掉原来的名字。

我不知道最初的这几趟短途旅行会引导我走向何处。跟西比尔不一样的是，我出生年代太晚，没跟这本书中的任何祖先打过照面，即使是沙逊家族在20世纪中期一些有头有脸的先辈。虽然如约瑟夫所愿，我也是沙逊族长的后代，但我们的血缘关系只能上溯到这位祖先。1830年，沙逊族长害怕当局迫害，跟长子一起逃离巴格达，而其他孩子都留在故土。有些后来也离开了伊拉克，但我的祖辈一直没离开过家乡，直到被迫逃命，原因跟当时沙逊族长逃离巴格达大同小异。1967年6月，"六日战争"开打，犹太人在伊拉克的生活越发艰难；一年之后，复兴社会党的崛起让情况更加恶化，1969年甚至开始公开绞死犹太人。几年后，我们成功逃出伊拉克，当时带在身上的只有一个小包袱，别无他物。这一走，身后家园的大门从此关上，家人世世代代生活几百年的这片土地也成为过往。可以说，这本书打算写的并非家族史，而是沙逊商业帝国与历史进程的交织。我与这个商业帝国虽有一星半点血缘关系，却从来不是其中一分子。

对我这样的历史学家而言，"与沙逊家族沾亲带故"就像一杆天平，真正让我感到平衡的，是写书过程发现了一批尘封的资料，有时资料读着读着就变成了研究；于是我前往耶路撒冷的国家图书馆，那里保存了沙逊家族的大部分资料，包括1855年到1949年间的数千份文件，从私人书信到公司账簿，再到晚宴菜品，事无巨细，每一张跟这个家族相关的纸片都得以保留。家族成员的书信格式基本类似，信的开头和结尾都很正式，中间穿插着各种各样的话题。要是哪桩生意栽了，哪单货物进价高了，信里头常常会苛责一番。这些商务信函大多采用巴格达犹太方言书写，免得外人读懂。家族成员平时用巴格达犹太方言交谈，但用希伯来字母来书写（有些人称之为犹太阿拉伯语，不过这个叫法相对较新）。结果就是除了少数专家学者，普通人根本无法解读书信内容，幸好我的阿拉伯语、希伯来语以及巴格达犹太语都很流利，读起来没有障碍。行文之际，我有时感觉体内交缠着历史学家、难民和巴格达犹太人的灵魂，每一个灵魂都抢着登上写作的舞台。我希望这几个角色最终能在内心合而为一，免得我在研究历史的时候主观用事，掺杂个人情感。

后来，我又在伦敦、德里、达拉斯、上海和伊斯坦布尔的档案馆做了一些研究，遇到好些乐于助人的档案学家和研究员；在他们的帮助下，发现了大量有价值的资料，有些是家族成员的亲笔手稿，有些是旁人或机构的报道记载。有些年份未见档案馆资料记载，我便从中国、印度、英国、美国以及巴哈马的报纸寻找线索，用地方议会和商会的官方文书填补空白。这些资料是越查越庞杂，毕竟沙逊家族历经三个王朝的统治，一是第二故乡大英帝国，二是英属印度帝国，三是晚清政府。其中，印度与中国也是他们做棉花和鸦片生意所向披靡的两处战场。不过，整个家族留给世人的远非昏暗储藏室文件箱里尘封的一沓沓资料。正如伟大的传记《权利之路：林登·约翰逊传》一书作者罗伯特·卡洛（Robert Caro）所言，历史学家要想有"临场感"[1]，就得实地旅行。于是我前往沙逊家族之前在孟买和浦那的住处，参观默哈伯莱什沃尔的避暑山庄，拜访他们在印度和中国修建的犹太教会堂、在上海的办公大楼、在英国的几处地产，甚至他们的陵墓。

沙逊家族的生意版图从地理分布上就能看个明白。他们几乎跟地球上每个宗教和宗派都打过交道，远跨重洋不单是为了做成一桩买卖，也是为了家族业务开辟新的疆土。无论在何处定居，他们都能驾轻就熟，但因为宗教信仰和移民身份，他们只是当地社会的一小撮少数民族。要论那个年代富可敌国并跻身上流社会的家族，沙逊一家并非一枝独秀。不过跟当时更著名的罗斯柴尔德家族和范德比尔特家族相比，沙逊家族连接的是东方与西方两个世界。沙逊家族的故事不仅仅是一个阿拉伯犹太家庭在印度定居，在中国经商，最后渴望跻身英国贵族阶层的故事，更是一幅时代变迁的全景图。他们生于斯，长于斯，繁荣于斯的世界，还有他们经历过的重大变革，从美国内战到鸦片战争，从苏伊士运河正式通航，到电报的发明和应用，再到纺织品生产的机械化，构成了一幅完整的历史画卷。在包罗万象的全球化背景下，他们依附的那个时代滚滚向前发展。当时的格局滋养了沙逊家族和其他商业帝国，也影响了他们往后的命运和走向，更勾勒出今天的世界。

那个年代跟如今各自为政的世界不同，沙逊家族在生意场上并不关心对手的种族和信仰，他们真正在乎的只有一点：对方是不是信得过？这么做并非想打破严格的犹太教规和传统，而是在那个写封信要三五个星期才能收到的年代，可靠与声誉才是成功生意人的金字招牌。后来电报问世，不过费用昂贵，生意人也担心电报内容被他人看到，所以依旧以书信往来为主。沙逊家族与世界各地的贸易商都有往来，从印度到中国，从波斯湾到奥斯曼帝国，从非洲到英国，业务可谓遍布全球。

沙逊家族的发展史，见证移民的影响可以触及全球各地。沙逊商业帝国的创始人及两代子孙依靠敏锐头脑和辛勤劳动，聚敛了巨大的财富，也为定居的城市和社区做出贡献。他们先后在三个城市落脚，最初是孟买，后来是上海，最后是伦敦。整个家族在这三个地方留下的历史建筑伫立至今，特别是孟买（整本书我均使用孟买的英语旧称Bombay，而非新名称Mumbai）。

我会从沙逊族长离开巴格达之前的奥斯曼帝国写起，沙逊族长跟儿子大卫·沙逊逃往孟买，在客乡白手起家，逐渐建立起沙逊商业帝国。家族在大卫心中有着举足轻重的分量，大卫也很幸运，因为整个沙逊家族，无论用哪种标准衡量，都算得上庞大。本书主要讲述继承大卫遗志的几位后代，他们如何将家族业务推向顶点，建立起真正的全球商业帝国，以至于亚洲、欧洲和中东的各大港口和城市都能看到沙逊家族往来贸易的身影。他们不单单做棉花和鸦片生意，还将茶叶、丝绸、香料和珍珠等大宗商品揽入业务范围，他们的人脉和探子遍布全球，令各地商人可望而不可即。整个家族先后有六位成员挑起大梁，先是大卫初到孟买，白手起家，打下一片江山；长子阿卜杜拉（后改名阿尔伯特），继承先父遗志，继续拓展商业帝国疆土；次子伊莱亚斯开拓了家族在中国的业务，后来成为兄长阿卜杜拉的竞争对手；阿卜杜拉的重心转向西方世界之后，弟弟苏莱曼接手亚洲事务；苏莱曼去世之后，妻子法哈（后改名弗洛拉）接管大任，我认为法哈也是19世纪首位掌管全球公司的女性；最后是维克多，撑起沙逊商业帝国的最后25年。其他一些家族成员在本书也有短暂登场露面，特别是战争诗人西格弗里德，政治家兼艺术收藏家菲利普，还有英国首位担任全国性报纸编辑的女性后代蕾切尔·比尔。

整个家族有一桩没那么讨喜的生意，那就是让沙逊商业帝国一路崛起的大宗买卖：鸦片。我试着凭借当时的历史背景来理解鸦片贸易，根据那个年代人们对鸦片的看法来叙述，尽量避免掺杂个人道德评价。本书的切入点在于沙逊家族如何占据印度与中国鸦片贸易的大半江山，为何到后来鸦片的毒害人尽皆知，沙逊一家却置若罔闻，他们又是如何动用对英国政府的政治影响力，拖延禁止鸦片贸易的法令出台。

本书讲述了沙逊商业帝国的崛起与衰落：为何家族一度顺风顺水，却最终难逃没落的命运？为何当时全球的经济与政治秩序让整个家族发展壮大，却又在第一次世界大战（以下简称"一战"）之后风云变幻，格局扭转？为何他们跻身英国贵族阶层的野心得以实现，偏又涣散了家族兢兢业业的奋斗精神，导致他们无法顺时局而为，顺潮流而动？以致在第二次世界大战（以下简称"二战"）之后沙逊家族的几家公司纷纷凄凉收场。

大多数的家族传记一般都会勾勒几代人先是如何聚敛巨额财富，后来又如何挥霍一空的经历。其中，最有名的要数托马斯·曼（Thomas Mann）首部小说《布登勃洛克一家》（*Buddenbrooks*）。作者在书中用近乎纪实的准确度，还原了19世纪中期德国粮商、中产阶级家庭布登勃洛克一家四代人的兴衰史[2]。不过，沙逊家族不像布登勃洛克家族那样与汉萨同盟有根深蒂固的联系。沙逊一家是移民，不得不找个异国他乡落脚，共同进退。他们最终选择英国作为最后归宿，本书开头的那个年代，英国是世界上最强大的国家，而本书结尾，昔日帝国早已辉煌不再。当时的沙逊一家既需要也希望世人把自己当成英国人看，他们当时对英国人身份的渴求超越其他任何荣华富贵。原本从巴格达逃亡他乡的一家后来竟平步青云，跻身英国上流社会，甚至跟王室结交，但正如托马斯·曼书中人物的决策失误一样，这种身份地位的"变形"也让整个家族从此走上逐渐衰落的不归路。

第1章
沙逊家族起源巴格达，1802—1830 年

沙逊·本·萨利赫·沙逊＝亚曼·加贝

```
        ┌──────────────┴──────────────┐
       鲁本                          大卫
```

　　1824年，一位名叫大卫·贝斯·希勒尔（David D'Beth Hillel）的拉比①离开祖国立陶宛，从此开启一段史无前例的旅程。他的足迹踏遍半个地球，走过巴勒斯坦、叙利亚、阿拉伯半岛、库尔德斯坦和波斯，最后在印度马德拉斯停下探索的脚步，并在当地登了一则广告，宣传自己笔下那本有关旅途见闻的书，"此书记载了作者所到之处的风土人情……通过五种语言记录了对旅行者极为有用的词汇，即希伯来语、阿拉伯语、波斯语、印度斯坦语和英语"。[1]希勒尔到任何地方，他都会试着描述当地的独特信仰与文化，找出这些国家犹太居民与古老传统的联系。他在巴格达停留了整整一年——这座重要城市坐落在富饶而辽阔的美索不达米亚平原，也被称为"两河流域的中间地带"（"两河"即底格里斯河与幼发拉底河）。希勒尔生动地描写了此地的生活：

---

　　① 　意为老师或者智者，是犹太人中的一个特别阶层。——译者注

现代巴格达是一座大型城镇。底格里斯河从中穿行而过，河面横跨一座大桥，桥下小船来来往往。镇上建筑均用砖块砌成……贵族阶层、希伯来人（犹太人古称）和基督教徒混居在（波斯）这片土地上。这里的街道和集市狭窄局促，给人印象十分简陋粗糙，不过贵族的房子内部装饰却非常精美。[2]

拉比希勒尔到访的这座城市为8世纪的阿拔斯王朝所建，已有千年历史。往后的五个世纪，巴格达蓬勃发展，成为伊斯兰教鼎盛时期的文化、商业与知识中心。这座城市"天赋、进取与学习"的盛名至今难有其他城市超越，就如19世纪另一名访客所述，"世界其他地区正在遭遇人类史上的黑暗时期，巴格达的哲学家却大放光彩，熠熠生辉"。[3]

1534年，奥斯曼帝国占领了美索不达米亚平原，将巴格达变成下属行省（wilaya）。随之而来的是波斯人与土耳其人连绵不断的冲突，某种程度上这也是奥斯曼帝国统治者与波斯萨法维王朝恩怨的延续。萨法维王朝无法接受逊尼派统治巴格达，这座城市因此衰落。[4]土耳其人带来的格鲁吉亚马穆鲁克骑兵成为当地统领。"马穆鲁克"（Mamluk）的意思是"被拥有者"，他们并非阿拉伯人，而是获得自由的奴隶兵，大多来自高加索地区，16世纪初土耳其人占领埃及、叙利亚和汉志省（Hejaz）后皈依伊斯兰教。事实证明这帮看管人很有能耐，到18世纪中叶，马穆鲁克渐渐掌握越来越多权力，成功篡取了原有政权。1747—1831年间，巴格达大多数统治者都是马穆鲁克出身，独立统治奥斯曼帝国，而巴格达行省从行政区划上来讲是帝国的组成部分。马穆鲁克执政期间，政府权力集中在帕夏（Pasha，即高级官员）手中。这一职位相当于地区总督，当朝政权是强是弱，从帕夏身上就能看出一二。最伟大的马穆鲁克统治者可能是大苏莱曼（Suleiman）帕夏，他于1780—1802年在位并执掌巴格达。大苏莱曼帕夏去世当年，巴格达再次陷入动荡与冲突。接下来三年，多位帕夏到任卸任，无一不是精于阴谋布局，暗杀反派，有时连继任者也不放过。加上食物短缺，这座城市越发民不聊生，很多地方掠夺哄抢都很猖獗。

公元前6世纪，巴比伦人占领犹地亚，犹太人被迫流亡到美索不达米亚平原，并在此地定居了约2500年。这个后来被称为巴比伦犹太人的群体拥有自己的语言，即巴格达犹太语，这是一种用希伯来字母书写的阿拉伯方言。巴格达省各城市都有蓬勃发展的犹太社区，当地的犹太人数量很可能超过了阿拉伯东部其他地区。[5]根据拉比希勒尔的著作，他访问巴格达时，当地约有6000户犹太人，五个大型犹太教会堂。后来一名旅行者估计，巴格达行省共50000户，犹太人占7000户，并指出他们在该省发挥着重要作用，"商业贸易甚至政府管理都落到了少数犹太人和亚美尼亚人手中"。[6]当地位高权重的商人和银行家一般都是犹太人、亚美尼亚人和波斯人。他们的重要性不仅仅体现在自己家园所在的（各个）行省，还体现在对奥斯曼帝国资本的控制。以西结·加贝（Ezekiel Gabbay）是巴格达很有影响力的银行家，他于1811年帮助苏丹摆平了一位特别棘手的帕夏，作为奖励，被君士坦丁堡朝廷任命为首席财务主管（sarraf bashi），成为苏丹马哈茂德二世最倚重的财务顾问之一。上任之后，以西结继续谋权谋利，做起有利可图的生意，在帝国上下兜售行政职位。传言称，有时候"多达五六十名帕夏聚集在这名位高权重的犹太人前厅"，恳求他帮上一把，好在朝廷谋个一官半职，或继续为朝廷效犬马之劳。[7]以西结在任期间诸多荣誉加身，其兄弟也被任命为巴格达的首席财务主管。[8]

　　兄弟二人均出身于经济条件优渥的犹太阶层，该阶层掌握着奥斯曼帝国各省长官的财源，还借钱给长官们用。拉比希勒尔对这群犹太人特别感兴趣：

> 这名帕夏的财务主管是一名统领（犹太社区）的以色列人，普通犹太人叫他"以色列之王"。他重权在握，随心所欲地对普通民众施以罚款或者鞭刑，不管自己所为是否合法。古时候，帕夏的财务主管必须是大卫王的后裔，并且采用世袭制。[9]

　　马穆鲁克统治期间，经商的大多都是犹太人，帕夏便从犹太社区挑选首席财务主管。担任该职务的人被称为"纳西"（希伯来语中指"王子"），是社区在当地和朝廷行政机关的代表。纳西应该与社区的宗教领袖首席拉比平级，其影响力还跨越了巴格达行省的范畴，扩散至波斯或也门的其他犹太社区。[10]这种世俗与精神并驾齐驱的双头制度一直持续到1864年，之后土耳其人便任命单独领袖来管理社区事务，也就是首席拉比（hakham bashi）。[11]特权在握也意味着责任在肩，比如首席财务主管要为慈善事业慷慨解囊，为宗教事务出钱出力，还要支持跟自己信奉同一宗教的人。一名到巴格达旅行的异教徒表示当时没见过犹太乞丐，"他们当中要是有人落难受穷，其他更富有的犹太人就会出手救济"。[12]无论是总督（wali）还是帕夏，他们与财务主管的关系都很密切，但这层关系飘忽不定，一旦恶化，财务主管就有可能被捕入狱，甚至有性命之忧。君士坦丁堡朝廷与地方行省之间的政治较量一直都在上演，两个权力中心都在无休止地盘算，怎样才能把权力的触须伸向对方，在朝廷或地方安插信得过的人。一方面，财务主管需要跟苏丹在君士坦丁堡的朝廷保持紧密联系；另一方面，财务主管跟朝廷又不能走得太近，免得总督或帕夏感觉受到威胁。正如拉比希勒尔所记载的，首席财务主管讲究的是身处两种权力之间的平衡与分寸，而且父传子，子传孙，已有百余年历史。不过到19世纪，这个官职越来越"靠与其他犹太人竞争上岗，于是有人出钱买官做，有些犹太人甚至不惜杀害对手或毁人名誉"。[13]长期以来，官员任命都受到现实政治主张的影响，不过18世纪之后官员的更迭确实更为频繁，政治动荡成为新恐怖手段的温床：就在拉比希勒尔到访巴格达的那一年，两名官员被谋害，凶手趁机上位。

1781年，苏丹准备任命沙逊·本·萨利赫·沙逊族长为法定（firman）首席财务主管，并兼任巴格达犹太社区首领。当时，大苏莱曼帕夏刚刚掌权不久，此前就有消息称巴格达当局有人想谋害沙逊族长。沙逊生于1750年，跟巴格达最显赫的某犹太家族联姻之后成名。他与妻子育有六儿一女，根据阿拉伯习俗，一般用长子名称来称呼其父母，因此沙逊族长也叫艾布鲁本（即鲁本爸爸，其妻子则叫温姆鲁本，即鲁本妈妈）。关于鲁本我们知之甚少，只知道他因病死于1802年，不过他的名字倒是代代相传，沙逊一脉因此也称为"鲁本一家"。沙逊族长次子大卫生于1793年，长兄早逝令他成为家业继承人，估计将来还会继承父亲的官职。大卫在父亲的庇护下长大，可以说是巴格达地位最显赫的人，"犹太社区的首领，那一代人眼中的王子"。[14]当地无人不知，沙逊族长跟帕夏走动密切，跟苏丹也有间接往来。有诗人赞美沙逊族长是"这世间最诚实公正的王子，为他的人民和社区任劳任怨"。[15]1808年，沙逊族长安排15岁的大卫迎娶14岁的汉娜。新娘来自巴格达行省南部巴士拉一户富饶的犹太家庭（这次结缡为沙逊族长添了长孙，即出生于1818年的阿卜杜拉，次孙伊莱亚斯，另外还添了两名孙女：马扎尔·托弗和亚曼）。当时，沙逊族长已经是巴格达历史上任期最长的首席财务主管之一，先是大苏莱曼帕夏掌权期间，时值18世纪最后20年，是"马穆鲁克王朝在巴格达的黄金年代"[16]；后来两位苏丹相继上任，沙逊族长仍稳坐首席财务主管一职。

　　到1816年底，沙逊族长已任职35年，就在此时，乌云开始团团笼罩。　　　5

　　1810年，奥斯曼帝国苏丹马哈茂德二世（1808—1839年在任）首次出军打算将马穆鲁克赶出巴格达。奥斯曼军队杀害了苏莱曼帕夏（大苏莱曼帕夏的儿子），但最后还是没有夺回对巴格达行省的统治权。巴格达随即陷入混乱，几名帕夏相继上台，宣称掌管巴格达，不过都是昙花一现，因为位子还没坐稳，就会被下一任赶下台。这种走马观花似的权力交接，意味着朝廷命官抵达巴格达之前，有的帕夏掌握了实权，有的帕夏却空有头衔[17]。萨义德（Sa'id）帕夏于1813—1816年执掌巴格达，但他的幕僚却是一位野心勃勃的马穆鲁克，名叫达乌德（Dawud）[18]。此人是格鲁吉亚第比利斯的奴隶，被人带到巴格达后，几经转手卖给他人，后改宗伊斯兰教，为大苏莱曼帕夏效力。奥斯曼帝国档案馆勾勒出达乌德的鲜明形象——他是天资聪颖的作家，也是骁勇善战的勇士，他慷慨、开明与公正，但同时也残忍、腐败与贪婪[19]。萨义德刚上任不久，达乌德便计划谋反，他找来一位名叫以斯拉·本·尼西姆·加贝（Ezra ben Nissim Gabbay）的巴格达犹太人当帮手，此人想伺机赶走沙逊族长，自己当首席财务主管。以斯拉本身也有一座强大靠山——自家兄弟以西结。以西结1811年被君士坦丁堡朝廷任命为首席财务主管，在整个奥斯曼帝国都是有权有势的人物。有报道称荷兰副领事曾与奥斯曼帝国某地总督发生纷争，请求以西结帮自己平息风波。[20]

1816年至1817年冬春之交，达乌德与萨义德发生几次小规模冲突，最终萨义德被擒获并处死。达乌德掌权后不久，一纸法令抵达巴格达，宣布沙逊族长任期结束，以斯拉·加贝成为新任首席财务主管。[21]同时一道诏书昭告天下，达乌德走马上任，这一唱一和，配合绝妙。殊不知，将诏书送抵巴格达的，正是苏丹首席财务主管犹太人以西结的儿子，以斯拉的侄子。[22]

当时，英国贸易商在巴格达颇具规模，东印度公司在20年前就已获准在巴格达驻扎。他们一开始对达乌德寄予厚望，但很快意识到以此人的性格，巴格达要想重现18世纪最后几十年的和平几无可能。一位英国特派政治代表用最憎恶的语言描述达乌德：

> 他是这世间最虚伪的人，行为残忍至极，发作起来常无来由。最庄重的誓言与承诺，在他身上不过轻如鸿毛。他最忠实的奴仆都绝无可能知晓他的真正喜好。越是让他笑脸相迎的人，往往也是他内心最憎恶的人。他掌权期间的巴格达，上演的是一幕又一幕贪欲、迫害与背叛。[23]

英国人不喜欢达乌德，还有别的原因。此人仿效穆罕默德·阿里（Muhammad 'Ali），打算削弱欧洲人（和波斯人）对巴格达的影响，但跟阿里明显不同的是，达乌德性格变幻莫测，反复无常。[24]就算是达乌德最亲密的同伙、首席财务主管以斯拉本人都不能幸免于难：1818年，达乌德帕夏打算贷款打理政务，以斯拉没有同意，结果达乌德"一时恼羞成怒"，下令将以斯拉"用铁链绑住，送往地牢，第二天又放了出来"，原因是奥斯曼帝国一名高级官员向达乌德说情。[25]

达乌德一旦巩固政权，拉拢民心，就露出真面目，宣布不再向君士坦丁堡的奥斯曼帝国苏丹纳税。一波未平，一波又起，这时巴格达与波斯又起摩擦。雪上加霜的是，经过一段时间的相对和平共处之后，巴格达跟库尔德部落之间的冲突也突然激化。虽然苏丹支持达乌德打波斯和库尔德，但达乌德哪边都没打赢。1819—1923 年，巴格达行省人口大规模下降，原因是"波斯人推行焦土政策"，导致饥荒，民众纷纷逃难。[26] 1823 年，达乌德宣布停战协议，但此举引起了君士坦丁堡朝廷的猜疑，奥斯曼帝国再次打算结束马穆鲁克的自治状态。

达乌德帕夏统领巴格达之后，沙逊族长在劫难逃。达乌德没有把沙逊当成盟友，还担心他跟君士坦丁堡朝廷的往来过于密切。从沙逊卸任到逃出巴格达的 13 年间发生的一切，对理解沙逊家族为何会逃离深爱的家园十分重要。达乌德与巴格达犹太社区的关系错综复杂。一方面，他靠犹太人在苏丹王室的影响才走马上任；另一方面，他很快又因欺压犹太人而名震四方。事实上，他所作所为都是因为贪财，变本加厉地敛财就是他的根本目的。[27]

迫于向君士坦丁堡朝廷送钱的压力，达乌德开始问犹太人借钱。然而，巴格达一些最富有的商人拒绝借钱，达乌德便将他们投入大牢，家里交钱才能赎人，违令者处死。[28] 这套法子背后其实另有他人出谋划策，一位是达乌德的老师，被犹太社区戏称为"告密者"；另一位是"犹太叛徒"，为一名舞者冲昏头脑之后改宗伊斯兰教，为达乌德提供情报，借此从犹太人手里榨取大量钱财。"三人组给巴格达犹太人带来巨大的灾难和不幸"，犹太人开始"逃往达乌德的魔爪无法触及的远方"。[29] 正是从这时起，巴格达的犹太社区开始分崩离析，很多犹太家庭开始穿过亚洲大陆，逃往阿勒颇、大马士革和亚历山大港，甚至一路远行到澳大利亚。

1826 年，导致犹太人逃离巴格达的紧张局面变得更加严峻。当年，苏丹称马穆鲁克是阻碍变革的反动力量，因此宣布废除他们的武装，此举导致达乌德搜刮更多钱财来供养军队，同时还要对君士坦丁堡朝廷表示恭顺。达乌德再次打起了身边最忠实拥趸的主意，八年前的故技重演，他再次将以斯拉投入大牢，希望从他们家搜刮更多钱财。但这一次，君士坦丁

7

堡朝廷没有派人来说情，因为即使有人说情，达乌德也是充耳不闻。以斯拉受不了牢狱之苦，很快丧命，他"为帕夏任劳任怨，却落得命丧牢狱的下场"。[30]

有关以斯拉被迫害的资料主要来自沙逊族长的另一名后代——大卫·所罗门·沙逊。他是一名档案学家兼历史学家，20世纪40年代写了第一部有关巴格达犹太人历史的可信著作。根据书中所述，19世纪20年代晚期，以斯拉被捕之后，达乌德还逮捕了大卫·沙逊，强迫他父亲，也就是沙逊族长交赎金。大卫当时命悬一线，但"奇迹般逃脱"，个中细节已无从考证。我们不清楚大卫是字面意义上的越狱，还是父亲花钱赎他出来，不过为了获得真正自由，也出于再次被捕的恐惧，大卫都打算立即离开巴格达。父子二人向少校R.泰勒（R.Taylor）征求意见，泰勒是英国驻巴格达特派政治代表，直接向英属印度汇报，手中握有波斯湾和印度次大陆的可靠情报。沙逊族长专门租了一艘船将大卫送到巴士拉，按照父亲建议，大卫在巴士拉没有停留太久，继续前往坐落在伊朗海湾东南800多千米的港口城市布什尔。此举相当明智，因为达乌德帕夏确实又出尔反尔，再次下令逮捕大卫，但大卫已经逃出他的"手掌心"。大约几个月之后，沙逊族长也前往布什尔跟大卫会合。[31]而沙逊族长已年到古稀，身体每况愈下，从那往后，大卫只能靠自己闯荡未来，养活四个孩子和第二任妻子——大卫的结发妻于1826年去世，之后他续弦再娶。这一家人当时除了逃亡，别无他法。所谓难民，一般都是大难临头别无选择才会离开故土，不过他们逃得正是时候。19世纪30年代的最后几年，巴格达行省遭遇变本加厉的暴政，当局几乎全方位诉诸暴力手段。[32]苏丹马哈茂德二世起先因为希腊闹独立分身乏术（希腊是首个脱离庞大的奥斯曼帝国并获得独立的国家），又跟俄国打了几仗，巴格达马穆鲁克这时候闹独立，便成了苏丹不得不拔的眼中钉。1829年，土耳其军队跟俄军交战惨败，苏丹派特使沙迪克·埃芬迪（Sadiq Effendi）前往巴格达解除达乌德职务，重新安排非马穆鲁克出身的新总督上任。

达乌德帕夏原本不知道自己被撤职，对特使热情相迎。知道真相之后，本想拖延时间去觐见苏丹，但遭到拒绝，[33]于是"干脆铤而走险，毫不犹豫且面不改色地杀害了苏丹的特使"。[34]这次暗杀经过精心策划，特使被杀当时，达乌德在会议厅外面等候，事成之后才进去验明沙迪克是否身亡。一开始达乌德想瞒天过海，假装特使只是患病，结果当天傍晚就走漏了风声。[35]特使遇刺的消息迅速传开，一想到苏丹将对这次大不敬恼羞成怒，第二天城里的食品价格立马上涨。巴格达被封锁，泰勒少校报告称，"除了偷偷摸摸行动，整座城市无人能光明正大进出，哪怕有钱都买不到任何蔬菜"。[36]

特使遇刺之后，苏丹准备出军将马穆鲁克永远赶出巴格达，结果这座城市偏又连遭不幸。1831年3月，巴格达暴发瘟疫，从犹太居民区蔓延到整座城市。达乌德防疫不力，根本没有安排检疫，有篷马车继续在疫区进进出出，将瘟疫传播到行省各地。整座城市的正常生活因此中断，食品严重短缺，街头尸体成堆，法律和社会秩序瘫痪。屋漏偏逢连夜雨，巴格达瘟疫当头又遇天灾：一场史无前例的滂沱大雨从天而降，底格里斯河发起了大洪水。[37]洪水决堤时，一位英国旅行者"就睡在房顶"，并生动描写道，"我被咆哮着冲过大厅的洪水惊醒……没有哭喊，没有骚乱，没有尖叫声，也没有哀号声……我就坐在墙头，眼看着洪水滚滚向前，席卷而去"。[38]一位当地人这样记载随后的灾难，"神降怒于这座城，所以才叫那洪水冲毁巴格达的每个角落，才叫瘟疫夺去我等臣民的性命，叫死亡笼罩大地。从来没人听说，巴格达史上遇此苦难"。[39]另一位当地人这样描述，"只有少数巴格达人在死亡、洪水和瘟疫当头逃了出去"。[40]据估计，当时逾15000人丧生，巴格达和周围灾区的人口从15万锐减到8万。[41]

10

洪水和瘟疫也昭告达乌德的末日来临。许多巴格达人都想逃命，但所有出口都危险重重。部落成员封锁了道路，船上挤满了人，而且也已遭瘟疫侵染。达乌德和随从也想逃命，但又不想抛下平日"聚敛的金银财宝"。[42]英国驻巴格达公使和随行人员乘船逃往巴士拉，留下来的人躲在家里，四周围起障碍物，将外人一律拦在门外，生怕他们将瘟疫带进来。

根据奥斯曼帝国档案馆的一份报道记载，洪水退去之后，达乌德离开巴格达，结果发现他在各行省的拥趸都人间蒸发了，"他的军队和拥护者被瘟疫摧毁，他的财务主管、宅邸、妻妾儿女和银行管理人员"统统被瘟疫带走。[43]另一份报道告知君士坦丁堡朝廷，称新任总督阿里帕夏与巴格达居民和南方各部落修好：

> 巴格达城已将前任帕夏及仆从等脏污之人清洗。苏丹再次收回对巴格达的统治大权，造反者犯下的所有破坏与恶行，现在都被苏丹带来的宁静抚平。[44]

君士坦丁堡朝廷与桀骜不驯的巴格达之间的分裂结束，直到第一次世界大战，巴格达都将作为帝国的行省存在。达乌德被驱逐，朝廷开始搜罗这位帕夏任期聚敛的财富。朝廷想算出达乌德"通过武力手段从巴格达、巴士拉和基尔库克民众手中搜刮的财富"，拟了几个方案，搜查达乌德所有行宫官署、家眷闺房和其他宅邸，还逮捕和审问了在以斯拉死后担任达乌德首席财务主管的伊沙克（Ishaq），想从此人口中问出达乌德藏钱的地点和数目。[45]经审问调查，朝廷列了一份达乌德的受害者名单，范围之广，遍布巴格达各宗各派和各个城市。调查还发现，有人被敲诈之后就惨遭灭口。[46]而达乌德本人凭着"嘴上功夫和个人风采"以及巨额财富，居然没有被问极刑。后来，事情还出现令人意想不到的反转，1845年达乌德又得宠于新苏丹阿卜杜勒·马吉德（Abdul Majid），1851年去世前甚至还捞到几个职位。[47]

沙逊族长出逃时仍是巴格达最有声望的犹太人之一，关于他逃亡的原因众说纷纭。有人说他是害怕瘟疫和洪水，但他把其他子女都留在了巴格达，天灾人祸过后，父子二人也没再回来。从某种意义上来说，这类故事仍以家族传说的形式继续流传不衰。1907年底，大卫逃出巴格达快80年之际，其孙子爱德华·沙逊议员就"东方"这一主题发表演讲，其间讲了一则故事，误将祖父大卫当成首席财务主管：

我祖父碰巧担任巴格达的首席财务主管（演讲稿原文中巴格达一词为Bagded）。或许他就是一介草民，跟帕夏打交道不懂拐弯抹角，或许当局怀疑他敛财，想要治他，不管怎样，巴格达对他来说肯定太过危险。有谣言称当局当时正在密谋对付他，我认为他应该是想着谨慎即大勇，于是携家带口离开了赖以生存的故土，一路走走停停——可以想象，100年（前）的旅行可不像现在坐在卧铺车里的那种旅行……很多犹太家庭后来也纷纷离开巴格达，现在大家在印度看到如此繁荣昌盛的犹太社区核心，就这样逐渐形成。[48]

　　十年之后，沙逊家族另一位成员再次误将大卫当成首席财务主管。这位成员在给罗斯柴尔德家族一位成员的信中解释大卫离开巴格达的原因：

大卫是犹太社区的首领，帮帕夏管理手下的犹太人。那时候奥斯曼帝国可免征犹太人或基督徒参军，但必须得按人头缴纳一大笔钱来代替服兵役。帕夏命令大卫·沙逊从犹太人手里收钱，但很多时候犹太人穷得交不出钱，大卫不得不自己掏钱补贴。只要帕夏想筹钱，就从犹太人身上搜刮，还威胁大卫·沙逊，如果凑不够钱，就得蹲大牢，被处死。帕夏开口要钱的次数太多，大卫·沙逊无法满足这样的贪欲，所以一天夜里他逃出巴格达，来到印度。我认为这才是真实的故事版本。[49]

　　这类传说缺少信息支撑，只有一部分流传了下来。没有历史著作可以让整个故事盖棺定论，因为确实无人知晓大卫到底何时逃到布什尔，也无人知晓沙逊族长究竟何时跟儿子会合。大卫于1828年跟第二任妻子法哈在巴格达完婚，之后才离开巴格达，并且可能在1830年苏丹特使被刺杀之前。也就是说，天灾还没降临，大卫就已经离开。有据可考的是，沙逊族长于1830年客死布什尔，大卫因此前往孟买另谋生计。

　　父亲失势，使大卫像亡命徒一样逃离祖国，这刺伤了他的自尊心。不过，他跟最亲的家人成功躲过达乌德暴政，从此在异国他乡开启新的生活

12

篇章。沙逊家族其他成员继续留在巴格达生活，迟早有一天，这家人又会重拾巴格达经济精英的身份；沙逊族长的长子大卫也会走上经商致富的道路，不过他将建立的是真正触及全球的商业帝国。另外，跟大卫手足不同的是，他的后代不单在帝国一隅成就斐然，更是在全球各地商界都取得了举世瞩目的商业成就。

13

第 2 章
逃出巴格达，开启新征程，1831—1839 年

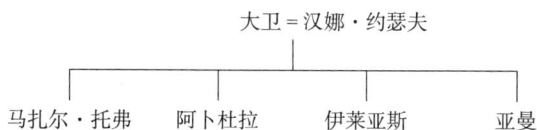

大卫＝汉娜·约瑟夫

马扎尔·托弗　　阿卜杜拉　　伊莱亚斯　　亚曼

布什尔坐落在伊朗东南海岸，过去数百年一直是波斯主要港口。大卫逃到布什尔时，这座港口城市正在慢慢恢复，重新成为东印度公司在波斯的重要商业中心。港口熙熙攘攘，印度商人来来往往，插着英国国旗的货船上载满了货物。大卫流连于集市街头，聆听那些从印度回来的水手和商人谈论次大陆的故事，目的是打通各路人脉，好在接下来数年为自己和家族生意所用。虽然大卫身处异国，没有家族支持，但他有两个锦囊，一是他在海湾地区和波斯的人脉很广，这是父亲多年来为奥斯曼帝国苏丹征税时铺下的，二是沙逊一脉在奥斯曼帝国和波斯的商业家族圈子声誉良好。

大卫很快就联系上了设拉子和阿勒颇犹太地区的首领，并登门拜访多位波斯商人以示敬意。另外，只要有英国官员到访布什尔，大卫都会特意到场迎接，哪怕自己根本不会讲英语。

各方走动让大卫了解到这里大致的风土人情，也了解到与印度联系密切的这座城市的商业特点，特别是布什尔迎来送往的大部分贸易活动。

本来他想选择波斯最大的贸易中心伊斯法罕落脚，或者跟随其他巴格达犹太人前往巴林岛，利用波斯湾与印度之间蓬勃发展的商品贸易捞上一笔。然而，家族惨遭达乌德压榨迫害的痛苦记忆犹新，英国统治之下相对更安全，也更有吸引力，于是大卫下定决心：一家人将跨过阿拉伯海，在印度落脚。1830年底，年迈体弱的沙逊族长去世没多久，大卫和涉世未深的一家人即将踏上冒险旅程，前往孟买。

新家园

孟买自1661年接受英国统治，当时葡萄牙王室赠给英国国王查尔斯二世七个岛屿（1534年葡萄牙王室从拉吉普特人手里掠夺而来），作为葡萄牙布拉干萨王朝凯瑟琳公主的嫁妆。1668年，英国国王以每年10英镑的租金将孟买租给东印度公司。接下来数十年，东印度公司动手开发孟买，一直持续到19世纪末期，原先的几个岛屿也因此连成一片大陆。广阔的深水港让孟买成为印度次大陆西海岸最适合船只停泊的港口之一。孟买与加尔各答、马德拉斯一同成为印度西部的商业中心，也成为英属印度殖民地的一颗明珠。孟买跟加尔各答不同，后者是东印度公司的贸易据点，而历史上的孟买并未彻底殖民化。孟买崛起，不仅有英国贸易商的功劳，那些从北部苏拉特移民来的印度商人，还有海外移民，都对孟买的发展贡献了一臂之力。拉比希勒尔这样描述孟买，"印度洋上的小岛屿"，人们全靠海吃饭。古堡区位于城中央，"由两堵厚厚的城墙围成"，一道壕沟，将外围地区隔断。古堡区是政府和商业贸易所在地，英国官员，还有从亚欧大陆涌入的大批商人，都居住在此。古堡内"有很多漂亮街道和华丽房屋，里面住的都是绅士"，街头"还有精美商店，店主多半是帕西人"。据希勒尔记载，外围地区总体上更脏、更拥挤，"当地人生活的街道非常狭窄"。古堡区建于18世纪早期，用来防御外敌入侵，后来逐渐演变成商业、文化和社会中心。"古堡西南侧是一个名叫克拉巴的小岛；小岛地理位置优良，退潮处建有漂亮的房子和花园"。[1]至1794年，官方估计古堡区的居民有 1,000 户，外围地区超过 6,500 户。[2]古堡区的高墙之外是贫民窟，下水道裸露在外，高墙之内则是一排哥德式建筑，二者形成巨大反差。

　　孟买跟巴格达不同，并非由遥不可及的帝王统治，而是由一众股东组成的股份制公司打理，股东向伦敦董事会汇报。东印度公司原本是 1600 年成立的一家贸易巨头，最初在印度东部的孟加拉地区开展业务。当时莫卧儿帝国江河日下，再加上来自法国的激烈竞争，东印度公司的野心明显从贸易转到地盘扩张。18 世纪 40 年代和 50 年代，英法矛盾在 1757 年普拉西战役中推向顶点，英国在此战役中打败法国和孟加拉王公，随后确立东印度公司对印度的统治权，直接控制孟加拉地区和比哈尔，有权获得印度财政收入，并在此后 20 年定都加尔各答，任命沃伦·黑斯廷斯（Warren Hastings）为首任总督。东印度公司随后将印度更多地区和政府权力纳入囊中，还建了自己的军队和司法体系，不过东印度公司很少赚到钱，主要是因为公司雇员中饱私囊，且数目惊人。1798 年，公司任命韦尔斯利（Wellesley）勋爵为总督，此后几年，印度最后残存的一丝反抗被镇压，东印度公司成为这个国家的绝对主宰。历史学家威廉·达尔林普尔（William Dalrymple）在自己对东印度公司的深度研究中强调，这种特殊情况表明"印度殖民化通过一家营利机构的机制实现"。[3]大卫生在奥斯曼帝国统治之下，初到孟买肯定会觉得奇怪，掌控印度命运的居然是公司而不是国家。早在 17 世纪早期，印度人口就已经接近 1.5 亿（是英国的八倍），"制造业占全球四分之一"，是上等棉花、纺织品和靛青染料等许多奢侈品的原产地。[4]

　　英国工业革命正开展得如火如荼，英国商人从来没有停下为本土商品找出口的脚步。印度正好有望成为这个出口，当时自由放任主义经济风潮兴起，政治家、宗教领袖和其他公众人物呼声渐涨，要求英国提升英属殖民地生活水平，投资当地基础设施，改善当地穷苦民众生活现状，这些举动为《印度政府法》的颁布铺平了道路。1833 年，东印度公司最后的垄断权被废除，但公司的政治与行政权力又延续了 20 年。印度开始成为整个大

16

英帝国的经济枢纽，是英国、中国与印度三角贸易的焦点，在此背景下，东印度公司垄断的结束为其他贸易公司开辟出了一片新天地。[5]

孟买经济蓬勃发展，1824—1833年，棉花出口增长20%，鸦片出口翻了一番以上，然而印度全国范围的经济却出现衰退。[6]英国货币政策具有剥削性：印度习惯用黄金作为通货，1835年，英国想榨取印度黄金，于是宣布卢比银币为唯一法定货币，只不过白银供应收缩导致卢比价值暴跌。[7]不管怎样，印度经济状况在1834年之后出现明显复苏，孟买成为主要受益方。印度本土没有银行系统，东印度公司便引进代理行，行使银行功能，促进交易开展。这些代理行后来成为"英国在印度开办贸易公司的标配"，新业务的出现需要代理行出马，从整体上促进了印度现代资本主义的萌芽。[8]代理行负责代销，但棉花和鸦片等许多商品，代理行卖货后才能收款，有时候会导致利益冲突，代理行欺骗贸易商的事情也时有发生。每家代理行的代理费谈判各不相同，从1.5%到2.5%不等，如果代理行卖货的价格高出预期，通常能拿到额外奖励。有时贸易商跟代理行会签订书面协议，但很多情况下只有口头协议。就沙逊家族而言，要保证代理行妥善履职，既耗时又耗精力，因为代理行总是想拿到更高的代理费和一部分预付款。[9]代理行任何延误都会导致贸易商蒙受损失，于是争议不可避免地产生，贸易商不得不履行法定追索权。

经济增长吸引人们来到孟买，孟买人口在十年间翻了一番以上，19世纪40年代中期达到近50万人。[10]鸦片和棉花这两宗商品的交易遥遥领先，改变了孟买金融体系，让新兴的全球贸易商从中受益。孟买贸易圈涌现出许多本土和外国的企业家与公司，其中有两家的规模十分庞大。英国贸易圈以一家名叫"怡和洋行"的贸易公司为首。怡和洋行成立于1832年，是加尔各答商人詹姆士·马地臣和外科医生转行的商人威廉·渣甸创立的合伙企业，总部设在中国香港，主要与中国开展贸易；19世纪中期以前，在对华贸易中占主导地位。自19世纪早期以来，怡和洋行就有自己的船队，专门用来跟中国做生意，运送鸦片。怡和洋行还怂恿经销商绕开东印度公司监督，直接从孟买运送鸦片，这招后来得逞，打破了印度东部的鸦片贸易垄断局面。于是，东印度公司决定对出口征税。[11]当地人中最有名的要属商人詹姆斯·杰吉伯伊，此人是帕西社区的琐罗亚斯德教教徒，他们的祖先在8世纪时从波斯逃到孟买，对18世纪孟买的发展做出了重大贡献。杰吉伯伊跟英国贸易商做赚钱买卖，[12]与殖民地官员关系融洽，做生意也有远见，因此声名远播。19世纪初，鸦片贸易在孟买成为大宗买卖之前，杰吉伯伊亲自前往中国，布下鸦片销售网。东印度公司对杰吉伯伊这类企业家通常都表现得很仁慈，因为他们出口的鸦片越多，东印度公司能征的税也就越多。对那些全球商人而言（大卫之后也会加入这个行列），根本就没想过跟英国殖民主义或东印度公司作对，他们想要的就是在大英帝国的庇佑下赚钱。从某种意义上而言，东印度公司垄断一旦结束，他们跟英国高级官员的走动就变得更容易，而且这些人脉还能派上几十年的用场，因为英国官员回国之后仍会与这些商人保持盟友关系。

18

　　大卫千方百计跟这些商人熟络起来，努力去了解他们交易的商品。一到孟买，他就开始学印度斯坦语，而他本来已经会说流利的阿拉伯语、希伯来语、土耳其语和波斯语。他流连于棉花交易所，跟贸易商和代理商交谈，仔细查看国际新闻，找出可能导致价格涨跌的蛛丝马迹，跟巴格达和波斯湾的老朋友也保持联络。大卫到孟买不久之后便开始小规模出口纺织品，卖给奥斯曼帝国的商人。当时他只是个小商贩，跟怡和洋行和杰吉伯伊的公司相比，完全不是一个量级，他的名字没有见诸报纸和档案也在情理之中。大卫从小买卖做起，后来才逐渐跻身为孟买商界大亨。他没有靠单纯哪件事或哪桩买卖一夜暴富，而是持续拓展商界人脉，不放过任何机会。经过多番辩论，孟买市议会于1840年公布首批"本土社区"成员名单，入选者可使用"先生"（Esquire）这一尊称，但名单上没有大卫的名字。1841年，大卫才被承认为阿拉伯犹太贸易界的主要成员之一。[13]他的名字第一次出现在当地报纸上是两年后，当时大卫希望在代理行的圈子站住脚，于是跟法国的阿尔塔拉斯家族合伙，成立阿尔塔拉斯–沙逊父子公司。[14]大卫发现，19世纪30年代后半期孟买贸易蓬勃发展，代理业务也跟着风生水起。他还意识到，做代理不仅能赚钱，还能跟全球各地的商人建

19

20

立关系，搭起桥梁，阿尔塔拉斯家族就是例证。这个家族起源于阿勒颇，后来移民到法国马赛，在马赛和印度商界发展壮大。家族有成员担任名义上的法国驻孟买副领事，只是荣誉称号，并无外交实权。阿尔塔拉斯-沙逊父子公司很短命，只存续不到一年时间，两家人就宣布经双方同意解散公司。具体原因无从知晓，[15]或许跟外人搭伙，大卫不得不做出很大的让步，而他无疑是个性格专横的人；又或许这次搭伙已经实现目的，大卫·沙逊觉得再也不需要外人掺和，跟几个儿子也可以独立做生意，做代理商。

养家糊口

大卫刚到孟买时，这座城市才刚刚起步，到19世纪中期才成为贸易巨头。孟买当时的居民人数刚达到20万，不过种族却多种多样，有印度人、穆斯林、帕西人、亚美尼亚人、葡萄牙人，还有少数犹太人。这种多种族混居让孟买的"殖民地理环境异常复杂"，超过印度其他城市。当然，"这座城市也遍布种族分歧，西方人和东方人还是有区别"。[16]早在16世纪，一位杰出的葡萄牙贸易商就已经将犹太人带到孟买，但直到18世纪后半叶，四批不同的犹太移民来到这座城市，犹太社区才真正在孟买扎根。第一批是被英国人称为本土犹太人、被其他犹太人称为"本尼以色列人"的犹太人，来自坎贝湾和印度西海岸果阿的中间地带；第二批则由来自巴格达、巴士拉和阿勒颇的阿拉伯犹太人组成；第三批是来自马拉巴海岸的科钦犹太人；第四批是来自阿富汗、布哈拉和马什哈德讲波斯语的犹太人。[17]根据走访多国的拉比希勒尔记载，18世纪最后几十年阿拉伯犹太人的迁徙主要是出于经济原因，第一批到印度的巴格达犹太人定居在苏拉特，不过跟故土仍保持精神和宗教联系。1828年，希勒尔到访孟买，发现部分犹太人拥戴一位名叫所罗门·雅各布的超级富商。雅各布于1795年在孟买定居，1834年去世，在孟买公共事务中一直是有头有脸的人物。[18] 19世纪30年代早期，孟买的犹太人总数为2246人，其中一个团体由20—30户犹太人组成，称自己是"作为孟买居民的阿拉伯半岛犹太商人"。[19]虽然巴格达犹太人只占总数小部分（1837年当地的一位旅行者估计孟买的巴格达犹太人为350人），但他们的成就远远超过从阿拉伯半岛他处移居而来的犹太人。随着时间推移，所有跟他们同一教派的犹太人，不管出处，后来都称为巴格达犹太人。[20]那些年是孟买犹太社区的好日子，1834年，新任孟买总督、英国人罗伯特·格兰特（Robert Grant）爵士到任。格兰特是英国下议院议员，曾在议会游说，废除"影响英国本土公民的褫夺公权"，任总督期间继续奉行自由主义政策，这期间孟买犹太人对英政府的欢迎胜过以往任何时期。

大卫本人严格奉行犹太教规，是虔诚的犹太教徒，虽然经常生意缠身，他还是潜心学习犹太法典《塔木德》。大卫坚持认为每个儿子都应该全方位接受犹太教育，实际上只有其中一两人继承了这种虔诚。不过，他们在大卫担任掌门人期间，表面上是虔诚的。大卫一到孟买，很快就找到一座合适的犹太教会堂，定期参加集体敬拜。[21]

即使大卫忙着进军纺织品行业，忙着跟印度以及外国的代理商和贸易商建立人脉网，到了安息日，他还是会停下手头工作。后来，沙逊家族的几家办事处也规定在星期六和星期天歇业，因为星期六是犹太教安息日，而孟买总部一般在星期天歇业。随着大卫越来越富有，在孟买犹太社区扎根越来越深，于是越来越多知识渊博、有影响力的犹太教徒在星期六下午来到大卫家，一起讨论圣经章节，聆听在孟买游学的学者演讲，一同学习宗教典籍。19世纪50年代，这群人仿照巴格达古老的团体形式，成立"大卫之家兄弟会"，讨论共同关心的问题，增进友谊。不过，大卫的社交圈绝不囿于同一教派的人。他在孟买有多位关系亲密的朋友，约翰·威尔逊（John Wilson）就是其中之一。此人是苏格兰的基督教传教士，也是东方学家，后来在孟买创立威尔逊学院。威尔逊为基督教之外的宗教着迷，写过很多书，其中一本就是关于琐罗亚斯德教，为孟买帕西社区所信奉。大卫到孟买不久，两人见面并成为朋友，"晚上经常凑在一起，借助印度斯坦语，并通过零星的阿拉伯语研习《旧约》原文"。[22]

22

　　而大卫最紧密的纽带始终来自家族内部。发妻汉娜在巴格达生了四个孩子，第二任妻子法哈在孟买生了六儿四女，因此大卫膝下一共有八儿六女。这么一大家子，足够撑起一个商业帝国。对两次婚姻的子女，大卫没有区别对待，也没有让14个孩子产生同父异母的嫌隙，无论长幼，无论是否同一个母亲所生，都是一家人，拥有同一个姓氏，共同目标都是保护整个家族。不过如后人所述，十几个儿女之间的差别非常大。且不论其他，首先兄弟姐妹之间的年龄相当悬殊。大卫的长女马扎尔·托弗比老幺莫泽尔早生了30年。事实上莫泽尔出生时，长女马扎尔·托弗已经去世，而长子阿卜杜拉已经育有四个孩子（阿卜杜拉共五个孩子）。

　　大卫非常重视后代的教育和智力开发，会亲自督学，让几个儿子从小参与家族生意。印度对教育更为重视，1813年，东印度公司修订章程，同意加大教育预算。毋庸置疑，英国政权的统治从根本上改变了印度传统教育方式和老一套的做事方法。1815年，孟买教育协会成立，负责教育贫困家庭的英印混血儿，但当时"未设中央机关来监督教学过程，也没有任何教科书"。[23]19世纪早期，基督教传教士来到印度，并创办学校。至19世纪30年代，仅加尔各答就有数千名印度人在学习英语。这种学习浪潮源于英国高级官员托马斯·麦考莱（Thomas Macaulay）的决定。他认为从长远来看，阿拉伯语和梵语对印度没有好处，因此将教学重心转向英语。英国强行将英语作为新的官方语言，越来越多需要跟英国统治者交流的印度人都说起了英语，此举"也加深了他们跟其他广大印度民众之间的鸿沟"。[24]

　　大卫的首要目标是培养儿子的商业成就，其中对长子和次子——阿卜杜拉和伊莱亚斯的期望最为殷切，鞭策也最重。两人十几岁就被大卫带到市场，熟悉做生意的门道，跟其他商人打照面。大卫至少把阿卜杜拉送回巴格达两次，让他把阿拉伯语练好，跟叔伯和堂兄弟碰面，在巴格达集市学习基本贸易知识。阿卜杜拉的学徒生涯相当漫长，从少年时代开始，大卫就鼓励他磨炼谈判技巧，跟不认识的贸易商会面，打通未来用得着的人脉。除了学习希伯来语和犹太语手稿之外，大卫大部分孩子学的都

23

是英语课程，由生活在印度的英语家庭教师教授，较年幼的孩子则送到英国完成学业。随着克里米亚战争（1853—1856年）的推进，当时15岁的亚伯拉罕·舍拉姆就此撰写了一篇文章。他在文中对大英帝国参战表现出特有的忠诚，称"这次战争爆发的原因在于俄罗斯企图占领本不属于自己的领地"，总结说英国有义务保护帝国及盟军，因此"英国参战是正义和正当的"。[25]

几个儿子到了15岁左右，大卫都会鼓励他们外出游学，学会独立，将来好成为自己的左膀右臂。这些远游并未替代正规教育，也并非预示着正规教育的结束，而是一种有益的补充。大卫曾给游学香港、15岁的苏莱曼写信，从中可以瞥见，这个儿子需要同时兼顾学业和生意。哪怕远隔重洋，大卫对儿子在生意和学业上的建树都严加管控。他的信常常这样开头，"我亲爱的儿子苏莱曼·大卫·沙逊，愿上帝保佑你平安长寿"，接着责怪儿子不常写信，质疑儿子学习不上心，"我上周没收到回信。下次写信告诉我，你有没有去格雷厄姆先生那里学习，如果没去，解释一下原因。"写完信大卫才会继续忙手头生意。苏莱曼写信问父亲要钱，让父亲拨半箱鸦片给自己拿去卖。"哦，我的儿子，你忘记我设立专项资金这回事了吗？里面有5000卢比归你用，所以不需要我另外给钱。你为什么现在就想拿一部分钱投到半箱鸦片中？上帝保佑，我们年底前就会通知你，给你一整箱鸦片做买卖，希望你能用那笔资金来赚钱。"[26]大卫回道。一个月后，大卫通知苏莱曼上报资金使用明细（大卫给每个儿子都设了专门资金），他还擅自抽取苏莱曼的资金代购鸦片，命令苏莱曼"努力卖掉，挣上一笔"。[27]从苏莱曼的一位弟弟身上，更能看出大卫对后代的培养，"我的正式商务学习进展非常顺利，誊写信函提升了我的写作和教育水平，我打算学习记账……每天学一个小时"。[28]

给儿子的家书可以看出，大卫是一位苛刻又严格的父亲，尽管他也关心儿子的生活起居。除了培养几个儿子，大卫最看重家族声誉，将其视为无形且无价的资产，并时刻给兄弟几个灌输这种思想。大卫很守时，当天所有信件都是当天回复，并希望每个儿子都能做到这一点。他痛恨错误，尤其是那些代价昂贵或众目睽睽的错误，如果晚辈没有按照他的要求办事，铁定会受到劈头盖脸的一顿训斥（有个儿子在孟买和浦那之间的某个地方丢了一大笔钱，于是在孟买报纸上刊登了一则启事，称拾到归还者将予酬谢，不难想象大卫看到这则启事会是多么屈辱和震怒）[29]。大卫的严厉很奏效：在外人看来，兄弟几个做起生意来镇定自若，交谈时能激起对方和下属的自信，深藏不露。难怪杰吉伯伊表示，"大卫·沙逊成功的主要原因就在于他善于培养自己的儿子"。[30]大卫要求兄弟几个言听计从，生意也好，私事也好，哪怕他们持不同意见，也不能违抗，大卫指东，他们就不能往西。

25

亚伯拉罕·舍拉姆写了一本旅行日志，一丝不苟地记录了1855年从中国广州到伦敦的旅途见闻。当时舍拉姆年仅15岁，同行的都是差不多大的男孩。舍拉姆先到中国香港，然后搭乘半岛东方航运公司（简称半岛东方）的船舶南下新加坡，继续行进至马来西亚槟城，用8天时间穿越孟加拉湾到锡兰，然后历时12天到达亚丁。每到一个港口，他就会描述所到的城市及其地貌、产品和风土人情。后来，舍拉姆又从亚丁搭乘蒸汽轮船前往苏伊士，再经陆路到达亚历山大港。本来大卫建议他绕道前往开罗，不过后来因霍乱肆虐而作罢。舍拉姆在日记中描述穿越沙漠到达开罗北部休不拉的旅途见闻：

> 每辆马车的外观都有点像小型公共汽车，不过只有两个轮子。车门设在车尾，车上搭了六名乘客，每边坐三个，司机坐在前面的一个箱子上，马车前头由两头骡子两匹马并排往前拉。车队有五六辆这样的马车，还有一名类似导游的人，尽可能确保每辆马车每位乘客都能安全穿越沙漠。
>
> 每当我想找点乐趣，我对阿拉伯习俗的了解就大大派上用场。我会给导游一点礼金，按照东方人的说法就是小费，只要阳光不是太狠毒，旅途大部分时间都能骑上他的马驰骋。不得不说，我特别享受骑马，特别是黎明时分，天气凉爽，空气清新，你可以想象，在这样美妙的时刻，身骑快如疾风的阿拉伯骏马，驰骋在一望无际的沙漠，是多么惬意，多么宝贵的时光！

舍拉姆从开罗搭乘火车抵达亚历山大港，短暂停留后，搭乘蒸汽机船经马耳他前往法国马赛。到马赛之后，再搭火车北上巴黎，并在巴黎停留了十天，其间过得似乎十分愉快。整个旅途最后一程是前往"帝国权力中心和印度的宗主国"，这段旅程似乎逊色一些，"这次游学历时50天，其间多在海上颠簸，但从来没有像跨越多佛海峡时这般晕船"。[31]

不难看出，亚伯拉罕·舍拉姆的旅途日记融入了旅行、教育和商业见闻。沙逊家族与舍拉姆途经的大多数国家都有生意往来，因此哪怕舍拉姆当时只有15岁，也总能挖掘一些有用的人脉。阿哈隆比亚伯拉罕·舍拉姆小一岁，是苏莱曼的双胞胎兄弟，他的旅行日记则能读出更多冒险精神。阿哈隆是兄弟几人当中从未涉足商界的一个，他曾到访挪威首都奥斯陆，并给嫂子弗洛拉写信说，"问候来自太阳连续三个月不下山的国家"，他跟导游一同爬上挪威马格尔岛北角山顶时正值午夜，正好看到极地的太阳位于天顶。[32]

跟弟弟几个相比，阿卜杜拉的游学相对简单，这也从侧面说明大卫在孟买商界的地位逐渐上升——一步一个脚印地在印度和外国创建代理商和贸易商网络，这些人脉将来会派上更大的用场。长子和次子就是大卫的左膀右臂，平日里帮忙打理生意，学习经商门道。其实，兄弟几个的远征早早释放出了信号，从中能看出大卫将生意拓展到全球的雄心壮志。远行锻炼了他们的独立性，培养出对陌生文化、民族和环境的开明态度，为此后的海外生活打下基础。这些品格深受大卫重视，也很快派上用场。当时，印度纷纷传言说中国有新生意可做，大卫也发现，帕西同行和来自怡和洋行的竞争对手赚得越来越多，这些老资格的贸易商都在买卖19世纪最有利可图的商品——鸦片。

26

27

第 3 章
战争与机遇，1839—1857 年

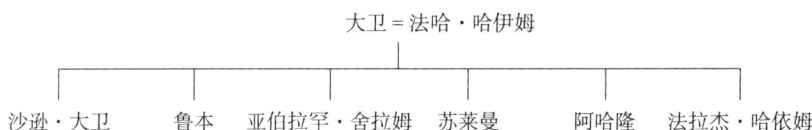

```
                     大卫 = 法哈·哈伊姆
        ┌──────┬──────┬──────┬──────┬──────┬──────┐
      沙逊·大卫  鲁本  亚伯拉罕·舍拉姆  苏莱曼  阿哈隆  法拉杰·哈依姆
```

    1839年发生了一件改变沙逊家族发展轨迹的大事——第一次鸦片战争爆发。要理解这次战争的重要意义，就必须了解鸦片，了解它何以在沙逊家族的生意中发挥关键作用。沙逊商业帝国的发展历程当中，有80多年都与鸦片饱受争议的故事交织。19世纪末，沙逊家族控制了印度和中国的鸦片贸易，其财富和影响力与鸦片贸易密不可分。

    东方很多人发大财，都跟这种有强力麻醉作用、从罂粟中提取出来的毒品脱不了关系。人类最早使用罂粟的证据大约可追溯至7000年前的地中海周边一带。罂粟种子的麻醉作用在古希腊和罗马广为人知，从荷马到维吉尔，都曾提及。阿拉伯医生从希腊人获知这种药物，并根据其希腊名称"opion"给它取名为"阿芙蓉"（afyun）。据说，8世纪的阿拉伯贸易商将这种植物从波斯带到印度西部。这里气候潮湿，土壤肥沃，灌溉充分，非常适合罂粟生长，这种植物后来也确实成为印度次大陆的主要农作物之一。最初罂粟种植主要是为了当地消费，据说印度母亲会用罂粟粉来缓解婴儿出牙时的牙龈胀痛。不过，首次将罂粟从印度西部带到中国广州，建

28

立鸦片贸易链条的并非印度人，而是17世纪末期的荷兰商人。[1]18世纪在西印度定居的葡萄牙人马上效仿，很快就从阿拉伯和印度商人手里抢了跟中国的鸦片生意。

鸦片生产集中在印度三个地区：贝拿勒斯、孟加拉地区的巴特那以及西部的马尔瓦，从印度运出的每箱鸦片都印有这三个地名中的一个。马尔瓦鸦片因质量上乘出名，能在中国卖出好价钱。出口的鸦片按照箱数定价和销售，小心翼翼地两层一打包，一箱普通鸦片重160磅，一箱马尔瓦鸦片重140磅。[2]东印度公司1708年开始做鸦片生意，18世纪以来，鸦片产量随着公司地盘的扩大而增长。至1793年，东印度公司成为向中国出口鸦片规模最大的出口商。鸦片买卖是一剂催化剂，促使英国在中国更大范围地扩张。东印度公司在孟加拉地区占据垄断地位，英国承包商有权定价，强迫农民低价出售罂粟或亏本卖出，这种做法在一定程度上促进了鸦片贸易的增长。1799年，东印度公司干脆直接接管了罂粟种植。[3]

19世纪最初30年，东印度公司为了追逐更高利润，孟加拉地区专门用来种植罂粟的土地猛增，从25000亩扩大到近80000亩。截至1840年，孟加拉国每年向中国出口鸦片约15000箱。鸦片贸易为东印度公司带来滚滚财源，约占英国国民收入的6%，成为英国对华进出口贸易体系中意义重大的商品。[4]鸦片也是中英贸易中不可或缺的部分：英国人对中国茶上瘾（对中国丝绸也有兴趣），但没有什么东西能出口到中国，鸦片正好填补这个空缺。[5]东印度公司控制了印度东部鸦片的种植和买卖，确保巴特那和贝拿勒斯是唯一能够种植罂粟并出口鸦片到中国的地区。不过，印度西部的帕西商人，以詹姆斯·杰吉伯伊为首，开始跟东印度公司抢生意，从马尔瓦购买鸦片，经孟买出口到中国。当时还有一股竞争势力来自土耳其，也将鸦片出口到中国。为了应对挑战，东印度公司增加产量，降低价格。1822年，巴特那和贝拿勒斯每箱鸦片高达2000美元，到19世纪30年代早期，跌至每箱仅600美元。[6]19世纪40年代后期，一名美国医生发现印度遍地种满罂粟，生产鸦片就像种水稻一样自由。对农民来说，种罂粟就是为了挣钱，区别在于不同季节种植不同作物罢了，管它是罂粟、小麦还是水稻。[7]

进军中国

鸦片在印度是支柱产品，在中国虽传入的时间不算晚，但一直没有大规模种植加工。早在8世纪，阿拉伯商人便将罂粟带到中国；17世纪，民众开始吸食鸦片作为消遣。1813年，英国颁布《特许状法案》，废除东印度公司在印度的贸易垄断权，洪水的闸门从此打开。做这桩买卖的商人数量猛增，鸦片的运输数量也随之猛增。[8]鸦片运输一直都是鸦片贸易的关键，包括沙逊家族在内的很多贸易商都开始投资海运。19世纪50年代后期，沙逊家族弄来几条船，这样方便控制货物，让船长忠心耿耿地做事，毕竟这桩买卖能不能赚到钱，船长十分关键。随着鸦片贸易的扩大，商人开始用飞剪船来运货，这是一种船体较窄、船速较快的船只，大多在英国或美国船厂建造，航行海域较广，最显著的特点是航速快，是运输鸦片和茶叶等大宗商品的理想选择，每年季风季节来临之前能跑个两三趟。不过，即使最快的飞剪船也不能跑三趟以上，因为没有哪艘船能扛得住从东北方向刮来的季风。[9]这些船上"配了水手和枪手，他们决心踏上这段可能有去无回的冒险旅程，就为了换取鸦片带来的高额利润"，飞剪船将货物从印度运到中国沿岸港口，再卖往中国内地。[10]到19世纪50年代末期，这支"鸦片舰队"已经有100多艘飞剪船效力。

中国吸食鸦片成瘾的人数激增，中国对英国贸易顺差的局面被扭转，主要流通货币白银源源不断地流到鸦片商手中。清政府试图遏制鸦片流通，但禁烟行动遭到英国强烈反对，因为英国臣民的在华利益跟鸦片贸易不可分割，英国政府不仅没有叫停鸦片买卖，反而决定继续扩大规模。有些资料估计，截至19世纪30年代末期，每年直接和间接转移到英国的资金合计达200万英镑，数额之巨大，足以让清政府的禁烟行动成为英国发动鸦片战争的借口。1839年，引爆战争的导火索出现，清政府任命态度强硬的海军将领林则徐为钦差大臣。

林则徐一行查禁广州鸦片，扣押珠江流域的英国船只，遭到鸦片商抵抗。（当时20年后的一篇文章称，鸦片战争爆发是因为林则徐扣押了沙

31

逊家族的鸦片船只，不过这种说法未经证实，加上沙逊家族当时的鸦片交易规模较小，跟怡和洋行以及其他鸦片商相比根本微不足道，所以这种说法似乎不太可信。）[11]因为这事超出了东印度公司的管辖范畴，怡和洋行于是在伦敦游说英国政府，强迫清政府改变政策，呼吁"英国政府采取措施，逼迫清政府就范"。[12]

第一次鸦片战争（1840—1842 年）极大地改变了中国、印度和英国的现状，也间接地改变了全球商人的命运。1841 年初，英国派远征军前往中国，侵占香港，后来又对软弱无能的清政府发动几次战役，同样取得胜利。虽然清政府有所抵抗，但英国还是于 1842 年 8 月底占领南京，第一次鸦片战争至此结束。清政府被迫签署《南京条约》，将香港岛割让给英国，并开放东南沿岸五处（上海、广州、宁波、福州和厦门）为通商口岸。此外，清政府还必须废除禁止外商在广州经商的垄断政策，允许外商进入中国，自由开展贸易。次年，清政府与英国签署《南京条约》附属条约，英国获片面最惠国待遇，并拥有治外法权。

32

英军在第一次鸦片战争中攻陷镇江

　　中国国门从此打开。第一次鸦片战争的尘埃刚刚落定，外国公司就纷纷涌入中国市场，抢占商机。威廉·渣甸（William Jardine）是马尔瓦鸦片贸易的幕后推手，也是鸦片买卖的领军人物。1847年，他与另外三家孟买公司，即R.F.雷明登公司（R. F. Remington）、科尔文–安斯莉–考伊公司（Colvin, Ainslie, Cowie & Co）以及詹姆斯·杰吉伯伊公司组成联合企业，集中资源，共享飞剪船（沙逊家族未入选，因为他们当时的鸦片贸易规模太微不足道）。同一年，鸦片贸易发生变革：半岛东方航运公司（简称"半岛东方"）开始将孟买鸦片运往中国。[13]这家公司本来的业务是向伊比利亚半岛运送信件以及向地中海运送乘客，直到最近才向远东扩展业务。虽然面临怡和洋行以及阿普卡斯（阿普卡斯是移居印度的亚美尼亚家族）的激烈竞争，半岛东方航运公司还是占据了鸦片贸易很大的份额。当时半岛东方是该地区仅有的一家蒸汽机船公司，将南安普顿到加尔各答的航行时间从42天减少到37天，不过半岛东方能取得成功，既有这家私营公司自己的努力，也跟英国政府的扶持分不开。1815年，英国取得印度洋的海上控制权，允许将蒸汽机船作为海军力量的补充。英国政府给半岛东方航运公司"巨额补贴，在隶属英国的殖民港口之间运送信件，此举也等于拉拢了一支规模庞大的商船队"。[14]新蒸汽机船可以降低成本和风险，"鸦片体积小，价值高，用蒸汽机船运输最为理想"，[15]鸦片贸易从此迅猛发展。东印度公司原本每年举行九次拍卖，现在增加到每月一次拍卖，鸦片出口从1839年的4000箱上升至1857年的68000箱，总价值达825万英镑（相当于今天7.5亿英镑以上）。

33

　　要说这些鸦片贸易大亨有什么难题，那就是在中国做买卖会遇到壁垒。中国的代理体系比印度更为复杂，货币交易也没那么直截了当。外国商人不懂汉语和当地风俗，只能靠中国代理商办事，也就是"买办"。买办作为中间商的地位牢不可破，因此会避开外商耳目，私下做买卖。"要是买办的业务顺风顺水，倒也无大碍，买办要是因为某些原因破产，这种贸易体系就会给外国企业和中国商人造成巨大麻烦"。[16]大卫很快意识到中国将成为鸦片和其他商品的主要市场，也很快发现在中国建立可靠的人脉网会有诸多好处。19世纪40年代中期，就在第一次鸦片战争结束之后一两年，大卫决定把24岁的次子伊莱亚斯送到中国，为家族生意开疆辟土。

伊莱亚斯彻底考察了中国对外通商的几个港口和主要城市，在香港短暂停留，然后前往上海，其间一直定期给孟买的父亲发送报告。大卫为何派伊莱亚斯而不是长子阿卜杜拉到中国开拓业务，原因不得而知。也许大卫是希望把继承人阿卜杜拉留在身边。论精力和韧劲，伊莱亚斯更胜一筹，他似乎还是沙逊家族第一个意识到中国市场存在巨大商机的人。接下来几年，伊莱亚斯辗转于各通商口岸，建立人脉，学习鸦片贸易的有关知识，跟买办搞好关系，研究当地行情。1845年，伊莱亚斯在中国登记成为外国居民。接下来几年，大卫在各通商口岸都开了代理行或派驻代表，其中上海将成为沙逊家族的第二大商业中心，重要程度仅次于孟买，整个家族与中国的大部分贸易都经上海往来。这些都是伊莱亚斯的功劳，也说明中国在沙逊家族业务版图中的重要地位。1852年，沙逊洋行正式在中国营业，伊莱亚斯和阿卜杜拉均被列为合伙人。[17]

沙逊家族一开始做的是小买卖，规模完全比不上那些鸦片巨头。根据1854年11月中旬孟买的一份出口货物清单，怡和洋行出口鸦片220箱，沙逊洋行几乎垫底，出口的马尔瓦鸦片仅5箱，数量少于库弗杰霍姆斯杰公司（Cooverjee Hormusjee）、古内斯达斯库拉斯纳杰公司（Gunnessdass Crustnajee）等几十家当地贸易商（从进口货物清单能看出大卫进口丝绸、糖、铜、珍珠和肉蔻豆。）[18]大约正是这一时期，大卫主动出击，采取一系列创新措施，跟那些大有来头的公司竞争，在鸦片这个有利可图的市场占到更大份额。在大卫指示下，沙逊洋行向印度鸦片供应商示好，给他们支付更高的预付款，甚至跟中国之外的贸易商搞好关系（主要是波斯），确保他们始终将沙逊洋行而非其他竞争对手作为主要客户。与此同时，伊莱亚斯走访中国各地，寻找新客户，直接跟买办谈判。沙逊家族的鸦片贸易从此有了起色，从那时起一直到第一次世界大战，鸦片一直都在沙逊家族的全球商品贸易中占据主导地位，并贡献出大部分利润，尤其是1860—1890年，沙逊家族在这30年间的信件往来，鸦片始终是主要议题，另外各

34

档案馆现存的部分账簿也可以证明。

　　鸦片贸易规模扩大，让沙逊家族有能力也有动机进入新商业时代。当时，半岛东方远航公司的蒸汽机船加入鸦片运输大营，沙逊家族也想效仿。那个年代，海上货运船只常因为暴风雨遇难或失事，贸易商利润大幅受损。不过大卫和几个儿子认为，货船本身管理不善或船员不负责任也脱不了干系，货物存放杂乱，毫无章法，会加重火损或水损风险。[19]随着业务扩张和交易商品增加，沙逊家族开始以船东或直接股东的身份投资蒸汽机船，以便更好地控制货船。从上海刊印的《北华捷报》（*North-China Herald*）中能明显看出接下来的几十年沙逊洋行与海运的紧密关系：亚洲各大港口每天都有沙逊商业帝国的船只进进出出运送货物。蒸汽机船不仅是运输工具，也是一种资产，要是公司业务缩水，或者船舶运营困难，还可以转手换钱。从沙逊家族的书信往来也能看到有关船运的牢骚，抱怨船东面临的困难和窘境。[20]有一次，沙逊家族犹豫是把破损的蒸汽机船修好，还是干脆卖掉，一方面人工和替换部件的成本高昂，另一方面还要考虑船舶的不适航时间。最后，某专家检修之后称，船舶的传动轴和活塞状态良好，一旦修好，航行起来耗媒量会更少。[21]

　　沙逊洋行各个办事处都很重视栽培雇来的船长，力求对船长知根知底，如果对方干得好，还会发奖金以示激励。[22]有封信中说，沙逊家族给一位名叫布朗的船长送了五盒巴特那鸦片，奖励他运输的那船鸦片挣了钱。[23]沙逊洋行雇用的另一位船长在给沙逊·大卫（S.D.）的信中说：

> 这世上除了您，我不愿意跟随任何人做投机买卖。您和沙逊夫人对我恩重如山，我们初到上海无家可归，多亏您和夫人仁慈收留。再者，您有点石成金的本事。[24]

白色黄金

　　19世纪30年代末期，在华外商与清政府关系高度紧张，不过孟买商业却迅速发展。这一时期，印度现代资本主义开始萌芽，贸易商和代理商开始"支付预付款，鼓励农民种植作物，保证商品供应"，特别是保障棉花和罂粟种植，以供出口。[25]原本习惯美国棉花的英国市场，如今有了印度棉花的一席之地，而且从印度流向利物浦的大部分棉花都经过孟买。[26]国际贸易蓬勃发展，进军印度的欧洲和外国公司因此激增。这些公司将资源集中，出口利润占比得以超过当地领头的几家公司。1851 年，印度出现股份制企业和公司登记制度。此后十年，孟买成为 60 家公司的总部所在地，从银行业到保险，从棉纺厂到海上运输，各行各业的公司纷纷在孟买落脚。[27]银行业和代理制度也齐头并进，吸引更多投资流入孟买，当地贸易繁荣发展。印度某些地区的贸易增长超过 50%，市场对靛蓝染料、羊毛、盐、棉花和鸦片等商品的需求增长，信德地区（现为巴基斯坦省份）的贸易商大举投资这几类商品。[28]这一切说明了，孟买的崛起是国际贸易扩张的结果，它也顺应局势，成为贸易发展走向的掌舵者。[29]

　　大卫这一时期开始出口纺织品，这些纺织品大部分在英国生产，然后出口到波斯、伊拉克和其他海湾国家，同时从波斯湾进口商品销往印度。大卫一开始的战略特点是谨慎为上：先从小单子做起，尽量多收集情报，稳扎稳打地进军新市场或买卖新商品。当时印度棉花的质量还不为人知，所以大卫可以不慌不忙地入局。加上美国棉花歉收，大卫断定对印度棉花的需求肯定会猛涨。诸如曼彻斯特商会等有影响力的商圈已经意识到印度有望取代美国，成为"白色黄金"最重要的产地，但蒸汽时代之前，印度棉花运输成本高昂，吸引力逊于美国棉花。[30]1850 年，沙逊洋行又将中国（甚至日本）棉花纳入业务范畴，不过他们认为中国棉花，尤其是上海产的棉花，质量不如印度棉花，因此预测中国棉花价格会大幅下跌，结果确实如此。[31]虽然大卫不得不跟印度还有世界其他地区的经纪人和代理商周旋，应对棉花称量过程中的弄虚作假和缺斤少两，还有印度尚不成熟的棉花生产规模，这桩生意仍然有利可图。沙逊家族虽然投资了蒸汽机船，但整个 19 世纪海上运输一直都是问题缠身：沉船事故或船体受损经常会导致重大损失，海运保险成本因此增加。

或许印度棉花商面临的最大问题是该不该进口机器，有了自己的机
37 器，就不用把原材料送到英国加工，再重新进口成品用于销售。这道难题
跟英国的殖民政策有密切关系，英国本来就打算将印度作为本国经济附属
品：既能为英国制造商提供原材料，又能作为巨大的成品销售市场。利物
浦等城市的纺织品制造商在议会游说，反对允许将纺织机器出口到印度，
因为此举会影响他们的成品出口，纺织机器制造商则持反对意见。随着自
由贸易更多地进入英国的政治构想，支持机器出口的制造商迟早会赢得这
场博弈。英国首相罗伯特·皮尔（Robert Peel）反对出口限制，理由是这
种做法违反自由贸易原则。经过议会几年的辩论，1843年印度获准进口
纺织机械。[32]此后十年，运输取得重大进步，支持工业发展的机构与制度
完善，银行业与保险业兴起，"有限责任"的法律概念问世，印度有了支
撑制造业的基础设施。[33]19世纪50年代中期，帕西企业家发起棉纺织业工
业化运动，伊莱亚斯·沙逊被任命为委员会委员。[34]沙逊家族仍然谨慎行
事，没有搭上进口纺织机的头班车，但也没有落于人后。19世纪80年代，
沙逊家族的棉纺厂数量超过孟买其他公司。

纺织行业不断壮大。当时大卫把中国出口的两种商品——茶叶和丝绸
纳入业务组合（不过经营规模不及鸦片和棉花），后来又涉足大米和保险
生意。他发现代理商帮忙打理业务能挣到数目可观的佣金，于是又将触须
伸到代理行业。这桩生意的吸引力十分明显：代理商给托运人支付货物预
估价的一半到三分之二，货物卖掉之前，作为托运人资产。如果货物卖亏
了，托运人需要赔偿一部分给代理商。换言之，交易的大部分风险由托运
人而非代理商承担。

这时的大卫已经不再是单打独斗。大卫的第三个儿子沙逊·大卫生
于1832年，也是沙逊家族第一个在孟买出生的孩子，如今他也像两个哥哥
一样开始帮忙打理家族生意。沙逊家族当时在中国通商口岸成立分支机
构，冠以沙逊洋行的名字，比如沙逊洋行孟买办事处或沙逊洋行上海办事
38 处，并计划在加尔各答新开一家。大卫的第四个儿子鲁本当时正在接受培
训，准备负责其中一家办事处的运营。沙逊家族在各地开展业务，经手商

品多种多样，贸易体系错综复杂，要想高效运营，全靠基本理念：信任与自己打交道的人。沙逊家族在巴格达的经历让大卫意识到，既要跟各路贸易商建立牢固持久的关系，也要准确收集情报。如果没有信得过的贸易伙伴，商品的供应就会匮乏和不可靠。大卫力所能及地帮助这些贸易伙伴，但要和贷款划清界限——沙逊家族不是开银行的。有一次，跟沙逊家族打交道的一位贸易商想申请八个月的贷款，大卫直言不讳地跟一个儿子说："我没有答应，因为不想承担这个责任，贷款最后大多都会闹到不欢而散。"[35]沙逊家族该时期的账簿能证明这一点。耶路撒冷国家图书馆的沙逊家族档案室保存了很多这样的账簿，随着沙逊洋行发展壮大，成为孟买商界领头羊，这里的每一本账簿都记录了数不清的交易，而且数额越来越大，商品种类越来越多，也涉及家族在东方开设的各家办事处。

从这些账簿中还能看出沙逊家族的另一项活动：慈善事业。当时每笔交易收取0.25%的成本费，就像每箱鸦片都需缴纳海运税、办公费用（文员开支）和会计费一样。账簿显示，各办事处均需缴纳这些费用，记下净额。一桩买卖不管能否盈利，都会加上慈善（账簿中使用希伯来语tsdaka或mitzva表示）附加费。这种慷慨大方并非没有好处。大卫通过这笔附加费公开做善事，积累声望，比如他在孟买建了一所学校，供男孩学习世俗和宗教内容，这所学校同时也相当于人才库，大卫可以从中招收有文化、有才干的青年为公司效力。即使有些人毕业后加入其他公司或自己创业，但他们永远不会忘记捐助人的恩情。大卫捐款建的第二所学校类似一所女校；第三所是大卫沙逊工业感化学校，专门招收贫困青少年（包括曾入狱的青少年），教授木工或金属加工等手艺。每所学校的理事会均由大卫的一两个儿子与两三名在印度生活的英国商人组成，此外还包括至少一两名印度商人。[36]为了遵守教规，大卫本来打算让感化学校周末停课，但孟买政府拒绝了他的申请，理由是"此举显然对感化学校的学生和纪律不利"。[37]孟买所有地位显赫的商业家族都投身于类似慈善项目，只不过程度和重点各异。沙逊家族当时跟塔塔公司有所来往，有时两家公司会联手参与慈善事业，不过塔塔商业帝国的光芒后来盖过了沙逊家族。塔塔公

39

司的创始人贾姆谢特吉·塔塔（Jamsetjee Tata）做的是棉花和鸦片生意，但对教育事业特别是女孩教育十分慷慨，此外在卫生慈善领域也乐善好施。[38]多年之后，沙逊家族捐钱修建贾姆谢特吉·塔塔纪念碑（J. N. Tata Memorial），纪念这位工业先驱。沙逊家族的慈善事业也涵盖各个领域，大卫和两个儿子均名列西印度农业园艺协会的捐款者名单，大卫还曾捐款用于孟买维多利亚花园的全面修缮。[39]

成为英国人

随着生意版图的扩大和慈善事业的开展，大卫在孟买和其他地区的形象也变得高大起来。作为商人，大卫体现了工业革命和自由贸易的精神；作为孟买公众人物，他又将英国的信仰与思想传播到英属殖民地。[40]大卫本人的利益与英帝国利益完美契合，尤其是二者的在华利益，完全不谋而合。1850年，大卫捐钱雕刻了一块大型雕花牌匾送给约翰·达尔林普·海（John Dalrymple Hay）船长，感谢他在鸦片战争期间给在华贸易商提供的帮助，可谓大卫与英帝国利益一致的最佳佐证。[41]三年后，大卫因对英帝国的贡献被授予英国公民身份，宣誓效忠英国女王：

> 本人，来自孟买的犹太商人大卫·沙逊，宣誓效忠大不列颠及爱尔兰联合王国以及属地君主，并对东印度公司保持忠诚。
>
> 1853年9月30日（原文为Thirtyth day of September 1853）。[42]

大卫到孟买已经二十载，但他学到的英语还不足以让他用英文字母签名，因此用的希伯来语。虽然大卫认同英国，对英帝国忠诚，哪怕开始在各种仪式上抛头露面，有英国官员称赞他慷慨大方，大卫始终都是用母语阿拉伯语回答。

大卫的生意风生水起之后，名声随之大振，他也迅速投身公共事务。19世纪50年代，庆典纷至沓来。1853年，《孟买年鉴》将大卫列入孟买六大"犹太商人"名单。两年后，大卫入选"有权在孟买及附属岛屿和克拉巴行使法官权利的皇家常驻法官"名单。[43]根据到访孟买的一位旅行者描述，大卫相貌堂堂，长得比孟买大多数人要高，总是身穿洁白无瑕的阿拉伯长袍，言谈庄重而自信。[44]大卫的朋友中有一位英国官员，在其漫长的职业生涯中，曾出任印度行政部门多份要职，这样回忆道：

> 在一众性格独特的人物当中，大卫·沙逊非常显眼。他是犹太人，靠贸易积累起巨额财富，他开办的沙逊洋行也是英属印度最富有的公司之一。在（浦那沙逊医院）奠基仪式上，（首席专员）巴特尔·弗里尔（Bartle Frere）爵士向大卫致以适当问候，大卫用阿拉伯语念了一段简短的演讲稿以表答谢。当时，大卫年事已高，表情庄重严肃，头戴华贵头巾，身着飘逸长袍，形象引人注目。[45]

要是以为大卫声名显赫就能躲过最古老的偏见，那就错了。当时英国社会反犹太主义风气盛行，德高望重的犹太商人一方面因商业成就受到世人夸赞，一方面又因犹太人身份受到歧视。1851年，大卫买了一座新宅邸，《艾伦印度邮报》（*Allen's Indian Mail*）报道称，"孟买红房子原为查尔斯·福布斯（Charles Forbes）爵士宅邸，后成为其公司几名合伙人住所。经拍卖由犹太银行家大卫·沙逊先生购得。"[46]此处报道有误，如前所述，大卫并非银行家，从中能看出大卫和家人在孟买经历的审查。他们不单单是犹太人，更是从阿拉伯世界来的移民，难免会激起英国人的好奇心。有家报纸报道称，孟买一所英国学校招收了五名"希伯来女学生"，称"她们换下民族服装，无人穿戴面纱，有的穿着打扮就像英国女孩"。其中三位是大卫的亲戚，并称"大卫是个开明人，此前他一直尽力为同胞提供普通教育，启迪智慧"。[47]另一家报纸将大卫领导的孟买犹太人教育事业称为"运动"，评论称这场运动打破了"东方女性不抛头露面、不接受任何教育的传统"。[48]整体来看，孟买还是接纳了沙逊家族和犹太人。19世纪70年代，这种接纳更为明显。当时，孟买的有轨电车开始运营，孟

41

买政府做出特殊让步，允许犹太人在安息日用代乘券搭乘电车，避免使用
金钱。严守教规的犹太人可以提前购买代乘券，上面印有"仅供犹太人搭乘有轨电车之用（仅限星期六及犹太节日）。乘客将此券递交电车售票员，即可签发车票"字样。[49]

第一次鸦片战争结束十年后，不久另一个闭关锁国的国家——日本也遭遇类似命运。19世纪40年代，美国为了发掘新的经济发展机遇，扩张主义野心在太平洋地区显露无遗。1853年7月，美国军舰在司令佩里（Perry）率领下开进东京湾，要求日本开放港口给外国人。次年2月，日本签署《神奈川条约》（今横滨地区），结束了两个世纪的闭关锁国的状态。大卫迅速行动，沙逊洋行成为第一批进军日本市场的公司，并快速将业务集中于港口城市长崎和神户，后又将生意扩张到横滨。一连串举动体现出大卫最基本的经商原则——丰富进货来源，开拓贸易路线，这是沙逊家族在鸦片战争之后的业务扩张过程中创建的模型。

一段时间的稳定之后，中国局势再次紧张。清政府统治权遭到外来侵略削弱，十多个省份爆发起义，进一步打击了清政府的军事力量。[50]中国买下的英国商品还不够多，准确地说，中国太穷，买不起英国商品，两国贸易重回对华有利的局面。英国希望进一步扩大在华贸易权，将鸦片贸易合法化，以免世人觉得英政府在怂恿大规模交易违禁物品。1856年底，机会来了，当时中国水师登上在英国领土登记、停靠广州口岸的亚罗号，逮捕了几名船员。中国水师称亚罗号是中国船主的私有船只，[51]但英国方面认为中国水师的登船行为严重违反条约，足以发动战争。第二次鸦片战争爆发，这次战争也因此称为亚罗号之战。法国希望在华牟取私利，伙同英国作战，加剧双方军事力量失衡。1858年6月，清政府签署《天津条约》，新增数个通商口岸，允许外国人在通商口岸居住，并可往内地游历，传教士可自由传教。这次战争一直持续到1860年《北京条约》签订才告结束，而《天津条约》强迫清政府承认鸦片贸易合法，鸦片生产和进口因此激增。鸦片贸易合法化实际上是否导致"鸦片吸食量明显增加"虽尚有争议，[52]但天津条约背后的意图却是不争的事实。前往北京的英国

大使后来向议会坦白，"我们强迫清政府签订条约，允许清朝民众吸食鸦片"。[53]1858年后，鸦片贸易迅速发展，英国政府税收增加，印度商人的财源也滚滚而来，孟买成为次大陆乃至全球的商业和工业中心。[54]1860年，鸦片成为全球最有价值的贸易商品，并且霸主地位保持了四分之一个世纪。无论鸦片是否是英国用来残忍毒害和削弱他国的工具，如今通常也都这么认为，但需要记住一点，鸦片本身在美国和欧洲是合法的，曾被列入《经济学人》(*The Economist*)每周商品目录；直到1916年，在英国购买鸦片才需要医生开具处方。[55]英国某高级官员的一番话道出了那个年代对鸦片的看法："我不明白，凭什么认为印度买卖鸦片的收入比英国买卖琴（烈）酒和烟草的收入更见不得光。"[56]

沙逊洋行福州办事处。照片拍摄于第二次鸦片战争结束后十年间

当英帝国主义在华横行霸道之时，在印度的统治权却遭到1857年印度民族大起义的严重削弱。孟加拉军队对英国统治者的积怨蔓延，印度王公因特权被剥夺而心怀不满，传教士的各种行径火上浇油，引发孟加拉地区反抗外国势力的暴动和抗议。抗议活动在印度东部蔓延，一度动摇英国对这块最宝贵殖民地的控制。为了镇压起义，英军"实行无差别恐怖主义，大肆破坏农村地区，滥杀无辜"，[57]德里和勒克瑙的起义遭到英军报复，两个起义中心均陷落。[58]这次起义虽然被镇压，但它标志着东印度公司对

印度统治权的结束。1858年颁布的《印度政府法案》将东印度公司管辖的所有地区和权利全部收归英王所有，在内阁设印度事务大臣，统领印度事务，并设印度公务员制度加以辅佐。新行政系统的最高职位是总督（又称印度副王），直接由英王任命，对印度施行专制统治，拒绝依靠印度代议制政府。[59]

孟买距离起义中心非常遥远，避免了直接冲击。这次起义是英国踏足印度300年来最动荡的一次，让沙逊家族在很大程度上是站在英国一边的。根据一位记者报道，大卫作为孟买犹太社区的首领，曾联系孟买总督表忠心，"整个希伯来社区将全力效劳"，还劝说孟买其他社区也表态。[60]起义结束后，大卫给一项基金捐款，援助战后孤儿寡母。大卫曾宣誓效忠的那个帝国，他从未踏足半步，语言也不通，但英帝国庇佑了他和家人，让沙逊家族的命运与英国休戚相关，福祸相依。要说1857—1858年印度民族大起义有何影响，那就是这次起义似乎让沙逊家族对英国政府更加忠诚。沙逊家族发展壮大，成为真正意义上的全球商人，与之呼应的是，"自由贸易"兴起，成为英国政府的基本原则和核心政策。[61]这一时期，沙逊家族与英帝国的利益趋于一致，且这种家族利益与帝国意识形态的偶然契合将使双方受益长达半个多世纪。

第 4 章
向全球拓展业务，1858—1864 年

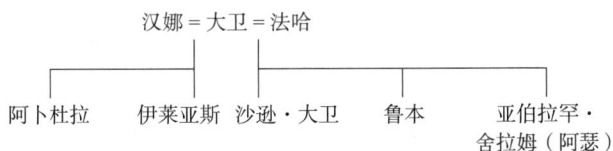

```
                    汉娜 = 大卫 = 法哈
        ┌──────────┬──────────┼──────────┬──────────┐
     阿卜杜拉   伊莱亚斯   沙逊·大卫    鲁本      亚伯拉罕·
                                              舍拉姆（阿瑟）
```

　　孟买当时举行了多场庆典，庆祝权力从东印度公司收归英王，但最盛大的一场并非在即将离任总督埃尔芬斯通（Elphinstone）勋爵的宅邸举行，而是在"孟买某富商的宅邸"举行。《伦敦新闻画报》（*Illustrated London News*）大肆赞扬这场盛大的宴会："1859年2月28日星期一，孟买商界人士将永远铭记此日，孟买和中国商界著名的犹太富商大卫·沙逊先生在宅邸举办盛大庆典，庆祝维多利亚女王陛下接管印度政府。"宴会在大卫的新宅邸举行，共500位宾客出席。1858年底，大卫认为沙逊洋行的商业地位稳固，开始大手笔置办地产。他在孟买当时最富有的片区之一拜库拉买下一处豪宅，取名"Sans Souci"（法语，意为"无忧宫"），名字来自腓特烈大帝1745年左右在波茨坦建的避暑山庄。这座行宫"模仿意大利文艺复兴时期豪华宫殿的建筑风格"，[1] 方便腓特烈大帝在王宫繁忙公务之余到此度假。事实上，孟买无忧宫更偏向波斯风格，跟波茨坦无忧宫不太沾边，这里"温泉叮咚作响，榕树林传来绿鹦鹉的啁啾"。不过，大卫的这座无忧宫并非单纯用于休闲度假，更多地是用来招待英国官员和孟

47

买商界名流，博得他们交口称赞。大卫严守犹太教教规，专门建有一间屋子，里头放满了一袋袋储备食品和用具，在"逾越节前夕可以用来烤薄饼或无酵饼，供节日八天食用"。[2]

无忧宫正门插了英国国旗，周围插有庆祝的旗子和横幅，宅邸内的花园也装点得灯火通明。这次宴会的象征意义也没有受到忽视。"众人交口称赞这场盛大宴会，沙逊阁下谈起以前，人们担心孟买有些犹太人不够忠诚，后来他很高兴地发现，犹太社区最为忠诚"。[3]在狼狈逃离巴格达30年之后，大卫已蜕变成为新家园的显要人物，众人纷纷赞扬他的忠诚和财富，没人再来迫害。同一年，一位来自巴勒斯坦的拉比到访孟买，笔下文字印证了《伦敦新闻画报》的报道：

> 他是孟买（犹太）社区唯一的王子，犹太民众的首领。他是贵族，也是最正直的人。他如此富有，又如此正直。他是受人尊敬的长者，慷慨好施而仁爱有加……他就是大卫·沙逊·萨利赫族长。
>
> 他身着宽大长袍，头戴华贵头巾，穿着打扮跟在巴格达一模一样，散发着圣洁与光辉。[4]

沙逊家族在孟买的这处宅邸至今犹在，现已改建成大型医疗中心——马希纳医院。整座建筑已经难寻家族留下的明显痕迹，善于观察的游客也许能发现沙逊家族的族徽，上面刻着希伯来语和拉丁语箴言（见下文详述），采用从英国进口的橡木，精雕细琢的楼梯连接上下两层。[5]花园中，当时的宅邸还在，从阳台眺望花园，眼前浮现出在这里举办的一场又一场宴会。

大卫在附近修建的犹太教会堂更为引人注目，外墙是非同寻常的蓝色。拜库拉大卫之盾犹太教会堂内的一段铭文写道："这座礼拜堂由大卫·沙逊出资修建，于1861年竣工。"1910年，大卫的孙子雅各布·沙逊翻新和扩建了这座教会堂。2019年，印度政府将其恢复昔日风光。直到今天，这座教会堂仍供孟买小型犹太社区的犹太人做礼拜。大卫建教会堂、买豪宅、办宴会并非单纯为了讲究排场。他非常清楚政界与商界的瓜葛，因此利用教会堂、豪宅和宴会来彰显身份，游说英国官员（以及其他地区的达官政要），保护沙逊洋行的利益。此次宴会之后的六个星期，印度政府为增加政府收入突然宣布增加进口关税。大卫作为代表孟买商界的六名说客之一，游说新任总督，想恢复此前的关税，或至少豁免已发货或已靠岸的货物。[6]这一次大卫的影响力没有奏效，几位商人代表的请求被驳回。然而，他在政界与商界周旋，捍卫沙逊洋行和孟买商界的利益的角色将会多次扮演。沙逊家族的生意越做越大，接二连三开设新办事处，交易的商品种类日渐繁多，关税、汇率波动和货物运输对沙逊洋行的盈亏也越发重要。大卫进一步部署兄弟几个——阿卜杜拉留在孟买，协调扩张事宜，通过一封又一封书信跟贸易商和代理商搞好关系；伊莱亚斯留在中国，拓展鸦片供应商和零售商网络，沙逊家族正是靠这桩买卖，用不到20年时间，便从白手起家的小公司晋升为商界大亨。此外，大卫对儿子沙逊·大卫也一样部署有方。沙逊·大卫在兄弟几个中排行老三，是与续弦所生的长子，为人有趣。像其他兄弟一样，沙逊·大卫也被派到外国当学徒，目的地是巴格达，经人介绍在当地认识了后来的妻子，之后又被派往上海。1858年，26岁的沙逊·大卫成为整个家族第一个移居伦敦的人，并在那里打造出家族第三个商业中心。伦敦不仅是英帝国首都，更是当时全球金融中心，沙逊家族有必要在此占据一席之地。

49

50

　　沙逊·大卫不像两个哥哥，他热爱大自然，喜欢收藏书籍并沉浸于犹太法典《塔木德》的研究。多位观察家认为他是"沙逊洋行在英国的开拓者"，为其他兄弟后来在英国施展拳脚奠定了基础。沙逊·大卫又高又瘦，不像其他兄弟一样壮实。在别人眼中，他就是个梦想家，性格内向，跟弟弟鲁本完全相反。沙逊·大卫工作非常勤奋，喜欢写作，编写了孟买第一本巴格达犹太方言期刊，这种新闻从业者的潜质后来被女儿继承。[7]沙逊·大卫在伦敦跟兰开夏郡的实业家建立起良好关系，这些实业家迫不及待地想购买棉花原料，销售纺织成品。他跟伦敦那些有兴趣买卖茶叶、丝绸和金属的公司关系融洽，跟英国政客及贵族阶层也有走动。由此可见，把沙逊·大卫从上海召回并派往伦敦是老大卫的一步妙棋。接下来十年，伦敦业务迅速扩张，以至于当时还在中国做学徒的鲁本也被派到伦敦，帮忙打理猛增的业务。大卫将伊莱亚斯派到中国，将沙逊·大卫派到英国，凭的是直觉和搜集情报的需要。鲁本的弟弟苏莱曼也跟随兄长脚步，前往香港和上海，不过从来没动过移居西方的念头，这点算是与众不同。

大卫跟年纪最大的三个儿子合影。从左至右分别为伊莱亚斯、阿卜杜拉和沙逊·大卫，其中沙逊·大卫身着西服，与哥哥着装不同

历史学家苏嘉塔·鲍斯（Sugata Bose）认为，"殖民主义时期，没有哪家做代理商的亚洲资本家跻身高级金融圈，沙逊家族是唯一例外"。[8]鲍斯认为，沙逊家族跟大部分印度、中国和巴格达犹太资本家不同，这些公司多数想方设法控制印度洋的集市经济，只有沙逊家族"自19世纪50年代中期开始，成功进入伦敦高级金融界"。[9]大卫对儿子的部署也很明智，兄弟之间岗位可以互替，整个家族能在危急时刻拧成一股绳，全力应对。接下来30年，大卫的儿子大多数举家迁往英国，孙辈几乎没有兴趣在印度或中国生活，整个家族与巴格达起源和语言的直接联系从此切断。大卫虽然拨动了沙逊商业帝国转动的齿轮，却没料到后来的一切。1861年，他资助沙逊·大卫在英国萨里郡买入一处地产，即阿什利庄园，这里距离伦敦约

27英里，耗资48500英镑（约相当于今天的500万英镑）。这处富丽堂皇的
庄园后来成为沙逊家族显赫一时的象征之一，也见证了家族未来几十年商
业抱负的不断演变。

52

阿什利庄园

贸易机会

19世纪60年代前半期，沙逊家族业务迅猛扩张。随着在华鸦片贸易的
合法化，英国竭力从这桩买卖榨取更多利润。印度政府负责决定向市场销
售多少鸦片，划拨多少土地来种植罂粟。[10]政府一旦发现罂粟歉收，就会
提高原料价格，刺激市场。19世纪后半叶，鸦片是出口到上海最值钱的商
品。1865年，这些货物价值1640万两白银（约相当于当时170万英镑或850
万美元）。[11]随着鸦片在中国蔓延，这种"洋药"被中国当时的商铺掌柜
当作通货和支付手段。

有观点认为，"没有鸦片买卖，就没有大英帝国"。[12]确实，当时做
这桩买卖的英国臣民数量不断增长。孟买和加尔各答的贸易商想方设法攫
取更多利润，越来越多的公司效仿沙逊家族，事先向农民支付一年预付
款，保证罂粟稳定供应。截至19世纪60年代，印度估计有150万户小农家
庭种植罂粟，将原料送到离家最近的政府机关。罂粟种植非常艰苦，预付

款能提供安全感，但并不意味着农民不会受到剥削。最近一项实证研究表明，许多"农民种植罂粟做的是亏本买卖"，因为别无选择，只能硬着头皮接下这单"无利可图的生意"。一旦收下贸易商和政府的预付款，他们就被"网进合同义务的大网，很难挣脱"。[13]有些文章的作者则强调鸦片对印度农民的重要性以及对印度农业的贡献，"罂粟种植的真正好处并非带来暴利，而是用四到五个月高强度的辛苦劳作换来安全感，降低风险"。[14]

当时对印度鸦片的需求猛增，竞争日益激烈，沙逊家族甚至将眼光投到国外，希望实现供应链多样化，用波斯和土耳其鸦片作为马尔瓦和巴特那鸦片的补充。从浦那寄往布什尔的一封信中（沙逊家族逃出巴格达后在布什尔住了一年，然后才移居孟买），阿卜杜拉跟一位员工抱怨，波斯鸦片卖价太低，中国人更喜欢印度货。[15]孟买商会的一份年度报告证实了这种说法，称当时只有一批数量庞大的波斯鸦片经新加坡运到孟买，而"沙逊洋行是这批货物的主要托运人"。[16]此后数十年，随着需求进一步增长，波斯鸦片将销往整个中国。

将鸦片卖到中国需要敏锐掌握外汇交易风险，尤其是白银的特性。中国商人坚持收白银，其实17世纪中国的繁荣发展也有白银流入的功劳。[17]对外商而言，复杂之处在于清朝所谓的复本位货币体系，即同时使用白银（银锭）和黄铜（铜板）作为通货，意味着一种货币与两种不同的金属挂钩，而白银和黄铜价格都会波动，有时甚至剧烈波动，银锭和铜板的数量则取决于这两种金属的供应量。从理论上而言，白银与黄铜之间的兑换率是固定的，但实际上市场会调节兑换率，这样贸易商要想评估风险就难上加难。17世纪，外国银圆进入中国并被广泛接受，跟中国本土货币竞争。19世纪纸钞复兴，清朝的货币体系变得更为复杂。陷阱处处皆是，根据1859年的一份报道，沙逊洋行与中国某代理商因法律纠纷对簿公堂，后改用纸币来购买黄金。[18]

当时中国的司法系统也不易驾驭，洋行跟当地贸易商和代理商出现纠纷，最后闹到对簿公堂是常事。1858年上海就有这么一回，当时沙逊家族购买黄金，使用银行汇票结算，限汇票到期日承兑。结果，跟沙逊洋行做生意的那位买办在银行汇票到期之后一天才来到沙逊洋行要求兑付，但这时汇票已经一文不值，其间种种误会，再加上对银行系统工作方式不熟，导致纠纷花了一年时间才解决。法官做出对被告（即沙逊洋行）不利的裁决，要求沙逊洋行必须全额赔偿中国原告主张的款项，且利息也计算在内。[19]这类纠纷一旦发生，外商跟买办之间几乎没有共同利益可言，每一方都按照自己的文化背景来思考和行事，援引的也是自己国家的法律。外国公司很难从买办手里把钱要回来，哪怕钱被挪用也无法追回。即使有时候英国政府干预，贸易公司承担的损失也是永久性的。19世纪，中国的销售体系分为三层，由大宗批发商、大宗零售商和当地经销商组成。最上面一层的大宗批发商很有势力，哪怕事情闹到政府官员那里，也能获得偏袒。外商还会面临清朝官员的侵扰，比如外商凭过境通行证可免过境费，但有的官员会拒绝承认这些通行证，让外商买不成茶叶和丝绸。[20]

54

即使没有清朝官员从中作梗，在中国做生意也不容易。有一回，沙逊洋行的雇员拒绝把鸦片卖给中国一伙鸦片商当中的一位，结果遭到联合抵制。这伙鸦片商坚持让该雇员的雇主，也就是苏莱曼本人出面解决问题，称除非解决这次冲突，否则不再向沙逊洋行采购鸦片。沙逊洋行高级雇员莫迪凯（Mordechai）当时正在出差，其妻子给苏莱曼写了一份备忘录，抱怨这次发生的事情（"这是什么地方？谁蒙受损失就要跟谁做生意？难道就没有法律能管管这事吗？"），请求苏莱曼从香港抽身来上海几天，解决这起冲突。[21]这群鸦片商手上有474箱鸦片，至少能卖15天，但是没有向沙逊洋行支付货款。苏莱曼建议上海办事处不要再将鸦片卖给这群商人，除非他们把货款付清。上海办事处当时还压着1800箱从加尔各答运来的鸦片，担心冲突拖下去会造成巨额成本损失，尤其是任何交易中断都会导致中国各家银行不愿意跟沙逊洋行往来，[22]也会让中国本土势头见长的鸦片生产商钻空子。[23]冲突爆发之后几天，上海办事处请求苏莱曼写一封和解信给公会，结束冲突。谈判过程中，这群鸦片商的意图更加显露无遗，他们希望沙逊洋行削减对华北的鸦片供应，这样就能用中国本土鸦片填补空缺。[24]冲突历时一个月，最终苏莱曼写了一封求和信，双方召开会议结束了这场闹剧。虽然莫迪凯对此做法心存疑虑，不过更担心其他鸦片商会"伺机"取代沙逊洋行；[25]冲突告一段落，"接下来市场有望稳定一两个星期"。[26]

鸦片贸易错综复杂，运费、保险费和课税也十分高昂，此外还受到运输系统的影响。1847年，半岛东方航运公司开始入局鸦片生意，彼时大卫已经在这一行站稳脚跟。19世纪50年代，沙逊洋行被称为"地位举足轻重的托运人"，不过像怡和洋行一样，大卫主要通过自己的船舶做出口。[27]要想在运输界占有一席之地，办法之一就是投资船舶公司。1864年初，《伦敦与中国电讯报》（London and China Telegraph）报道，鲁本·沙逊被任命为中华蒸汽机船与纳闽煤炭公司董事会副主席。[28]

不过，鸦片商提升利润的办法可谓五花八门。比如一周不进货，等价格下跌，再进新货。[29]再比如中国市场的鸦片价格下跌时稳住阵脚，等价格恢复再出手。[30]沙逊洋行经济实力雄厚，有本钱等，其他商家本来就是借钱进货，无论市价高低，都得立即出手。如果竞争对手高价买进或卖出，沙逊洋行的几家办事处往往都会囤足够的货，避免抢购或抛售。[31]他们手头还储备了足够多的现金，让信得过的经销商能够分期支付货款，无须一次付清，毕竟很多经销商都没有实力付全款。几家办事处也给沙逊洋行带来灵活应对的好处：如果其他地方出现良机，他们可以迅速加价或降价，促成该地买卖成交。沙逊家族经手的鸦片数量惊人，但他们做生意的灵活性也同样惊人。帮大卫打理生意的几个儿子，如果能证明自己的本事，就能担任合伙人，行使一定的自主权，也会拥有自己的账户和许可证，遇事可以当场拍板，无须事事都向孟买总部请示。沙逊洋行的所有商业优势都得益于"质量取胜"的原则。从长期来看，市场总是不缺买好货的买家，因此沙逊洋行一直青睐质量上乘的马尔瓦鸦片。阿卜杜拉是大卫在孟买的二把手，对那些进到劣质鸦片的雇员尤其严厉，因为担心脱手困难。[32]

分散风险

对错综复杂的全球贸易商网络而言，风险管理极其重要。大卫天生厌恶风险，也执着于分散风险。他效仿帕西人的做法，将房地产作为公司投资组合的必要部分。沙逊洋行各合伙人不仅有私人住宅，还有供出租的地产，租金归公司或个人所有，等于多个渠道提高投资收益。风险分散还意味着向金融和银行业扩张。大卫本人没有涉足银行业，不过沙逊洋行需要依靠印度和中国稳靠又灵活的银行业来做买卖，因此将后代安插到这两个国家几家银行的董事会。其中一位一直在孟买贸易的主要融资人——孟买银行董事会任职，另一位接替已故的詹姆斯·杰吉伯伊爵士，在政府储蓄银行的管理委员会任职。[33]这种人脉安排无疑对沙逊洋行的融资有帮助，此外还能提供有关竞争对手活动和运营的情报以及孟买整体经济前景，这些也是宝贵资源。

海运保险也是一种风险管理工具。海运保险费用十分昂贵，占货物价值的2%—5%，不过亚洲以及途经伦敦的多条航线天气恶劣，货船经常沉没或受损，因此购买保险极为重要。在直接投身海运保险生意之前，沙逊家族就已经投资保险公司。根据《伦敦与中国电讯报》，苏莱曼·大卫·沙逊代表沙逊洋行担任保家行（North-China Insurance）的五名董事之一。[34]后来，沙逊洋行还进军海运保险行业，不过只是小试身手。这种垂直型业务整合对那个年代的贸易商来说非常少见，足以说明沙逊家族作为19世纪规模最大的商业帝国之一，其见解之深刻，其雄心之远大。

不过，沙逊洋行并非每项新业务都做得顺风顺水。中国是沙逊洋行的第二大业务中心，当时英国在讨论在华修建铁路，沙逊洋行预感这项投资可能赚大钱，还能巩固他们的在华利益。麦克唐纳·史蒂文森（MacDonald Stephenson）爵士当时负责开展可行性研究，大卫给史蒂文森爵士写了一封信，信中表现出对中国民众福祉的关心，这种关心是以前从来没有过的："我们相信几条铁路竣工之后，将在社会层面和商业层面大大造福这个国家。我们认为选择上海到苏州这条线路来试运行最好，盈

57

利的可能性最大。"[35]不过，该方案最后无疾而终。

另外几样出口商品则稳靠得多。茶叶是印度、中国和英国三角贸易的支柱之一，与鸦片一起支撑起整个沙逊商业帝国。自18世纪起，喝茶成为英国民众的习惯，到19世纪，在一定程度上促进了英国造船业发展，因为贸易商为了满足对茶叶不断增长的需求，启用商船来运输茶叶和糖。18世纪末期，普通英国工人用来购买茶叶和糖的平均支出占食品总开支的10%，肉类开支占12%，啤酒开支占2.5%。[36]有观点认为，茶叶是工业发展的动力，已经成为英国工人饮食的关键组成部分。[37]大卫意识到英国对中国茶叶需求强劲，对丝绸需求较弱，因此立志成为印度、中国和英国三角贸易的重要支柱。茶叶价格波动跟收成、茶叶质量和需求有关。茶叶会腐坏，需求疲软时囤货会增加仓储成本。1864年，沙逊洋行伦敦办事处报告称，"茶叶市场出现停滞，那些草率买入茶叶并为此交税的人这回亏本了。另外，有消息称美国正在将茶叶运往英国，价格还会继续下跌"。[38]市场上能买到的茶叶品种越来越多，沙逊洋行专门雇用专业"品茗员"，就不同茶叶品种的品质提供建议。"尤纳博士晚上来我们家用餐，他看起来为人和善，但不大聪明，但愿上海办事处雇用他能派上用场，但愿他的服务能让人满意。"[39]不过，后来上海办事处似乎没有雇用这位尤纳博士，而是聘请了一位伯纳德（Bernard）先生担任沙逊洋行品茗专家，合同有效期为四年。[40]有时候茶叶价格下跌，沙逊洋行会趁机囤货，希望等价格上涨再出手，不过此举明显有风险。[41]就像其他商品一样，计算茶叶运输的海运税很关键。当时，上海办事处给香港办事处写信寻求指导：

> 请明确告知我处需购买多少茶叶以及精确投资金额，以便我处准备本季度进货。今年茶叶采摘较早，请告知我处，阿伽门农号或其他蒸汽机船出航的海运税是否合适，以便我处安排货船运送茶叶至伦敦，如其他英国公司快速出手，我处也会立即将茶叶售出。[42]

丝绸贸易的重要性和规模都远不及茶叶贸易，不过丝绸需求旺盛期，特别是上乘丝绸的利润相当丰厚。上海办事处的一位英国雇员曾给孟买的亚伯拉罕·舍拉姆提交过一份报告，记录了买卖这种奢侈品的商人所担心的意外情况，也反映出沙逊家族商业版图的扩张之迅速：

> 自上次递交（报告）后，丝绸市场非常活跃，我们大约卖出2000捆丝绸，其中450捆流向法国市场，900捆以不记名方式（卖给各类贸易商）。各类丝绸价值均有所上涨，但英镑的兑换成本几乎没涨，因为汇率持续下跌……（我们）还将询购质量更上乘的丝绸，卖到伦敦市场。我认为入手清透细腻的丝绸基本稳赚不赔。[43]

这种对全球贸易动态的关注给沙逊家族带来很大好处，当时法国和意大利生丝严重歉收的报告抵达伦敦分公司，他们判断歉收将导致欧洲丝绸价格上涨，于是立即安排从远东进口更多丝绸。[44]

就像之前请品茗员来鉴定茶叶等级一样，创新给沙逊洋行带来竞争优势。虽然请专家的费用很贵，有时候还会产生误导，他们还是聘请了一位丝绸专家，帮助他们了解不同种类丝绸的细微差别。接下来几十年，这种竞争优势逐渐弱化，对业务的驱动力也逐渐消失。1865年，沙逊洋行雇用了一位英国专家，用沙逊·大卫的话说，"这位年轻专家对市场动向极为敏锐，头脑明智，对丝绸市场了如指掌，能给我们提供良好建议"。[45] 也许正是因为这位专家的意见，伦敦办事处认识到日本丝绸的潜力，注意到日元汇率波动较小，指示上海办事处从日本进货，再卖到英国和欧洲其他国家。[46]

沙逊家族的大米生意也是如此：先做背景调查，做好准备，等时机成熟便进入市场。[47]跟鸦片生意一样，沙逊家族买卖大米也很善于拓宽供应商渠道，灵活利用不同地区的大米差价："令我吃惊的是，上海大米市场停滞不前，加尔各答的市场需求却很旺盛。如果你发现中国今年的水稻质量不佳，考虑到马尼拉米价低，宁波米价高，我希望你从（菲律宾）进货。"[48]不管买卖的是丝绸还是大米，大多数情况下市场对优质产品的需

59

求始终存在，沙逊家族最初进军商界时就明白了这个道理。多年过去，进入20世纪后，孟买沙逊大卫信托基金受托人拿出微薄的4000卢比，用来支持信德北部水稻病害的病理学研究。[49]

虽然沙逊洋行的重心后来转向其他更能赚钱的商品，但公司还是保留了最初作为业务核心的纺织品交易，在开罗、贝鲁特、阿勒颇和巴格达销售衬衫料子、羊毛、靛青染料和其他纺织品。[50]这桩生意也秉持相同原则：分散供应商来源，不做投机买卖，如果投机盛行，就以高价卖出商品；尽可能掌握各地区的价格波动行情；避免挪用公款。棉花贸易商面临的难题之一在于经纪人和代理商在货物称量上动手脚。不讲良心的代理商会偷偷拿出一些棉花，给其中几包注水来补足重量，湿棉花在运输途中变干，到了最终目的地，收货人会抱怨4%—5%的棉花不翼而飞。[51]衬衫料子代理商也会用同样的伎俩，给货物注水来增加重量。有一次，一批衬衫料子运到曼彻斯特，沙逊洋行自己承担了这部分损失，没有转嫁给客户。[52]公司信誉保住了，不过兄弟几个因此互相指责，当时一批书信往来都在讨论雇用可靠代理商和经纪人的重要性。

要是公司找到可靠的合作伙伴，会尽力让对方满意。"我希望我们跟阿伽·穆罕默德·阿里做生意时做到万无一失"，阿卜杜拉给鲁本写信时说。这位阿里是沙逊家族在波斯的主要鸦片供应商，此前几个月宣布只跟沙逊洋行做生意。[53]阿卜杜拉鼓励鲁本给波斯湾还有波斯的贸易商写信巩固关系，鲁本抱怨自己波斯语不熟，阿卜杜拉又建议他避免使用复杂词汇，还宽慰鲁本，写得越多，波斯语就越熟练。[54]沙逊洋行在各地开展业务，利用差价做买卖，是沙逊家族的一大市场优势。当时香港办事处给上海办事处寄了一份关于衬衫料子的指导信，几乎适用于各种商品交易：

你那边（上海）的衬衫料子价钱非常理想，希望能卖完我们发给你的货，加上我们的成本不高，预计能挣到一大笔。在天津也可以卖，哪怕收入赶不上代理费……宁波的价钱也高，我们有望赚到8%的利润。换句话说，如果上海的市场价格比宁波低，不要出手，静观其变，不要把货运到宁波卖，免得承担两倍运输费，哪里有利润，就卖掉哪里的货。[55]

　　如果价钱全线下跌，这些指导原则虽然不能扭亏为盈，但至少能减少损失。这些书信往来，常常谈及兄弟几个从商界人脉搜集的情报是否可靠。根据资料，兄弟中某人建议另一位不要相信英国贸易公司发出的信息，理由是这些公司想推广自己的业务，不足为信。[56]代理商要是能确定采购来源或商品价格，消息会火速送往其中一家办事处，收到情报的办事处需要立即用书信通知其他办事处。几乎每天都有船只在港口之间运送信件，船一靠岸，邮差就会背着邮袋，马不停蹄地将信件送给收件人。之后几十年，沙逊洋行会用电报来发送最新价格情报，但事关买进卖出战略，却很少用电报沟通。

　　大卫几乎在给儿子的每封信中都反复强调：争取盈利。他相信好货始终有市场，赚取的利润也更丰厚，要求几个儿子把质量放在第一位。大卫喜欢发号施令，指挥儿子做生意，如果对方不照做，就会怒从中来。苏莱曼采购丝绸时进错了货，大卫在信中愤怒地写道："这种玩意儿根本没法卖。也许你这样做，就是为了让我以后不要再管你。不管卖什么价钱，你自己承受。"[57]大卫在微观层面的管理主要集中于各办事处的交易和人员任命。他在一份备忘录中对苏莱曼发出指示，"巴特那鸦片每箱卖758—760卢比，不过要是你发现上海鸦片价钱上涨，那每箱卖价也相应调高"，备忘录还精确列出苏莱曼应进的货物、数量、价格和进货城市。只有鸦片进货，大卫会给儿子一些自由裁量权，"鸦片要是进多了，不用担心"。[58]

　　家族成员之间难免冲突，大卫作为整个家族的掌门人，需要裁决纠纷，愈合裂痕。他在这方面基本上是成功的，但19世纪50年代末期，他感觉几个儿子之间的敌意增加，尤其是有的在上海这样艰苦的地方开启山林，有的却在伦敦享受更舒适安逸的生活。一次，大卫的长子阿卜杜拉跟四子鲁本因为贸易战略发生争吵。阿卜杜拉说鲁本没有尽心尽力，导致公司蒙受损失。[59]兄弟几个既要为公司效力，又要屈服于父亲权威，为此更

61

需要在家族内部拉拢盟友，对远离孟买决策中心的成员而言，情况更是如此。苏莱曼因远离家乡而沮丧，因此跟堂兄弟关系更近。其中一位从孟买写信给苏莱曼，感谢苏莱曼的友情，并宽慰说，"如果你需要我从本地提供帮助，无论何时，只需寥寥数语，我会非常乐意效劳"。[60]

棉花交易与美国内战

商业帝国的崛起靠的不仅仅是思想创新、辛勤工作和结识人脉，还要一定程度的好运气。1861年，战争又一次给大卫可乘之机，而沙逊·大卫在伦敦的安营扎寨也带来无法估量的价值。这次战争虽然远在美国，但对沙逊洋行的主要贸易商品——棉花却造成了深远影响。1861年4月，美国南北战争爆发，美国棉花严重歉收，价格暴涨，全球投机倒把的棉花生意激增。"棉花运抵工厂前已经在投机商之间几易其手，每转手一次，能挣到一点钱"。[61]战争爆发头两年，棉花价格翻了两番多，刺激了印度棉花生产。[62]甚至有传闻说，当时民众把床垫褥子撕碎充当棉花卖。在兰开夏郡这样的工业中心，原料短缺造成纺织品生产严重瘫痪，由此爆发"兰开夏棉荒"。英国政治家和说客担心，如果美国奴隶制度崩溃，英国工业会受牵连，建议英国政府投资印度棉花来替代美国棉花。[63]

棉花曾是全球最有价值的商品之一，其生产和交易却深陷美国南北内战的泥塘整整四年。每次传闻有望停战，棉花价格就会下跌，停战无望，又涨得更厉害。当时作为全球化征兆之一的通信技术有所进步，意味着消息的传播速度比以往更迅速。19世纪60年代，从英国往巴基斯坦卡拉奇发电报，平均用时五到六天，跟书信从香港寄达上海的时间相同。到19世纪70年代，电报经德黑兰发送，时间减少至四到五天。[64]沙逊家族是最早使用电报的一批代理商，跟众多全球化企业一样，用全球化手段来开展业务。沙逊洋行用电报互相传递有关战争进程的消息，始终关注盈利机会，在恰当时机买进卖出。大卫跟几个儿子的书信采用巴格达犹太方言，但大部分电报用的却是拉丁字母，很容易解读。电报既昂贵又不保密，由于消息必须简化成一两行字，还可能出现错误和误读。[65]每一条有关政治或经济的消息都可能影响价格。1864年，大卫在伦敦的一个儿子用电报通知香港的兄弟："伦敦9月13日，高息贷款与停战谣传使棉价下跌，超过一先令勿买。"[66]香港根据伦敦发来的电报对上海提议，称只要价格"合理"就继续买进棉花，并有可能盈利："降低进价能降低平均进货成本，让我们赚到钱。"[67]总统选举以及南北内战的结果统统都是关键因素，决定每次进回来的棉花是观望还是出手。伦敦办事处尽职尽责地从英国报纸收集跟战争密切相关的信息，然后转给家族在海外的各办事处。[68]上面这封电报发出不到两个星期后，在香港向上海发出指示的一个月前，伦敦办事处提醒说棉花过剩，预计价格猛跌，建议其他办事处按当前市场价出手，清理库存。[69]

　　从这次电报可以看出，那个年代的商人在全球化市场做生意，通信手段又不完全可靠，将面临种种困难。关键在于各办事处不仅要收集准确的市场情报，还要了解竞争对手和经纪人干了什么，准备干什么。[70]斯文·贝克特（Sven Beckert）认为，全球棉花交易"靠信贷，信贷靠信任。在超越亲朋好友和部落范畴的全球市场，信任取决于信息。信息因此成为大多数商业活动的核心。"[71]各办事处有兄弟之间的信任，再加上伦敦的有利地位，沙逊家族因此获得诸多优势，能够繁荣发展，不过各办事处之间的摩擦和互相指责也可能产生反作用，事实证明，确实如此。[72]市场预测活动会导致马后炮，有的办事处进价高了，或者该出手时没有出手，有时会因受到苛责而恼羞成怒。动荡年代需要钢铁般的意志，引人注目的是，当时掌管几家办事处的家族成员都相当年轻：1864年，亚伯拉罕·舍拉姆（后改名为阿瑟）执掌香港办事处时只有24岁，而苏莱曼23岁就已经负责上海办事处。整个家族幸而有他们的支撑，南北内战爆发之初，大卫身体每况愈下，虽然他仍是一家之主，但日常职责越来越多地分摊给后代，主要是阿卜杜拉。

　　阿卜杜拉发现，要想遥控远在天边的风险困难重重，特别是那场远在美国的残酷战争，漫天都是谣言。沙逊家族决定至少控制当地棉花的采

64

购。1864年11月，香港办事处建议，上海办事处无论谁来劝诱都不要再进货，除非当地民众哄抢。[73]然而仅一个星期之后，亚伯拉罕·舍拉姆就改变了主意。虽然根据伦敦办事处的消息，由于"库存多，银根紧"，棉花价格不景气，但舍拉姆预测美国内战不会立即结束，而且确实预测得没错（当时内战又打了六个月，到1865年4月才结束），市场一旦意识到战争继续，价格就会攀升。[74]几个星期之后，舍拉姆得意地给兄长写信，说事实证明自己的预测果然没错，亚伯拉罕·林肯再次当选总统，南北双方有望和谈，棉花交易活跃起来，价钱也有所上涨。[75]

从沙逊家族的角度来看，美国南北战争分为两个阶段：第一阶段是战争头两年，大卫虽然掌权，但权力更多地下放给阿卜杜拉，第二阶段，大卫的健康状况恶化，进一步退居二线，但仍会定期听取业务进展。大卫一手建立的体系在这段艰苦时期奏效了，不光兄弟几个互相信任，整个家族也朝着共同目标迈进。

沙逊洋行的顶层决策中心明显从大卫转到阿卜杜拉，公司的人员组成也发生变化。沙逊洋行大部分雇员都来自家族成员所在的犹太社区，大卫有时会派儿子去巴格达，鼓励年轻人举家迁往新家园谋生。雇用熟人能建立可靠的关系，即使公司不断壮大，也能继续用外人无法解读的方言通信。沙逊家族承诺出钱在孟买修建学校和医院，保证让他们有钱可赚，很多人被打动，搬到东方，其中有些人从沙逊洋行离职后自己创业。大卫的成功与善行远播，年轻的巴格达犹太人也移民到孟买，希望效仿大卫，找到发财之路。对他们而言，"19世纪中期，跟大卫·沙逊信奉同一宗教本身就意味着能找到事做"。[76]不过雇用"故乡人"也并非万无一失。高级雇员经常会派往远方，没有家族成员直接监督。沙逊家族严重依赖这些雇员，如果出现问题，要开除他们还得先考虑是否会严重损害家族业务。阿卜杜拉从印度浦那中国香港的弟弟苏莱曼写了一封信，抱怨一位雇员三番五次开口，要求在各类棉花和黄金交易中拿到更多分成。阿卜杜拉有两笔交易都付给此人更高酬劳，结果对方贪得无厌想要更多。"我没精力跟他纠缠"，于是阿卜杜拉解雇了此人，兄弟几个也纷纷支持。[77]还有一次，沙逊洋行抱怨，自从派了某位新雇员前往中国宁波打点生意，他们的"消息就不灵通了"，因此怀疑那位雇员是不是背着他们中饱私囊。[78]另外，要是优秀雇员想离职，他们也很难找到继任者。有一次，一位雇员想从宁波公司辞职回孟买，沙逊洋行拿不定主意，不知道找谁接替这个岗位，而且宁波业务不景气，拿不准该付此人多少报酬。[79]随着家族业务扩张，再加上巴格达犹太人不愿意长期驻留在日本和中国这样遥远的地方，于是家族在伦敦雇用了一批英国专业人士，送到远东任职，加上远东业务也需要这些人的专业知识和成熟经验。有位家族成员甚至呼吁各办事处只雇用英国人，理由是跟巴格达犹太人相比，英国人没那么贪婪和麻烦。

66

19世纪60年代早期，家族业务取得令人难以置信的成功，沙逊洋行迅速崛起，榨干了大卫古稀之年的生命力。他大部分时间都待在孟买之外的地区，用书信跟几个儿子保持联系，除非有要紧事，需要跟高级雇员碰面或者参加宴会，很少回孟买。大卫在浦那建了一处避暑山庄，离孟买128千米，取名为"花园幽径"（Garden Reach）。山庄的夜晚宁静凉爽，平日里风景秀丽，苍翠繁茂的花园一座挨着一座，特别适合清晨漫步。大卫还关心卫生事业，捐款在附近修建了一座医院，可容纳近150张床位。大卫没有等到医院竣工的那天，但这家医院至今仍在营业，并继续沿用大卫的名字，如今医院可容纳2500张床位，收治浦那的穷人，无论对方宗教和种族出身。[80]

大卫并非多愁善感之人，要是他能忙里偷闲遐想片刻，肯定会发现自己取得了多么非凡的成就。他儿时的方言——巴格达犹太语如今在从伦敦到横滨的各个办事处都能听到，它们之间数不胜数的书信往来，都用这种方言写成。这种只有自己人才懂的语言，一方面让他和几个儿子还有公司雇员显得与众不同，让沙逊洋行各办事处在错综复杂的信息网络中能谨慎交流；另一方面也传达了这样一种信念：不管办事处在何处开展业务，接受何种法律管辖，他们都隶属于同一家公司，秉持同样的职业道德，采取同样的发展战略。沙逊家族的成功当然不排除一部分幸运，世界主要经济

67

体的工业化促进国际贸易更广泛的发展，沙逊洋行赶上了这个发展的好时代，不过沙逊家族的成就超越了当时绝大多数同行。一位竞争对手这样总结当时的沙逊家族："无论白银黄金，还是丝绸、树胶、香料，无论是鸦片、棉花，还是羊毛、小麦，经海上或陆路运输的一切货物，都经过沙逊洋行的手或者印有他们的商号。"[81]

第 5 章
大卫去世，家族分裂，1864—1867 年

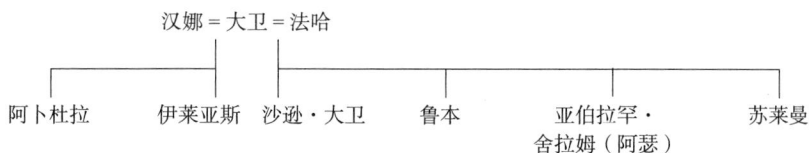

```
              汉娜 ＝ 大卫 ＝ 法哈
    ┌──────────┬──────────┴───┬─────────┬────────────────┬──────────┐
 阿卜杜拉    伊莱亚斯   沙逊·大卫      鲁本       亚伯拉罕·          苏莱曼
                                              舍拉姆（阿瑟）
```

　　美国内战接近尾声，大卫的身体状况进一步恶化，于1864年11月7日
在浦那去世，终年71岁。当时陪在他身边的只有妻子，但消息很快传到孟
买，阿卜杜拉以及在孟买的其他兄弟立即赶往浦那。"孟买犹太社区受人
尊敬的这位首领"很快安葬在浦那犹太教会堂的庭院中。大卫去世头一年
即启动该教会堂的修建，但1867年才竣工。[1]这个教会堂取名为"大卫之
家"，是一座引人注目、外观华丽的建筑。外墙用红砖砌成，屋顶有高高
耸起的塔楼，四周环绕着葱绿的小花园。庭院里有一座陵园，大卫的大理
石陵墓就在其中。陵墓四周均刻有碑文，其中两面刻有希伯来圣经引文，
称颂大卫伟大的品格与事迹，一面用英文刻着大卫的犹太历生卒年月，还
有一面是后来加上的，刻的是沙逊家族族徽。

　　大卫的去世并非突发事件，却撼动了整个家族的核心。毕竟落脚孟买
后，在短短30年间将沙逊家族铸造成全球商业帝国，全靠大卫的打拼。大
卫独断专行，家人亲戚言听计从，无人敢跟他作对。正是因为这点，大卫
在世时从未讨论过继承人的问题。不过事实证明，家庭成员在此问题上的

69

一味顺从并非好事。大卫的遗嘱于1862年签字生效，光第一句就成为不久之后沙逊洋行一分为二的导火索：

> 此乃本人，即孟买犹太商人大卫·沙逊的临终遗嘱。本人特此通过下述方式立嘱指定本人的儿子阿卜杜拉（遗嘱原文为Abdulla）·大卫·沙逊和沙逊·大卫·沙逊为本人遗嘱的执行人和受托人。[2]

大卫次子伊莱亚斯明显没有出现在这段文字中。原因是什么？为什么大卫指定两次婚姻的长子作为执行人和受托人？是否想明确表示他对第一任妻子和第二任妻子的孩子一视同仁？还是想更公正地执行长子继承权？大卫跟伊莱亚斯是否不合？阿卜杜拉是否影响了父亲的决定？还有一个问题存疑：大卫在去世三年前拟的遗嘱，是否让其中一个儿子看了遗嘱的内容？种种疑问，可惜我们已经无从知晓。不过大卫去世时，阿卜杜拉已经快50岁，估计不需要伊莱亚斯这样势均力敌的合伙人。[3]不过伊莱亚斯对家族生意的贡献远远超过同父异母的兄弟沙逊·大卫。毕竟伊莱亚斯才是在中国开拓业务的人，才是那个灵活利用两次鸦片战争，建立起有利可图商业网络的人。

大卫一生乐善好施，因此不难猜到遗嘱的第二项会是什么。他在遗嘱中决定捐赠8万卢比给以下一项或多项慈善事业：

> 在孟买建一座医院收治病患，或为犹太人买一块墓地并加以维护；或为祖国神圣古老的耶路撒冷的穷苦民众修建设施，给予捐款、接济或援助，先知预言这座圣城必将得以恢复，重获荣耀。[4]

除了给妻子留下一笔钱和每月固定生活费之外，大卫还让律师照顾妻子有生之年的一切需求，并将拜库拉的房子赠给她。不过，孟买福布斯街兼做住宅和沙逊洋行办公室的宅邸赠给了长子阿卜杜拉，并规定这块地在其去世后51年内不得出售，"以示对本人以及本人在孟买声望的尊重"。

大卫给每个女儿都留了一笔钱，无论她们是否出嫁，此外他还授权受托人支付家中所有孩子的教育费。遗嘱产生了一个问题：大卫·沙逊所有房产的家具都留给了妻子，但马匹和马车没有指定由谁继承。阿卜杜拉给兄弟几个写信表示，自己愿意"把这些马车留给大卫遗孀（即继母法哈），如果其他人同意的话"。[5]

大卫在遗嘱中交代完私事之后，对家族业务也立了规定：

> 本人宣布，本人去世后，将由上文所述、本人长子阿卜杜拉（遗嘱原文为Abdulla）·大卫·沙逊担任本人、阿卜杜拉·大卫·沙逊以及本人儿子伊莱亚斯·大卫·沙逊合伙所有的、其他人以商人身份参与的沙逊洋行之负责人。本人希望沙逊洋行合伙人继续使用（沙逊洋行）的名称或以（沙逊洋行）的名义开展业务，尊重并拥戴本人长子阿卜杜拉·大卫·沙逊作为沙逊洋行高级合伙人及负责人的指令。[6]

71

由此可看出，大卫毫无歧义地将长子指定为沙逊洋行负责人。遗嘱共九页，伊莱亚斯作为合伙人，只提到一次。大卫似乎预料到遗嘱内容会遭到反对，因此强调：

> 望所有子女均尊重本人长子阿卜杜拉·大卫·沙逊作为本家族族长和负责人的身份，望兄弟几人加深手足之情，彼此尊重，勿起争吵或纠纷，始终和平友好相处，共享万能的上帝慷慨赐予本家族的财富。[7]

大卫遗愿最终落空。沙逊洋行的统一状态只勉强维持了三年，之后正式一分为二。伊莱亚斯何时跟家人宣布自立门户不得而知，不过他和阿卜杜拉似乎一开始有过和解的打算。沙逊家族档案馆存有一份协议草案，签订日期是1865年9月25日，距离大卫去世近一年。协议规定于当年年底成立联合基金，沙逊洋行在中国、英国和日本（不包括印度）的所有收益按照二人投资比例分配。

更重要的是，协议草案提及了有关鸦片贸易代理费的处理，扣除雇员薪酬和租赁开支后在阿卜杜拉和伊莱亚斯之间六四开。协议还有一条防范家族内部裙带关系的规定："如合伙人子女在（公司）以接受培训的形式工作，将无权获得任何收益，除非公司一致同意该等子女的工作起到重要作用。雇主阿卜杜拉可自行决定该等子女的薪酬。"[8]该协议还建议继续将沙逊洋行每笔交易的0.25%用于慈善事业。对于该等捐款的具体流向，阿卜杜拉同样有权决定，但必要时可与伊莱亚斯协商。这份文件还有几处模糊的铅笔字迹，写的是本协议已提交给律师定稿。草案中只出现了阿卜杜拉的名字，最终也没有正式生效。我们无从知晓，这次交易由谁提出，也许协议遭到其他几个兄弟的反对，因为协议内容明显对他们重视不足，导致他们能获得的公司收益减少，决策权也被弱化。苏莱曼在香港和上海艰苦奋斗多年，还有伦敦的阿瑟和沙逊·大卫，他们与英国权贵政要的走动也很关键，这几人的权益理应考虑在内。而伊莱亚斯，也许他的雄心壮志一如既往，于是干脆决定自立门户，去打拼属于自己的光明未来。

档案没有提及阿卜杜拉和伊莱亚斯在大卫去世后的前两年是否出现纷争，不过遗嘱细节一经披露，另一个老问题也浮出水面——阿卜杜拉一直对弟弟鲁本不满，因为鲁本对生意不上心，也不听取他人意见。1865年1月底，大卫去世之后的几个月，亚伯拉罕·舍拉姆（阿瑟）写信给苏莱曼，说他很高兴阿卜杜拉和鲁本重归于好："上帝保佑，我们兄弟几个应该一致拥戴阿卜杜拉为家族掌门人，互相关爱，团结一致，维护父亲建立的家族名望，愿主保佑父亲在天之灵。"亚伯拉罕·舍拉姆认为兄弟几个关系改善，气氛缓和，是因为母亲前往伦敦居住。[9]

毫无疑问，一家人强烈感受到大卫离世造成的空白。沙逊·大卫写信安慰苏莱曼："哦，我的兄弟，请不要悲伤。我们必须心怀爱意，接受主的安排。我们不能忘了父亲和他的仁慈善良，哪怕一分钟也不能忘。希望我们能继续父亲的事业。阿门！"[10]家族生意的车轮滚滚向前，虽然按照犹太习俗，亲人去世之后要默哀七日，然而大卫去世之后仅四天，香港办事处与上海办事处就开始了商务信函的往来。[11]

阿卜杜拉召集兄弟几个，强调一家人必须团结起来，继续父亲开创的
事业："每个人在世间都是转瞬即逝，但慈父留下的事业，我们兄弟几人
必须捍卫。我们要互相友爱，彼此支持，提升沙逊家族在全球的名望。"　73
在其他兄弟支持下，阿卜杜拉计划在孟买为父亲立一座雕像，纪念大卫
为这座城市所做的贡献。阿卜杜拉还在这封宣告自身掌门人身份的信中
告诉弟弟苏莱曼，他准备举办一场"晚宴"招待总督，将有150位宾客出
席，尽管此举有背犹太习俗，照道理至亲去世，孝家一年内不能举办大型
庆典。

阿卜杜拉吩咐家庭成员从印度和中国商界筹款建造雕像。然而筹款
的结果令人失望，香港办事处负责人亚伯拉罕·舍拉姆抱怨，愿意出钱
的人寥寥无几，而且数目都很小。[12]几个月后，阿卜杜拉抱怨，香港方面
只有空洞承诺。[13]不过，后来雕像揭幕的声势倒是十分浩大，当时世界各
地报纸均有报道，算是还了大卫一个公道。大卫雕像由托马斯·沃尔纳
（1825—1892年）完成，首次展出于南肯辛顿博物馆（今维多利亚与阿尔
伯特博物馆），后来沙逊家族出资修建的孟买机械研究院竣工时，雕像转
运并安置在这所研究院门口。《伦敦新闻画报》评论称："雕像头部神态
逼真，看上去跟大卫本人十分相像，不过手法似乎有些夸张，这也是沃尔
纳先生作品的一贯不足。"大卫双手手掌向上张开。"雕像的双手倒是无
懈可击，不管是还原程度，还是雕刻技艺，都着实令人敬佩。雕像呈现的
是东方人表示感恩的姿态，似乎在感谢上天的慷慨赐予。"[14]

《伦敦与中国电讯报》称：

> 雕像神情泰然自若，设计简约大方，跟人物所着服饰相得益彰。长袍
> 从雕像肩部垂落而下，羊毛材质的层层褶皱栩栩如生，雕像胸前服饰也采
> 用同样手法处理。这些细节为整座雕像赋予生命气息，而木质雕像一般难
> 有此等效果。[15]

如今这座雕像安放在孟买大卫·沙逊图书馆入口处。站在这座雕像　74

前，仿佛面前是一位宗教人物，给人的印象更像先知而非商人。大卫的大理石半身像安放在拜库拉的孟买市博物馆，倒是更符合他本人形象，所附的宣传文字为"孟买最著名的犹太商人和慈善家"。[16]

沃尔纳雕刻的大卫像。今安放在孟买大卫·沙逊图书馆供游客参观

危机管理

大卫去世刚五个月，他一手创建的沙逊洋行似乎就遇到了第一次生存危机。当时美国内战接近尾声，棉花市场出现疲软迹象，许多贸易商手里都积压了大量存货。[17]战争期间，印度棉花产量猛增，跟其他地区尤其是埃及和巴西的产量不相上下，全球供应过剩成为主要问题。当年4月初，罗伯特·爱德华·李（Robert E. Lee）将军麾下军队败给联合军，南方首都里士满陷落，漫天报道称棉花贸易商遭受巨大损失，拼命抛售库存，棉价猛跌造成恐慌。[18]南北双方宣布停战，很多公司纷纷破产，恐慌从孟买传到利物浦乃至全球。1865年6月，香港办事处通知上海办事处，商界大亨卡玛公司（H. B. Cama）已登记破产，震惊整个商界。卡玛是规模最大的波斯公司之一，在伦敦、加尔各答、新加坡和中国均设有办事处。有报道称卡玛亏损超过300万英镑，该公司破产就像多米诺骨牌倒塌，激起

的涟漪向外扩散，一大波公司接连破产。6月底，孟买银行也面临严重的金融危机。[19]一年之后，近80%的孟买棉花贸易商濒临破产。[20]阿卜杜拉等几个兄弟坦言，沙逊家族乃至伦敦或孟买商界都始料不及，这次棉花危机的波及范围如此之广，撼动了整个贸易界。[21]沙逊·大卫建议家族成员提高警惕，避免重大损失，因为亏损严重会危及沙逊家族最宝贵的资产——声誉。[22]

家族成员之间的通信也不知不觉变得紧张。兄弟几个对贸易和其他事务的分歧仍在继续，但语气明显变得生硬。亚伯拉罕·舍拉姆给苏莱曼写信说："让我不快的是，你那边的办事处没有按时给我发放收益，却优先上交两倍收益给孟买总部。"[23]复杂形势当头，遗产分配偏偏开始。兄弟几个接到公司通知，称遗产执行人分给每人"一拉克卢比"，约相当于当时一万英镑，大概相当于今天100万英镑，"作为你们对先父剩余遗产的继承"。此外还将3.5拉克（"拉克"是印度货币单位，相当于10万卢比）、收益率5.5%的政府债券分成8份，每人分得43700卢比。如果受益人无进一步指示，公司将代为保管。[24]毋庸讳言，兄弟几个"对孟买金融界和商界的灾难局面感到非常痛心，危机大大贬低了房地产及其股票价值"。而公司本身才占到先父遗产的大头。

大卫去世之前几年，沙逊洋行首次将业务拓展到商品贸易之外，比如房地产、保险和银行业。这步棋本来能派上几十年用场，捍卫家族利益，结果19世纪60年代中期横扫印度的金融危机严重削弱了该国银行业，但银行机构倒是在这次危机中涅槃重生。银行一度拿不出钱来支撑摇摇欲坠的棉花市场，据估计，情况最严重时，孟买31家银行当中有24家破产，担任小型出口企业借贷经纪人的印度公司也遭到毁灭。[25]不过，有的贸易商劫后余生，甚至变得更加茁壮，而它们需要资本雄厚和管理有方的银行支持。贸易商破产也催生出众多银行机构，因为破产清算需要银行监督，新公司纷纷冒头，榨棉机公司、蒸汽机船航运公司、海运保险公司和货运代理人在危机之下应运而生。[26]

19世纪60年代初，沙逊家族投资印度斯坦银行，几年后在银行董事会

76

获得一席。1865年10月，沙逊·大卫与银行经理进行了为期一周的审查，总结说这家银行的业务比他的预想良好。[27]银行一份报表显示，虽然受到印度一系列"特殊罕见"事件打击，仍实现15000英镑的小额年终盈利，并让投资人放心：此类意外状况已结束。[28]沙逊家族担心金融危机再度来袭，第二年态度更加保守："对银行的信任荡然无存，我们不想要伦敦或印度银行的任何分红。"[29]虽然印度银行业的中坚力量很快实现相对稳定，但远未恢复元气：1867年的一封信函表明，沙逊家族再次为印度斯坦银行的亏损感到担忧。[30]

沙逊家族还大力投资中国清政府的户部银行，因为该银行办事严肃，久负盛名，更重要的是收益稳定，分红丰厚。[31]商人意识到银行业务在英国、印度和中国三角贸易中的潜力，于是加大对印度商贸银行的投资。该银行成立于1853年，之后申请了皇家特许状，在伦敦登记。不同寻常的是，该银行是印度与欧洲的合伙企业，并非纯正的英国公司。阿卜杜拉·沙逊是该银行孟买董事会的成员。[32]波斯帝国银行加强了沙逊家族与波斯贸易商的关系，沙逊家族后来也因此与伊朗国王走得更近。与其他银行相比，这家银行更重视伊朗与波斯湾以及亚洲的贸易，并资助该地区的鸦片与茶叶贸易。

不过，支撑沙逊家族业务的是汇丰银行，沙逊洋行也见证了这家银行的创建。汇丰银行成立于1865年，"为中国、日本和菲律宾开放口岸的区域内部贸易提供融资"。[33]怡和洋行总部设在香港，顺理成章成为银行合作伙伴，不过怡和洋行与沙逊洋行竞争激烈，因此被排除在汇丰银行董事会之外，可见沙逊家族与汇丰银行的渊源之深，二者命运交织之复杂。1864年8月，亚伯拉罕·舍拉姆在汇丰银行临时委员会担任职务，后在董事会任职，并于1867年担任银行副总裁六个月时间，1868年初卸任，由苏莱曼继任。[34]根据汇丰银行官方传记，兄弟二人"稳定的影响力很可能正好为汇丰银行所亟须，在某种程度上对企业家的狂热起到平衡作用"。反过来，汇丰银行资助印度与中国之间的贸易，尤其是鸦片贸易，沙逊家族与汇丰银行持续合作，为自己在该地区赢得重大竞争优势。[35]

各种业务经纬交错是沙逊家族生意的特点。公司开始在印度和中国购置和租赁地产，总是选择将场地租给合作银行，甚至直接为银行买地，比如给横滨商业银行买地办公。[36]另外将场地租给政府办公也能赚钱（而且收益稳靠），不过为官员租赁宅邸也有重要意义。阿卜杜拉给鲁本写信曾提及最近跟总督会面，对方感谢自己帮忙租别墅，也感谢沙逊家族平时的支持，此外还邀请自己前去参加宴会。[37]投资银行和房地产成为此后数十年沙逊家族在中国、印度和日本的重要收入来源，也加深了他们与印度贸易商的联系，特别是跟帕西商人的往来，比如詹姆斯·杰吉伯伊和塔塔集团。

不管是猪油还是煤炭，只要有机会有人脉，沙逊家族都会进货来卖。他们发现中国黄金比孟买便宜，出手也很容易，哪家办事处要是认为能赚到钱，就会时不时做点黄金买卖。沙逊家族在新加坡开了一家小型办事处，从爪哇岛进口白糖，满足印度市场需求。他们还从厦门进了一些珊瑚，公司建议香港办事处负责人苏莱曼尽快将货物出手，因为珊瑚利润微薄；[38]后来发现上乘珊瑚可以销往日本，他们又开始向日本出口。[39]

19世纪60年代，沙逊家族掌门人大卫去世，但沙逊洋行也逐渐发展成为全球一流贸易商，为19世纪70年代和80年代主宰鸦片贸易奠定基础。兄弟几个时有纷争，但商业上的成功却势不可当。

分道扬镳

虽然印度金融危机造成商界恐慌、企业破产、棉花贸易基本瘫痪，但印度对华鸦片出口却在19世纪60年代持续发展，家族决定利用公司主宰鸦片贸易。沙逊洋行没有在金融危机中遭受重大损失，但打交道的代理商和经纪人的业务能力却始终让人担忧。美国内战结束，棉价下跌，余波冲击整个印度市场，对孟买的船务公司和代理商而言，遭遇财务困难的风险大大增加，沙逊家族跟他们打交道向来波折不断，现在情况更加恶化。[40]一众贸易商破产也造成市场空白，沙逊洋行正好利用自身优势填补。沙逊家族在美国内战期间及战后对风险的管理行之有效，让公司在复杂形势之下得以继续扩张业务。1868年初，市场恢复平静，各办事处均表示棉花售价上涨，对不同鸦片品种的需求也有所增加。[41]尽管市场向好，但阿卜杜拉和伊莱亚斯两人的分歧却越来越大，到了无论如何也无法弥合的地步。

分歧根源在于棘手的会计问题。公司最初对每笔交易都详尽地做账，鸦片交易账簿更是事无巨细地记录了每箱鸦片的品种、数量和成本，各办事处全部开支均有列出，通常每笔交易拿出0.25%来做慈善。[42]比如从1870年账簿的一小段就能瞥见沙逊洋行做账之用心：

> 3月28日：行使优先缴付权，从汇丰银行购买维多利亚保险公司股份。
>
> 3月6日：支付外币兑换商款项。
>
> 3月4日：支付伊罗拉号12箱鸦片款项。
>
> 8月5日：向东方银行支付购买地皮款项。
>
> 10月16日：购买5箱黄金。
>
> 10月21日：为亚曼（阿卜杜拉妹妹）购买丝绸。[43]

大卫早就意识到几个儿子有必要学会自己做生意，养成商人的直觉，学会分析不同程度的风险。除了代表沙逊洋行做生意之外，兄弟几个都开了自己的贸易公司。家族成员的书信常常将某一宗亏损或盈利记到个人户头而不是家族户头。此举可能造成重大利益冲突，如果某样商品价格上涨，兄弟几个都想用自己户头来交易，要是价格下跌，情形则刚好相反，每个人都避之不及，于是不可避免会发生争执。私人买卖与公司贸易之间的界限太过模糊，阿卜杜拉借机对亚伯拉罕·舍拉姆的决定发表意见，比如："我知道你想从贾法尔·萨尔曼那里购买猪油。哦，我的弟弟，我还知道你会半价出手。实际上我们家无忧宫还有其他宅子里就有猪油存货，够你卖的……你有自主权，做任何事都没人拦你，但你要知道这笔买卖会记到你的户头上。"[44]如果其中一人对货价不满，当初提议进货的人需要

80

承担风险："不要再进这个价钱的棉花，除非上海民众哄抢，否则风险将记到你户头上。"[45]不过有一次例外，1865年衬衫料子价格猛涨，兄弟中有人抱怨伊莱亚斯阻止了一笔本来可以赚钱的买卖，这笔账却没有记到伊莱亚斯头上，不公平。[46]凡此种种，有关生意亏本或买卖不划算的抱怨、责备和反对在兄弟几个之间无休止地上演，这种归责制度虽然鼓励从个人身上找原因，却损害了兄弟之间的团结。大卫在世时，只有他一人不用受指责，因为大家明显知道谁才是一家之主。

各办事处的预算也是造成兄弟几个长期纷争的原因。周围几家小型办事处一年到头都在向总公司/主要办事处（先是孟买，后是上海和伦敦）索要更多预算和拨款。1860年11月，香港办事处写信给上海办事处，建议孟买总部调整他们的预算，将10万卢比增至20万卢比。[47]兄弟几个每人都有单独的借贷记录，每个月末先编制汇总，年终再统一汇总。[48]各办事处都有自己的会计团队，且全部由巴格达犹太人组成，账簿也全部采用巴格达犹太方言记录。协调会计工作本身就会导致口角，比如苏莱曼从上海（用英语）给香港的侄子约瑟夫写了一封信：

> 我很恼火现在还没收到你处发来的销货账，孟买十分焦急，每次写信都提到将这批货的账目汇至伦敦办事处账户，希望你处尽快卖出这批货。[49]

各办事处常常互相指责。1866年，香港办事处向孟买总部告状，抱怨上海办事处的鸦片交易有问题，要求总公司提出批评。[50]总部也同样遭到抱怨：

> 孟买很快会派他们（总部）的人来香港，我必须立即将手头工作完全移交给他们处理。我负责的（香港）办事处听令于孟买总部，他们（孟买）不关心我们或其他办事处需要什么……我们却要对他们唯命是从。[51]

令人惊讶的是阿卜杜拉本人没有受到苛责，不满情绪针对的是他在孟

81

买办事处的雇员。家中大多数成员都尊重他，但他永远无法复制父亲的绝对权威。

兄弟间的紧张气氛有些是大卫蓄意而为，因为这样能激起他们的竞争意识，为打败外人做好准备。兄弟几个果然互相鞭策："别让（其他商人）超过你。"兄弟之间也彼此尊重，承认对方在不同贸易中心的重要地位，没有雇员能代替，哪怕经验丰富和可靠的雇员也做不到。1868年，鲁本劝说苏莱曼不要从中国办事处辞任，他在信中这样写道：

> 就我所知，你工作任期结束后打算离开中国回孟买。我希望你考虑一下，告诉我你希望将中国办事处的重要工作交给谁打理？我认为在华业务必须由我们兄弟当中的一人来掌管。[52]

长期远离家乡动摇了在外几个兄弟的士气。每个人都难以经受长途远行，特别是19世纪50年代，旅途更是艰苦和危险，但跟发展和扩张家族业务相比，舟车劳顿只能退居其次。八年前，大卫给苏莱曼写了一封信，开头是充满父爱的一贯问候：

> 吾爱我儿，我眼中的光芒（大卫·沙逊给儿子的书信均用这句开头）……你说如果我准许，你会坐船回印度，跟我们住上三四个月，毕竟上次一别已经快五年，你在上海也住了三四年。别离总有时，我非常高兴你这次能回来，特别是我们现居浦那，没别的事情忙活。[53]

从一年后来看，这次情感交流并没有带来任何改变。大卫写信告诉苏莱曼，由于阿卜杜拉和鲁本的意见不一，找人接替苏莱曼负责上海办事处一事就此搁置。大卫为这次分歧感到难过，建议苏莱曼先专心做好核心商品的买卖（尤其是鸦片），孟买会派人手前往上海减轻他的工作负担，在此之前不要雇用其他人接手。大卫还提醒苏莱曼，家族声誉极其重要，过度劳累可能有损沙逊洋行的声誉。[54]苏莱曼是因私事还是公务苦恼不得而

82

知（当时他还是单身汉）。苏莱曼出生于1841年，为人严肃认真又刻苦勤奋（而且像父亲大卫一样对犹太法典《塔木德》抱有学术兴趣），在他看来，孟买总部的干涉让人压抑。[55]他喜欢探索，尤其对日本的美景与文化着迷。

兄弟几个中，有人远行是为了度假享乐，有人却是为了艰苦奋斗，这种反差难免引起愤恨，而且事实确实如此，特别是享乐的人明明没有付出一分一毫，还要指望从赚钱的买卖分一杯羹。19世纪60年代末期，阿瑟（亚伯拉罕·舍拉姆已经将名字改成英文名）连年暑假都在欧洲各国旅游，其间一直给苏莱曼写信，说布鲁日和巴登巴登多么迷人而宁静，让苏莱曼代表他进货卖货，而此时的苏莱曼正苦于香港潮湿的气候无法脱身。火上浇油的是，阿瑟还责怪苏莱曼没有按照他的订单进货，转钱转晚了或者没有给他回信。[56]

每当谈起生意或财产，兄弟几个的关系就变得紧张。大卫去世之后仅几个月，沙逊·大卫和鲁本就为泰晤士河畔沃尔顿阿什利庄园的归属问题发生争执。根据阿瑟的说法，沙逊·大卫和鲁本原来是合伙买下庄园，后来因庄园归属发生口角（实际上，庄园是大卫买给沙逊·大卫的）。阿瑟为此感到失望，父亲刚过世不久，兄弟们就为遗产问题争吵，他还担心没有阿卜杜拉的斡旋，最后可能要闹上法庭。阿瑟不敢肯定谁是谁非，不过还是更倾向于站在鲁本一边，因为两人年纪相仿，性格相近；[57]最后，沙逊·大卫一家得到了阿什利庄园。[58]

大卫要是还在世，兄弟几个也不敢这样吵。他一走，矛盾就浮出水面，兄弟之间书信往来的内容也越来越尖酸刻薄。沙逊·大卫写信给苏莱曼说："我又伤心又烦恼，因为你不给我回信。我还特别失望，因为你拒绝把那批货款转到我的户头。"[59]阿卜杜拉责怪阿瑟没将他跟沙逊·大卫之间的书信抄送给自己。[60]阿瑟则向苏莱曼抱怨，上海办事处没将本该属于他的收入转到他户头，却火急火燎地马上把收入上交总部，讨好孟买总部和新掌门人阿卜杜拉。[61]阿瑟甚至还奚落阿卜杜拉居然派出"一位特使"，给姐夫不景气的公司帮忙——"他以为自己住在哪里？派个人就能

83

解决所有问题？"[62]阿瑟还指责各办事处干涉彼此业务，导致公司开支增加，收入受损。[63]

这种反抗情绪在大卫在世期间无法想象，现在却在各办事处雇员之间扩散，而且有的雇员还察觉可以趁机利用这种不合。伦敦办事处的一位雇员写信给苏莱曼，除了表达一贯的敬意，祈祷上帝赐予苏莱曼健康与成功，还言辞激烈地指责孟买在有的钻石生意上不厚道，伦敦借项已达325000英镑，他们却把收入记到自己账户上。这位雇员还吃惊地表示，孟买居然没通知伦敦就取消了鸦片货运保险。[64]阿哈隆·加贝是阿卜杜拉的女婿，也是公司高级雇员，他跟苏莱曼抱怨说，阿瑟在去加尔各答出差时失职，有个海运保险问题没妥善解决，导致现在跟几个代理商打交道都出现了严重问题。[65]加贝还认为上海办事处状况不妙，"出现倒退"。[66]加贝的妻子蕾切尔第二天也给叔叔苏莱曼写信，恳求他前往上海，调查几起财务违规问题。[67]阿卜杜拉觉察到来自各办事处的批评指责，于是给波斯布什尔一位信得过的雇员写信说："我所做的一切都是为了家族生意和贸易，为了保护家族声誉，不是为了享乐。"[68]

每次扩张业务，开设新办事处，总要闹上一阵，问题才能解决。1865年，沙逊家族打算在加尔各答建办事处，阿卜杜拉与某雇员一同前往筹备，后来这位雇员成为新办事处负责人。在加尔各答开办事处还有一层考虑，他们认为如果家族某位成员或雇员是加尔各答居民，对鸦片贸易的征税会少一些。后来，沙逊家族几位成员搬去加尔各答永久定居，即使在第二次世界大战期间，此地的办事处停业，家族其他成员都离开了印度，这几人也没离开。

兄弟几个试着从源头上缓和彼此敌意。1867年初，苏莱曼搬去香港，他编写了一份文件，将香港办事处的各项权责都列得清清楚楚，显然是为了避免重蹈覆辙，再次闹出他在上海任职期间的种种矛盾。苏莱曼建议各主要办事处都确立自己的托管制度，比如在会计账簿中体现为香港办事处托管、上海办事处托管等，给予各办事处更大的自主权，独立处理事务。这份文件还有好几处用铅笔做的修改，建议香港和上海办事处与孟买平分利润，如未事先通知孟买，不擅自贷款，不拿公司声誉冒险。苏莱曼还详细写明，各办事处应如何收取或支付代理费以免重复，并保证账户透明，彼此公开。[69]实事求是、擅于交际是苏莱曼的性格使然，因此他希望从兄弟纷争抽身，将精力用来扩张和发展家族业务。

　　苏莱曼搬去香港之后几个月，当时大卫去世还不到三年，阿卜杜拉和伊莱亚斯冲突激化，一拍两散。自那以后，两家印有"沙逊洋行"名号的全球企业将正面交锋，直接竞争。阿卜杜拉继续担任老沙逊洋行负责人，伊莱亚斯则自立门户，开了自己的公司——新沙逊洋行。从沙逊家族档案资料能看出，苏莱曼曾努力协调各办事处之间的关系，却几乎难寻这次分道扬镳的蛛丝马迹。一切尘埃落定之后，家族成员才提起这事，而且是在有关财产分配的法律文书中提到的，此外还提及有必要告知同行，伊莱亚斯及儿子雅各布已离开老沙逊洋行，无权再就公司事务签字。耐人寻味的是，各档案馆都很难找到与伊莱亚斯书信往来的只言片语，哪怕他自立门户之前的资料也很难寻到。个中原因已无从探究。也许建立这些档案馆时，伊莱亚斯一家跟家族其他成员仍处于不和状态，取回了跟自己有关的资料。也许伊莱亚斯离开时随身带走了资料，也许老沙逊洋行认为他的资料对家族业务没有用处，后来统统销毁了。伊莱亚斯和阿卜杜拉之间的决裂确实没有细节可考，二人之间如何讨价还价也无从知晓，但家族档案独独缺少伊莱亚斯的资料，本身就说明一切已是覆水难收。

85

86

第 6 章
家族内部竞争，1867—1871 年

阿卜杜拉（阿尔伯特）＝汉娜·摩西　　　　　　　　伊莱亚斯＝利娅

　　蕾切尔　　　约瑟夫　　　爱德华　　　　　　雅各布　　　迈耶

　　伊莱亚斯是第一次鸦片战争之后首批进入中国的犹太人，并且在允许外国人永久居住的通商口岸之一落脚。接下来几年，其他犹太人也纷纷来到中国，但那时伊莱亚斯已经将上海开拓成沙逊家族在华主要据点。当地有一个规模较小但关系紧密的犹太社区，伊莱亚斯是该社区的挂名领袖，在捍卫定居上海的巴格达犹太人"身份认同感"这件事上，比其他任何人出力都多。[1]哪怕身边没有信奉同一宗教的人，伊莱亚斯也会尽量遵守犹太习俗，比如他让家里每个人都学会按照犹太教律法杀鸡，在中国各地游历时要吃犹太洁食，哪怕去的地方根本没有犹太人。[2]而且他还效仿父亲的公司，在安息日或犹太节日歇业。

　　外国人在中国是一种特殊存在，证明19世纪全球化的范围更大，更多的人通过新的方式连接。不过，通商口岸的生活却是与世隔绝状态，外国人跟当地人基本没有接触，而且这种隔离也受到一系列严格的条条框框限制。外国人享受法律优待，跟当地人互不往来是不成文的规定，中国人在他们眼中几乎是隐形一般的存在。[3]外商在华也不能直接做买卖，而是由买

87

办经手。买办是清朝代理商，精通当地交易和律令，熟练掌握外语。沙逊家族通常会设法了解业务所在地的文化和商业惯例，却没能掌握中国任何一种方言。

伊莱亚斯与阿卜杜拉分道扬镳时已经在中国住了25年，除了父亲大卫，他对整个家族的业务贡献或许超过任何人。自立门户后，他决心向所有人证明，新沙逊洋行才是大卫商业帝国的真正继承人。伊莱亚斯的直觉告诉自己，不要标新立异，而是强调与老沙逊洋行一脉相承。一开始这种做法可能不利于打开局面，因为两家公司共用一个名字，会让客户和合作伙伴感到迷惑，尤其是在印度境外。中国商人为了区分，管原先的公司叫"老沙逊洋行"，管伊莱亚斯的公司叫"新沙逊洋行"。伊莱亚斯效仿父亲，让24岁的长子雅各布担任新公司合伙人。雅各布在父亲跟伯父分道扬镳之前两年就已被派往中国，并将业务扩张到中国更多城市，用事实证明了自己的能力。雅各布的几个弟弟一到18岁也开始帮忙打理家族生意，其中四人在接下来十年被派往各地办事处磨炼，这种业务结构跟祖父大卫当年创建的结构十分相似。只有闯出一番事业，他们才能担任新沙逊洋行的合伙人（每个儿子上手程度不一，伊莱亚斯第五个儿子迈耶辗转各地，磨炼三年才成为合伙人）。[4]伊莱亚斯也跟父亲一样，相信慈善就是造福世人，一生乐善好施。自立门户之后，伊莱亚斯于1868年到访加尔各答，给当地政府捐了一大笔钱帮助穷人，两年后访问马德拉斯再次慷慨解囊。他还在孟买出资修建了一所犹太学校，为孟买犹太公墓捐款。[5]

伊莱亚斯在父亲的专横教育下长大，他认为整个家族根本不重视自己对家族生意的巨大贡献，父亲死后让阿卜杜拉成为家族掌门人根本不公平。家人的不幸遭遇也影响了他的观念，特别是对宗教和慈善的态度。1868年底，伊莱亚斯与家族分道扬镳才一年，年仅17岁的三子约瑟夫突然去世。根据《伦敦与中国电讯报》，约瑟夫头天夜里上床睡觉时一切正常，早上仆人却发现他死在了床上。伊莱亚斯请来内科和外科医生调查，后来报告称死因是"房间整夜燃烧的炭炉"导致"其肺部严重缺氧"。约瑟夫是一位富有人格魅力又有企业家精神的年轻人，他的死震惊了上海外

88

国人和其他地方的犹太社区。[6]一大家子原本因为生意闹得不欢而散，这次事件也就成为对家族纽带的第一次考验。整个家族都聚在伊莱亚斯和妻子利娅身边，表示安慰和支持："约瑟夫在香港突然去世让每个人都痛苦万分。这是命运的安排，我们不能违抗。"[7]即使是因为兄弟分道扬镳而心怀不满的阿卜杜拉也表达了深深的悲痛。不过，他言辞之间并没有提到伊莱亚斯："我们为约瑟夫的去世感到悲痛万分，可怜这个孩子早早离我们而去。约瑟夫母亲当时人在开罗，我们做了很多工作，以免她在外地听闻噩耗。我们所有人都必须坚强起来，渡过这次难关。"[8]

家族内部分裂加剧了新老沙逊洋行之间以及跟外人的竞争。这种状态迫使两家公司都想方设法创新，进军新市场，买卖有利可图的货物。伊莱亚斯于1880年去世，四个儿子接管公司业务，不过按照传统，36岁的长子雅各布成为掌门人。

阿卜杜拉于1864年接管沙逊商业帝国，在任30年。在他执掌之下，老沙逊洋行成为真正的全球企业。阿卜杜拉开拓新业务不仅是为了应对伊莱亚斯挑战，也是为了捍卫老沙逊洋行作为成功跨国企业的名声。不过，阿卜杜拉不仅打算在商界有所建树，还希望跻身政治和社会精英阶层，他先是在第二故乡扬名立万，然后又在英国大展宏图。对阿卜杜拉而言，政界与商界的盘根错节程度远远超过父亲在世时，即使已经将远大前程寄希望于英国，他仍然不遗余力地提升自己在印度社会的名声。

大卫去世之后头三年，阿卜杜拉的主要精力用于巩固自身地位，遵照父亲遗愿，避免与兄弟闹翻。家族统一行动无望之后，伊莱亚斯创立新公司，阿卜杜拉面临的挑战翻倍：不仅要跟新沙逊洋行斗智斗勇，还要承受整个世界的期望，因为别人都在看着他，看他和伊莱亚斯究竟谁才是真正继承大卫衣钵的人，谁才能让大卫留下来的生意更加壮大，谁才能让沙逊家族名利双收。作为大卫长子，他本来就被当成家族继承人和公司掌门人培养，接替父亲的位子，接手父亲打下的江山，让沙逊洋行在各个领域取得新成就。阿卜杜拉生于1818年，1830年家族突然逃离巴格达时，他还是少年，肯定深深受到这次逃难的影响。一开始，他们在波斯湾港口城市布什尔做难民；一年之后，搭船前往亚洲那片从未踏足且举目无亲的土地。阿卜杜拉目睹父亲在孟买白手起家，想方设法把生意做大，不惜一切保护家族声誉，年轻的阿卜杜拉心中烙下深深的使命感，决心为家族事业奋斗一生。阿卜杜拉的母亲在巴格达去世，年仅32岁，生育了四个孩子。当时阿卜杜拉年仅8岁，早早体会到了家庭责任与忠诚的意义。

虽然伊莱亚斯在中国开拓的业务盖过阿卜杜拉，但阿卜杜拉的贡献绝非不值一提或虚幻缥缈。有资料称阿卜杜拉懂七种语言：阿拉伯语、希伯来语、波斯语、英语、法语、印度斯坦语和土耳其语。[9]20岁时，阿卜杜拉跟孟买本地出生、12岁的女孩汉娜·摩西结婚，两人育有三女两儿。他常年为了生意出远门，直到1862年才在孟买安定下来，帮助年迈力衰的父亲打理业务。阿卜杜拉为人精明，讲究策略，有时做起生意来冷酷无情，但始终能把握老沙逊洋行的精髓。19世纪60年代中期开始，老沙逊洋行在偏远地区开设办事处，越来越多的员工来自传统巴格达犹太人的圈子之外，阿卜杜拉不得不跟这些雇员周旋，跟难缠的几个兄弟斗智斗勇，跟代理商和生意对手打官司索赔的次数也越来越多，遇到对手指控，还得一一辩驳。这些都是老生常谈的问题，不过随着公司业务增长，加之跟新沙逊洋行交锋，情况变得更加错综复杂。

阿卜杜拉正式接任之后，管理风格没有明显变化，毕竟当年大卫身体欠佳，阿卜杜拉从1862年就开始多多少少接手。他就像父亲一样，关心家族每一位成员和每一位员工，不过同样也会斥责、批评和质疑他们。他跟当时在香港的苏莱曼关系尤其紧张。两人几乎每天都会通信，阿卜杜拉很关爱这个弟弟，但也异常严厉。有一次，他写信提醒苏莱曼照章办事，香港或上海办事处所有与鸦片交易相关的书信往来都必须抄送给他。"不要粗心大意"，阿卜杜拉告诫说，接着批评弟弟手头的鸦片还不出手："我们还要继续给你送钱多长时间？你手头的1200箱鸦片到底什么时候出手？"[10]不过值得注意的是，阿卜杜拉这封信对苏莱曼有斥责也有褒奖，他感谢苏莱曼答应请求，提前一周上交收益，弥补伦敦办事处的亏损。阿卜杜拉还表示："这次之后再也不会再向你要钱。"这句承诺还用下划

90

线着重强调。[11]但仅两个月后，阿卜杜拉又写信向苏莱曼索要1万英镑，用来购买一处房屋和一批酥油，并承诺只是暂时财务困难，是"命运的安排"。[12]

面对喋喋不休的批评指责和不断开口要钱的要求，不知苏莱曼和其他人如何回应，他们写给阿卜杜拉的每封信都很顺从和客气，毕竟对方是一家之主。有时阿卜杜拉表现得就像一位慈悲为怀的经理，关心起苏莱曼的健康："哦，我的弟弟，这事我想了很久但一直没说出口，我认为你每年至少要休息两三次，每次歇个15天。也许你忙工作不想休假，但你平时不喜欢出门，为了健康也要休息一下。"[13]阿卜杜拉在其他书信中又是一副咄咄逼人的姿态，严厉斥责苏莱曼的波斯鸦片生意，阿卜杜拉称："我们不干涉你的鸦片生意，进货与否，你自己决断。我们只是时不时了解一下情况，你到底进没进货，货卖给了何人。"[14]

91

通过批评来管理和激励公司的合伙人和员工并非新鲜手段。大卫本人就对这招运用自如，阿卜杜拉也不是家族唯一学会这招的人。兄弟几个之间不断抱怨其他办事处做买卖的方式，尤其是那些有亏无赚的办事处。伦敦办事处给孟买总部的一封信明确表示："不要再抱怨，如果真有意见，那就证明事出有因，不要单纯发牢骚。"[15]阿卜杜拉的微观管理到了事无巨细的地步，他"建议"加尔各答的员工在办公场所跟英国官员会面时穿"英式服装"，对他们的职业装束发表意见，"当然你们也可以自己决定穿什么最合适，不过在我看来，你们始终应该穿英式服装"。[16]阿卜杜拉上年纪后，变得更加吹毛求疵，各个办事处之间的邮包怎么打包他也要管，就为了节省成本和时间。[17]公司员工和家庭成员也不知不觉受到这种专横的影响，比如孟买的一位亲戚兼高级员工劝香港的苏莱曼"只跟成功人士为伍"。[18]

老沙逊洋行的办事处增加，员工总数也随之增加，跟他们打交道越来越费时间。有些员工想私下做生意，背着公司投资但亏了很多钱。阿卜杜拉和其他高级合伙人不得不决定，是让这些人将功补过还是拒绝伸出援手。这么一来，跟那些兢兢业业、工作出色的员工关系就有可能变僵。

每每发生这种事，出事的员工就会提醒合伙人，不要忘了自己对公司的贡献与忠诚。有位员工曾恳请阿卜杜拉分给他少许货物，"好有资本规划未来的职业生涯"，[19]阿卜杜拉成全了此人。这种大方不仅仅体现在对贸易商的照顾，以不同身份为沙逊家族办事的员工也照样有份。沙逊·大卫第一位英语教师的父亲在英国海军服役35年，退役后请求"在印度谋一份合适的工作"，沙逊洋行也应允了。[20]19世纪90年代中期，家族业务整体下滑，伦敦办事处的管理层决定将加尔各答员工薪酬降低20%，员工自然愤愤不满，这块偏远殖民地的员工给孟买总部写了一封请愿书。负责写答复信的员工是最近从英国招募的，并非来自奥斯曼帝国行省。回信用英文写成，简明扼要，语气坚定："合伙人希望我告知大家，此前几年各办事处业务普遍明显下滑，经过深思熟虑，特此做出决定。"不过，伦敦办事处向加尔各答保证，降薪规定适用于各办事处全体员工，并宣布"你处员工可享受5%的让步"，于是加尔各答的员工薪酬只降了15%。[21]

员工忠诚度始终都是沙逊家族最重视的议题，尤其是家族分裂之后的头十年，伊莱亚斯打算自己创业，所以想挖走一些员工。苏莱曼的一个外甥曾写信给舅舅表忠心，说伊莱亚斯曾有两次直接找到自己，还有一次想通过自己的母亲莫泽尔（大卫的小女儿）出面说情。这个外甥还感谢苏莱曼说服孟买总部让他参与更多买卖，赚到更多钱。[22]老沙逊洋行也会动用大棒，对越界的人毫不留情，尤其是外人。有次发生了一件怪事，当时阿卜杜拉正在浦那避暑，收到通知说孟买总部收到一封匿名信，声称"伦敦办事处的一名办事员要叛变"。阿卜杜拉女婿、孟买总部高级员工阿哈隆·摩西·加贝对告密者的身份很有把握。加贝建议伦敦办事处合伙人调查此事，将叛徒流放到中国福州办事处干个两三年，"好让他忘了我们生意上的秘密"。[23]

对下属的信任始终是每一家全球企业都不容忽视的重大问题。毕竟员工不忠会造成巨大金钱损失，竞争对手也乐得付一大笔钱，换取交易或库存等敏感信息，因为这些是决定生意盈亏的情报。在发给伦敦办事处的一份机密备忘录中，公司在曼彻斯特的一名代表称，自己拜访竞争对手办公室时偶遇一位帕西员工，他员工"泄露了自己办公室的情报"。这位代表警告说："行贿受贿在很大程度上没有杜绝，这事不查禁，您的利益就得不到保障"，情报泄露可能会导致业务损失。[24]

跟新沙逊洋行的竞争无疑加深了这种担忧。加贝写信给阿卜杜拉，表示伊莱亚斯"不会满足现有成绩，他会挖走我们的人，要不就是买通他们做探子。我们要静观其变"；并且称伊莱亚斯还会照搬照抄老沙逊洋行的路线，在加尔各答和伦敦开设办事处，事实上老沙逊洋行将业务做到哪里，新沙逊洋行就跟到哪里。[25]加贝就像猎鹰，坚信有必要直面伊莱亚斯的公司，"全方位跟他战斗"。加贝给阿卜杜拉写过多封信，反复请求阿卜杜拉阻止"这个伊莱亚斯无止境的贪欲"，"约束他的行为，让他安守本分"。[26]加贝的行为已经跨越了正当竞争的界限：他故意推迟将一船鸦片的海运保险按比例退款给新沙逊洋行，而老沙逊洋行是这船鸦片的代理商，阿卜杜拉每每想起这事，加贝就找各种借口搪塞。[27]不久之后，他还请求大卫召集其他叔父一起抵制伊莱亚斯："伊莱亚斯想扩张业务，打压我们，要是几位叔父都帮上一把，伊莱亚斯就无法得逞。"[28]加贝很清楚，要想说服阿卜杜拉，就要吓唬他，不约束伊莱亚斯会造成业务损失，更要紧的是，员工可能会被挖走。

对阿卜杜拉来说，事情没有这么简单。跟弟弟一拍两散已经元气大伤，家族内部最好不要再起冲突。虽然他也不希望有人抢占自己的业务，但他认为伊莱亚斯的快速扩张是一种不计后果的行为，因此更担心这种莽夫之勇可能会损害家族声誉。"听说伊莱亚斯的鸦片买卖亏了很多钱，我很痛心。这个消息对我来说就是一场噩梦。贪婪扩张会让他冲昏头脑。"[29]事情的发展证明，阿卜杜拉还打着其他算盘。他想在印度施展政治宏图，融入伦敦和英国社会，没有太多心思像加贝希望的那样跟伊莱亚斯斗。

1869年是19世纪乃至之后全球贸易的分水岭。当年，162千米长的苏伊士运河通航，大大拉近了亚欧距离。原本从孟买到伦敦超过1万海里，但经苏伊士运河航程大幅缩短到约6000海里，运输成本降低30%；从马赛

到上海也从110天锐减到37天。[30]苏伊士运河通航大大推动了新蒸汽机船
技术发展，在亚洲航线上展开竞争。[31]那些在非洲东部和亚洲之间往返的
大吨位蒸汽机船可以从地中海出发，经苏伊士运河开进红海，再驶进印度
洋。如果经陆路前往印度，要坐有篷马车穿越西奈半岛，通常要花四到六
个月的时间，还要取决于天气以及开往亚历山大港的船舶航速。海路则只
用一到两个月。苏伊士运河的通航让世界变得更小，印度与埃及的重要性
提升，在这些地区经商且熟悉当地情况的全球商人，其地位也随之提高。
沙逊家族再次捷足先登，率先意识到这些变化以及对全球贸易的意义。像
阿卜杜拉这样的商人，在英国政府看来就是用来控制这些国家政治经济命
脉的关键。

94

印度副王访问孟买沙逊码头

苏伊士运河竣工还有更直接的影响，那就是定期开往孟买的大型船只
对码头的需求激增。阿卜杜拉很快抢占商机，在孟买半岛最南端的克拉巴
买了近20万平方英尺的地皮。这块地"从之前的后海湾公司高价买进"。
1874年，经过三年建设，凿开坚硬岩石，沙逊码头开始营业，船舶在孟买
港口靠岸变得容易。这一片是岩石地貌，码头建设十分艰苦，码头一旦建
成，船舶就能靠岸，大大方便港口船舶往来。[32]沙逊家族还成立了沙逊码
头公司，从印度事务大臣手中取得999年租期。[33]1876年，印度公共事务部
（按照阿卜杜拉建议）在老沙逊洋行和沙逊码头之间架设电报线，码头变

95

得繁忙起来。你只要看一眼港口进出的货物清单，就能发现商品种类之繁多，每周每种货物都按照起卸费率和码头费分门别类。[34]几年内，码头吞吐量猛增，不得不转归国有，沙逊家族同意以丰厚利润将码头卖给政府。1879年，政府以公债形式贷款给码头融资。这些码头现在由孟买港口信托公司（Bombay Port Trust）管理，可能算得上沙逊家族曾在这座城市叱咤风云最壮观的证明。如今，它们已成为孟买城一道不可或缺的风景，大型鱼市每周营业五天，数百名渔民聚集在此售卖捕来的鱼类。

96

　　船运繁荣还有一个好处，法国船只开始在孟买靠岸，运输价格下跌，结束了英国半岛东方航运公司近乎垄断的状态。老沙逊洋行趁机跟这家航运公司展开谨慎谈判（扬言将海运业务交给法国的火轮船公司，该公司成立于1862年，运送书信至中南半岛，再捎回中国丝绸），趁机拿到20%的海运税折扣，不过条件是必须严格保密，以免其他贸易商效仿。[35]19世纪70年代早期，老沙逊洋行已占据整个马尔瓦鸦片贸易三分之一以上，再次向半岛东方航运公司索要更多优惠，主要是减免一般货物海运税；不过，没能说服对方从加尔各答出发，经锡兰港口将鸦片运往中国，原因是对方认为这条航线赚不到钱。[36]

　　随着鸦片贸易继续发展，重大问题浮出水面——供给过剩。19世纪60年代早期，鸦片需求上升，价格空前上涨，贸易商纷纷从印度境外进货，清朝民众也在当地种植罂粟，以云南和四川两省为甚。19世纪60年代末，波斯、土耳其的进口货以及中国本土鸦片威胁到沙逊家族的利润。虽然沙逊家族抱怨市场供大于求，但在某种程度上他们自己也难辞其咎。他们是第一批从波斯进口鸦片到印度，再卖到中国的商人。阿卜杜拉不仅鼓励与波斯开展贸易，也有兴趣拉拢伊斯法罕和布什尔几家地位显赫的贸易家族。一份有关1869年后波斯鸦片出口的商业报告显示，"老沙逊洋行是主要收货人"，并称他们与布什尔著名商人哈吉·米尔扎·穆罕默德·阿里（Haj Mirza Mohammad Ali）走得很近。但这些生意往来也不是万无一失的。该报告还提到鸦片质量不佳，并在厦门和福州口岸卸货。[37]阿卜杜拉

手下的一位高级员工，也是他妻子的内侄，访问布什尔之后向阿卜杜拉
表达了深深忧虑，称布什尔几位政府高官参与交易，公司要不停送钱满足
他们，可能会让整桩生意亏本。还有一位商人，称自己跟伊朗国王有交
情，申请贷款直接从农民手里购买鸦片，再转卖给沙逊家族，这样能赚到
一大笔钱，又不用承担任何风险。[38]不管怎样，沙逊洋行跟波斯的业务往
来一直持续到19世纪末期，此外还从土耳其进口鸦片作为补充，不过规模
较小。[39]

　　阿卜杜拉执掌老沙逊洋行期间，最显著的特点之一就是加强公司与
巴格达以及中东其他城市和港口的联系。他希望全面扩大与家乡的贸易往
来，为此还申请了底格里斯河与幼发拉底河的航运权。[40]19世纪70年代，
巴格达一位代理商想进一些煤炭（货款的支付也很大方），此人找到老沙
逊洋行，他们刚好可以供货。[41]此外，沙逊家族的朋友和远亲也可以写信
请求阿卜杜拉经济援助，或者帮忙疏通他们在中东各地的业务。有一位亲
戚就曾请求将运往阿勒颇的一船货登记在沙逊家族名下，免得当地官僚找
麻烦。[42]虽然阿卜杜拉对英国各方面都有强烈兴趣，但他依然主要讲阿拉
伯语，也坚持家人和员工把这门语言学好。他曾在信中要求孟买总部所有
办事员都能用阿拉伯语书写；他也曾在信中表示震惊和愤怒，因为香港办
事处居然没有办事员能写好阿拉伯语。[43]

　　阿卜杜拉快要卸任时，家族生意仍以鸦片、棉花和纺织品为主，同时
在伊莱亚斯自立门户之后的20年中，家族对股票和债券的被动投资变得更
加成熟。老沙逊洋行投资了一家美国铁路公司的联合运营（考虑到对铁路
的需求，预计可实现6%的快速盈利），此外还购买国债，主要是收益特别
高的匈牙利国债。[44]沙逊洋行对银行的投资仍保持较大规模，印度的房地
产也继续租给政府官员，并且从1868年开始系统化租赁，保证稳定持续收
入，同时加强与官员的联系。

　　公司越来越多的业务都采用更加现代化的方式运营，不管是聘请顾问
就进军珍珠交易市场提供建议，还是就各办事处鸦片寄售押金收取不同利
息建言献策，都能体现这一点。[45]这种分散管理风险的模式和创新令阿卜

97

98

杜拉很满意，这些年也是公司发展最迅猛的阶段，老沙逊洋行俨然走在成为全球重量级商业帝国的光明大道上。

印度政界

　　父亲去世后没多久，阿卜杜拉就开始扩建家族地产，打造自己的印记。他扩建了家族在浦那的宅邸"花园幽径"，将小宅子变成大豪宅，规模之恢宏，以至于后来欧洲游客来印度游玩，旅游手册都会推荐他们一睹宅邸的豪华陈设和漂亮花园。[46]阿卜杜拉解释称，如此大手笔是为了跟家族的声望相称，也想着也许自己有朝一日会住在这里（后来确实如此，不过住了没几年）。[47]虽然这处宅邸的一些外部装饰已经损毁，不过原先的建筑主体还在，如今已并入沙逊医院，用作病房，满足浦那日益增长的人口的看病需求。[48]

　　除了浦那豪宅之外，家族还有一处豪宅，位于印度西高止山脉林区的避暑山庄，在孟买以南近20千米，阿卜杜拉在父亲去世前买入。避暑山庄的名字默哈伯莱什沃尔取自三个梵文词，意思是"大力之神"。山庄海拔高约4438英尺，比沿海凉爽许多，可谓天然避暑胜地。山中避暑胜地通常是一些高海拔地区的城镇，是炎炎夏日的好去处。对英国殖民统治下的印度而言，这些偏远城镇引发的公开争议也较少。各地行政机构都有自己的地方，孟买的就是默哈伯莱什沃尔。每年4月至7月，孟买高官会来此处纳凉，再前往浦那，一直避暑到10月（浦那地处默哈伯莱什沃尔东北128千米）。不用说，阿卜杜拉也是一样的度假路线。[49]

　　从孟买前往默哈伯莱什沃尔，行程约八天，坐船一天半，陆路六天。一路上艰难险阻，通常要穿过茂密的雨林区，英国政府曾把鸦片战争中俘获的战俘作为苦力修这些路；待旅途结束，迎面而来的清爽空气和秀丽风景让人感到一路的艰苦都是值得的。[50]默哈伯莱什沃尔全年降雨量在印度所有城镇中最高，每到季风季节，雨水就多到令人难以置信。充沛雨水滋养出肥沃土地，当地因出产鲜美可口的草莓和杜果而出名。游客从镇上出发，沿途景色美不胜收，走上一段路到巴格达角，可眺望四面八方美到令人屏息的山景。[51]阿卜杜拉从孟买总督巴特尔·弗里尔爵士那里听说此处，买下七英亩地，可俯瞰一大片森林。他在这块地上修建了一栋颇有殖民时期风格的别墅，伫立至今，不过已改成一家名叫"格林诺戈度假别墅"的小型精品酒店。阿卜杜拉选择在默哈伯莱什沃尔避暑，说明他跟英属印度上层统治者走动密切。每年夏天那几个月，阿卜杜拉都会跟达官政要在避暑山庄并肩畅谈。

1857—1858年印度民族大起义结束到19世纪末期，英国对印度的统治达到顶峰，殖民控制似乎也到了牢不可破的程度。但这种全面控制激起了印度的民族意识。"全体印度人都接受同一政权统治，更容易将整个国家看成民族共同体"。[52]阿卜杜拉跟英国官员走得近，一方面是个人兴趣使然，另一方面也是家族业务需要，这种举动在他担任掌门人期间变得更为明显。阿卜杜拉不放过任何跟英国官员结交的机会，每当去总督宅邸参加宴会，或在自家宅邸宴请总督或其他官员，他都会迫不及待地将宴会见闻细数讲给兄弟几个听，有时还会向洋行高级员工透露细节：

> 我晚些天再坐船去伦敦，之前在加尔各答跟总督会面，对方听说我要动身前往伦敦很是伤心，希望我留在离他近的地方。我当即告诉他，我会推迟行程。[53]

对英国政府来说，阿卜杜拉是个很有价值的人脉。因为他不仅掌握印度和中国商界情报（后者主要涉及鸦片贸易），在波斯等英国政府控制较弱的地方也有人脉网。此外，阿卜杜拉还能为他们提供重要资源：1867年底，英国准备远征阿比西尼亚，沙逊家族向他们租借船只。[54]对阿卜杜拉而言，跟达官贵人搞好关系的经济好处也显而易见。他在给苏莱曼的一封密信中写道：

> 我会想尽一切办法降低对马尔瓦鸦片的征税，拨更多钱用来在加尔各

答种植罂粟，让价格回到理想状态。接下来几天，我会跟浦那总督一起用餐，届时我会建议他向印度政府提议减税。[55]

阿卜杜拉之所以有本事影响政策制定，主要在于他是有头有脸的商界大亨，不过他本人也是费尽心思讨好英国官员。只要有用得着的地方，无论是买珍珠还是租别墅，沙逊一家都是鞍前马后，全力效劳。

设宴款待是沙逊家族拉拢达官政要的关键招数。从一位英国女士的孟买回忆录可以看出，阿卜杜拉在拉拢官员方面游刃有余：

> 最奢华的宴会由沙逊先生举办。他是大卫·沙逊令人敬仰的儿子，他的名字将在这片土地上永垂不朽……舞会之盛大奢华，闻所未闻。站在楼上走廊俯瞰公园，到处都有煤气灯的点缀，仿佛置身"一千零一夜"般梦幻。[56]

19世纪70年代，一位在孟买的旅行者写道："我们受到富甲一方、地位尊贵的沙逊家族多位成员热情款待。他们真诚友善，关怀备至，我们将永远铭记在心。"[57]阿卜杜拉可谓孟买社交场合的常客。孟买总督宴请暹罗国王，阿卜杜拉曾受邀出席。而宴请并非单纯的晚宴和舞会。驻中国和日本领事、英国政要阿礼国（Rutherford Alcock）爵士准备回英国，阿卜杜拉邀请阿礼国及夫人在沙逊家族宅邸住上几天，而非酒店。阿哈隆·摩西·加贝记录了这次访问：

> 有一天，我们跟总督坐在一起，谈起跟中国做生意及对清朝的鸦片政策。阿卜杜拉希望总督能阻止中国本土罂粟的种植，或者允许扩大加尔各答的罂粟种植规模，减少征税。随后，几名印度王公也参加了午宴，所有人跟总督的交谈都富有成果。阿礼国爵士对此次宴会很满意，对沙逊洋行的声望表示赞赏，并祝福我们公司能永远兴旺。[58]

这次宴请似乎奏效了。阿礼国爵士一回到英国就给阿卜杜拉写信，重申自己态度，认为英国政府必须"反对中国种植罂粟，清廷此举明显是为了将印度鸦片赶出中国市场"。[59]

慈善对沙逊家族的声望至关重要，阿卜杜拉也总是乐善好施。除了继续资助父亲在浦那创立的医院之外，阿卜杜拉还扩建和发展孟买的青少年感化院，并参与新的慈善项目。正如一位评论家所言，"阿卜杜拉·沙逊为许多年轻人提供了接受改造的去处，要不是沙逊感化院，这些年轻人就不可能有今天"。[60]他在加尔各答建了一栋公共建筑，为孟买市政厅捐了一架管风琴。19世纪70年代，他还在孟买创建了沙逊机械研究院；研究院提供技术学科高等教育，院内设有一座大型图书馆（当时藏书超过1万册，期刊逾5000种），图书馆的名字——大卫沙逊图书馆也沿用至今。除了阿卜杜拉之外，沙逊家族还有一人也一直担任该学院的信托人。[61]沙逊机械研究院很快成为类似今天的人才库机构，截至1875年，学院约350人，除技术课程外，还提供与家族核心业务密切相关的其他主题讲座[62]，比如印度罂粟种植以及成千上万的农民为何以此谋生等主题。[63]

沙逊家族的一桩桩善举不仅赢得孟买精英的尊重，也赢得大多数民众的敬仰。1867年，巴特尔（Bartle）爵士将印度之星勋章别到阿卜杜拉胸前，褒奖他为慈善事业做出的贡献。这份荣誉为阿卜杜拉在当地政界进一步活跃铺平道路——他后来进入孟买立法会担任委员，还担任总督教育与建筑项目的主要顾问之一。[64]除了跟印度和英国的精英阶层走动密切之外，阿卜杜拉借家族在波斯的生意，跟伊朗国王时有往来，与阿曼–桑给巴尔的苏丹也有联系。阿卜杜拉的政治影响力越深远，公司越容易向英国政府请愿，保证出台对沙逊家族有利的鸦片贸易政策。大卫在世期间，沙逊洋行便已经有本事游说印度总督，只要获悉鸦片征税的情报，就立刻向伦敦办事处通风报信。早在1864年，沙逊洋行就已经请求将每箱鸦片关税从600卢比降到400卢比，理由是在孟买进一箱鸦片约1550卢比，到中国最多卖1575卢比，而且常常还卖不到这个价钱。印度政府调查巴特那和马尔瓦鸦片的价格以及运输与保险成本之后，驳回了沙逊家族的请求。[65]1870年，在给外交大臣克拉伦登（Clarendon）伯爵的一份备忘录中，沙逊家族请求伯爵支持，反对将印度出口到中国的每箱鸦片征税从30两白银增至50两。这表明当时沙逊洋行的商业地位上升到了新高度：

> 敝公司鸦片收益占印度全部（鸦片）交易三分之一，单鸦片关税一项，敝公司每年向清政府缴纳约30万（先令），还没算上在英中两国进出口普通货物缴纳的巨额关税。为此，敝公司认为沙逊洋行不仅履行了自身义务，也为选民做出了贡献。敝公司愚见，提高征税可能对鸦片贸易造成不利影响，望阁下明鉴。

这份备忘录提醒对方，提高印度鸦片征税只会刺激中国本土鸦片生产，并补充说：

> 若英国政府希望遏制鸦片贸易，征收禁止性关税或采取其他更严厉措施即可见效。但只要鸦片贸易仍是印度收入主要来源，窃以为增税一举差矣，此等高额进出口关税必妨碍鸦片贸易，与印度农民和商人为害。[66]

同一个星期，《经济学人》刊登了上海一位商人的来信，信中反对增加鸦片关税：

> 鸦片贸易的道德问题与增加鸦片贸易关税的讨论并不相关，因为该问题不在于鸦片征税是轻是重，征税轻不代表鼓励吸食，征税重也不代表反对吸食。增加关税影响的只能是在种植罂粟这桩有利可图的生意上，印度与中国谁能占得上风。吸食鸦片可能确实有害，但打压印度贸易对阻止吸食鸦片没有任何用处，因为这个国家（即中国）如今遍地都种上了罂粟。[67]

上面提到的备忘录和信件都是同样的观点：英政府从来没有打算打压

104

鸦片贸易，只是想提高征税。阿卜杜拉这回游说奏效，关税没有增加。

竞争与合作

两家沙逊洋行都做鸦片买卖，因此一致反对增税，至少一开始他们全面达成共识的也就这一件事。伊莱亚斯的生意威胁到老沙逊洋行业务，引起公司合伙人和员工纷纷猜疑，这种局面在跟怡和洋行抢生意时从来没有过。1869年9月，孟买总部敦促香港办事处不要忽视跟任何贸易商搞好关系，免得这些合作伙伴投靠其他主子。"如果你处不像新沙逊洋行一样拼命抓业务，我们的生意就会被比下去。"[68]一个月后，孟买总部一位高级员工给香港的苏莱曼写了一封信，言辞激烈，怨声载道，说上海办事处自从伊莱亚斯自立门户之后就经营不善，"新沙逊洋行蒸蒸日上，我们却每况愈下"。这位员工气急败坏地说，新沙逊洋行鸦片销量已经赶超他们。"我厌倦了一次次强调我们鸦片销售的数量和价格都不如他们。"[69]新沙逊洋行积极拉拢贸易商和代理商，给贸易商28天的宽松期限付清欠款，老沙逊洋行也陷入两难境地，不得不照办："要是不提供同样优惠，就没人愿意跟我们做生意，我们别无他法。"[70]

每次新沙逊洋行以低于竞争对手的价格出售，攫取更多市场份额，老沙逊洋行就倍感压力。阿卜杜拉从孟买写信给苏莱曼说，"我们的兄弟伊莱亚斯，愿上帝保佑他长寿，压低了鸦片售价。我最讨厌低价卖货，不过你还是让上海办事处把价格降下来，那些原本高价从我们这里进货的商人，退款给他们"。[71]在这种咄咄逼人的激进战略下，新沙逊洋行的业务以迅猛势头发展，甚至以牺牲利润为代价。有时代理商或贸易商背信弃义不付货款，财务风险也会增加。尽管伊莱亚斯口口声声说，不挖旧公司墙脚，不抢旧公司客户，事实却恰恰相反：伊莱亚斯在老沙逊洋行做生意的所有城市和港口都开设了办事处，针锋相对，直接竞争。两家公司都紧盯着对方的一举一动，毕竟情报对生意人至关重要，"古代也好，中世纪也好，现代也好，做生意都离不开情报"。[72]正因为

105

如此，老沙逊洋行越发重视情报的收集，公司财大气粗，可以动用更多资金与资源，紧盯这位新对手的一举一动。伊莱亚斯自立门户之后不到两年，阿瑟在伦敦之行途中记录说，自己一到伦敦，就会跟一位英国商人会面，此人与伊莱亚斯做了一段时间生意，看能不能弄清楚伊莱亚斯的意图和打算。[73]

哪怕新沙逊洋行没有压低货价，它的一举一动和货物定价，老沙逊洋行各办事处都会一五一十地上报给孟买总部。[74]各办事处还互相指责对方被新沙逊洋行赶超，摩擦愈演愈烈。"各个市场都被攻占，新沙逊洋行在上海的销售额已经超过我们。我们的生意怎么会落于人后，简直不可思议，不可原谅"。[75]老沙逊洋行将对手里里外外审查了一番。伦敦办事处查了新沙逊洋行的资产负债表，惊诧地发现伊莱亚斯从父亲大卫继承的股份也被拿来做生意，此举明显能提升公司跟银行打交道的财务实力。有时候利欲迷人心窍，使人行为偏执。有一次，一位员工在信中担心地说，新沙逊洋行在给他们下套，那位跟他们做生意的贸易商只要合同一签，就会背信弃义。[76]

虽然两家公司都本能地避免将矛盾摆上台面，但有时候还是会觉得对方做得太过火。老沙逊洋行曾给《北华捷报》写信，抱怨称有位中国员工正如指控所言，"将我们鸦片贸易详情和业务细节透露给本报编辑以及新沙逊洋行"，并指责该编辑向员工行贿收买情报。《北华捷报》刊登了这则来信和编辑答复，编辑否认指控，指出该员工已在新沙逊洋行任职两年，另外蒸汽机船到港离港，货船所载鸦片数量"并非不能向感兴趣人士公开的信息"。该编辑还补充说，"我和伊莱亚斯·沙逊先生均未获悉此人是接受贵公司独家聘用的员工"。[77]那位中国员工显然是利用两家公司不和，两边捞好处。

不管是否有意为之，伊莱亚斯的行为处世总是能激怒阿卜杜拉，其他人没有这个能耐。阿卜杜拉在给苏莱曼的一封信中说，伊莱亚斯又写信要求退还海运费。阿卜杜拉还说，他厌倦了伊莱亚斯为了退款这事接二连三写信来催。[78]苏莱曼还是一如既往地心平气和，回信对阿卜杜拉说不要太在意这件事，伊莱亚斯天性悲观，喜欢唠叨。[79]此外，有关遗产还有几件待决事项，让兄弟间的敌意和猜疑更加火上浇油。大卫去世之后三年，巴格达的一处房产本来赠给世界以色列人联盟，将来用作学校，结果并没捐出去。兄弟中有人说这栋楼理应捐给教育机构，并以大卫的名字命名，不过当时似乎没有立刻达成协议，因为伊莱亚斯想弄清楚这项慈善事业如何运转，谁来"管事"。[80]

只要新沙逊洋行哪桩生意栽了，家族中就会有人指责或含沙射影地说他管理有问题。[81]

此外，家族对伊莱亚斯的怨恨从来没有彻底消散，在他分道扬镳十年之后，阿卜杜拉仍然还在抱怨兄弟贪心：

> 上帝保佑，哪怕我的兄弟上了年纪，他的贪婪还是没个尽头。他现在做的很多事情对自己（以及整个沙逊家族）的名声毫无益处。我不明白他有这么多钱，为什么还要这么做。我确实支持写信给银行，为伊莱亚斯·大卫·沙逊背书，不过我担心银行会以为我们此举不单是为了保护沙逊家族名声，而是跟新沙逊洋行有什么利益往来。[82]

数十年之后，两家公司还在互相盯梢对方的业务动向。1889 年，伊莱亚斯去世八年，新沙逊洋行大权已经传给雅各布，伦敦办事处的一封信称："新沙逊洋行处处模仿，依葫芦画瓢，我们进什么货，他们就进什么货，我们做什么买卖，他们也做什么买卖，哪怕亏钱也在所不惜。"[83]

两家公司上上下下都互相抱有敌意，特别是老沙逊洋行意见更大。19世纪 60 年代的最后几年，初级员工之间的通信明显能看出来，他们为未来和收入感到焦虑。毕竟他们很多人离开家乡巴格达和亲友到印度打拼，就盼着有天能像大卫·沙逊那样发大财。孟买总部的一位高级员工给香港的苏莱曼写信抱怨这种局面：

> 不得不说，我们如今的利润不比往年。如果业务量继续减少，您知道

我们很难向孟买总部交差。这段时间，伊莱亚斯先生贪婪扩张业务，拉拢商界人脉，靠打折出售和压低货物总体售价来换取市场份额。长此以往，我们只能眼睁睁落后于人，任由业务被蚕食。[84]

伊莱亚斯建立新公司头十年，老沙逊洋行对新沙逊洋行发展迅猛心怀不满，各办事处原本弥漫的悲观情绪更加凝重。只有亲眼见到公司继续盈利，事实证明"市场全被伊莱亚斯抢占"的预言错了，他们的悲观情绪才会有所缓和。时间再次抚平一切，阿卜杜拉和伊莱亚斯渐渐上了年纪，阿卜杜拉的注意力也从印度转向伦敦，渐渐远离这片土地上的纷争。

不过，两家公司竞争虽然激烈，但要是以为他们在商界没有合作，或者以为整个家族在伊莱亚斯自立门户之后就分崩离析，那就错了。两家公司后来会就重大战略问题结成统一战线，一致反对禁止鸦片贸易的运动。伊莱亚斯跟家族分道扬镳二十几年之后，两家公司都在相同的几家银行董事会任职，或以其他方式联手，追求共同利益。[85]虽然伊莱亚斯自立门户，后来又从老沙逊洋行挖墙脚，这些行为激起了老公司的怀疑，但在老公司工作的兄弟几个依然彼此信任和依赖。哪怕是在伊莱亚斯跟家族闹得不欢而散的那段时间，谁都不能完全保证对方到底忠于谁，苏莱曼依然写信给伦敦的鲁本，授权让他做代理人，全权管理自己在英国的一切事务。[86]这种信任不仅体现在财务问题上，也体现在情感方面，他们会互相诉苦，抱怨自己被派驻远方，倾吐对阿卜杜拉的领导不满，对自己在父亲创立的决策机制中被边缘化不悦。

除了联合反对禁止鸦片的运动之外，两家公司在慈善事业也会联手合作。1867年，印度政府批准了在浦那建设沙逊医院的所有手续，有报道称两家沙逊洋行捐款超过原有预算。[87]政府还出钱给这家医院配了一名助理外科医师，报销医院收治的所有政府官员的医疗费。[88]虽然伊莱亚斯和苏莱曼分列不同阵营，但两人始终互相友爱和尊重。伊莱亚斯写给苏莱曼的书信只有两封得以保存下来，都是在伊莱亚斯离开家族十年以后写的，但手足之情仍然有迹可循。伊莱亚斯在第一封信中这样写道：

来信昨日收到。你在信中提到我在香港从你手里购买、打算用作犹太教会堂的那栋楼。我很吃惊，你说虽然把楼卖给我了，现在却要征求法拉杰·哈依姆（两人的弟弟）的意见。你还记得我们（在香港）一起坐马车吗？你说愿意把楼卖给我，不在乎价钱几何，因为这楼是用来做慈善的。就因为是兄弟，这桩买卖我们没有签合同。按照我们的文化，买卖之后反悔是不可思议的事情。[89]

伊莱亚斯两天之后写了第二封信，亲切感谢苏莱曼回信：

你珍贵的电报昨天已收到，说给我寄了一份文件。我想再次强调，我希望买下这栋大楼的唯一原因就是用来做慈善。我明白我们谈的这笔钱微不足道，对你来说也不是什么大数目。我也知道你也面临压力，他们（家里其他人，主要是阿卜杜拉）对这笔交易感到愤怒，也打算破坏我俩的关系，就因为我俩走得近，他们接受不了。[90]

一家人在悲伤时刻显得最为团结。伊莱亚斯儿子去世之后八个月，伊莱亚斯的妹妹、苏莱曼年纪最大的姐姐亚曼写信告诉苏莱曼，伊莱亚斯已经慢慢恢复，时光抚平了他的悲痛。[91]就在伊莱亚斯痛失爱子之前六个月，两人的兄弟沙逊·大卫在伦敦英年早逝，年仅36岁。这次苏莱曼又写信给兄长阿卜杜拉，安慰他，让他照顾好自己，尤其当时孟买正值酷暑。[92]沙逊·大卫是家族首个被派往伦敦的成员，他走了之后，留在阿什利庄园的孩子就在那里长大（有的出生在伦敦）。在他们看来，英国才是家乡，而非巴格达或者孟买。这几个孩子是沙逊家族第一批对英国产生这种身份认同感的成员，却不是最后一批。不管大卫·沙逊离开印度是因为受不了孟买酷暑还是家族内斗，还是单纯被伦敦吸引，认为这里是世界中心，所以慕名而来，反正不久之后，阿卜杜拉也会加入这一阵营。

110

第 7 章
伦敦的召唤，1872—1880 年

```
                    阿尔伯特＝汉娜
        ┌──────────────────┼──────────────────┐
蕾切尔＝阿哈隆·摩西·加贝        约瑟夫        爱德华＝艾琳·德·罗斯柴尔德
```

讨好奉承驻印度的英国官员已经无法让阿卜杜拉满足，他似乎还宴请和款待所有到访印度的达官贵人。只要能跟英国贵族政要拉拢关系，不管他们本人有没有踏足印度，阿卜杜拉都不会放过任何机会。在他示好的英国政客当中，最著名的要数英国首相威廉·格莱斯顿（William Gladstone）。早在1865年，阿卜杜拉就跟沙逊·大卫一起给一家收容所捐款1000英镑，这家收容所由时任英国财务大臣的格莱斯顿的夫人设立，用于帮助伦敦穷人。格莱斯顿夫人彬彬有礼地接受善款，并且"向沙逊阁下对自己的信任表示赞赏"。[1]1865年下半年起，阿卜杜拉（或者称阿尔伯特更准确，因为当时他的所有书信均签署英文名）给格莱斯顿回信称，捐款是自己的荣幸，"能与您结交，与有荣焉"，并表示"承蒙抬举，若您与夫人有任何需要"，沙逊一家将非常乐意效劳。[2]

1872年，阿卜杜拉因为对公共事业的贡献被授予骑士身份，自此以后成为人们口中的阿尔伯特爵士（不过在给兄弟姐妹以及其他家庭成员的书信当中，他的签名仍然是阿卜杜拉）。这次封爵可谓无上荣耀，标志着沙

逊家族的阶级地位上升到新高度——短短40年内，就从巴格达难民成为英
国王室认可的上层社会成员。新任印度副王诺斯布鲁克（Northbrook）勋
爵首次到访孟买，阿尔伯特爵士与沙逊夫人邀请了1200名宾客前往无忧宫
参加舞会，给勋爵洗尘，同时庆祝阿尔伯特受封爵士（不过为表谦逊，请
柬未提及此事）。宅邸周围装点得精美非常。印度王公、有头有脸的商界
大亨还有一众英国达官贵人相聚一堂，好不热闹。[3]与此同时，阿尔伯特在
英国的家人也在阿什利庄园举办了一场盛大的花园宴会，冷溪近卫团乐队
到场为贵宾演奏，其中包括格莱斯顿及夫人和女儿。[4]

　　1873年下半年，阿尔伯特爵士在伦敦市政厅的一次大型聚会上又获
殊荣。他被授予伦敦金融城荣誉市民称号，只有做出杰出贡献或知名人士
才能获此褒奖，而且历来基本上只有土生土长的英国人才有资格，因此这
次事件具有历史意义。正如颁奖纪念册所述："这是东印度商人首次获此
殊荣，也是立志效力伦敦的人士最梦寐以求的荣誉……伦敦金融城荣誉市
民的称号首次授予一名犹太人。"仪式当天，列席的有首席拉比、伦敦市
长、几位议员、阿尔伯特的兄弟阿瑟和鲁本及家眷，此外还有伦敦同业公
会的许多商人。伦敦市法团财务主管本杰明·斯科特（Benjamin Scott）向
阿尔伯特爵士致辞：

阿尔伯特爵士被授予伦敦金融城荣誉市民称号

阿尔伯特爵士，你是英属印度帝国首位获得伦敦金融城荣誉市民称号

的公民。此次颁奖是为了褒奖你担任孟买立法会委员以及其他公职期间在公共事业领域的突出贡献，你此前因诸多贡献还获得"印度之星"称号及其他荣誉称号。本荣誉称号也是为了褒奖你对慈善与教育事业的倾力付出，你的善举造福多方民众，尤其在英属印度帝国，贡献尤为突出。你的普世观念、广阔胸怀以及不以宗派区别对待他人的慈爱之心，实令市政当局瞩目。你为印度和犹太孩童建设学校，为印度年轻人设立高等教育学校和机械研究院，为病患修建医院，为需要康复者修建疗养院，为迷途知返的年轻人修建感化院。你广施善举，不仅在孟买当地乐于助人，加尔各答、浦那、马德拉斯、波斯以及大不列颠也因你的慷慨赠予而蒙恩受益，至此又与当局开办的学校联合设立奖学金，尤令当局赞赏与自豪。

阿尔伯特爵士用不紧不慢而又响亮有力的声音致辞，其间只偶尔流露出一丝感情：

本人非常激动能获此殊荣……此次表彰是我可望而不可即的荣誉，令我深感自豪……作为希伯来社区一员获此称号，令这份荣誉更显珍贵非常。伦敦市政当局思想开明，秉持宗教宽容的理念，此次授奖为证。

市政厅授予阿尔伯特的宝箱

阿尔伯特获赠黄金宝箱一只，上面刻有其名字。为示庆祝，阿尔伯特表示"此箱将作为传家宝代代相传"。[5]

此前，阿尔伯特只是旅居伦敦，次年便决定永久在这座城市定居。这一决定可谓顺势而为。

19世纪70年代早期，电报通信技术发展，特别是海底光缆的铺设，进一步加强了伦敦作为国际贸易中心的地位。[6]阿尔伯特认为，与孟买总部远隔重洋造成的损失相比，接近伦敦这个贸易中心，接近大英帝国的政权与决策中心将给公司带来更大好处。这件事对他婚姻的影响倒是更严重，因为妻子不想离开孟买，不愿动身前往伦敦。这对阿尔伯特而言，夫妻分隔两地似乎也能承受。同时，比起在印度忍受无休止的家族纷争，搬到伦敦还能清静清静；如果远离纷争能让自己更严密地管理其他合伙人，那就再好不过。阿尔伯特始终认为自己是巴格达犹太人，但也一直为英国的风土人情而着迷，阅读身居伦敦的兄弟寄来的书信和剪报，让阿尔伯特心生羡慕。但要定居伦敦，阿尔伯特还得找个信得过的人来打理亚洲的生意。他的首选就是弟弟苏莱曼，他当时负责上海办事处和香港办事处。阿尔伯特让苏莱曼回了几次孟买打理生意，为自己移居伦敦做准备。

1874年，阿尔伯特在英国定居，妻子汉娜仍留在无忧宫，一直住到1895年去世。据很多人说，阿尔伯特在孟买"举办了许多晚宴和接待会，女主人的表现总是平平无奇"，有人甚至认为汉娜也许让阿尔伯特感到尴尬。汉娜在孟买典型的巴格达商人家庭出生并长大，阿尔伯特的父亲大卫移居孟买之前，汉娜一家就已经在孟买定居。汉娜从未离开印度，"数次以身体欠佳为由，避免跟丈夫一同前往英国"。[7]或许阿尔伯特认为妻子会妨碍自己融入英国社会？不管怎样，外人不清楚他为何将妻子留在印度这么多年，即使他四处游历，也很少回印度看望妻子。阿尔伯特明显可以为妻子提供想要的一切，汉娜的婆婆——大卫·沙逊的遗孀也时不时地从布莱顿写长信给她，可她对英国生活就是毫无兴趣。

阿尔伯特的眼光长远。接下来20年，他的社交圈子不再局限于英国商界政界名流，还扩大到贵族阶层甚至英国王室，跟其他国家的达官政要也有所走动。1875年，阿尔伯特在布莱顿的新宅邸（肯普顿东别墅区1号）为阿曼–桑给巴尔的苏丹举办晚宴。[8]虽然投身到曲高和寡的上流阶层，阿尔伯特始终没有打消做生意的兴致，也没有完全从家族业务抽身，只要有需要，他还是会继续推进公司的议事日程，在全球业务中发号施令。老沙逊洋行伦敦总部位于利德贺街12号，为了应付全球各地的业务，雇了一大帮翻译人员处理海运提单和保险，整个大楼顶层都是他们的身影，在忙着用希伯来语、阿拉伯语、波斯语、汉语和印度斯坦语处理各种邮件。[9]

威尔士亲王到访孟买无忧宫

　　阿尔伯特最初向英国王室示好时出手最为阔绰。威尔士亲王阿尔伯特·爱德华于1875年访问印度，广为走访英属印度帝国各地。阿尔伯特本人当时虽在伦敦，但让夫人在无忧宫宴请了亲王，并与王室其他成员会面。爱德华回国之后，阿尔伯特爵士获准在孟买树一尊亲王雕像，纪念此次访问。[10]几个月之后，雕刻家约瑟夫·埃德加·贝姆（Joseph Edgar Boehm）开始这座"巨大雕像"的雕刻工作，整个工程耗资1万英镑（相当于今天的100万英镑以上），[11]维多利亚女王本人亲自检阅。两年后，鲁本·沙逊及夫人在位于伦敦贝尔格雷夫广场的宅邸举办宴会，爱德华王子携女儿路易丝公主观摩了完工的作品：骑马铜像安放在花岗岩底座上，总高27英尺，后运至孟买。[12]1879年6月，总督理查德·坦普尔（Richard Temple）爵士在孟买为雕像揭幕。当时天降大雨，但达官贵人、商界大亨和当地民众聚集一堂，观看揭幕，聆听沙逊家族当时在孟买的掌门人苏莱曼演讲。[13]这次向王室示好耗资巨大，但回报也很明显：英国报纸出现越来越多的文章，褒奖阿尔伯特爵士及其"真正令人称道的慈善精神"。只要有显贵政要访问孟买，瞻仰雕像，媒体就会尽职尽责地提醒读者，这是阿尔伯特爵士赠送的礼物。

苏莱曼当时几乎正同时经历人生的两座里程碑。他于1873年多次回孟买总部访问，为法哈的魅力和博学而倾倒。后来，有一次回孟买，苏莱曼克服天生羞怯和不善社交的性格，请求自己同父异母的兄长、法哈的祖父阿卜杜拉允许自己迎娶法哈。虽然19世纪表兄妹联姻在很多文化当中都很常见，但舅外公与侄外孙女结亲，一般认为这层血缘关系还是太近，于是家里人询问了拉比和法律专家的意见。几番斟酌之后，阿卜杜拉应允，他也希望搬去伦敦之后，这次联姻能巩固自己对家族亚洲业务的控制。1876年，这对新人在孟买结婚，当时法哈19岁，苏莱曼35岁。这次结缡有背传统，阿尔伯特从布莱顿写信给苏莱曼谈及嫁妆（sbahiyya）一事：

> 你在信中说没有因为嫁妆的事苦恼，也不想要任何意义上的嫁妆。你还说有事藏在心里不是自己的风格，保证凡事都对法哈好。这也正是兄长我的期盼。[14]

苏莱曼接管亚洲生意尤其让兄弟几个松了一口气，在他们看来，苏莱曼完全能胜任这一角色，再者有人接下亚洲生意的担子，他们就能继续在英国生活。阿瑟（亚伯拉罕·舍拉姆将名字改成英文名阿瑟）在汉堡度假时给孟买的苏莱曼写了一封信，当时苏莱曼已完婚，信中说明了苏莱曼担此大任的必要性：

> 你说我们当中有人得去孟买帮忙打理业务。你要知道兄长阿卜杜拉已上年纪，如何指望他回孟买短期访问，察看业务呢？我认为，你应该留在

116

117

孟买，接下这个担子。此外，我们可以派一位员工（非合伙人）到上海管个两三年，这样也能节约成本。我认为，没必要在各办事处都安排合伙人来负责当地业务。我们写信可以写得更详细，通过书信对业务进行指导。[15]

苏莱曼的孪生兄弟阿哈隆对家族生意丝毫不感兴趣，也拒绝参加大卫安排的学徒计划，而是逃到布莱顿躲清闲（阿哈隆余生都在布莱顿度过，所有资产都留给了家族各办事处所在地的慈善机构）。苏莱曼与阿哈隆则完全不同，他有商业头脑。苏莱曼15岁起就被送到中国，之后一直驻扎在香港和上海。一开始，苏莱曼还写信回孟买倾诉思乡之情，后来渐渐接受父亲安排，留任上海。从后来的书信可以看出，苏莱曼对生意一心一意，他能吸收掌握庞杂如山的商业数据就是明证。1875年，苏莱曼在结婚前一年终于搬回孟买，接管孟买总部，管理亚洲其他办事处，至此他已离家20年。婚后八个月，苏莱曼被任命为沙逊家族所有办事处的普通合伙人。[16]外人对他的描述是"头脑灵活、精力充沛的生意人，性子直率，为人慷慨，心胸宽广。他对生活在孟买的人，无论对方国籍出身，都一视同仁"。[17]私底下，苏莱曼对宗教也心怀义不容辞的责任，为犹太人和犹太组织慷慨解囊，哪怕对方从遥远的也门萨那写信求助，他都会帮上一把。他在孟买的宅邸建了一座小型私人犹太教会堂，还在香港捐款建了一座。苏莱曼的希伯来语很流利，还时常研习犹太法典《塔木德》和妥拉。很多拉比到访孟买，都在苏莱曼的宅邸受到接待。1878年，他请求孟买高级法院准许犹太法官星期六休息。[18]不管怎样，苏莱曼都沿袭了父亲和兄长的做法，积极投身孟买公共事业。他既是孟买银行董事，也是码头信托人和孟买审判委员会委员，还担任过1880—1881年墨尔本世界博览会国际组委会的成员。当时越来越多家族成员搬去西方，在英国享受荣华富贵，苏莱曼却尽心尽力投身到家族在亚洲的生意，甚至到了操劳过度的程度。当然，这是妻子法哈的看法。

生意照常

虽然阿尔伯特对生意上很多事都不再亲力亲为，但依然是公司掌舵人，甚至还将整个家族的生意推向新高度。19 世纪 70 年代，家族生意利润可观，阿尔伯特给孟买的苏莱曼写信说："虽然有各种困难，1877 年的利润率还是达到了 15%，如果能继续保持上一年势头，利润率将达到 20%。"[19] 事实证明这个预测过于乐观，1878 年最终利润率刚好 12% 出头。考虑到公司的庞大规模以及当时的交易条件，该回报率已经相当可观。有人将沙逊家族比做十年前的怡和洋行，那时竞争没那么激烈，鸦片买卖的风险也较低。即使十年之后，沙逊家族的利润率仍保持两位数，当时经济动荡，这个成就实属惊人。[20] 1873—1897 年，货物批发价格大幅下跌。18 世纪晚期，工业革命开始，英国经济向全球扩张，不过"大萧条"过后，其扩张速度明显放缓[21]。此外，关税上调也对全球商业系统造成不利影响。[22]

英国在全球贸易中占主导地位，该国经济震荡殃及池鱼，明显波及许多国家和地区，尤其是印度，鸦片贸易的收入变得更为重要。印度自 1858 年接受英国王室统治，每年需要上交一大笔钱给英政府作为军队和行政开支，19 世纪 70 年代早期，预计每年上交约 1400 万卢比。印度靠出口来填补这个巨大口子，此外还要养活本国政府和军队。[23] 印度鸦片占出口总额比例从 1839 年的 9% 上升至 1858 年的 39%，之后 30 年基本维持在 15% 以上。19 世纪 90 年代起，鸦片出口占比才跌至个位数，一战之后才跌至 1% 以下。[24] 印度平均每年出口 80000 箱鸦片，相当于 1120 万磅（508 万千克），这些数字标志着鸦片贸易的巅峰。[25]

新、老沙逊洋行你追我赶，互相竞争，偶尔携手合作，不过都在不断发展壮大。两家公司的运营制度都讲究方法与效率，不断完善。1874 年，英国一份商业报告记录称：

孟买著名的两家沙逊洋行是我们的主要进口商，他们把鸦片批发给中国人，换取白银。这些中国公司再将鸦片包成小包装，印上自己的商号，其中主要是得顺商行（Têk-sing，此处音译）和易兴宏商行（E-sim hongs，此处音译）（这两家公司）。印上商号之后，鸦片即可以零售。[26]

　　一份备忘录揭示了1874年1月沙逊洋行在短短一周之内的贸易量：向上海运输1045箱孟加拉鸦片、250箱马尔瓦鸦片、700箱波斯鸦片、20箱土耳其鸦片。[27]这一时期的鸦片供应量虽然增加，但价钱仍然较高，商人还能赚到钱。对上乘的马尔瓦鸦片而言，价格还有所上涨。[28]

　　向中国出口始终需要经过买办之手。买办是"负责跟洋行打交道的中国人，是中外贸易的中间人"。[29]洋行买办不仅要负责在华人员安排，还要为客户信用背书，从头到尾承担重大风险。买办之所以能捞到钱，关键在于中国内地禁止外国商人直接参与交易，只有买办才有权接触内地经销网络。洋行依靠担保制度来判断买办的信誉，买办则按照中国传统招募人手。这套体制十分复杂，一方面，买办实际上是代理人；另一方面，他们又打着小算盘，自己做生意。有的买办仗着洋行这座靠山发了大财，名利双收。有传言称，沙逊洋行在镇江的买办卖了价值150万两白银的鸦片（"两"是中国当时的货币单位。1两白银约等于1.3盎司白银，价值约4先令6便士）[30]，这还只是一年的收入[31]。这些买办常年与洋行合作，而有的经营不善的买办，常常落得与洋行对簿公堂的结局。1858年后，买办的重要性进一步增加，《天津条约》将中国鸦片自由贸易正式合法化，并向外商开放更多口岸。1869—1884年，胡梅平担任老沙逊洋行天津买办，私下生意规模也不小：蒙古有几家公司，北京有连锁商店，上海还有一家小银行。[32]胡梅平的服务不仅大大增加了沙逊洋行的开支，更"逐渐成为沙逊洋行在华最具竞争力的对手"。[33]一些胆子更大、野心更足的买办甚至跟外商在日本和其他地区抢生意。

　　代理商在对华贸易中扮演着关键角色，对国际贸易也起着举足轻重的作用。跨国企业不得不跟代理商搞好关系，为的就是让他们忠心效劳、踏实办事。沙逊洋行在布什尔、伊斯法罕和巴格达都有代理商。阿尔伯特

121

跟家族在布什尔的代理商哈吉·阿里·阿克巴（Haj Ali Akbar）关系尤其亲密。沙逊家族档案馆保存了此人用漂亮的阿拉伯文给沙逊家族的大量手写信。阿克巴尊称沙逊家族的每个人为"阁下"，不过1872年阿尔伯特获骑士头衔之后，他在信中对阿尔伯特的称呼也更显尊贵——"敬爱的哈瓦贾"（Khawaja，一种尊称）。两人的联系持续了数十年，即使在鸦片价格大幅动荡时期也不曾中断。不过哈吉·阿克巴算是例外，因为沙逊家族跟大多数代理商常常闹得不欢而散，跟买办也是如此。确实，随着两家沙逊洋行的扩张，跟代理商闹法律纠纷几乎成为生意场上的家常便饭。许多纠纷都跟清算、商业合同条款分歧和海运税有关。有一次，沙逊洋行写信给印度事务大臣（大臣又将信转给英国驻波斯湾特派政治代表），抱怨对方失职，没能促成布什尔两名商人对地产进行清算或结算，这两人此前跟沙逊洋行有生意往来，信中还提醒印度事务大臣，"敝公司与波斯湾港口以及巴格达有规模庞大的业务往来，此外，敝公司自认为在很大程度上推动了英国在该地区的贸易发展，提升了英国在该地区的影响力"。特派政治代表解释称，波斯当局未将此案作为破产处理，加上还有其他英国公司加入沙逊洋行的索赔，因此很可能无法追回全款。[34]不过，沙逊洋行在其他事情上则走运得多。当时蒸汽机船德尔塔号将一船鸦片从孟买运往中国口岸，沙逊洋行为这船货所投保险约占货价的45%。船舶失事后，英国法庭裁定保险公司赔付货价的近80%。[35]案子陷入僵局，搞得一片狼藉，以至于《经济学人》发表长文报道，称承保人败诉是因为没有在保单上妥善盖章。[36]

　　根据两次鸦片战争之后《天津条约》与《南京条约》赋予外商的特权，新、老沙逊洋行对中国买办提出的索赔、反索赔和上诉均受英国法律管辖，并由英国法官和陪审团审理。细读英国最高法院对中国和日本的判例汇编就能发现，这种偏袒外商的案件十分普遍。此处并非想让读者产生英国司法体系偏袒外商的印象，毕竟当时制度的建立就是为了保护英国臣民。大量案件涌现，在一定程度上是晚清经济动荡的产物，尤其是1883年金融恐慌之后，外商争先恐后采取措施，将损失降到最低。"两种互相冲突的审判制度共存，削弱了买办在中国本土商人和外商当中的信誉"。[37]

不过，沙逊家族投入打官司的大量时间、金钱与精力并非无关痛痒。在他们看来，每宗影响公司利益或者违反协议的案件都必须对簿公堂，让那些出尔反尔的代理商或对手付出代价。有些索赔金额虽微不足道，但关键在于贸易双方信守承诺的核心原则不能动摇。

需要对簿公堂的不仅仅是生意场上的事。沙逊洋行在贸易方面大获成功，衍生的地产和信托业务也变得错综复杂，以至于不得不求助业务所在地的法院解决。当时有一宗涉及财务纠纷和家族内部的案子，案卷长达55页，从1879年一直持续到19世纪90年代中期。另外，还有一桩关于家族财务的案件，说的是阿尔伯特的女儿莫泽尔嫁给伊莱亚斯·大卫·以斯拉之后的事。此人是鳏夫，原本有四个孩子，跟莫泽尔婚后又生了三个孩子，这样一来共七个孩子。伊莱亚斯和莫泽尔结婚时成立了信托基金，由当时已经是阿尔伯特女婿、蕾切尔丈夫的阿哈隆·摩西·加贝签名（沙逊家族、加贝家族和以斯拉家族在接下来两代继续联姻）。伊莱亚斯·大卫·以斯拉于1886年去世，经查明以斯拉并没有妥善向基金受托人付款，而且受托人（其中包括阿哈隆·摩西·加贝）未能确保该信托基金是否符合规定。让事情更加错综复杂的是，遗产的唯一执行人是以斯拉跟第一任妻子所生的长子约瑟夫。此人做过各种违法勾当，拒绝将相应账目转给其他遗嘱受益人，也拒不提供信息给他们。这宗案子耗时近两年，聘请了数十名律师，举行了数不清的听证，才最终尘埃落定。判决结果并非皆大欢喜，亲戚家也从此交恶。[38]

只要家庭内部的纠纷争吵和旁枝错节没有影响到家族业务，阿尔伯特都会睁一只眼闭一只眼。实际上，家族公司的最大利益，还有那些为家族业务尽心尽力的亲戚才最为要紧。阿尔伯特长子约瑟夫做一桩投机买卖亏本，陷入破产。阿尔伯特犹豫要不要帮儿子一把，思前想后，最终决定出手相救。女婿阿哈隆·摩西·加贝让他放心，这么做是应该的：

首先，整个商界都赞赏您的决定；其次，咱们整个家族也知道您在维护家族声誉；再者，约瑟夫也不至于落到身无分文的地步。金钱散了还会回来，都是身外之物。我相信上帝会十倍补偿给您。[39]

这次事件之后，与阿尔伯特的女婿以及次子爱德华相比，约瑟夫对生意的参与减少，后来继承父亲头衔的也是次子爱德华。约瑟夫一生坎坷，比父亲还早离开人世近十年。阿尔伯特虽然在生意上雷厉风行，对子女却十分慈爱。有次他给女儿写了一封真情流露的信，说爱德华登上去上海的船，但还没收到船舶靠岸的只言片语，这种毫无音讯的状态让他寝食难安，对任何事情都失去了兴趣。"等消息的每个小时都像一辈子那么长。"后来听到儿子平安抵达上海的消息，阿尔伯特才打起精神来给女儿回信。[40]

有些纷争尤其严重，甚至导致亲戚之间情断义绝。所罗门·以西结就是一例。以西结是大卫三女儿凯特的丈夫，也是阿尔伯特和苏莱曼的妹夫/姐夫。没人知道所罗门·以西结对沙逊家族的刻薄抨击是否事出有因，但他的愤恨明显越来越深。以西结在给老沙逊洋行律师的一封信中表示，有些重大亏损记到他的账户名下并不合法，沙逊洋行否认了这项指控，并称以西结此举"居心不良"。以西结似乎将有些交易指向他所谓"朋友"的账户，辩称公司也知晓此事。他要求公司赔偿，否则将指控公之于众。[41]正如他在给公司一位高级管理人员的信中所说："我绝望了，我要毫不犹豫地让他们大部分人跟我同归于尽，不管是阿尔伯特爵士，还是加贝，统统都得站上证人席。"[42]以西结这招果然奏效，五天后双方在律师到场的情况下达成协议。公司同意清偿以西结的债务，而以西结必须无条件为他的威胁言论道歉，撤销指控，并立即辞去公司代表一职。[43]

沙逊家族刚涉足鸦片生意时，西印度的鸦片贸易由几家大型印度贸易公司和英国公司掌控，尤其是詹姆斯·杰吉伯伊和怡和洋行。19世纪70年代，沙逊洋行与加尔各答两家领头的巴格达犹太商业家族联手，即加贝家族（阿尔伯特妻子的娘家）和以斯拉家族操控东印度鸦片价格。三家的结盟并不简单：沙逊家族虽然在加尔各答有自己的办事处，但必须听命于加

124

贝家族和以斯拉家族的安排。家族档案资料显示，只要三家无法就某项战略达成一致，或者其中一家觉得另外两家占了便宜，这个小型卡特尔（垄断组织）集团就会闹矛盾。不过，三家联手确实让他们控制了孟买和加尔各答商界的大半江山。[44]沙逊家族占到的更大好处在于，沙逊洋行因此牢牢掌握了19世纪70年代马尔瓦鸦片交易。他们向印度商人支付预付款，农民用这些钱来种植罂粟，生产鸦片。

这次联手让沙逊家族成为类似印度政府在比哈尔和贝拿勒斯的角色。沙逊洋行实际上扮演"银行家"，为马尔瓦罂粟种植融资，给知名经销商团体支付预付款，在罂粟开始种植前就把它买下来。[45]

关于沙逊家族与怡和洋行的竞争，从后者的档案资料中能发现一些深刻见解。怡和洋行董事注意到沙逊洋行为了降低鸦片价格而采取的激进措施：为印度鸦片生产商提供贷款，以低价大宗批发，给中国经销商付预付款。最有效的一招，可能要属给那些愿意定期发货的印度商人事先支付四分之三的货款。总之，沙逊家族想方设法维护与合作伙伴的关系。阿尔伯特跟一位种植罂粟的大农场主谈生意，鼓励对方种植质量上乘的鸦片，承诺要是质量到位，沙逊洋行会加大进货量。[46]这种战略降低了沙逊洋行成本，也打造出其他竞争对手难以追赶的优势，到19世纪70年代中期，沙逊洋行控制了鸦片市场的大半江山。沙逊家族"这种行为是在严重扰乱市价"，[47]怡和洋行一位在华员工对此感到恐慌，将情况上报给公司。由于半岛东方航运公司的排挤，再加上老沙逊洋行的竞争（后来称并非因为"道德争议"），1871年怡和洋行几乎完全撤出鸦片生意，将业务重心转到银行业、保险业、铁路和煤矿。[48]至此，新、老沙逊洋行成为印度与中国鸦片贸易的霸主。据某些资料估计，两家公司控制了70%的鸦片库存。[49]实际上这个数字应该在30%至50%之间，不可否认，两家沙逊洋行是19世纪70年代全球最能一手遮天的鸦片商。19世纪80年代早期，有报道显示，与中国的鸦片交易"几乎完全掌握在"帕西商人和沙逊家族的"股掌之间"。[50]

鸦片买卖到底有多赚钱？对怡和洋行这个量级的公司而言，19世纪

50年代至60年代，平均利润约占公司投资的15%，鸦片代理业务的利润约4%。怡和洋行用买卖鸦片赚的钱来建大楼，进军茶叶与丝绸贸易。[51]当时利润相对丰厚，自19世纪70年代开始，罂粟种植以惊人的速度增长，导致市场上鸦片供过于求。阿尔伯特在1878年的一封信中写道："给各地办事处拨款买鸦片，这样的日子还要持续多久？我们现在手里已经有500箱波斯鸦片，中国还有1200箱没卖出去。什么时候才能出手？什么时候才能赚到钱？更重要的是，什么时候能拿到真金白银？"[52]

126

　　除了鸦片之外，纺织品生产是沙逊洋行的另一宗大买卖。这个市场的潜力非常明显：印度盛产棉花，劳动力也很廉价。万事俱备，只欠生产机械。只要机械到位，便可就地生产。孟买第一家棉纺厂由杰吉伯伊·塔塔于1868年开设，此人来自孟买地位显赫的帕西家族。塔塔公司此前便已经靠纺织业扩张赚到盆满钵满，这是他们首次进军棉纺厂建设。沙逊家族见这一行有利可图，立即效仿，进军纺织品生产行业。老沙逊洋行先以身试水，几年后新沙逊洋行也跟随其后，虽然起步较晚，但很快就迎头赶上，于1883年开设了第一家棉纺厂。两家沙逊洋行，尤其是新沙逊洋行，将十数家棉纺织品生产商纳入囊中，截至1925年，新沙逊洋行控制了11家工厂，老沙逊洋行控制了两家。[53]据一位英国议员观察，印度棉纺厂工人加工的是便宜原材料，跟兰开夏郡的纺织工人相比，他们每年的工作时间和天数更长，报酬却更少。塔塔公司的棉纺厂开门营业之后几年内，英国生产商就感受到了印度纺织业的威胁。[54]进军纺织业后，沙逊洋行与一些印度家族企业的合作更为密切。比如，沙逊纺织厂的首届董事会就由沙逊洋行旗下的三家公司以及四家印度公司组成。[55]但与沙逊洋行打交道最多的是另一撮少数民族——帕西人。17世纪中期，这群帕西人离开故土来到孟买，并很快站稳脚跟，远比沙逊家族要早。帕西人以精明的商业头脑著称，巴格达犹太人一到孟买，他们就立马上前跟对方建立关系。19世纪上半叶，帕西人是鸦片买卖主力，之后很多帕西人则扮演代理商、合作伙伴或初级合伙人的角色。"他们跟英国人达成赞助人与客户的共生关系"。[56]随后，他们又在造船业扮演关键角色，跻身资本家圈层。社区携手合作是当时孟买商界的重要特色，而印度经济也因此蓬勃发展。特别是1875年至1885年，这十年间的印度，棉纺厂就如同雨后春笋一般拔地而起。纺织业投资回报率很高，阿尔伯特对利润十分满意，并预测将来收益还会更高。[57]棉纺厂初获成功之后，沙逊家族又于1876年成立沙逊丝绸制造厂，由阿尔伯特次子爱德华·阿尔伯特·沙逊掌管。[58]这家公司之后与另一家公司合并，成立沙逊丝厂，丰厚盈利一直持续到1941年底。[59]

除了纺织品生产之外，老沙逊洋行还投资农业。印度近90%的人口都从事农业生产，英国那一套法子没能让印度经济复兴，原因是英国政府不愿有计划地投资农业项目。[60]沙逊家族借1865年金融危机以及随之而来的萧条，在南加尔各答买入大片土地。为了提高耕地产量，改善务农者结构，苏莱曼采取一系列措施，实现了农业生产现代化。此前研究沙逊家族的一位历史学家表示，"印度农业可能从来没有以如此系统和大规模的方式运作"。[61]这个说法可能有点夸大其词，实际上该项目涉及约15000名农民，不过卖给加尔各答的粮食价格确实因此下降。控股该项目的坎宁港与土地改良公司（Port Canning and Land Improvement）一直到20世纪还经营良好。

19世纪70年代，老沙逊洋行伦敦办事处的地位跟孟买总部平起平坐，后来地位甚至更加突出。阿尔伯特移居伦敦之前，就已经将大批资产从孟买转移到伦敦，而非移居之后才开始盘算（比如1874年1月底转移了49053英镑。）[62]伦敦向各办事处和合伙人收取费用，用来填补公司各项开支。一则向集体合伙人收款，二则向单独合伙人收款，但掌门人阿尔伯特除外。[63]所有合伙人当中，苏莱曼的鸦片买卖最为活跃，大部分账簿都跟他买卖鸦片相关。每周都有几艘装着25—30箱鸦片的货船从孟买或加尔各答运抵香港，其中大部分是马尔瓦鸦片，[64]再卖到中国各地。即使19世纪80年代后期，鸦片进货量仍然居高不下。1889年，阿尔伯特通知苏莱曼，公司进了3600箱巴特那和贝拿勒斯鸦片，"上帝保佑，我们有望大赚一笔"。[65]

Per Str. "*Lombardy*," to Bombay

Per Str. "*Legislator*," to Calcutta.

HONGKONG, 21*st January*, 1874.

DEAR SIRS,

We continue our advices from the 13th instant, since when the arrivals have been: the French Mail steamer *Ava* on the 10th, and the steamer *Legislator*, from Calcutta, on the 17th instant, bringing 1,045 chests of Bengal Opium, and 3,411 bales of Cotton. Stock: 2,000 chests of Bengal, 250 chests of Malwa, 700 chests of Persian, and 20 chests of Turkey Opium. Cotton 12,000 bales. Shipments to Shanghai for the fortnight: 1,120 chests of Malwa, and 380 chests of Bengal Opium.

BENGAL.—The market has been dull throughout the week, and the business transacted has been in favor of buyers. Rates have gradually declined, Patna closing at $602½, and Benares at $600; the latter drug being in little demand at present.

MALWA.—The low rates ruling at the date of our last brought out more buyers, and the sudden fall in Rupee Exchange, coupled with the news of smaller shipments from India, has imparted more confidence to holders, and values have improved to $690. The English Mail steamer *Travancore*, due in a day or two, brings forward about 2,100 chests.

PERSIAN.—Sales of 10 chests best quality new drug are reported at $515 per pecul, which may be considered as the nominal quotation. About 200 chests of newly imported drug have been transhipped to Amoy and Coast Ports, but no sales have been advised up to the present time.

TURKEY.—35 chests of old drug have been placed at $565, showing a decline of $100 since last sales on 14th August. The stock of 20 chests, all old, meets with no enquiry. There have been no arrivals of new drug.

COTTON.—The market for Indian staple continues exceedingly inactive, and without sacrificing, it is extremely difficult to effect sales at anything like the full value of the Cotton. The steamer *Legislator* brought forward a good selection of new Cotton, but no business has taken place, and sales are prohibited by the high limits placed on the majority of the parcels. Holders continue very firm, and as the next two Calcutta steamers are only bringing forward a limited quantity, (900 bales), we may reasonably expect more activity before long, when the stocks of China Cotton become somewhat reduced. Sales for the fortnight, comprise : 450 bales of Kurrachee, 350 bales of Bengal, and 150 bales of Madras; and we quote nominally $10 @ $15 for all descriptions, according to quality.

There have been continuous arrivals of China Cotton from the North, and sales have been made to a large extent, necessarily exercising a prejudicial effect on East Indian descriptions. At the close, however, there is a quieter feeling, and stocks are rapidly accumulating. Prices paid vary from $13½ @ $14½.

BULLION.—GOLD LEAF, $24.35; SOVEREIGNS, $4.75; SYCEE, 9 per cent premium; and BAR SILVER, 10 per cent premium.

EXCHANGE.—On London, Bank Bills, at 6 months' sight, 4/3½. On India, 3 days' sight, Rs 219.

———————

Shanghai.—Latest quotations by telegram, are : Malwa, Tls. 460; Patna, Tls. 444; Benares, Tls. 446. Stock on 15th instant: 1,915 chests of Malwa and 1,427 chests of Bengal Opium.

EXCHANGE.—On London, Bank Bills, at 6 months' sight, 5/10; on India, at 3 days' sight, Rs 302.

We remain, Dear Sirs,

Yours faithfully,

DAVID SASSOON, SONS & Co.

老沙逊洋行香港办事处言辞恭敬的公报

129

各办事处都要将收入汇总，立即送往孟买总部（至少当时如此），从中扣除一定费用之后，每月月底再退回余额，年年如此。要是哪家办事处迟交，孟买总部就会烦躁不安，发送简短备忘录给对方催交。[66]账簿备忘录基本没有提到每箱鸦片的具体盈利或亏损，但能看出交易规模之惊人：1873年，香港办事处应收款项为4572513卢比，应付款项为5525056。将近100万卢比的差额来自各种开支，包括员工薪酬、业务开销以及各办事处应缴的4%—5%股本利息。因此，这个差额并不意味着香港办事处当年亏损。[67]事实远非如此。

新生活方式

沙逊家族重心从亚洲转向英国，也许最明显的转折点要数一次婚礼。在孟买摸爬滚打时，沙逊一家靠联姻巩固了自己作为巴格达犹太人的身份，也加深了与其他商业家族的关系。19世纪中期，犹太人与异教徒之间的联姻还很少见，而且沙逊家族希望保持与印度当地犹太人种姓的区别，要是无法在印度觅得结婚对象，他们就会把目光投向巴格达，这样一来选择面就更窄了。社区之间联姻对保护家族遗产和社会传统起着关键作用，对散居犹太人更是如此。[68]不过，随着沙逊家族社会地位的上升，跟远隔重洋、地位显赫的犹太家族联姻能帮他们进入英国上流社会。与其他社区一样，"名门望族的成员互相联姻……反哺他们的经济投资"。[69]

沙逊家族这样的联姻有很多次，但1873年1月19日在里雅斯特举行的那场婚礼，是第一场既体现出沙逊家族国际地位，又助其更上一层楼的婚礼——阿瑟迎娶尤金妮·路易丝·佩鲁贾，新娘来自里雅斯特古老的犹太家族，婚后一直被称为阿瑟夫人，是伦敦社交名媛，举办了多场令130 人难忘的宴会。八年后，她的妹妹玛丽嫁给利奥波德·德·罗斯柴尔德（Leopold de Rothschild），两大家族在维也纳和巴黎的亲戚纷纷前往伦敦参加婚礼，她在阿瑟和自己位于亚伯特大门的宅邸为新娘新郎举办了一次婚宴。[70]此前三天，阿瑟刚刚举办了一次奢华舞会，威尔士亲王及罗斯柴尔德家族众多成员均有出席。婚礼当天，虽然伦敦遭遇暴风雪，但婚宴仍然高朋满座。当时在大波特兰大街犹太教会堂给新人送上祝福的还有两家人共同的朋友——威尔士亲王。当时，威尔士亲王是第一次踏足犹太人宗教场所，还在两人婚约（ketubah，犹太语中指婚约）上签了名，在婚宴上为这对新人举杯祝福。此外，英国前首相本杰明·迪斯雷利（Benjamin131 Disraeli）也出席了婚礼。[71]

贵族圈子纷纷称赞出身意大利名门的路易丝是一位"光彩照人的女主

人，有着'玉兰花一般的面容，一头栗色卷发，佩戴着华贵钻石，还有法国大厨为她效劳'"。[72]

　　跟传统巴格达婚礼形成鲜明对比的是，这次联姻似乎基本上没谈及路易丝的嫁妆，虽然老沙逊洋行后来跟新娘的兄弟有生意往来，但佩鲁贾家族真正为沙逊家族打开的是进入欧洲贵族阶层的大门。[73]沙逊一家之后也会渐渐适应这样的生活。总体而言，大卫小女儿莫泽尔与年长12岁的拉比雅各布·哈依姆同一年在伦敦举行的婚礼就传统得多。鲁本给苏莱曼写了一封务实的信，垂头丧气地谈到莫泽尔的嫁妆细节：

　　　妹妹莫泽尔出嫁，我们准备了1万英镑的嫁妆（相当于今天的100万英镑），还以她丈夫的名义，给一家基金投了差不多的数额，这样嫁妆就不会花掉太多。同时，我们还将父亲留给莫泽尔的那份遗产给了她，愿父亲的名字得到祝福，愿我们对他的思念永存。[74]

　　不过，沙逊家族不光靠金钱手段上位，跻身贵族阶层，招待和宴请也是他们的长处所在。热情好客就像阿拉伯人的名片和招牌，要是娶个漂亮妻子就更是锦上添花，因为报纸的社会专栏每周都会对这些女主人的优雅姿态和社交才能评头论足。她们流连穿梭于各种舞会，为时尚事业慷慨解囊，同样能提升社会地位。"上周威灵顿公爵的马术学校举办了一次义卖，效果甚佳"，《名利场》（Vanity Fair）报道称。沙逊夫人的摊位是为文特诺疗养院筹款最多的摊位之一。[75]同时，阿尔伯特爵士也成为潮流引领者，出现在报纸社交板块："现在星期天最流行的就是午宴，很多名流宅邸都兴这一套……不过最著名的要属阿尔伯特·沙逊先生举办的宴会……宴请之频繁，几乎每个星期天都不中断。"[76]阿尔伯特心知肚明，这些宴会是攀谈生意的好机会，但沙逊家族后来几代却忽视了个中玄机，只看到宴会带来的奢华享受，没看到其中暗藏的商机。对生意人而言，关键是让人看到他们与有头有脸的人物出入彰显自己身份的场合，哪怕对家族公司没有直接或间接好处，都无关紧要。阿尔伯特爵士的午宴大多在肯辛顿戈尔25

132

号的宅邸举办，这处宅邸原本由塞缪尔·蒙塔古（Samuel Montague）爵士于
19世纪70年代中期所建。据称，这是一处"令人过目难忘的"宅邸：

> 宅邸设有一间宽敞的宴会厅，厅内挂着温莎挂毯，墙壁和天花板均镶
> 有嵌饰；此外还有一间宽敞的客厅，体现的是路易十六时期纯粹和精致至
> 极的风格；楼梯和暖房豪华恢宏，整座宅邸有数不清的房间，在长毛绒、
> 丝绸和富有现代气息的橱柜衬托下，显得华美非常……卧室也是极尽奢
> 华，要是能在此歇息入梦，怎能不想象自己就像所罗门王一样荣耀加身。
> 整座宅邸及家具装潢富丽堂皇，令人叹为观止，又洋溢着现代艺术气息。[77]

阿尔伯特在这座豪宅以及布莱顿的宅邸之间轮流居住，远离伦敦的喧
闹与繁忙。接下来很多年，沙逊家族将跟布莱顿建立紧密联系，他们的名
字至今在这座城市仍有所耳闻。

除了伊莱亚斯和苏莱曼之外，阿尔伯特尚在人世的兄弟几个都搬到
了伦敦定居。阿瑟住在海德公园旁的亚伯特大门，据称阿瑟宅邸建有伦敦
最好的音乐室之一，楼梯之精美，在整个伦敦也排得上名号。年纪最小的
弗雷德里克住在伦敦桥，鲁本则住在贝尔格雷夫广场1号，有趣的是，英
国《十二座"最美宅邸"汇编》手册称这座宅邸体现的是"现代风格"，
"几乎看不出一丝东方痕迹"。事实上，这座宅邸很多房间都装饰有中国
和日本的刺绣作品，每张凳子、箱式凳和桌子"都摆放在崭新的高档长毛
绒和天鹅绒地毯上，泛着黄金浮雕的光辉"。这座宅子设计了三部电梯：
一部专门用于晚宴，一部供家政人员乘坐，还有一部可从马厩通往外面的
大街，在那个年代算是相当少见。当时，这座宅邸被视为伦敦技术最先进
的住宅，多间浴室都安排了淋浴设施，马厩装有电梯，这样马匹就可以在
高出地面的地方饲养，享受自然光照。据报道，"沙逊先生宅邸有如此多
别出心裁的机械装置，以至于专门请了一位工程师住在家里，负责这些设
备的良好运行"。[78]

阿尔伯特爵士在英国开启新生活的同时，弟弟伊莱亚斯也在谋划自己未来的生活。伊莱亚斯成年之后几乎都在中国度过，但出于业务需要不得不在孟买设立总部，并借此机会回到了青少年时期的家乡。那些无须出差前往各办事处考察的日子里，他就在公司位于城墙街（Rampart Row）的办公室埋头工作。也许正因为阿尔伯特已经离开孟买，伊莱亚斯才能跟一些亲人重续亲情。他在孟买的宅邸就坐落在黑马区，离苏莱曼家不远。不难想象，两人在去办公室或者教会堂的路上肯定会不期而遇。伊莱亚斯一直没从儿子早逝的悲痛中完全恢复，后来他深爱的妻子利娅又身患疾病，于1878年去世，对伊莱亚斯更是致命一击。他更加拼命地工作，想借此减轻悲痛。他制定了好几个方案，购买老旧或经营不善的棉纺厂，再建设成现代化工厂。他还在沙逊码头附近买地建了一家新工厂，把儿子雅各布从远东召回孟买帮忙打理业务。在访问锡兰某茶叶种植园途中，久咳未愈的伊莱亚斯再次病倒，于1880年3月去世，终年60岁。沙逊家族和新、老沙逊洋行再次暂时抛开之前十几年的纷争与对抗，各地办事处纷纷对伊莱亚斯的去世表示哀悼。

134

135

第 8 章
上流社会，1880—1894 年

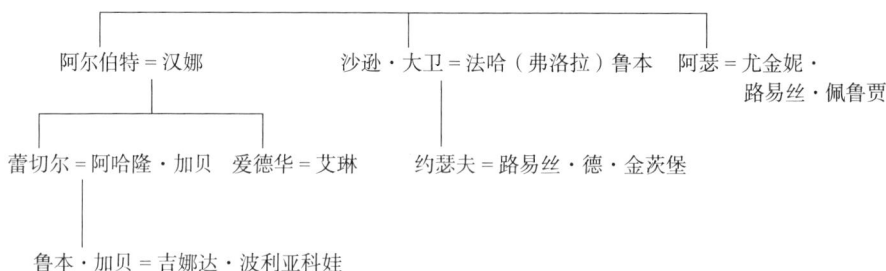

```
        阿尔伯特＝汉娜              沙逊·大卫＝法哈（弗洛拉）鲁本  阿瑟＝尤金妮·
                                                              路易丝·佩鲁贾

  蕾切尔＝阿哈隆·加贝  爱德华＝艾琳        约瑟夫＝路易丝·德·金茨堡

  鲁本·加贝＝吉娜达·波利亚科娃
```

  对难民而言，最具决定性影响的因素是新旧两种身份的转换。是保留故土的语言和传统，还是被新家园同化，同时寻求故乡与新家园的融合？这对19世纪每一位难民来说，都是进退两难的问题。时至今日，依然如此。大卫·沙逊和家人抛下昔日荣耀，逃出巴格达，先是融入印度社会，后来又在英国扎根。他们投入如此多的时间、精力与财力，想方设法跻身英国上流社会，事实上他们的雄心壮志也确实得以实现。

  沙逊家族到印度之后就开始进行跻身上流社会的计划。刚到孟买时，他们需要应付自己作为犹太人的身份问题，也要处理与印度犹太人（即本尼以色列人，"印度本土犹太种姓"）的关系，远在沙逊家族落脚孟买之前，这支犹太人就已经定居此地。沙逊家族与孟买的其他巴格达犹太人结盟，跟大英帝国做生意，顺大英帝国利益而为，逐渐发展壮大，在这步兼具政治、商业和社会意图的棋中，沙逊一家希望外界把自己当成欧洲人

136

看。他们遵守殖民地秩序，按照当地社会价值观开展业务，也将自己一部分价值观融于其中，因此不屑跟印度犹太人拉拢关系。他们认为印度犹太人在种族上算印度人，甚至质疑其犹太特性是否尚存。这种不屑态度掺杂着对肤色的种族偏见，也透露着对自身传统的优越感。1857—1858年印度民族大起义爆发，之后英国政府直接统治印度的制度确立，这种身份认同感就变得越来越重要。将印度纳入英国政府直接统治之下，不仅加强了英国的殖民统治，也"让印度人民更容易将国家看成同一个民族"，[1]民族感情因此增强。

第一批离开故土来到印度的巴格达犹太人没有抛下原来的风俗习惯。1859年，一位到访孟买的拉比这样描述巴格达社区：

> 犹太人在家里还有彼此交谈用的都是母语——阿拉伯语，他们的风俗习惯和言谈举止……没有任何改变或变化。他们的语言没变，他们的穿着没变，他们的生活方式也没有变。
>
> 整座城市乃至整个国家都没有拉比，也没有教师，每每遇到重要问题都是写信询问巴格达的拉比……（因为）他们把巴格达的拉比当成权威人士。[2]

毫无疑问，沙逊一家跟孟买其他犹太人肯定存在隔阂。1881年，孟买人口普查将当地犹太人区分为"严格意义上的犹太人（2264人）和"本尼以色列人（1057人）"。[3]巴格达犹太人被划分为"受保护的英国公民"，可享受其他人所没有的宝贵权利。[4]约50年后，加尔各答100多名巴格达犹太人联名上书，"鉴于自身的宗教和种族背景，对欧洲文化习惯的沿袭以及对大英帝国毫不动摇的忠诚"，请求英国政府准许伊拉克出身、同为英国公民的犹太人参加孟加拉地区选举。[5]实际上，印度的巴格达犹太人几乎从来没被体面地当成欧洲人。尽管他们腰缠万贯，不管是沙逊家族还是帕西的塔塔家族，1871年孟买第一家酒店"沃森"（The Watson）开门迎客时，他们都不能踏入半步（事实上，有传言称这两大家族资助沃森竞争对

137

手——泰姬陵酒店的建造，就是为了报复沃森的歧视）。[6]

虽然英国同样排斥异族，等级制度也比较森严，但在某种程度上，英国对沙逊家族友好得多。沙逊一家移居西方时，英国曼彻斯特学派的自由主义正大行其道，这种主张认为，自由贸易将创造更加繁荣平等的社会，此外关于个人尊严以及不问宗教信仰、唯才是用的一系列主张也正在流行。威尔士亲王爱德华成为这一派思想的拥护者，贵族阶层的态度越发开放，对某些外国人的态度更加包容，并且承认应该减轻对外国人进步的限制。当然，这种包容存在限制，有人认为英国贵族之所以更中意沙逊家族而不是沃伯格家族或罗斯柴尔德家族，原因之一是沙逊家族没有公开参与放贷业务（事实上，很多商业家族的贸易活动跟银行放贷并没有什么不同，因为"商人和银行家几乎不分家"，直到19世纪末期，二者的界限才变得分明）。[7]还有观点认为，对英国人而言，要想构建超级大都市，就要讲社会阶层，这个因素与肤色一样重要，甚至有过之而无不及。[8]因此，哪怕是宗教和种族上的少数民族，只要有本事，就能为上流社会接受，与他们平起平坐。

虽然沙逊家族成就斐然，但在"有种族意识的印度"和"有阶级意识的英属印度"之间，大英帝国对他们始终是一个"国际化却又封闭的世界"。跟深皮肤的印度人相比，浅皮肤的巴格达犹太人能攀上更高的社会地位，不过他们"始终低英国人一等，因此他们想上英国人上的学校，获得英国公民身份"。[9]

英国人大体上对殖民地的少数民族态度友好，这些民族对殖民地统治者的依赖决定了他们的忠诚。毫无疑问，犹太人明显就是这样一撮少数民族。对生活在中国香港的赛法迪犹太人调查发现，"犹太-阿拉伯背景导致他们在社会、经济和政治层面受到排挤"，而获得英国精英阶层的身份及特征是"消除这种排挤的一种办法"。[10]像沙逊家族这样的犹太家族把英政府当靠山，在英国的统治下捞好处，不仅印度为他们敞开做生意赚钱的大门，其他殖民地也是一样。"因此，一些显赫的巴格达精英家族迅速抛去'外来开拓者'的身份，成为英国人在商业谈判上的关键

138

角色"。[11]

短时间内发生的变化令人吃惊；早在1865年，沙逊家族就俨然一副在英国生活很长时间的样子，他们也意识到做生意必须按照英国的那套法子来。[12]30多年之后，沙逊家族大部分成员都在英国定居下来；而有些仍留在印度，在这些人眼中，印度是自己的家。一位员工给准备动身前往英国的法哈写信，向她保证所有职位都会保留，"等着您平安归来回到家乡"。[13]他在信中继续表示，自己打算把儿子送去伦敦学习工程学，学成之后大概率也会留在英国。英国是充满机遇的国度，也没有矛盾。要是有人问起来，沙逊家族大多数成员直到20世纪初都仍会把自己说成是巴格达犹太人。这种身份的核心在于"共同遵从犹太信仰和宗教习俗"所形成的纽带，[14]是犹太民族的共同"语言"，已延续超过2000年。

沙逊家族对这条纽带的维系还体现在他们对慈善事业的贡献。家族不仅为远东的巴格达社区慷慨解囊，对仍留在巴格达的犹太人也是热情相助。1889年，巴格达犹太人遭遇零星袭击，沙逊家族想方设法援助受难民众及家属，[15]并在伦敦向苏丹施压，要求对方解决问题。后来，阿尔伯特给苏莱曼写信说他们的请求奏效了：

> 关于巴格达同胞，我们收到好消息称苏丹已撤销那位总督的职务，愿此人的名字从此黯淡无光。我希望我们巴格达的兄弟手足不要对总督被撤职一事喜形于色，以免激起众怒。[16]

另一方面，沙逊家族也因为对其他国家或地区的犹太人坐视不管而受到非议。19世纪晚期，俄罗斯和也门犹太人开始抵达圣地，耶路撒冷犹太人需要援助，埃德蒙·德·罗斯柴尔德（Edmond de Rothschild）男爵宣布自己只会出手援助欧洲犹太人，并好奇为什么沙逊家族不肯帮助他们的赛法迪兄弟。[17]

139

如后文所述，与英国相比，沙逊家族所遵从的传统和宗教以及巴格达风俗习惯在孟买或加尔各答更容易得到留存。到英国之后，这种身份上的防护堤很快就被腐蚀殆尽。

通往顶层社会之路

正如阿瑟与路易丝·佩鲁贾的联姻所揭示的，要想被贵族阶层接纳，不仅要靠跟门当户对的家族结亲，也要靠财富或生意上的成功。商业帝国之间的联姻主要有三种：一是跟其他商业家族联姻，把生意做大；二是为了政治好处联姻；三是为了社会地位联姻。[18]沙逊家族一开始是为了第一种目的，不过随着社会地位的提升，他们的重心发生了转移。19世纪80年代，沙逊一家与其他富裕的犹太家庭结亲很常见，其中大部分是德系犹太人。1884年11月19日在圣彼得堡举办的那场婚礼就是一例。沙逊·大卫的长子约瑟夫生于孟买，但在英国长大，之后获牛津大学学位，一生都致力于收集珍贵图书和古董家具。父亲去世时，约瑟夫只有11岁，其母弗洛拉（不要与苏莱曼在孟买的妻子混淆）定下了未来儿媳必须具备的人品与出身——年轻、富有、漂亮又虔诚的犹太姑娘。[19]圣彼得堡财力雄厚的银行家、慈善家兼藏书家霍拉斯·德·金茨堡（Horace de Gunzburg）男爵的长女路易丝最后成为最佳人选。金茨堡家族起源于德国巴伐利亚，克里米亚战争期间，靠卖伏特加给军队发家，后来成为帮俄罗斯贵族打理业务的银行家。路易丝从小荣华富贵，家里举办过很多沙龙，像伊凡·屠格涅夫（Ivan Turgenev）这样的名流都出席捧场。和路易丝·佩鲁贾一样，路易丝·金茨堡后来也活跃在英国社交场合。这对新人婚后住在阿什利庄园。

三年之后，沙逊家族与罗斯柴尔德家族联姻，两家从此走得更近。1887年10月19日，阿尔伯特次子爱德华迎娶巴黎古斯塔夫·德·罗斯柴尔德（Gustave de Rothschild）男爵的女儿艾琳·卡罗琳。罗斯柴尔德在欧洲所有家族银行帝国中的声名最为显赫。该家族起源于法兰克福，19世纪20年代便已经在欧洲各大重要首都开设分行，对欧洲的经济发展轨迹产生了十分重大的影响，对欧洲的政治走向也有间接影响。法国的一份家族手册错误地将这场婚礼称为豪门之女与"来自印度王公家族的阿尔伯特·沙逊爵士的儿子"结缡，[20]巴黎的贵族要人似乎纷纷出席了婚礼。婚礼在法国维克多街的一座犹太教会堂举行，现场熙熙攘攘，人头攒动，法国的大拉比主持了仪式："鲜花、歌声、珠宝、礼品、祝词，各种头衔，还有婚礼现场洋溢的珠光宝气，让那些观礼的平民凝神屏气……'彻底为这场豪华气派的婚礼折服'"。[21]婚宴约1200名宾客出席，并邀请巴黎歌剧院的合唱团为宾客表演节目，新郎给新娘赠送了一条价值约9000英镑的珍珠项链（约相当于今天的100万英镑以上）。[22]艾琳的个人魅力、品位、财富和人脉为丈夫及其一家打开通往法国和英国上流社会的大门，她在伦敦的宅邸也成为文学与艺术生活中心。从生意角度来看，这次联姻巩固了两大家族的关系，将来只要沙逊家族有需要，罗斯柴尔德银行就会提供贷款，为沙逊家族在全球的生意融资。联姻12年之后，爱德华当选肯特郡海斯议员。19世纪早期，该职位本来由梅耶·德·罗斯柴尔德担任，整个家族在当地置办了大量地产，很有影响力。

141

阿尔伯特丝毫不浪费时间，马上将亲家的实力派上用场。婚礼当月，阿尔伯特提议两家人发起英镑贷款，为中国铁路的修建融资。但在修铁路这件事情上，英国政府和德国政府的态度不同，提不起什么兴趣。虽然沙逊家族游说了一些位高权重的议员，但他们担心自己被排除在外的忧虑还是终成事实。[23]沙逊家族与亲家的合作还拓展到慈善等领域。沙逊家族一位成员曾给内森尼尔·德·罗斯柴尔德爵士手写了一封信，代表阿尔伯特向内森尼尔表示感谢，实力雄厚的几大商业家族此前成立了一个委员会，由内森尼尔担任主席，"为我们那些时运不济的同胞伸出援手，切实帮助他们发展壮大"。[24]虽然罗斯柴尔德家的财富超过沙逊家族，两家却并非你高我低的不平等关系，联姻带来的好处也没有偏袒哪一方，因为罗斯柴尔德一家不像沙逊家族那样人脉广布全球。1881年，《北华捷报》注意到两大家族的明显差异：

沙逊家族在欧洲的名气不如罗斯柴尔德家族，但在阿拉伯或者印度商界，甚至远到中国和日本商界、波斯湾以及恒河两岸，沙逊家族可谓家喻户晓。奇怪的是，英国一度对这些事实（有些信息真假难分）视而不见，但这种情况早已一去不返。[25]

儿子婚后不久，阿尔伯特做了一件成千上万的贵族都会做的事情：给家族定族徽。1888年前后，他委托伦敦纹章院设计了一枚族徽。族徽最上方是希伯来文Emet ve Emmuna（"真诚与信任"），取自犹太教晚间祷文，下方是拉丁文Candide et Constanter（"正直与坚定"），150年前考文垂伯爵曾首次使用。大卫要是还在世，肯定也会认同将信任与声誉放在最显眼的位置，也会同意把枣椰树放进族徽，因为它能提醒家族成员，不要忘记巴格达才是自己的根，《圣经》都对枣椰树赞誉有加，此树也成为美丽与富饶的象征。族徽后来被添加到沙逊家族在孟买和伦敦的多处宅邸，也刻到了创始人大卫·沙逊的墓碑上。

族徽同时使用希伯来文和拉丁文，还有兰凯斯特蔷薇和印度罂粟图案，
似乎将象征家族身份的各种元素都融入其中

1891年9月，又一场婚礼拉近了沙逊家族与欧洲名门望族的关系，这次亲家又是欧洲财力雄厚的犹太家族。阿尔伯特的外孙鲁本（鲁比）·加贝与吉娜达（吉娜）·波利亚科娃结缡，新娘来自俄罗斯靠建铁路发家的犹太家族。这次婚礼据称是莫斯科史上最盛大的婚礼。鲁本出生于中国，父亲是上海办事处负责人阿哈隆·摩西·加贝，母亲是阿尔伯特的二女儿蕾切尔。新郎父亲阿哈隆给孟买的法哈寄了一封信，详细说明婚礼当天的情况：

143

> 上午11点，我们去英国领事馆举行世俗婚礼。下午2:30，新人在犹太教会堂举行婚礼，仪式由莫斯科的大拉比主持，近400名宾客出席，女士在左列，男士在右列，其中90%是非犹太人……我听不懂拉比的致辞，好像是用俄语宣读的，不过听其他人说拉比的致辞很精彩。然后是亲吻环节，大家都在互相亲吻，后来我才意识到这是当地风俗。婚礼结束后，我们前往郊区的宅邸，房子非常漂亮，周围都是树木和鲜花。香槟和冷盘前菜已经提前备好，等着宾客的到来。接下来是祝酒环节，不到一个小时大家喝光了一百瓶香槟！我不知该如何形容，仿佛整个莫斯科的热闹都集中到了此处。此外，我们还收到来自全球各地的250多封贺电。

接着，阿哈隆谈起了这次联姻背后的生意之道："吉娜是个漂亮姑娘，不过像她母亲一样，有些空虚。据说，她父亲给了三个女儿300万法郎（不是卢比）做嫁妆，我希望鲁比分到的不少于100万。"[26]不久之后，加贝从巴黎写信给法哈，说新娘父亲打算在巴黎开一家投资银行，"我希望他能让鲁比来负责运营。波利亚科家族在俄罗斯修了很多条铁路，有些线路相当赚钱，他们一家在巴黎的名声比罗斯柴尔德家族还要大。此外，他家在莫斯科到处都有房产。"[27]加贝还给三儿子写了信，这名儿子正在学习德语，打算再学一门俄语，理由是"只要生活在欧洲，就得掌握欧洲语言，这样才能过上更好的生活，把握更多商机"。[28]要是把爱情当成生意，两人的关系很容易出问题。鲁比和吉娜似乎就是被商业联姻耽误终身

144 的一对。吉娜在日记中强调了两人的文化分歧以及对鲁比的偏见：

> 我总是梦想找到举案齐眉的人生伴侣，这次却挑错了人。问题在于，要想举案齐眉，起码两人受教育的程度要相仿。他（鲁比）受到的教育绝对不够，16岁就被家人送去香港赚钱，最好的青春年华都在那里度过，坐在桌旁，边抽烟边卖鸦片……（他）骨子里是东方人，跟欧洲人行为举止完全不同，我很多时候都无法理解。[29]

吉娜怀疑"鲁本跟自己结婚只是为了钱"，父亲对这次联姻不感兴趣，因为他担心鲁本的"口袋空空如也"，[30]她的猜疑不是没有道理。文化程度与教养的差异，导致两人的婚姻远不如家族之前另外两次联姻美满和谐。

大多数婚嫁当中，嫁妆似乎都是重要议题，但名门望族之间的联姻却鲜有提及。有时候豪门之间联姻会经过商议，将嫁妆免去。鲁本·沙逊的一个女儿与身价不菲的股票经纪人拉斐尔先生的儿子订婚，报道称这次婚礼没有安排嫁妆，因为"拉斐尔先生与沙逊先生身价均接近300万英镑。总的来看，这次联姻门当户对"。[31]

豪门联姻随之而来的必然是极尽奢华的婚礼，腰缠万贯的商业家族为了进入英国与欧洲上流社会不惜一掷千金，而令人咋舌的奢华婚礼不过只是其中一项。周复一周地举办和参加舞会与宴会，在宅邸举办婚礼与晚宴，无一不需要雄厚的物力财力。沙逊家族对此的投入如此之大，以至于"政治、社会与文学界周刊"《名利场》每一期都少不了他们举办或参加宴会的身影。阿尔伯特在布莱顿的宅邸是避暑的好去处，"很多人都在这座宅邸参加过沙逊家族盛情举办的宴会"。[32]最开始是阿尔伯特住在布莱顿，随后沙逊家族其他成员也把布莱顿当成避暑胜地，这里几乎成了他们的第二个家。在这座宅邸，"沙逊先生携夫人举办了一场盛大的复活节宴会"，即使星期一复活节当天天气"恶劣"，狂风"肆虐"。[33]哪怕145 是跟大使往来，这些宅邸也能派上用场。奥地利大使馆的一次晚宴曾提及沙逊夫人和奥本海姆夫人"备受尊敬"。[34]当时,伦敦月刊《女士之境》(*Lady's Realm*)刊登了一篇关于伦敦社交季的文章,写道:"谁是伦敦社交圈最了不起的人?答案毫无疑问,是沙逊家族和罗斯柴尔德家族。"[35]

然而,报刊界并非总是宽容体贴。有一次,沙逊家族有人在"新俱乐部"举办一场舞会,没有选在自家宅邸举办。《名利场》评论称,"200名宾客几乎没有挤满宴会厅,居然管这叫舞会?"[36]——不过这些媒体也意识到贵族阶层的构成正在发生变化。《名利场》发表了一篇关于1882年社交场合的评论,对接下来社交季的期望平平,称"实际上,宴请也好,招待也好,只有上流社会才办得起,也就是那些富可敌国的有钱人,他们的财富或多或少都跟做生意有关,跟土地完全无关"。像沙逊家族、奥本海默家族、罗斯柴尔德家族和威尔逊家族这样的百万富豪才是"可以依靠的社交支柱"。[37]当时的伦敦已成为财富中心,是"最重要的地理区域",几乎所有富甲天下的商人都在伦敦做生意。[38]

当然,宴会和奢华庆典并非伦敦独有,孟买也不乏这样的名利场。苏莱曼与法哈16岁的女儿写了一本日记,记录了不少社交宴会,对1893年2月7日"在总督府举办的腰带舞会",她用流水账似的语句这样记录道:

> 350位宾客出席,除了波斯领事之外,没有一个本地人。哈里斯夫人穿着一身老旧的绸缎连衣裙,裙子的泡泡袖很短,腰间系着黑白相间的腰带。平平无奇。埃伦·史密斯身穿白色丝绸裙子,系的是紫色腰带。乏善可陈。布根夫人身穿白色丝绸裙子,系的是黄色腰带。阿克沃思夫人身穿白色丝绸裙子,上面有红色、绿色和粉色蝴蝶结。她长得很壮实。加贝夫人身穿白色丝绸裙子,系的是彩色腰带。难看。福格特夫人身穿黑色裙子,系的是红色腰带。毫无特色。

这位少女记下了孟买总督哈里斯勋爵及夫人的到访及常规会面。她还记下了父母在宅邸举办晚宴的会场布置,语气没那么挑剔,但观察依旧

146 仔细：

　　　　母亲准备了四张小木桌，就摆放在大桌的中间，镶着银色条纹的白色
　　丝绸从桌上垂下来，桌上摆放着小巧的金盘（桌子被盖起来了），每张桌
　　子两端都有两束大大的鲜花，小花瓶到处可见，一簇簇茂密的孔雀草铺在
　　丝绸桌布上。这样的布置很可爱。[39]

　　日记还细心记录，有些达官政要注意到犹太教律法关于安息日的规
定，并对犹太教规表示尊重："妈妈跟哈里斯夫人道别，（哈里斯夫人）
说她很抱歉宴会（安排）在星期五，但她没法改期，因为大斋节要到了，
主教会生气的。"[40]

　　像宴会这样的场合是展示巴格达犹太美食的机会，这类美食结合了阿
拉伯、印度、波斯和土耳其的菜式特点，又体现出犹太人不食用猪肉和贝
类的教规，一般都是用其他肉类和乳制品搭配烹制。有一次菜品如下：烤
鸡肉串、肉丸子汤、肉丸配酸甜菜根、香米填馅鸡（巴格达犹太人的一道
招牌菜，将填好馅的鸡埋在米饭中，经过一整夜烹制而成）、各式米饭、
奶酪饺子、煎饼，主菜结束之后会上蛋奶布丁和香桃馅饼。[41]除了甜点之
外，苏莱曼和法哈想必对用犹太传统美食招待贵宾倍感自豪。不过沙逊一
家也并非总是如此，1937年，在加尔各答大卫·以斯拉爵士的宅邸为孟加
拉邦总督约翰·安德森爵士举办宴会，菜式就是以西餐中的法式菜品为
主，前菜是法式哈密瓜冰沙，最后一道菜是栗子舒芙蕾。[42]

　　豪宅本身在沙逊家族的攀升之路中也扮演了重要角色。其中颇为引人
注目的一处是爱德华和艾琳在公园巷买的宅邸。这座宅子原本为矿业大亨
巴尼·巴纳多（Barney Barnato）所建。巴纳多死后，爱德华将父亲在肯辛
顿戈尔的宅子卖了，用10万英镑买下了这处位于公园巷的宅邸，不过他跟
其他几个兄弟不同，一年当中大部分时间都喜欢在布莱顿度过。[43]这处豪
宅"在前任主人的手中显得简朴而平凡……现在则是伦敦相当引人注目的
147 一处宅邸，设有数间富丽堂皇的宴会厅，还有一间豪华的方厅"。《女士

之境》用欢欣的口吻称，温文尔雅的社交名媛艾琳将"成为这处豪宅的女主人，她肯定会在此处设宴招待王室成员"。[44]

可以预见，真正体现沙逊家族贵族身份的并非市区宅邸，而是他们在郊区的地产。最有名的要属他们在萨里郡泰晤士河畔华尔顿的阿什利庄园，这处地产购于1861年，沙逊·大卫一直在此居住到1867年去世。随后，庄园归其长子约瑟夫以及沙逊·大卫遗孀弗洛拉所有，直至1919年弗洛拉去世。庄园占地430英亩，都铎王朝时期曾作为汉普顿宫的狩猎场，此后300年几乎保留了最初的模样。1986年，这处宅邸被火灾烧毁，《雅居》曾这样报道：

> 踏门而入……是宽敞无比的大厅，高度与整座宅邸齐平，大厅尽头有一条长廊，长廊两端都有几扇窗户……宅邸两翼由一条长廊相连，从大厅可以望到这条长廊……宅内家具装潢主要为现代风格，当然也有几分东方气息。墙壁上挂有几位沙逊家族成员的肖像画，由波斯艺术家所画。画中人物身着东方服饰，跟阿什利庄园的安妮女王复兴建筑风格形成有趣对比。[45]

爱德华与艾琳以及马尔伯勒亲友团其他成员拍摄于沙逊家族位于苏格兰的庄园

这座庄园因为"周围郁郁葱葱的苏格兰冷杉"而出名，还有一座美丽的意大利花园，"到了夏天，花团锦簇，姹紫嫣红"。家族其他成员也购买了不少地产和宅邸，甚至远到苏格兰高地的图尔占乡村别墅，阿瑟和路易丝经常在这里"举办欢乐的聚会"招待宾客，其中包括爱德华七世。这处庄园是"运动人士最向往的地方"，有条件优越的狩猎场和射击场，斯佩河畔还有长达15千米的垂钓区。这条河渔产丰富，《伦敦标准晚报》（*Evening Standard*）曾报道："苏格兰最肥美的其中一条三文鱼重达48磅，由阿瑟·沙逊夫人捕获。"[46]她还擅长举办各种各样的大型野餐，在苏格兰某鹿园举办的一次野餐有60名宾客参加，他们是威尔士亲王、麦考利勋爵、名门巴林家族和赛克斯家族的成员，有31名女士、29名绅士来自英国贵族阶层和上流社会。

赛马是颇具英国风范的消遣活动，几乎算是沙逊家族成员痴迷和融入英国上流社会的标志。19世纪90年代中期，至少有一名沙逊家族成员参加了英国所有重要马赛。[47]鲁本尤其爱好赛马，这项休闲活动是他跟威尔士亲王友谊的支柱之一，也让两人的友谊变得更加牢固。有传言称，鲁本"'负责出钱供威尔士消遣'，也就是说，鲁本负责为亲王在跑马场下注"，[48]是亲王"珍贵种马"的"非官方赌注登记人"。[49]资料显示，这些传言真实可靠。约克公爵在一次信中询问鲁本："只言片语聊表谢忱，能否帮我在圣莱杰马赛上给'钻石庆典'下100英镑的注，你有可能帮我拿到3：1的赔率。"[50]沙逊家族对赛马的兴趣并非到英国之后才萌生，早在19世纪80年代，沙逊家族就已经称霸上海赛马场。伊莱亚斯的儿子大卫对生意毫无半点兴趣，也从来不打理家族业务，他刚满20岁就买了一马厩的纯种马，之后十年更是"在赛马场上所向披靡"，引起很多英国人以及上海媒体的不满。[51]沙逊家族另一成员弗雷德里克也流连忘返于香港的马术场，还在香港参赛马匹遴选委员会担任委员。[52]

维多利亚女王统治期间，由于大英帝国的政治版图和影响力，英国王权显得十分重要。威尔士亲王访问孟买期间受到阿尔伯特的奢华款待，之后便与沙逊家族有所往来。阿尔伯特搬去伦敦之后，二人也有走动，不过威尔士亲王跟他的两个兄弟鲁本和阿瑟更亲近。这种交情建立在殷勤款待之上，靠昂贵礼物、（间接）财务支持和陪伴来维系——跟亲王一起做他喜欢的事情，射击、赛马，抑或狩猎。作为维多利亚女王的长子，威尔士亲王和蔼可亲，虽然总是让他的女王母亲失望。维多利亚女王曾向威尔士亲王的姐姐说她的这个儿子"思想懒惰，优柔寡断"。为此还建议威尔士亲王忙碌起来，到大英帝国各领地游历一番。[53]当时以亲王为中心组建了一个时尚圈子，人称马尔伯勒亲友团，入会的都是贵族青年、商界大亨和社交名媛，还有像他一样喜欢赌博和饮酒的人。根据沃里克（Warwick）伯爵夫人回忆，马尔伯勒亲友团并不总是欢迎鲁本和阿瑟：

> 我们讨厌把犹太人带到威尔士亲王的社交圈子，不是因为不喜欢这些人……而是因为他们头脑聪明，会做生意。我们这个阶层不喜欢聪明人。说到钱，我们唯一的理解就是怎么花钱，而不是挣钱。[54]

对威尔士亲王来说，这个圈子可以提供陪伴，让他从母亲喋喋不休的说教中得到片刻喘息，也能减轻他的财务负担——以前由于出手阔绰，所以总是为入不敷出发愁。

鲁本乐于给威尔士亲王送礼物，他在给路易丝的信中得意扬扬地提到亲王的生日，"亲王收到很多礼物，其中包括我赠送的香烟盒。他收到五个差不多的香烟盒，但我的最别出心裁，所以亲王最中意"。还有一次，他神采飞扬地写信给兄弟："亲王一次又一次感谢我的招待。"[55]这种慷慨大方让鲁本受到亲王的青睐，但并不是人人都喜欢他。在别人眼中，他就是亲王的钱库。鲁本曾多次到访桑德林汉姆府（在访客名单中，鲁本名字的出现频率排第二），其间他的行为举止引起他人的尖酸抨击："除了张口就餐，他没开过口。"[56]不管怎样，即使1901年威尔士亲王加冕成为爱德华七世之后，他跟鲁本的交情仍在延续，跟阿瑟和路易丝也有往来。爱德华七世晚年患病，还前往阿瑟和路易丝在布莱顿的宅邸养病。威尔士亲王喜欢阿瑟夫人路易丝的陪伴，也喜欢爱德华的妻子艾琳，以至于她跟爱德华结婚时，将一艘船命名为艾琳号，以示祝贺。[57]很多时候，认识有头有脸的大人物能让自己融入贵族阶层。威尔士亲王支持阿尔伯特的儿子爱德华加入马尔伯勒俱乐部（即国王俱乐部），鲁本对此感到十分高兴。俱乐部跟马尔伯勒大厦毗邻，亲王可以从专属通道入内。俱乐部成员必须经过王室成员同意才能入选。[58]

151　　阿尔伯特意识到重心不能仅仅放在王室身上。同父异母的几位兄弟都在忙着巴结王室，阿尔伯特却另辟蹊径。19世纪80年代晚期，波斯国王访问伦敦，威尔士亲王发愁要怎么招待这位国王，阿尔伯特爵士为他解围，租下帝国剧院，办了一场奢华的宴会，令波斯国王十分满意，也让英国政府点头称是。考虑到波斯的战略地位，跟波斯交好对大英帝国而言极其重要。这次宴会之后，书信纷至沓来，感谢并祝贺阿尔伯特成功举办了这场盛大宴会——"我们生在英国，无法理解这次表演的精髓，这跟表演的异国情调有关。但我的一生中，从未见过像你昨天为伦敦呈上的那般精妙绝伦的盛景。"[59]威尔士亲王和王妃向阿尔伯特致谢，并祝贺宴会取得成

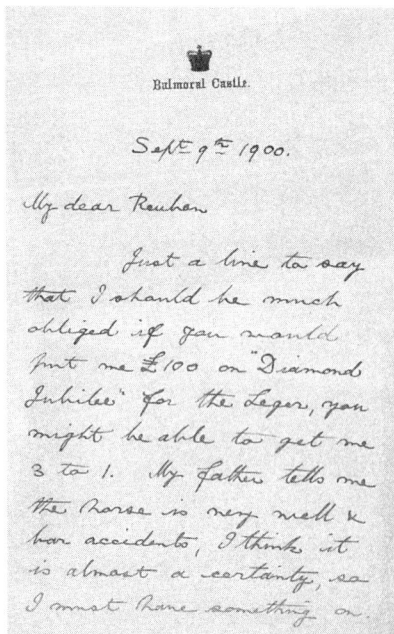

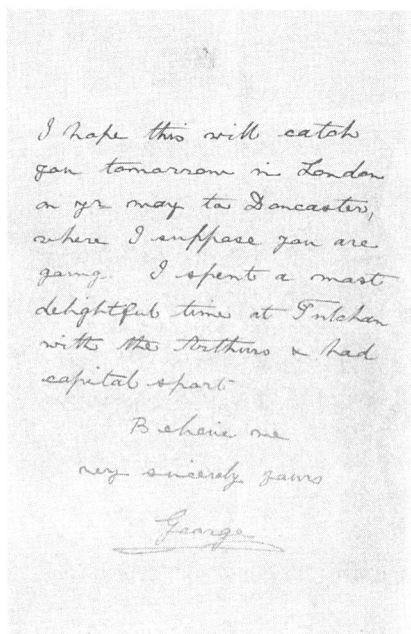

152
153　　"生意照常"：在父亲加冕成为爱德华七世之前几个月，约克公爵写信给鲁本·沙逊，让他代表自己给赛马下注

功，坚信这次表演让波斯国王十分满意。[60]之后，阿尔伯特被授予另一头衔，在一定程度上跟成功策划这次演出有关。

自从沙逊一家逃离巴格达起，整个19世纪，沙逊家族都跟波斯交好。当时，国王纳西尔丁（Nasr al-Din）在位近50年。波斯是主权国家，有强烈的自我身份认同感，但很难适应欧洲的政治和经济制度。阿尔伯特身份特殊，正好在英国人和波斯人之间充当调停人。1888年，有一半犹太血统的特使亨利·德拉蒙德·沃尔夫（Henry Drummond Wolff）爵士抵达德黑兰，沙逊一家的用途就更加凸显。[61]沙逊洋行在波斯投资鸦片生意，早期还投资过波斯帝国银行，让阿尔伯特在波斯成为有头有脸的人物——甚至被伊朗国王授予狮子与太阳勋章。此外，阿尔伯特跟伊朗数名达官政要也有往来，比如伊斯法罕亲王兼总督策尔·索尔坦（Zell al-Sultan）。阿尔伯特写信给策尔·索尔坦，告知爱德华和艾琳订婚一事，"国王陛下以及亲王多次热情款待鄙人及家人，对敝公司各办事处与波斯的业务往来也照顾有加"。[62]即使阿尔伯特临终之前，仍与策尔·索尔坦保持通信。策尔哀叹说，由于职位限制，他无法持有波斯帝国银行的股份，但愿意介绍一些业务给银行来做。阿尔伯特回信称，亲王可以指定名义上的持有人，让此人来持有股份，或者"鉴于我们友情之深厚"，持有不记名债券也可。[63]

有了这些人脉，阿尔伯特在伦敦成为圣人一般的存在，英国官员纷纷向他咨询印度、中国或波斯的有关事务。因为他跟英国政府走得近，外国达官贵人也纷纷向他示好。[64]1895年，阿曼苏丹希望"借他人影响力，游说几位英国议员支持自己在桑给巴尔称王"，自然而然就想到了阿尔伯特爵士。但阿尔伯特的一位助手向苏丹解释说，阿尔伯特身体状况恶化。不过，考虑到"眼下下议院的脾气"，阿尔伯特建议苏丹"听取约翰·柯克的建议，放弃在桑给巴尔称王，敦促政府恢复阁下对您兄弟财产的法定权利"。[65]阿尔伯特跟同父异母的几个兄弟不一样，更喜欢把自己当政治家，而非对权贵谄媚讨好。阿尔伯特还确保公司的业务拓展到全球范围，无论在哪里做生意，沙逊家族都希望积极参与、融入当地社会。1893年，

154

上海犹太人庆祝禧年，老沙逊洋行在城市各个角落的彩色灯笼上悬挂洋行的旗子，以此凸显公司的地位和贡献。[66]阿尔伯特曾参加由朋友阿礼国爵士担任主席的伦敦委员会，为中国救灾委员会筹款。[67]19世纪80年代中期，中国广东省遭遇洪灾，新老两家沙逊洋行均捐款救灾。[68]阿尔伯特心怀故土巴格达，捐钱给世界以色列人联盟修建了一所新学校。1890年，据称这所男女混读的学校十分宽敞，能容纳139名小学生，英国驻巴格达总领事本人亲自用英语考查了这帮孩子。[69]为世界以色列人联盟慷慨解囊，让阿尔伯特进入欧洲杰出犹太人的圈子，就像卡蒙多家族和罗斯柴尔德家族也为这座学校的修建出了钱。不过沙逊家族的慈善事业主要侧重于自己居住的城市和港口，因此并非单纯为了慈善事业本身。比如，有时他们拒绝给巴勒斯特的特使任何捐助，[70]因为他们是犹太人，严格遵守犹太教规，绝对不会不假思索就给巴勒斯坦的特使捐款。

生意、外交与慈善的关系错综复杂，但它们依赖和滋养的关系却能加以利用，比如阿尔伯特想通过获得世袭头衔来巩固自身地位，关系就派上了用场。正如鲁本所述：

> 我与威尔士亲王在马尔伯勒俱乐部共进午餐，一有机会，我就呈上了那些信函和文书，希望帮兄长您获得男爵头衔。亲王认为这些信函对您男爵头衔的授予十分有帮助，他希望将来您的儿子爱德华也配得上继承该头衔。我向亲王保证，爱德华会竭尽所能，让自己配得上男爵头衔。[71]

1890年，维多利亚女王授予阿尔伯特肯辛顿戈尔第一代从男爵头衔。[72]女王在位数十年，大部分时间都反对授予犹太人头衔——"她不会同意这种做法"，直到1885年，内森尼尔·罗斯柴尔德（Nathaniel Rothschild）才被列入受勋者名册。女王对儿子在马尔伯勒亲友团那帮朋友也持强烈的怀疑态度，其中包括鲁本和阿瑟，并劝儿子登基之后跟这帮人断绝往来。尽管如此，从19世纪70年代至去世，女王的日记却多次提到沙逊家族，尤其是阿瑟夫人。[73]比如1899年，女王有一次前往福克斯顿参加爱德华·沙逊爵士为她举办的午宴，爱德华当时是肯特郡海斯议员。[74]不过，《观察者》（*Spectator*）刊登了1890年的受勋者名册，几乎全面揭示出英国王室当时的偏见：

156

　　受勋者名册通常于每年初公布，今年名单一如既往的简短，没有让人眼前一亮的名字，除了担任枢密院委员的约翰·卢伯克爵士、外科医学院校长萨沃里爵士以及阿尔伯特·沙逊爵士，其中两人（后两人）被授予从男爵头衔。犹太人出身的沙逊家族在英国声名鹊起，从严格意义上来说，他们直到前不久还是印度犹太人，生活方式几乎偏向印度本土风格。不过他们家族一直以来都在孟买享有显赫声名，不仅业务能力出众，而且恪守信誉，这些也算是他们财富的基石。中亚大部分生意都掌握在沙逊家族手中，而且这些生意完全依赖个人诚信……在他人眼中，亚洲人多骗子，但从来没人见过哪张印度"银票"被拒绝兑付，亚洲有一半生意靠的是彼此信赖。[75]

威胁逼近

　　阿尔伯特在伦敦声名鹊起，一些意想不到的人士也抛来橄榄枝。一次，一位英国商人向阿尔伯特提议，两家公司携手在香港成立一家银行，满足中国人的业务需求，"改造他们的海军，投资他们的铁路和兵工厂建设"。[76]还有一次，一位波斯贸易商提议在伊斯法罕开一家分公司，称该地是"波斯最大的消费市场"，并保证"贵公司在波斯的办事处将获得巨额利润"。[77]不过，这两项提议都有违沙逊洋行当时的整体战略，即优先确保对房地产的稳定投资，赚取收入和潜在资本收益，其他类型的投资靠后，于是两项提议都遭到拒绝。沙逊洋行坐拥的房地产数量剧增，公司为此聘请了专门的房地产管理团队，负责房产保养，跟租户打交道。比如，香港的房地产管理团队报告称，所有租户都很可靠，准时支付租金，但大量修缮保养工作也产生了巨大开支。[78]此外，沙逊洋行还聘请了房地产经

157

纪人，负责打理家族成员的个人房产：一份给苏莱曼的备忘录内容跟苏莱曼在孟买的房产有关，详细说明了每栋楼的租金和整修，并劝说苏莱曼不要卖掉这些房产，因为将来肯定会大幅升值，带来可观收入。[79]

19世纪最后十年，沙逊洋行的扩张不仅仅体现在房地产界，也体现在对新产品的尝试。大卫还在世时，沙逊洋行就已经涉及珍珠贸易，不过对他们而言，珍珠是边缘业务，买卖规模以避免风险为准。他们对珍珠市场的定位说明精明老练是沙逊家族等全球企业的特征。19世纪80年代早期，沙逊洋行雇用了一名顾问，专门研究珍珠品种，对珍珠市场进行全面调研，弄清楚市场目前供货是否充分，价格与需求如何，并总结珍珠市场的经营原则，就进货品种和方式提出建议："不要因为害怕得罪客户就犹豫不决，把平平无奇的珍珠给进回来。要是客户喜欢便宜珍珠，让他们去找别的商家。不要被一堆没有销路的珍珠捆住手脚，它们会浪费贵公司的时间，带来麻烦。"这份长达12页的报告内容十分详尽，促使沙逊洋行更加积极地投身珍珠市场，并一直持续到20世纪30年代早期。[80]除了珍珠之外，沙逊家族还做钻石生意，不过只做代理人，从中收取2.5%的佣金，要是货没卖出去，则收取1%的佣金，计入公司账簿。与19世纪60年代以及70年代大部分时间相比，19世纪80年代和90年代的珍珠贸易更为活跃。[81]当时伦敦认为，孟买的烟草也许在英国销量不错，于是沙逊洋行又开始涉猎烟草进口，不过买卖烟草只是零星业务，并非家族常规业务。[82]在阿尔伯特看来，这些边缘业务是对主业的合理补充，虽然和核心业务的鸦片和棉花相比，利润始终微不足道。业务的多样化催生出新的投资工具，1892年，沙逊洋行成为波斯湾蒸汽机船公司的联合创始人，对这家公司保持直接或间接控制，实缴资本超过8.3万英镑，该公司主要资产为六艘蒸汽机船，全部根据伊拉克的不同地名命名，比如"巴士拉号"和"阿玛拉号"。[83]虽然沙逊洋行的投资更加多样化，但可以看出多样化的程度不足，仍过分依赖鸦片和棉花这两大宗商品，从结构上而言并不安全。

19世纪80年代，鸦片贸易收益尚可，但接下来十年开始下滑。整个19世纪80年代，货币交易变得越来越复杂和动荡，有些贸易商开始使用更复杂的工具，比如远期市场，利用墨西哥银圆套汇等，借这些操作来降低风险。此外，白银价格波动对贸易商也有影响。1886 年，白银价格猛跌。阿尔伯特给弟弟苏莱曼写信，问他是继续等还是趁机买入一些白银，让苏莱曼提出建议。[84] 在几次极端情况之下，沙逊洋行曾寻求政府帮助。1893年，公司致信英国政府，信中解释了公司的困境以及贸易现状：

> 多年来，印度与中国的大部分贸易均由敝公司与其他公司主导，从孟买和加尔各答进口棉纱、布匹和鸦片，以银行票据、电汇或即期汇票的方式收款。考虑到（鸦片贸易的）不稳定，香港和上海已经没有哪家外汇银行可以兑换英属印度的汇款。因此，在经济动荡时期，敝公司及其他商业公司均无法将中国的货款收回印度，除非通过银条的方式运回。[85]

　　考虑到白银贬值，沙逊洋行向英国政府寻求帮助，以便从中国将墨西哥银圆运回印度。这样做的主要原因是本来可以自由铸造银币的造币厂关闭，沙逊洋行之前每年将小部分白银交给造币厂，铸造成银币。新沙逊洋行也效仿这种做法，不过金额相对较小，每年 7000 英镑，老沙逊洋行每年74000 英镑。英国政府与新、老两家沙逊洋行之间就此事交换了很多书信和备忘录。可以看出，英国政府担心如果批准该请求，会引来其他公司模仿，虽然英国当局有些人认为沙逊洋行理应收到赔偿，但英国政府还是拒绝了所有请求。用现金代替银行汇票的付款方式"在 1873 年大行其道"，而且风行多年，让贸易商更加发展壮大。[86] 在华做生意利润丰富，但始终伴随着货币风险。生意赚到钱，只赢了一半，关键在于，商人能不能既做到卖货赚钱，又能扛得住当地的货币动荡。

159

　　19 世纪 80 年代，鸦片贸易面临的主要问题是供过于求。随着鸦片价格下跌，沙逊家族开始游说英国政府，一是防止更多人加入鸦片贸易阵营，一是抬高鸦片贸易门槛。供应过剩是中国内地罂粟种植的后果。1879 年至 1906 年，中国本土鸦片总产量从 98000 担（旧中国计量单位，等于 133.3磅）增加至 584000 担，[87] 因为中国农民发现"种罂粟的收益是种小麦的四到五倍"。[88]沙逊家族无法控制中国境内的罂粟种植，就把主要精力放在减少印度鸦片纳税上，特别是马尔瓦鸦片，让自己手里的货更有竞争力。19世纪70年代至80年代晚期，中国市场对印度鸦片的需求相对稳定，但出现下降征兆；19世纪90年代初，鸦片贸易开始亏损。

1890年第一天，沙逊洋行香港办事处的一位高级员工致信伦敦的爱德华，为上一年的亏损致歉——原本预计盈利40000英镑，结果出现亏损。该员工认为亏损的原因在于银行贷款利息过高，代理费上涨。[89]阿尔伯特就鸦片贸易亏损加重一事连连致信各办事处，鼓励他们不要逃避风险："无论把钱投到哪一行，都会有风险，鸦片贸易也不例外。"[90]然而随着亏损的口子越撕越大，爱德华动摇了："过去几天，鸦片贸易的巨大亏损让我感到无比失望，无比震撼。我们做的是哪门子生意？为什么这些货都砸在手里，卖不出去？货都堆在仓库，损失越来越大，莫非这是一种什么新战略？"[91]爱德华之所以如此沮丧，一部分原因是银行和贸易商必须为现金支付高额利息，任何有风险的贸易都必须缴纳保证金。1890年3月，亏损达到20万卢比，虽然数目巨大，但跟之前的巨额利润相比，还是微不足道的。[92]

沙逊家族试图开辟新的鸦片销售市场，弥补这些亏损造成的缺口。1892年，老沙逊洋行希望把鸦片卖给法国政府。巴黎一家法国公司给沙逊洋行写了一封信，遗憾地表示自己没有通过"8月31日的裁决，无法将1000箱鸦片卖给法国政府"。根据招标，这批货应该会送往越南西贡。不过，这家法国公司认为这批鸦片赚不了钱，愿意赔偿沙逊洋行承担的一切开支，并希望"以后更走运"。[93]有意思的是，法国政府在越南却向新沙逊洋行进了140箱加尔各答鸦片。法国在河内的政府机构想要500箱鸦片，但新沙逊洋行拿不出这么多货，因为"印度政府不愿公开增加鸦片供货量"，[94]新沙逊洋行为此事痛惜不已。

鸦片贸易亏损还在进一步扩大，到4月底，亏损达到50万至60万卢比，加尔各答办事处每箱鸦片的亏损超过140卢比。[95]根据1893年中的一份备忘录，扣除应收款项之后的总净损失约80000英镑，其中波斯鸦片亏

24000英镑，伊斯法罕鸦片亏11000英镑，运往中国的鸦片亏23700英镑，还有作为1890年1月亏损被购销的逾21300英镑，在账簿上列为应付款项。另一方面，伦敦办事处买卖的土耳其鸦片盈利近26000英镑，中国鸦片买卖的应收款项约24000英镑，盈亏基本持平。[96]1891年底，阿尔伯特给苏莱曼写了一封有预见性的信，描述了当时鸦片生意的现状：

> 哦，我的弟弟，我们现在运往中国的货不再赚钱了，每箱要亏掉20卢比，哪怕勉强盈利，也不超过5个卢比。我们在中国积压了这么多（鸦片），运往中国的货越多，市场就越不景气。你考虑通过加尔各答进1500—2000箱鸦片。怎么说呢，你下单的那一刻，新沙逊洋行就会把价格压得更低。我们的批发商已经叫苦连天，说仓库已经腾不出任何地方来堆放。你应该有所耳闻，有一两家公司的货都还堆放在船上，因为实在没地方放。加尔各答鸦片总产量为5000箱，你打算进3000箱，这样好控制市场。从我们进货的一位贸易商已经两年没卖出一箱鸦片，我们也没收到任何款项。这种情况还要持续多久？我们难道不应该降低风险，防止亏损进一步加重吗？[97]

　　面对这一难题，沙逊洋行的对策是加倍努力，降低应缴税款。印度国家档案馆保存了沙逊家族无数的降税请愿书。从这些请愿书可以看出，沙逊家族擅长把其他公司也拉到自己阵营，鼓动大家一起反对马尔瓦鸦片增税，支持减税。印度政府心知肚明，如果自己屈服于减税压力，考虑到19世纪80年代贸易商手中的海量囤货，马尔瓦鸦片出口将大大增加。从当时官员之间的通信也能看出，1888年至1891年鸦片出口相对停滞，约4万箱，而19世纪70年代末期的峰值为5万箱。最重要的是，马尔瓦鸦片的价格维持在约1200卢比（19世纪70年代的峰值为1700卢比）。为此，印度总督通知沙逊洋行及其他公司，印度政府"无法降低马尔瓦鸦片出口税"。[98]从此可以推断出沙逊洋行的游说失败，不过英国高级官员，驻印度的也好，英国本土的也好，都十分清楚沙逊家族和其他全球贸易商擅长

161

动用政治人脉来达到经济目的，也明白他们会向政府施压，延缓其他税项的征收，或改革整个税收体系来达到目的。

然而，鸦片贸易的现状越发失控。1893年，甚至高级员工也开始怀疑鸦片买卖是否还能赚钱。再加上孟买贷款利息很高，意味着供应增加反而会导致回报缩水。[99]同一年，沙逊洋行曼彻斯特办事处的一份报告显示，他们注意到各地区、国家以及其他事务的相互关系影响了鸦片买卖，同时也表达了对鸦片贸易衰落的担忧：

> 由于波斯市场出现动荡，白银贬值，霍乱肆虐，检疫导致贸易中断，本年度本办事处业务已经连续数月下跌。再加上小麦和罂粟歉收，能出口的货物很少，无法支付进口所需的款项。此外，波斯帝国银行又提高了流入本国汇款的汇率，使得情况进一步恶化。

1884年至1892年，曼彻斯特办事处对利润的一份比较财务报表显示，1891年的最高利润刚刚超过17000英镑，到1892年骤减到12500英镑。[100]这份报告考虑将新产品纳入公司业务，即土耳其红色斜纹布和其他纺织品，让业务组合更加多样化。

1890年初期，鸦片生意就出现利润下跌的端倪，沙逊洋行却没有从根本上丰富产品组合，没有培育其他业务来减轻对鸦片贸易的严重依赖，个中原因无从知晓。确实，沙逊洋行坐拥大量鸦片库存，过去30年，沙逊家族正是靠这桩买卖赚得盆满钵满。尽管利润下跌，1892年沙逊洋行孟买总部的账目显示，公司利润总计达230705英镑，公司资本达232万英镑，除去所有开支，利润约占资本10%。[101]按照现代的说法和货币计算，孟买总部营业额约2.5亿英镑，净利润2500万英镑。鸦片买卖还有一线生机。

鸦片与教会

鸦片贸易的最大威胁并非征税、供应过剩或货币波动，而是英国政府面临政治压力，不得不叫停鸦片交易。这桩买卖的最大对手是一帮改革家，来自基督教公谊会，这个教派有一个更广为人知的名称——贵格会。1874年，一帮会员组成盎格鲁及东方反鸦片贸易协会，会员包括政治家、贵族和记者。1881年，该协会成功让禁止鸦片贸易成为议会议题，当时兼任该协会主席的议员J.W.皮斯（J. W. Pease）提出以下方案：

> 根据下院意见，当前中国与印度之间的鸦片贸易有违基督教教义以及国际公德，导致成千上万中国人身体状况恶化，道德堕落，理应不得再按照当前贸易方式继续开展。

皮斯呼吁逐渐开发印度其他资源，填补鸦片贸易收入缺口，并呼吁英国政府对印度伸出援手，因为禁止鸦片贸易会导致印度预算出现短缺。[102]同一个星期，协会还邀请坎特伯雷大主教在其年会上致辞。1880年《中美续修条约》签订，鼓舞了盎格鲁及东方反鸦片贸易协会的活动。该条约对中美两国之间的鸦片贸易提出限制，认为当下时机成熟，"所有信仰基督教的英国人应该联合起来，让我们国家不再因为这桩罪恶交易而蒙受罪孽"。[103]1881年有消息称，根据清政府海关总税务司估计，烟民总数超过200万人，且每年都在上升，该消息进一步激化了有关禁止鸦片贸易的辩论。[104]当时采取的是双管齐下的运动方式，一方面说服民众有必要禁止"这桩邪恶的买卖"，另一方面说服下议院议员支持修改法律。威廉·格莱斯顿当时第二次出任英国首相，此前对鸦片买卖持放任态度，之后也是继续睁一只眼闭一只眼，以免疏离内阁那些大权在握的人物。不过格莱斯顿也意识到，议会上下呼吁改革的压力日增。[105]数十名议员、盎格鲁及东方反鸦片贸易协会会员、大学教授、校长、市长以及退役军官联名写了一封长信给格莱斯顿，谴责从印度出口鸦片到缅甸，并在信中引用了一则报道，报道描述了"缅甸民众因吸食鸦片造成道德沦丧、穷困潦倒、倾家荡产的痛苦景象"。对中国方面，联名上书者用后悔的口吻表示，买卖鸦片的政策"由祖辈父辈起头，我们作为子孙后代，又继续推行。虽然无法改变过去，但我们可以做出大量努力，减轻这份罪行将来造成的后果"。

请愿书坚持认为，通过征收重税来抑制出口无法解决问题，并且表示：

> 政府本身就是罂粟种植者，是鸦片生产和贸易领头人，对当地种植罂粟的征税一直都在调整，为的是跟我们国内的鸦片价格齐平。英国政府有能力禁止英国各领地的罂粟种植。[106]

反鸦片贸易游说不屈不挠地进行，后来还吸纳了来自卫理公会、一位论派、浸礼会和长老会的领袖参加。虽然这场运动逐渐壮大，但游说团体始终避免将之变成政治运动。该团体出版了多种多样的宣传手册，几位领袖在宣传手册中坚持认为买卖鸦片是罪行，吸食鸦片是最令人不齿的行径。[107]他们还拉拢清政府政要，在杂志和宣传手册上发表他们的请愿书，为这场运动争取民众支持。其中一位清廷要员来自天津，代表民众表达感激之情，感谢协会致力于帮助中国"摆脱邪恶的鸦片贸易"。他认为英中两国永远无法达成共识："中国从道德角度出发看待整个问题，英国却从财政角度出发。"这位要员写了一封长信，信中提及中国本土"罂粟种植是非法行为"，并向协会保证，清政府并未批准此事，因此罂粟种植在中国以犯罪论处。[108]

反鸦片贸易游说团体在宣传手册中谴责这桩买卖，并称吸食鸦片的恶习就是在中国传播基督教的最大阻碍，英国政府并非独立的机构，而是在利益的驱动下办事，不禁鸦片就是不想放弃650万英镑的鸦片征税收入。[109]令人费解的是，坎特伯雷大主教在运动早期拒绝完全加入盎格鲁及东方反鸦片贸易协会的阵营，因为他认为这场运动有政治意图，不过他总体上是同意废除鸦片贸易的。[110]

这场运动成功吸引了民众的注意力，随后在议会展开正式交锋。1891年，皮斯在下议院提出另一项议案，敦促印度政府停止颁发罂粟种植及鸦片销售的许可证，"合法的医疗用途除外"。[111]虽然下议院以160票赞成130票反对，即多数同意的形式通过，但该议案并未生效，因为涉及何时征税，如何填补鸦片贸易的空白时，下议院未能达成一致意见，议案最终不了了之。[112]支持现状的人当中，有伍斯特郡伊夫舍姆的保守党议员理查德·坦普尔爵士，此人曾任孟买总督，对沙逊家族非常了解。坦普尔曾向议会的禁酒运动成员发表演说，表示支持鸦片贸易，通过与英国的消费税制度做比较，赞成印度政府对鸦片征税，并根据医学上的依据主张，"如果使用合理，鸦片并不会造成毒害，而且无论如何，毒害作用都比饮用烈酒的坏处要小。这两种东西，吸食或饮用过度，都对身体有害"。坦普尔坚决不同意将鸦片视为毒品的主张，除非是高浓度蒸馏物，并坚称"这种高浓度蒸馏物跟东方市场上卖的那个叫鸦片的东西完全不同，如果用量适当，鸦片完全无害，西印度各阶层均有吸食，并未造成任何伤害"。他辩解称，孟买和加尔各答的鸦片商人"身家富裕、精力充沛，并且有企业家精神"，质疑那些支持对烈酒而非对鸦片征税的人。[113]坦普尔的观点后来成为所有支持鸦片贸易人士的口号：如果用量适当，鸦片无害，并且与酒精无异。

165

　　此次辩论之后，英国与印度政府交换了大量书信，内阁也讨论了如何应对那些支持打压鸦片贸易的议员。[114]面对上下议院的政治骚动，英国政府采取了矛盾无法调和时政府的惯常行动：成立调查委员会，详细研究鸦片贸易，缓解当下必须做出决定的燃眉之急。1893年，格莱斯顿的第三届任期内，成立皇家鸦片调查委员会，受命研究除了医学用途之外，是否应该禁止罂粟种植和鸦片销售；是否应该对当前体制做出任何改变；如果禁止鸦片贸易，印度种植者承担的成本如何。

　　为了抵制英国的反鸦片贸易运动，新、老沙逊洋行都向中华协会（the China Association）求助。该协会是在伦敦成立的游说团体，宗旨是保护英国人的在华利益。协会大多数代表均为前政府官员，而且多数来自英国外交部，负责向外交部或议会游说。寄给该协会的很多书信均有新、老两家沙逊洋行签名（通常还有其他五六家公司的签名）。这些公司纷纷联合起来，争取对华鸦片出口不会遭到打压，或者退一步来说，至少不会遭到全面禁止。[115]

东方贸易遭遇困境

阿尔伯特对沙逊洋行的贸易现状越发失望，特别是鸦片贸易，让他深深沮丧。他给苏莱曼的书信充斥着对新沙逊洋行买卖的抱怨和沉思。要是苏莱曼没有及时回信，或者没有按指示办事，阿尔伯特就会失去耐心，[116] 无论何时，只要听到欠款的人没有及时还钱，他就在信中火冒三丈。

阿尔伯特越来越听不进不同意见，有一次给苏莱曼写信，他一开头就说"请全部照办"，不再跟弟弟多言。[117]

虽然阿尔伯特仍然是一家之主，但一自1864年开始，苏莱曼才是实际掌管沙逊洋行在英国之外业务的人，负责处理全球各地的商务信函。这些信函的数量庞大，因此苏莱曼每周要工作六天，每天工作的时间也很长，就像父亲大卫和兄长阿尔伯特一样，而这个家族的大部分成员如今已经不再勤勤恳恳。不过，他不像兄长那样对英国上流社会痴迷，也从没打算搬去英国，因为他明白，要是没了自己，家族生意就会走下坡路。苏莱曼跟法哈育有一儿两女，除了最亲密的家人之外，他通过研习宗教文本找到慰藉，还有就是在浦那别墅"玫瑰河岸"（Rosa Bank）的花园里漫步。法哈决心帮助丈夫承担部分重担，于是抛开所有禁忌，宣布自己将陪同丈夫前往繁华的埃尔芬斯通公园区——公司总部办公室所在地。法哈的决定震惊了孟买商圈众多人士，因为当时没有哪个女人敢参加商务谈判。

令苏莱曼更加苦恼的是，一位专门搞房地产、业务触及整个亚洲的新竞争对手出现。此人叫赛拉斯·哈同（Silas Hardoon），1874年来到上海。当时很多年轻巴格达犹太人立志效劳沙逊洋行，他们当中很多人富有创业精神，希望自己开公司，哈同就是其中一员。一开始，哈同供职老沙逊洋行，后来辞职，于1880年加入上海的新沙逊洋行。在此之前，哈同行为处事一直向巴格达犹太社区看齐，1886—1887年却摈弃传统，跟社区之外信奉其他宗教的女人结了婚。新娘是中国人，是虔诚的佛教徒，有一半法国血统。这次婚姻让哈同对佛教产生兴趣，与中国社会的联系也更紧密。最后，他离开新沙逊洋行，开了自己的房地产公司。1931年，哈同去世，当时他已经是"上海的大地主，远东最有钱的外国人"。[118]另一方面，老沙逊洋行的老对手雅各布·沙逊用行动证明，那些预言伊莱亚斯去世之后，新沙逊洋行也会跟着垮台的说法不过是痴人幻想。雅各布继续将父亲的业务扩张到新的领域与市场，在他执掌期间，新沙逊洋行一如既往地恪守公司内部信条："老沙逊洋行把公司开到哪里，我们就开到哪里；老沙逊洋行在哪里做生意，我们就在哪里做生意。"雅各布相对孤独，感觉自己只能依靠兄弟爱德华。雅各布的独子还是个小婴儿时就夭折了，因此没有直接继承人。同时，苏莱曼的健康也在恶化，随着业务问题堆积，他的精力也不如从前。

167

　　苏莱曼肩上压力渐增，哪怕法哈帮忙打理业务，也为时已晚。苏莱曼于1894年去世，终年53岁。从耶路撒冷到巴格达再到伦敦，全球各地的吊唁信像雪片一样纷至沓来。印度、中国和英国的主要报纸均刊登了苏莱曼的讣告，其中一家报纸甚至表示，老沙逊洋行"最任劳任怨的合伙人"去世。[119]为示尊重，孟买所有犹太公司、两家沙逊洋行开办的学校和棉纺厂，此外还有鸦片、黄金和白银市场，以及东方人寿保险公司（沙逊家族持有该公司股份），统统关闭或停业一天。讣告纷纷赞扬苏莱曼生前取得的成就——对慈善事业慷慨赠与，对家庭与社区投入奉献，对希伯来圣经虔诚研习。巴格达举办了一场大型追悼会，城里大部分犹太达官贵人均出席了追悼会，当时分发的手册沉痛悼念了苏莱曼的英年早逝。对于伦敦的兄弟几人而言，一方面要承受苏莱曼去世带来的震惊和悲痛，另一方面又迫切需要找到新的继承人担当大任。但他们当中没人想拖家带口搬回孟买，没人舍得抛下新家园的荣华富贵。他们现在可是英国人。

168

第 9 章
女掌门人，1895—1901 年

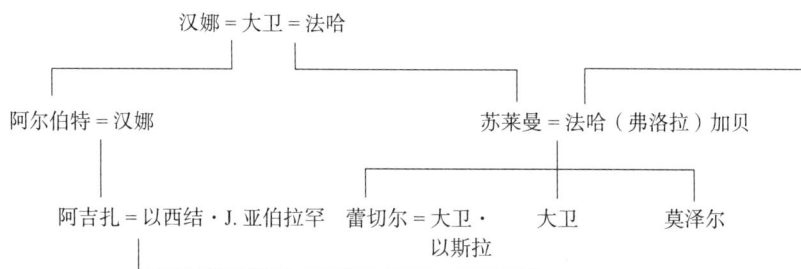

```
                    汉娜＝大卫＝法哈
        ┌───────────┴────────────┐              ┌──────────────┐
  阿尔伯特＝汉娜                          苏莱曼＝法哈（弗洛拉）加贝
                                    ┌───────┴────────┐
  阿吉扎＝以西结·J. 亚伯拉罕   蕾切尔＝大卫·        大卫          莫泽尔
        │                        以斯拉
        └──────────────────────────────────────────────────┘
```

　　历史上，许多商业帝国都出了有名的女掌门人，但最多是在幕后管事。19世纪末20世纪初，执掌全球商业帝国的法哈·沙逊可谓那个时代的一枝独秀。法哈的成长和教育背景与当时有钱人家的大多数女性后代别无二致。散居犹太家庭的女儿，尤其是赛法迪犹太女性，自幼便会学习如何跨越宗教与社会经济层面的界限，在幕后通过"软实力"施加影响。对大多数被挡在正式权力的人而言，"女性对生意人资本的组成、转移和保留起着关键作用，哪怕是间接方式，因为按照法律和风俗习惯，她们对嫁妆有处置权"。[1]

169　　在法哈成长的那个年代，女性在各方面都处于明显劣势。在最早接受英国教育的一批印度女学生当中，有一位在回忆录中提到，孟买巴格达犹太人按照波斯习俗，允许自家女儿接受教育，阿尔伯特对女孩教育的投入甚至超过父亲大卫：

阿尔伯特摈弃祖辈偏见，用行善原则传播教育之光，为那些跟自己信
仰同一宗教的女性打开幸福的大门。在我记忆中，犹太女性在公众场合从
来都是把面纱遮得严严实实。沙逊家族的女孩到访（我家），只有男性成
员包括男性仆人离场后，不会造成什么不妥时，她们才会脱下面纱。[2]

阿尔伯特有五个孩子，法哈的母亲阿吉扎是其中之一。法哈出生于
1856 年，当时沙逊家族在孟买已经站稳脚跟，开始享受生意成功的果实。
法哈的父亲是从巴格达移居孟买的贸易商以西结·J.亚伯拉罕。法哈在 12
个孩子中年纪最大，自幼善于领头。她在孩童时期就性格果断，对想要
的东西志在必得。法哈受教育的严格程度超过母亲：除了阅读莎士比亚
著作，还要师从学识渊博的拉比，学习希伯来圣经。她爱好学习，除了必
须要学的英语、阿拉伯语、希伯来语和印度斯坦语之外，还学习法语和
德语。

有关女性的档案资料匮乏，让有关 19 世纪全球商人的研究更加困难。
再加上一些男性研究人员的专断态度，这方面研究的难度更上一层楼。比
如在本–雅科夫（Ben-Yacov）对巴比伦犹太人的大量研究中，法哈丈夫苏
莱曼的篇幅超过四页，但谈及法哈对沙逊家族的突破性接任，却只有寥寥
两句话。虽然档案缺少对沙逊家族以及其他巴格达家族女性的资料，但有
些资料对作为非主流欧洲人或印度人的女性有所记载，"表明她们以女
主人、旅行家、商人和女企业家的身份，积极参与到公共事业和家庭事
务中"。[3]

沙逊家族档案馆保存了大量书信，最常提到的是女性家族成员而非写
信人。写信人通常会在书信末尾问起收信人的妻子或母亲，让收信人转达
问候，不过也有少数例外。法哈会向苏莱曼提议如何结束买办罢工，有时
她还会给出差的丈夫写信，显然也会干预业务。[4]还有几封母亲写给儿子
的书信也得以保留，毕竟当时母子经常远隔重洋好几年。创始人大卫的妻
子也叫法哈，丈夫去世后搬到英国，经常给儿子苏莱曼写信。她的信总是
用"吾爱我儿，我眼中的光芒"（lil-waladal-azizwa nur al-ain）开头。有

170

一次，她在信中说被伦敦的寒冷吓到了。法哈在信中会提到家人近况，把几位亲人的旅游见闻告诉苏莱曼，还会提醒苏莱曼，自己很想念他，犹太节日不能一起度过，令她感到难过。事实上，苏莱曼离开孟买家人已经多年，也多年未曾参加那些节日活动。[5]还有一类书信跟家书不同——员工妻子或母亲代表员工请求帮助或寻求机会，可能在她们看来，要是写信的是女性，更容易引起对方重视。[6]就是这样既为人妻又为人母的法哈，将家族大任揽到了自己手中。

按照那个年代的标准，苏莱曼与法哈的婚姻非常平等，也许说是合伙关系更为贴切。苏莱曼经常就公司事务还有其他问题寻求法哈的意见，也欣赏妻子的博学多才。法哈则喜欢苏莱曼的忠诚与谦虚，据说苏莱曼不爱摆架子，常常从后门溜进他修建的犹太教会堂祷告。法哈性格外向，和苏莱曼形成鲜明对比，实际上也刚好与丈夫互补。[7]就法哈本人而言，她跟家中常款待的达官贵人相处融洽，不管对方是印度王公还是英国高官，跟他们都能谈笑自如，让对方感到放松。威尔士亲王一直不曾忘记，1875年自己访问印度期间，法哈的人格魅力与热情款待。1891年，离亲王访问印度已过去15年，鲁本跟亲王在一起，亲王还回忆起法哈在他回程时赠送的两件小礼物：家庭自制的杧果酸辣酱和杏子干。威尔士亲王跟鲁本说："从孟买乘船回英国，每天都吃上一勺杧果酸辣酱，一直吃到苏伊士运河。"[8]法哈最不缺的就是自信。曾有这么一件轶事，当时法哈已经搬到英国，时值仲夏，法哈在霍夫郡与一位大汗淋漓的警察搭讪，用她那自成一派的口吻说："你需要一个甜瓜，炎炎夏日，用甜瓜消暑再好不过。你喜欢甜瓜吗？"得到对方肯定回答之后，法哈又问，警局一共有几名警员。对方回答说64人；第二天，法哈就给当地警局送去64个甜瓜以示问候。[9]

苏莱曼1894年去世之后，法哈宣布接过丈夫手中大任。苏莱曼去世之前几年，法哈就陪同丈夫去办公室，学会了做生意的来龙去脉，跟那些与丈夫合作的商人和代理人也建立起关系。然而，沙逊家族还没准备好接纳女掌门人，他们在印度和巴格达都找不到这样的先例，虽然在英国每天都听到有关妇女参政论者活动的消息，但在英国并没有见到哪位女性掌管全球公司。即使在欧洲,女性也不担任公司负责人,虽然维多利亚女王手握全球最强大的帝国,但毕竟她是王室,不能当成商业模范。不过,阿尔伯特几乎没有其他人选:鲁本、阿瑟和爱德华太迷恋英国生活,不可能离开英国前往孟买或上海,再说自己人在英国负责协调,他们兄弟几个也不一定有本事管理家族在东方的业务。阿尔伯特本人的健康也堪忧,已经尽量少管事,甚至经他签名的信件数量都少了。此外,就在苏莱曼在孟买去世之后不久,阿尔伯特的妻子汉娜也撒手人寰,他儿子还有兄弟几个立即将噩耗带到布莱顿。吉娜达·波利亚科娃在日记中记道,阿尔伯特"没有为妻子去世而假装悲痛"。[10]不过此言不可全信,因为波利亚科娃心思缥缈,可能将自己与丈夫的矛盾投射其中。

毋庸置疑,法哈能力出色,有本事管理老沙逊洋行在亚洲的业务。虽然阿尔伯特对于把家族生意交给女人打理一事心存疑虑,但他对法哈的能力与果敢也是心知肚明的,于是点头答应法哈出面,其他兄弟几个也跟着应允,即使多少有些不情不愿。法哈立即投身家族生意,当时她38岁,不甘在家里带三个孩子,坐享刚刚过世的丈夫留下的财富。她胸怀大志,不仅热衷于审阅一批又一批递到她办公桌上的报告,对公司交易的商品,还有那些可能影响商品价格的全球事件,也很感兴趣。1894年底,老沙逊洋行在印度、中国和英国的所有办事处均承认法哈为普通合伙人,享有完全签字权。[11]

合伙关系的变更倒是更能说明问题。公司提议拿出100万固定资本(约相当于今天1.1亿英镑以上),按照如下比例分配:41%分给阿尔伯特、15%分给鲁本、22%分给阿瑟、12%分给爱德华、10%分给法哈。法哈分得的比例比其他人都少,跟她对家族生意的贡献不相称,因为实际管事和操持业务的是她;说到底跟她丈夫的贡献也不相称,毕竟苏莱曼过去30年为家族生意鞠躬尽瘁。不过法哈是历史上第一位被指名为合伙人的女性,然而正式文件毫不含糊地指出谁才是真正的一家之主:

老沙逊洋行的商誉及权利视为阿尔伯特·大卫·沙逊的唯一财产,如

172

> 该合伙企业解散，任何合伙人均无权就该等商誉获得赔偿，亦无权干涉或以老沙逊洋行的名义开展任何业务。

合伙人协议也明确规定，合伙人不得套现，除非其利润与撤出的资金持平。此外还确定，阿尔伯特在提前两个月通知的前提下，可解雇任何合伙人，指定新人选。考虑到当时情况，再加上掌门人阿尔伯特年事已高，协议有很多内容提及阿尔伯特的退任及身后事：

> 任何已退休合伙人或已故合伙人的遗嘱执行人，均无权对该退休合伙人或已故合伙人的合伙业务进行全面清算。如果该合伙人退休或死亡，其余合伙人在正常业务过程中，可对该合伙人将来或曾经的所有业务进行清算。[12]

从今往后，跟沙逊洋行做生意的商人、经纪人和代理人就要改成和一位女性谈判，甚至握手。虽然法哈有自己的支持者，但为家族业务出面仍是巨大挑战。公司在浦那的一位印度朋友这样祝福，"愿上帝如你所愿，领你通往财富与繁荣的国度，愿公司在你的领导之下，让商界王子的名声更增光辉"，商界王子指的是大卫。[13]

19世纪最后几年，公司在创造更大财富的路上走得并不顺利。如前文所述，英国鸦片贸易面临遭禁的压力，中国和其他地方的罂粟产量增加。沙逊洋行的棉纺厂一直需要投入精力，来自日本的竞争压力增大，榨棉业务逐渐衰减。1894年，董事会的报告显示这项业务出现亏损，并解释称："现在大部分榨棉业务……都在内陆地区完成。另外，由于竞争激烈，收取的价钱也低。"[14]沙逊洋行的榨棉厂多年来一直由苏莱曼掌管，他去世之后，法哈担任榨棉厂总裁兼主席，这也是史无前例的人事任命。虽然榨棉厂抱怨孟买对榨棉机几无需求，但在法哈的领导下，榨棉厂利润还是有所提高。[15]

法哈正式上任之后的几个月，法哈的弟弟以斯拉在伦敦办事处给法哈写了一封信，提醒姐姐作为管事的合伙人，要处理的问题错综复杂。以斯拉担心地说，头一年爆发的中日甲午战争敲响了鸦片贸易的丧钟，中国的金融状况也在恶化，让法哈考虑投资美国债券，并在总部任命一位高级管理人员，帮她分担。[16]

　　甚至公司的被动投资也没有处理。过去几十年，沙逊洋行择优选择项目投资，大多数都有固定可靠的收益，原本那种让家族获益的利益共享和机会评估机制如今也开始没落。阿尔伯特的影响力不如以前强势，家族其他成员开始争夺决策权。这种情况从19世纪80年代就开始冒头，造成的影响却很久之后才显露。有一次，几个合伙人给大卫的小儿子，即香港的弗雷德里克写了一封措辞严厉的信，指责他未经批准乱投资：

174

> 你投资了东方银行集团、Fringe（原文如此）酒店，还有另外一家银行，但我们想投资的只有第一家。未经阿卜杜拉和其他合伙人批准，你无权代表公司投资其他联合企业。你这是考虑不周，把个人利益置于公司利益之上。[17]

　　这次事件之后的十年，即1896年，弗雷德里克才被承认为普通合伙人。[18]但这并不意味着中间那些年的投资就停滞不前。法哈在沙逊洋行办公室抛头露面，承担苏莱曼的部分工作近十年时间，其中头五年，公司的在华业务已经扩张到核心鸦片贸易之外。比如，沙逊洋行在香港黄埔船坞公司董事会担任职务。一开始担任董事会主席的是苏莱曼，他去世后，由大卫·沙逊的女婿舍利姆·以西结接任，董事会其他成员则来自印度其他商业家族。[19]香港黄埔船坞公司还担任巴格达蒸汽抽水机工程公司的代理商，希望向巴林岛供应可将水泵至100多米高的抽水泵。[20]此外，该公司还希望拿到许可，在底格里斯河和幼发拉底河安排蒸汽机船运输，应对他们在巴格达的业务增长（苏丹朝廷以蒸汽机船将悬挂英国国旗为由拒绝了该申请，沙逊洋行试图通过当时英国外交大臣沙乃斯伯里（Salisbury）勋爵游说奥斯曼苏丹，但没有奏效）。[21]更为成功的是，沙逊洋行获得波斯半岛蒸汽机船公司的控股权，该公司成立于1892年，在波斯湾港口开展业务。[22]

虽然挑战与机遇并存，但法哈成功战胜了所有困难，做出各种决策，就像苏莱曼曾经做过的那样。她对细节的关注具有传奇般的色彩，这种态度也体现在她对《圣经》和犹太法典《塔木德》复杂细节的研究上。毫无疑问，她赢得了员工的尊重；针对法哈定下的技术规范，一位负责修建别墅的员工难为情地写道："您是对的（您一向都是）。"[23]没过多久，一些老员工就开始拿法哈跟她的外曾祖父做比较。她甚至还恢复了老人家之前定下的老规矩，而这条规矩已经被抛诸脑后多年：所有商务信函必须当天处理完毕。在法哈朝气蓬勃的领导之下，老沙逊洋行的权力重心明显从英国利德贺街12号的沙逊办公室转到孟买。

然而，法哈的成就并没有缓解各办事处对资金分配和预算的纷争，这些事现在都听她的发落。苏莱曼去世之后，几乎每则备忘录都涉及公司高层内斗，有些发生在家族成员之间，他们都想在法哈执掌期间给自己谋取更多权力。税务问题也越发复杂，从一则备忘录就能看出沙逊洋行对所得税的洞察。该备忘录解释称，每位合伙人均应单独纳税，如果利润通过办事处累算，则由办事处交税。英国的税务稽查员"不关心孟买方面是否为贸易和投资交税，除非我们能证明自己为伦敦取得的收益或所得交了税。他们也许事后会为双重征税退税，但征税人最懂的就是掠夺"[24]。

还有一事令法哈感到不快，那就是对丈夫遗产的处理。由于官僚作风的磕绊，这个问题花费数年才得以解决。苏莱曼去世时，其投资包括棉纺厂、纺纱公司、银行、房地产公司，此外还包括在孟买皇家游艇俱乐部持有的股份，总计超过476万卢比（约相当于今天的1560万美元）。[25]令人头疼的是，他的个人资产跟公司资产交织在一起，让遗产的处理更加复杂。上任第一年年底，法哈被各种各样的管理职位和主席职位缠身，其中包括担任沙逊丝厂、沙逊榨棉厂和沙逊丝绸纺织公司的负责人和主席。[26]

一天工作结束后，法哈从办公室回家途中，常常会去沙逊洋行在孟买的其中一家棉纺厂看看，跟厂里的经理聊聊天，询问他们对纺织业务有什么建议。她要求伦敦办事处每两个星期上交一份"表格汇总"，对沙逊洋行棉纺厂的收益进行汇总，方便自己对收益进行监控。利物浦和曼彻斯特办事处则需要上交羊毛拍卖报告，还有当地纺织业的最新消息。[27]法哈还搜集竞争行情，有关日本纺织行业和上海业务困境的备忘录也需上交给她："这桩生意尽管有钱可赚，但并非像发起人预测的那样是座金矿，顶多算是座廉价银矿"。[28]

176

1874年，沙逊纺织公司成立；20年之后，沙逊丝厂成立，苏莱曼去世之后由法哈接任。成立丝厂是为了对公司资源进行更大规模的重新分配，应对新沙逊洋行的一系列动作。新沙逊洋行近些年收购了印度多家棉纺厂和制造厂，名下棉纺厂的数量已超过竞争对手老沙逊洋行。[29]丝厂成立促成了孟买总督桑赫斯特（Sandhurst）勋爵的访问，由法哈陪同。总督对生丝纺纱的方式印象深刻，[30]对参观的棉纺厂规模也感到震惊，因为厂里雇用了一千名男工和女工，生产各色丝绸服装，为当地人提供了大量工作机会。此外，总督还对棉纺厂高标准的工作条件表示赞赏。

法哈一方面要管理公司业务，另一方面还要承担母亲的责任，照看三个孩子：18岁的蕾切尔、15岁的大卫、11岁的莫泽尔，那些体现法哈家庭事业两不误的书信跟商务信函一同保存在沙逊家族档案馆。其中一份短笺显示，法哈同意三个孩子接受邀请，一天下午去亲戚家跟那家的孩子一起玩。[31]其他资料能看出她对莫泽尔的担心。这个孩子在婴儿时期脊柱受伤，从一名保姆手中跌落时留下终身残疾。从20世纪初的一小批书信可以看出，沙逊家族将年轻男性送去游历世界的传统仍在继续，只不过旅途更为奢侈。1900年，法哈安排20岁的大卫从孟买出发前往科伦坡、槟城、新加坡、香港和上海，坐的是头等舱，随身导师坐的是二等舱，还有两名仆人住在甲板上，他们还带了"少量活禽上船"，这样"乘船期间也能保证犹太洁食"。[32]远洋班轮的时代已经到来，这类长途旅行几个星期就能走完，不需要再走上几个月，而且路上非常舒适。法哈的侄子鲁比给她儿子大卫写了一封信，描述了搭乘德国班轮从上海到日本神户的旅程，还提到"著名的大阪博览会"，为会上展出的科技创新产品感到震

177

惊：无线电报机、X射线机、婴儿保温箱、冰箱，等等。鲁比在信中告诉大卫，他在神户过得很愉快，"在一个名叫盐谷的海滨小村也过得很开心"，"游泳、钓鱼、散步，还有搭火车短途旅行，度过了非常愉快的三个星期。"[33]

法哈与女儿蕾切尔，1902年

一个时代的结束

法哈成为合伙人的第一年，恰逢格莱斯顿此前成立的皇家鸦片调查委员会发布调查报告，该委员会的宗旨是为英国政府的鸦片政策出谋划策。调查报告的数据和证人证词差不多长达2500页，分为七卷。[34]该委员会本来打算先采访反鸦片贸易协会推荐的证人，但这些人大多在中国，需要请香港代表帮忙收集当地证词，于是采访从驻印度的英国官员开始。"起初各方都对该委员会持怀疑态度，认为这是狂热分子强迫英国政府对印度事务进行的干预性调查。"[35]在这样的质疑声中，委员会开始在印度开展调查，从加尔各答、巴特那、贝拿勒斯、古吉拉特甚至偏远的缅甸收集证词。

老沙逊洋行的员工也接受了采访。1893 年底，委员会采访了一位名叫 R.M.科恩的人，此人在新加坡、上海、南昌以及中国东南地区任职。在被问到鸦片对中国鸦片吸食者的影响时，科恩煞有其事地回答："他们吸食之后，身体绝对没有变差。鸦片让他们感到平静，做起生意来更有干劲。"他还表示自己的所有仆从都吸食鸦片，但自己从来没有因为该习惯有什么不妥而解雇任何人。在科恩看来，吸食鸦片并非毒瘾，而是一种"奢侈"和"时尚"，鸦片已经用了"很长一段时间，因此是类似生活必需品的存在"。总而言之，科恩认为剥夺中国人吸食印度鸦片的权利是"不公正的，对上层人士而言尤其如此"。委员会发现，老沙逊洋行每月向中国出口大约 1200 箱鸦片。在最后陈述中，科恩坚称"支持鸦片贸易是印度政府的义务""从道义上而言，鸦片贸易的损失应该由政府承担"。[36]

E.S.加贝也做出了与科恩观点一致的证词，此人是"老沙逊洋行鸦片部门经理"。他先赞扬中国人是"富有智慧、最为勤劳的人民"，接着否认吸食鸦片的人"在体格或精神方面不如那些不吸食鸦片的人"，还表明自己坚信：

> 吸食鸦片对身体完全无害，适量使用不仅无害，往往对智力、才智和身体还有好处，能让人承受更多工作，比不吸食鸦片的人更耐疲劳。过量吸食鸦片当然有害，但比起酗酒，滥用鸦片的人少得多。[37]

新沙逊洋行的一位经理也印证了这种观点，声称适量使用鸦片有好处，"特别是对身患某些疾病的人还有老年人来说"，孟买"印度各阶层民众都吸食鸦片，但比例非常小"。[38]虽然他们自称吸食鸦片有益无害，但这些受访者没有被问到他们自己是否吸食，是否会推荐亲朋好友吸食，这些问题本身就有偏见，是调查委员会成员故意为之，充斥着对"亚洲人

179

种"的贬损，含沙射影地提及他们对鸦片的依赖，不过这种偏见难以避免。[39]委员会担心，禁止鸦片贸易可能会导致英国政府的收入受损，这点在报告中也同样明显。根据报告数据，过去14年每年靠鸦片征税获得的净收入平均为744万卢比，虽然最近五年下跌至700万出头，该数字仍然非常巨大，而且在该委员会的最后陈述中显得非常突出：

> 经走访调查以及对提交给我们的大量资料详细审阅，本委员会认为有必要在此阐明观点。我们认为，英国目前支持积极游说帝国议会、反对印度鸦片贸易的运动是建立在鸦片贸易性质和恶劣程度被夸大的基础之上的。该运动称鸦片造成广泛身心伤害，给英国民众呈现出悲观印象，代表印度民间和印度政府的证人均不认可该观点。[40]

这个结论极其离谱。皇家调查委员会的报告实际上"又将鸦片贸易的议题从英国公共议程中抹去了15年"。[41]这个结果立即遭到反鸦片贸易人士的猛烈抨击，鸦片贸易之争演变成为"两派观点的较量，双方都决定用尽可能极端的方式陈述自己的观点"。[42]中国在这份报告中几乎没有受到关注，这并非委员会的错，他们也只是按议会的指导方针办事，而这些指导方针本身就几乎没提到中国。最后，虽然禁止鸦片贸易在政治和公众层面得到很多议员的支持，但这份报告还是让他们松了一口气，好歹不用再关注这个议题了。[43]尽管1895年的这场运动失败了，但反鸦片贸易的斗争并未结束。双方都摆好架势，争取民众和政客支持，好投入下一场战斗。而这场战斗将在20世纪初打响，并一直持续到第一次世界大战之后。

如今，阿尔伯特也到古稀之年，身子骨也弱了。他住在布莱顿，远离伦敦的喧嚣。皇家调查委员会公布调查结果之后，他前往伦敦拜访清政府驻英国大使，就印度出口到中国的鸦片贸易限制进行讨论。这是他为沙逊家族做的最后几件事之一。几个月后的1896年10月24日，阿尔伯特去世，随后安葬在布莱顿的一座陵墓中。这座陵墓是四年前按照阿尔伯特的指示修建的，带着怪异的印度风格，让人联想到皇家行宫。[44]老沙逊洋行各办

事处和棉纺厂均停业一天，以示哀悼，新沙逊洋行也是如此。此外，印度
很多商人和帕西人开的集市停业一天，上海鸦片舰队和半岛东方航运公司
大楼也下半旗志哀。

那时，阿尔伯特的名字在整个商界无人不晓。他掌管老沙逊洋行的
30 年，也成为沙逊商业帝国的黄金年代。他建立的关系网中，既有波斯商
人，也有王位继承人，这些人脉将在他去世之后继续发挥作用，让他的兄
弟姐妹和子孙后代享受荣华富贵。他实现了跻身上层阶级的梦想，以贵族
身份走完了自己的一生，与他早年在巴格达和孟买的日子可谓形成鲜明对
比。阿尔伯特从父亲那里学会做生意的门道，对他人的文化和宗教背景十
分包容。正如当年伦敦金融城荣誉市民称号颁奖致辞所言，是阿尔伯
特世界大同主义般的开阔胸襟，让他受到孟买市民的爱戴，成为那个
年代图腾崇拜一般的人物，"一位同时献身金融、贸易、政治、艺术
与慈善的博学家——'既是商人，又是政治家，既是族长，又是充满智慧
的美学家'"。[45]

从阿尔伯特的遗嘱可以看出，他最终持有的公司股份是 35%，与大
约两年前的 41% 相比有所下降（很可能是费雷德里克被承认为普通合伙人
时，有一部分股份被分给了这位弟弟），其中大部分可能是继承自先父，
不过股份总价值还有他个人财富的增长也无可估量，光是遗产税本身就差
不多与遗产总额相等。律师为了避税，尽职尽责地声称阿尔伯特的主要居
住地在孟买，在孟买仍然有大量房地产和资产，因为阿尔伯特在英国已经
居住超过 20 年，如此声称可以少交遗产税，不过律师的想法落空，最后案
子上了法庭。孟买首席法官查尔斯·法兰（Charles Farran）爵士判决称，
阿尔伯特的生意"不能视为在孟买和伦敦同时进行"，"伦敦才是阿尔伯
特合伙企业开展业务的所在地"，证据是每年盈亏均在伦敦登记，并计入
各合伙人账户，虽然这些都是个人盈亏。[46]更糟糕的是，几位律师均认为
印度方面对阿尔伯特房产的征税不应从英国应纳税额中减免，除非土地是
跟他人合伙所有，这样一来，阿尔伯特房产要交的税变得更多。如后文所
述，沙逊家族对遗产的继承规划不当，原本 19 世纪积累的巨大财富，进入

20世纪后开始从子孙后代的指缝中溜走。阿尔伯特的儿子爱德华是遗嘱执行人，他担心家族内部出现纷争，命律师在分配剩余遗产之前交清所有遗产税。[47]

阿尔伯特的去世标志着沙逊家族开始走下坡路。虽然中国和印度的生意都有能力出色的人打理，但沙逊家族的大多数成员都痴迷于挥霍手中的财富，而不是投资创造，跟几位先人相比，他们对维持沙逊洋行的商业霸主地位也没那么兴致盎然。

阴谋四起

阿尔伯特的死对法哈是一个打击，因为他是法哈在伦敦的靠山，法哈没法指望阿尔伯特的几个兄弟支持自己在孟买倡导的变革。法哈重组了孟买总部，将其划分为九个部门，每个部门均设清晰的管理职责：鸦片业务；当地房产和榨棉厂；票据业务；棉花和棉纺厂；进出口业务（欧洲）；进出口业务（波斯湾）；在华业务；簿记；以及一般职能部门。[48]她对借款和贷款有严格规定，对原本自由放任的借贷模式提出要求，原先孟买总部根据每笔交易的需求来借贷，但法哈现在对借款金额和利息均设置上限和下限，各办事处的资产负债表均必须接受审核。[49]在法哈管理之下，每份报表都安排得有条不紊，明明白白，而以前的记账系统毫无章法，常常从一个主题跳到另一个主题。按照法哈的记账要求，公司交易的每种商品都必须按照数量、价格和相关重大新闻分门别类，或者为每种鸦片建立专门表格，记录箱数和预估可用库存。[50]除了记账方面的改革之外，法哈还要求发送给她的信件或从孟买总部发出的信件必须采用备忘录形式，并附上主题词，方便她分门别类，分开处理。对历史学家而言，这种差异类似于一个古代社会征服或取代另一个社会，考古记录出现断层；对商人而言，则意味着半个世纪来一成不变且无人质疑的做事方法和惯例开始专业化。

公司管理制度的变化对沙逊家族在伦敦的几位成员是一种打击。更何

182

况这种改革还来自一位志向远大、富有效率的女性，这毫无疑问更是火上浇油。不过抛开家族内部的态度来说，法哈的声望已经传播到孟买商界之外。美国驻新加坡总领事访问印度，研究该国棉花业时曾向法哈求助，请她"提供协助和信息"，[51]1897 年，为缓解孟买饥荒成立粮食贸易公司，法哈当选该公司董事，连远隔重洋的纽约对此事都有报道。[52]法哈受到孟买乃至国际商界的注目，让家族男性成员感到不悦。

阿尔伯特于 1896 年去世，法哈实际上成为老沙逊洋行的高级合伙人，毋庸置疑，也是最有经验的一位。位高权重让她容易受到对手攻击，但也让她有所作为，其中主要是抚平家族旧伤。她总结称，跟新沙逊洋行的纷争对两家公司无益，原来结仇的两人——伊莱亚斯和阿尔伯特都已去世，于是跟新沙逊洋行达成停战协议：停止互挖墙脚，结束对鸦片和其他商品买家的争抢，也不再执拗地排挤对方的办事处。停战给两家公司都带来好处，从此能够齐心协力，对抗反对鸦片贸易的游说活动，减轻鸦片生意衰落的不良影响。不出所料，伦敦的几个合伙人并不是很愿意恭维法哈的成就，反而提醒说"能不能抵制那些游说，就靠你了"。[53]

随着家族生意进一步复杂化，几乎各业务领域的诉讼案件都有所增加。法哈是出了名的固执，对细节十分执着，让冲突更加激化。她就像大卫一样，只要发现一丝不忠或欺骗的迹象，反应就非常激烈，哪怕有些损失根本可以忽略不计。法哈对每宗案件都不放过，总是让律师讨回公道才肯罢休。[54]有传言称，某修车厂的老板卖车时骗了她，结果法哈起诉对方违约，来来回回通信无数，最终赢了官司。[55]她还敦促伦敦办事处采取强硬态度，严厉惩罚那些在她看来欺骗公司的人。老沙逊洋行曾给公司的代理商——两名巴格达犹太人写了一封信，从中可以窥见一二："我们非常遗憾，你方不愿按照我方提议处理你方与本公司的关系，而是另行提出条件。作为商业人士，你方应知晓，各合伙人均无法接受该等行为"。[56]尽管业务极其繁忙，法哈仍关心和投入慈善事业，而且在该领域也有所创新，比如提出捐赠型投资基金的概念，将资金投资股票和债券，获得更高汇报之后再投入慈善事业，以便永久运作。此外，法哈还担任家族内部调

183

停员的角色，比如有一次，伦敦某员工的妻子写了一封信，请求法哈帮丈夫说句话，这样费雷德里克也许就会让自己的丈夫留在伦敦，跟孩子们在一起："离开伦敦前往孟买的日子越来越近，您也是母亲，可以深刻理解我的感受。一想到又要跟孩子长期分离，我真的很痛苦，但我们不得不把孩子留在伦敦，让他们继续完成学业。"[57]

与此同时，法哈的家人在英国和印度也投身于慈善事业。大卫以及阿尔伯特此前发起的慈善项目一直都有沙逊家族成员的维持，各种赞助活动不减当年。仔细翻阅1897—1898年的《犹太世界报》（*Jewish World*）就能发现，沙逊家族对慈善的投入，无论从地理范围还是涉足领域来看，都令人叹为观止。阿尔伯特的儿子、身在伦敦的爱德华捐钱给伦敦东部的斯特普尼学校修建了一栋附楼，用来纪念先父。爱德华还参加了数不胜数的慈善晚宴，其中一场是为了资助伦敦市医院而举办，爱德华是该医院的财务主管。他曾参加在某酒店举办的慈善晚宴，为威斯敏斯特的犹太免费学校筹款。此外，他还参加了一场为伦敦市胸科医院筹款的慈善晚宴。[58]

印度方面，伊莱亚斯的儿子、新沙逊洋行的高级合伙人雅各布给印度的圣乔治医学院护理基金慷慨捐赠10万卢比，还捐款用于浦那抗疫。有一次，雅各布给孟买巴格达犹太社区的所有成员捐赠了逾越节薄饼，还捐款给一家以拉明顿女士命名的中央护理协会，其丈夫曾于1903—1907年担任孟买总督。[59]此外，他还捐赠了一笔巨款，用于修建孟买的中央科学研究所。在印度教育家看来，这家研究所是教育界的创新，为印度年轻人提供了充分的教育资源。[60]

虽然法哈成就斐然，倡导创新，给家族也创造了巨大的价值，但乌云仍然聚拢到家族上空。在伦敦生活的沙逊家族成员，大多喜欢悠闲享受，而不是辛勤工作。他们之所以容忍法哈执掌家族业务，在一定程度上是因为他们当中没人愿意取代她，为了生意忙前忙后，但只有弗雷德里克例外。19世纪80年代早期，费雷德里克从香港搬到伦敦，将伦敦办事处打理得井井有条。他的妻子来自家境富裕的巴格达家族，两人婚后在骑士桥的豪宅定居。跟几位兄长一样，他无法理解三个孩子的母亲怎么能管理好一家全球企业，而且报纸纷纷报道法哈的商业成就以及对现代企业制度的热情探索，让他十分恼火。跟几位兄长放任的态度不同，弗雷德里克想取而代之，自己执掌大业。他找来法哈的外甥查尔斯·摩西（Charles Moses）当共谋者，摩西是孟买总部的员工，怀揣掌管孟买公司的野心。二人联手削弱法哈在老沙逊洋行上上下下的权力。1899 年，甚至法哈的弟弟以斯拉也开始跟她作对，而这位弟弟原本是法哈在伦敦的主要联络人。当年 5 月的一封信中，以斯拉责怪法哈没有将跟另一家当地公司联手的鸦片交易告知伦敦办事处，没有将孟买累积的收益转给伦敦，等等。伦敦办事处希望找到漏洞，打击法哈的权威，证明法哈没有管好家族生意。[61] 为了平息法哈的怒火，以斯拉有时候会扯一些跟业务无关的话题，转移她的注意力。比如有一次，他在信中谈到德雷福斯事件，说自己多么希望"这个什么也没做错的可怜男人"可以快点结束磨难，没有人活该接受这般折磨。[62]

185

法哈向以斯拉抱怨，有关孟买的业务以及大部分商业决定，伦敦均未咨询过她的意见，以斯拉这样回答：

> 哦，我的姐姐，之所以这样做是因为我们（伦敦）每次征求意见，您都拒绝。您不仅反对我们每项改革，对伦敦办事处也从来没有感激之心。您必须服从多数，仅此而已。[63]

这些话对做姐姐的来说很刻薄，更别提这个姐姐还是他的老板。法哈刚刚走马上任时，以斯拉发给法哈的商务备忘录明显是不同的口吻。19 世纪 80 年代末期，伦敦几个合伙人发给法哈的信件在档案馆中寥寥无几。兄弟几个似乎委派以斯拉跟他们眼中这个固执又不配合的女掌门人打交道。鲁本从桑德林汉姆给法哈写了一封信，随口提了一下家族生意节奏放缓，接着转到他想说的正题：威尔士亲王的生日即将到来，自己举办了一场晚宴，德文郡公爵及公爵夫人均出席了宴会，还提及自己的舅舅被任命为英国福克斯顿商会主席。虽然鲁本这封信的对象是一家全球公司的业务负责人，但行文却没有采用正式商务口吻，而是用了几个恭维讨好的形容词："致善良又温柔、这世间最幸福的法哈·苏莱曼·沙逊女士。"[64]

批评指责的声音还在继续传来。12月，伦敦公司给法哈发送了一则简短的备忘录，说中国几处属于她丈夫遗产的房地产还有抵押贷款没还清，"但是这些贷款挂在一些员工名下"，强调公司不会承担任何债务偿还义务，要求法哈将债务转到她自己名下。伦敦公司甚至还给她寄了一张小额账单，要求支付律师费。[65]这些举动的意图再明显不过，伦敦的几个合伙人是想先从小处着手，再彻底将法哈从掌门人的位置拉下马。

1898年，即伦敦兄弟几个合谋推翻法哈的前一年，弗雷德里克已经做好准备赶法哈下台。他给在埃及度假的侄子爱德华写信，寻求帮助：

> 孟买那边的人会意识到，我们此举是认真的，孟买公司必须重新调整人事结构。等你度假回来，我们可以讨论给阿尔伯特·摩西（合谋推翻法哈的员工）安排什么职位，同时，我们等着法哈回信，看她（对人事变动）有什么看法。[66]

弗雷德里克口中的人事变动，实际上是指法哈卸任，对孟买公司进行重组，好满足伦敦兄弟几个的需求。他开始向其他合伙人抱怨法哈的每个决策，说她不善沟通，不懂贸易和定价门道，固执地拒绝伦敦方面的建议，抱怨公司的整体政策不公平，总体上缺少掌管业务必要的专注力："我真的无法理解法哈，她写信给我，说我们诱导她购买卢比纸币"，弗雷德里克继续批评说，法哈买价太高，但"我们在伦敦出售能赚到钱"。[67]事实上，费雷德里克两个兄弟鲁本和阿瑟持有的公司股份比法哈高，对生意远没有法哈上心，却逃过了批评指责。与此同时，以斯拉还给法哈施压，让她卖掉家族在孟买和加尔各答的房产，因为兄弟几个明显不会再回印度，不想再花钱维护。

削弱孟买和法哈力量的办法之一就是打击创始人大卫立下的制度，即

各办事处在自己户头做买卖，同时在整体上代表整个家族公司。过去那些
年，兄弟之间气氛紧张，甚至阿尔伯特与伊莱亚斯分道扬镳，在一定程度
上都是因为该制度的存在，因为每家办事处都希望自己多赚钱。不过，这
种做法能促进各办事处迅速决策，让合伙人更加富有企业家精神，因此得
以保留。过去十年，弗雷德里克曾试图说服苏莱曼放弃这种制度，改成伦
敦集中控制，但无疾而终。1899年，伦敦公司宣布：

> 以伦敦公司账户参与孟买方面的交易出现灾难性后果，该方式严重干
> 扰了我们的业务开展，因此，伦敦公司决定，所有棉纱和马尔瓦鸦片交易
> 均不得再以伦敦公司账户开展……我们认为，以伦敦公司账户开展此类交
> 易不能取得令人满意的结果，同时也不能赚取令人满意的佣金。

伦敦公司继续解释为何突然终结持续近60年的公司政策：

> 伦敦公司放弃孟买的棉纱和鸦片交易之后，孟买方面的员工人数将超
> 出业务需求，你处可选择裁员。你处必须承认，这桩买卖必须严格按照经
> 济原则才能成功和盈利，这是伦敦公司深思熟虑之后得出的结论。[68]

其实，这则备忘录还没送到孟买，法哈就已经觉察到了伦敦方面在
对付她。她也清楚，查尔斯在孟买散布对她的敌意，给伦敦发送的报告也
有偏见。法哈四面临敌，这种压力侵蚀了她对手下员工的信任，导致她进
一步将本该员工承担的责任揽到自己手中，结果此举又让伦敦公司抓到把
柄，指责她不放权。1901年圣诞节，伦敦合伙人使出最后一击。法哈被告
知，老沙逊洋行将改成股份有限公司，资本为50万英镑，每股100英镑，
目的是"以经销商身份经营各种商品和生产业务……该等身份包括银行
家、一般贸易商、佣金代理商、进口商、出口商、租船人、船舶和保险经
纪人……"

由于未公开募股，因此公司仍属私人性质。董事持有的所有股份当

中，20万英镑为普通股，其余为优先股，可以享受5%的分红。董事会主席为爱德华·沙逊爵士兼议员，阿瑟、鲁本和弗雷德里克为常任理事（只要持股至少达到5000英镑即可），此外还有大卫·加贝（阿尔伯特的一名孙子），还首次包括两名非家族成员的员工——J.欧文斯和C.J.朗克罗夫特。[69]令人震惊的是，董事会名单没有法哈的名字。而且最后两名董事更是具有侮辱性：他们甚至不是沙逊家族的人。董事会主席爱德华是现任议员，因此只能算兼职，而他那两位叔叔几乎算不上是生意人。只有加贝是有法律背景、才能出众的会计师，能对公司有所贡献。这次重组已经不是全球企业内部合伙人的纷争，而是叛乱——众人合伙将法哈赶出家族公司权力中心的叛乱。新公司的成立让伦敦和孟买员工感到困惑。外部观察人员无法理解，为什么家族成员运营的盈利公司居然自愿放弃原来的优势？不过在很多人眼里，沙逊家族向来都能抢占先机，也许这次也在打着其他人看不懂的算盘。然而这些外人不知道的是，这个家族大部分人都热衷于从公司抽取资金，维持他们奢侈安逸的生活，而不是积极投身家族业务。对他们而言，聘请顶尖专业人士来打理公司，可容易得多。

孟买有传言称，法哈将走上30年前伊莱亚斯的老路，自己开公司，跟老公司对着干。然而现实却没有那么富有戏剧性：法哈宣布退任，并告诉一位朋友，"我认为自己没法再整天埋头苦干，别人对家族生意却只有表面兴趣，等他们突然醒悟，会发现这样其实弊多利少"。[70]法哈认为没有意义再留在印度，决定离开孟买，搬去伦敦，这样能找医生给身患残疾的女儿莫泽儿治病。法哈离开孟买前的那段时光并不愉快。作为对叛乱出谋划策的奖励，查尔斯被新成立的公司任命为孟买业务负责人。他毫无风度，迅速搬进法哈的办公室，还下令高级员工支持自己新官上任，不准为法哈离任难过。

法哈下台之后，弗雷德里克掌握了老沙逊洋行大权。法哈作为沙逊商业帝国掌门人的时代结束，同样结束的，还有她的创新理念和妥善管理。不得不说，法哈没有成功复制大卫和阿尔伯特在任期间的那种紧密凝聚力。从很多角度来看，法哈在任期间的沙逊商业帝国缺乏远见卓识，也不愿通过创新来阻止业绩下滑，家族成员的内部纷争大大减少了公司振兴的机会。此外，虽然法哈信仰宗教，也投身慈善事业，但她跟沙逊家族其他成员并无不同，同样把鸦片当成商品，只要有人买，自己就能卖。法哈从来没有质疑过鸦片买卖本身，也像家族其他成员一样，从来不讨论鸦片买卖的道德问题，即使在皇家鸦片调查委员会开展调查期间，也是避而不谈。法哈决定尽快离开孟买。查尔斯和弗雷德里克已经联手把法哈赶下台，还不忘再施羞辱：查尔斯以削减成本为由，下令不得将当地报纸寄给伦敦的法哈。不过，二人的恶意始终抵不过孟买那些支持法哈的人。法哈在孟买一直很受欢迎，不管打交道的人宗教或种族出身如何，法哈都跟对方保持良好关系。一位印度妇女写信表达了家人"最诚挚的感谢。任何言语都不足以表达我们对您深情厚谊的感激之情"[71]。法哈离开孟买那天，公司一众前员工、高级员工和朋友都去给法哈和她的仆从甚至随行的拉比送行。有传言称，一名帕西女孩还给法哈赠送了一个花环，上面写着"致孟买女王及马拉巴山女皇"。[72]

189

190

第 10 章
新世纪来临，1902—1914 年

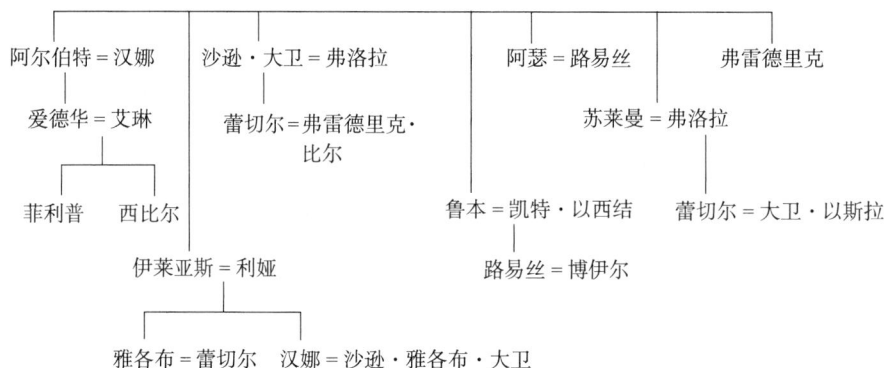

```
阿尔伯特=汉娜      沙逊·大卫=弗洛拉        阿瑟=路易丝      弗雷德里克
     │                │                      │
 爱德华=艾琳      蕾切尔=弗雷德里克·        苏莱曼=弗洛拉
     │            比尔
  ┌──┴──┐                        鲁本=凯特·以西结    蕾切尔=大卫·以斯拉
 菲利普  西比尔                           │
                                    路易丝=博伊尔
   伊莱亚斯=利娅
        │
  ┌─────┴─────┐
雅各布=蕾切尔  汉娜=沙逊·雅各布·大卫
```

一年之后，英国用电报宣告维多利亚女王逝世，20世纪就这样来临。维多利亚女王在位63年，其间见证了英国乃至全球一系列重大工业、文化、政治、科学与军事变革。维多利亚时代落幕，新纪元开启，又一波变革浪潮涌现。旅行更快更高效，此后十年，印度铁路网迅速发展，路网规模全球排名第四。[1]近百万千米的光缆在海底铺设开来，这一工程浩大的壮举革新了国际通信。[2]信息传播速度比人员移动快得多，从根本上影响了全球贸易网络，让商人能做出更快、更可靠的决策。

191

20世纪头十年也是新、老沙逊洋行从旧时代跨入新纪元的十年，其间他们经历了影响整个沙逊家族命运走向的变革。将法哈赶走之后，老沙逊洋行伦敦公司由爱德华爵士任掌门人。爱德华是阿尔伯特的儿子，也是其从男爵头衔的继承人，在新成立的有限公司担任主席。爱德华是这家有限公司在任最久的主席，同时也是一位选任议员，提升了公司的地位和声望，还将伦敦无可挑剔的人脉带给公司。爱德华自1899年起担任海斯议员，有段时间，他利用双重身份办事，凭借对印度及贸易的了解，在后座议员席就英国最重要的殖民地——印度的各项事务发表意见，尤其是改善与印度电报通信的必要性，避免收取妨碍业务增长的不必要费用。爱德华辩论称，马可尼公司对通信线路的铺设为英国带来了重大战略和商业优势。[3]爱德华在议会上明确为文莱苏丹发声，为当地民众事业出谋划策。在给英国外交部的一封信中，爱德华强调了文莱各位首领及民众对艰苦条件的普遍不满，呼吁英国政府改善他们的生活条件。[4]他还提议，政府在投资巴格达铁路之前，先在议会辩论。[5]不过，爱德华似乎没有继承父亲对生意的兴趣，身体也不够健壮。爱妻艾琳于1908年去世之后，他对公司事务仅存的热情被浇灭，而弗雷德里克在大卫·加贝的帮助下，"虽然身高只有五尺，却成了账房里的巨人"，[6]塞西尔·朗克罗夫特（Cecil Longcroft）则负责高效管理公司。

鸦片利润继续下跌。在外部观察人员看来，老沙逊洋行如今是一副没精打采的样子，已经过了最辉煌的时期。这种印象从当时几家银行的研究可以察觉一二：

> 1906年6月，克兰沃特父子公司：东部多家银行普遍认为，该公司业绩良好，但同时或多或少在走下坡路……
>
> 1908年9月，麦加利银行：该公司如今地位已经不如成立"有限公司"之前，但（经理）认为沙逊家族哪怕动用非业务资金，也会保护公司声誉。因此无须过虑。[7]

虽然爱德华完全不插手公司生意，但由他担任主席确实让公司更加稳固。直至1912年5月，爱德华于家中去世。当年初，爱德华前往法国南部

192

度假，为避开一匹受到惊吓的马，司机急转弯之后发生车祸，爱德华因此受到重伤。爱德华的从男爵头衔由其儿子菲利普·古斯塔夫·沙逊继承。菲利普对生意的兴趣更不如父亲，不过仍被任命为公司董事，而弗雷德里克正式出任董事会主席一职。[8]爱德华安葬在布莱顿的家族陵墓，他的父亲也长眠于此。爱德华生前还是伦敦市西班牙与葡萄牙犹太教会堂的主席，布莱顿与伦敦的拉比主持了葬礼。[9]鉴于爱德华在伦敦的显赫地位，《金融时报》刊登了他的遗嘱。爱德华留下的遗产仅仅100万英镑出头，在赠予亲朋好友和家庭佣工之后，剩余的财产存入为他儿子菲利普和女儿西比尔设立的信托基金。[10]不寻常的是，爱德华没有为慈善事业留下一分一毫：

193

> 特此声明，本人未留任何遗产给慈善事业。首先，本人有生之年已按照自身意愿进行捐赠；其次，本人认为，依法对捐赠用于慈善的遗产征收遗产税并不明智，且税额过高，本人未留任何遗产给慈善事业是对该规定的抗议。任何有意妨碍慈善捐赠的规定，尤其像在英国这样康复机构完全依赖自愿捐款的国家，以本人之见，根本谈不上健全。

事实上，由于安排谨慎，爱德华的遗产税加起来仅16万英镑。他的一纸遗嘱让儿女变得富有，但也对他们提出了郑重要求：

> 本人特此强调，本人儿子菲利普应致力于大卫沙逊有限公司的利益，以免家族先人近百年来辛苦建立的声誉和地位，因外人疏忽或管理不善而败坏或蒙尘。
>
> 本人还殷切希望，（我的儿女）应避免一切铺张浪费和赌博行为，并真诚希望他们能为慈善事业投入一些时间和财力。[11]

然而如后文所述，爱德华的子女根本没有遵照先父的遗嘱行事。

法哈离开孟买标志着她对家族生意的管理画上句号，但抵达伦敦却让她开启了新的生活篇章。法哈似乎打定主意，不再怨恨公司合伙人对自己的所作所为，虽然她对他们那套伎俩是深恶痛绝。法哈忙着跟孟买的老朋友叙旧，比如前任总督夫人雷伊女士（Lady Reay）；也忙着结识新朋友，从英国首相贝尔福到几位公爵及公爵夫人，无一不是达官政要或社交名媛。她跟新公司董事会各位成员的妻子关系融洽，特别是爱德华的妻子艾琳，经常跟她在考文特花园皇家歌剧院的同一个包厢看演出。不过她不喜欢鲁本和阿瑟，在她看来，两人对国王太过谄媚。鲁本当时罹患风湿，基本在东萨塞克斯郡霍夫的家中休养。法哈还跟来自新沙逊洋行的家族成员成为朋友，比如爱德华（伊莱亚斯的儿子）及其来自埃及的妻子莱昂丁，在法哈看来，伊莱亚斯那边的人不像老沙逊洋行这边的人傲慢自大。

194

虽然法哈不干预家族生意，但她仍在继续打理自己的财产，甚至还打了几起官司。1911—1933年，麦加利银行的户头显示，法哈的收入来自好几家公司，比如塔塔钢铁公司，但跟老沙逊洋行的分红相比微不足道。从该户头还能看出，法哈的房产保养和抵押贷款需要支付一大笔钱。法哈对金融市场的兴趣不减，一直都在买卖股票和政府债券，[12]不过她的主要动机是保持财产不贬值，而非增加收益。每当自身利益受到威胁，她便一如既往，直率地挺身维护。有次孟买马拉巴山的一些地皮销售出现纠纷，从1920年持续到1928年，一直闹到孟买的高级法院，法哈最终拿到对自己有利的判决。[13]

法哈居住在梅菲尔布鲁顿街32号，跟家族其他成员一样，也取了个英国名字——弗洛拉。但跟其他人不同的是，搬到西方世界居住（或至少从掌管家族业务的繁忙中解脱出来），加深了弗洛拉与宗教的联系，因为她现在有了更多时间和精力，可以更深入地探索自己对犹太教和犹太经文的兴趣。有一次，一位犹太记者从巴勒斯坦访问伦敦，受邀到弗洛拉家中吃午餐，两人用的是希伯来语交谈。弗洛拉对希伯来经文的了解令这位记者深深震惊。此外，她还深信妇女权利，认为虔诚的宗教信仰与妇女在社会中的作用并不冲突。

后来弗洛拉管起了家族内部事务，就像她曾经为家族生意掌舵那样，家族成员会向她寻求建议，请她指明方向，充当调停人。阿里尔·本申（Ariel Bension）博士的妻子给弗洛拉写了一封长达12页的信，愤愤不平地抱怨弗洛拉当时住在加尔各答的女儿蕾切尔和女婿大卫·以斯拉爵士对她不尊重。本申博士曾经为犹太复国主义者筹款，但遭到以斯拉冷眼相待。以斯拉不仅蔑视本申的举动，还鼓动"他人不要为犹太复国主义事业捐款"。本申博士的妻子抱怨称，蕾切尔"跟野蛮人同住，没能用她的善良感化对方"，他们明明连异教徒都迎到家中做客，却不邀请本申一家。这位妻子说，本申博士"口吐鲜血，我的心都在流血。我谴责大卫·以斯拉，他要为我丈夫的病负责"[14]。一方面，从这封信可以看出同个家族的不同成员可能对犹太复国主义的不同态度，但所有成员都深深信仰着犹太教，为犹太组织奉献自己；另一方面，从这封信还能看出弗洛拉在伦敦扮演的角色——斡旋和化解各种危机，而她在孟买也曾经苦心经营这类差事。根据沙逊家族的档案资料显示，整个家族无人强烈支持犹太复国主义，即使像苏莱曼这样虔诚的教徒，比起投身政治运动，也还是对帮助拉比在巴勒斯坦修建宗教学校更感兴趣。

1911年，弗洛拉回印度探亲，这期间她表现出对家人毫不动摇的怜悯之心。当时她居住在马拉巴的宅邸，一位亲戚刚好在上门看望她时去世。弗洛拉悲痛地给这位亲戚的妻子写了一封信，将噩耗告诉对方，还讲述了这位亲戚如何病倒，临终前还让弗洛拉给他看巴格达亲人的来信，最后一次缅怀他曾经出生的城市。

> 他的愿望是在孟买走完最后一程，在我丈夫的安息之地附近安息，所以我们将他安葬在尽量靠近我丈夫墓地之处……我们怀着虔诚和友爱之心，安排好了一切。他走完了忠诚与慈爱的一生，你失去了深爱的丈夫，你的孩子失去了慈爱的父亲，而我们失去了一位最真诚的支持者。[15]

弗洛拉将这种对他人的慈爱与尊重也传递给自己的子女，并且始终贯穿在她和子女的书信往来当中，尤其是她写给大卫和蕾切尔的书信，常常流露出真挚的亲情，还有对彼此需求的关爱。蕾切尔搬去加尔各答之后，大卫就帮着留意姐姐的户头，尽职尽责地将每笔分红和交易都告诉姐姐。[16]他在大部分信中称呼蕾切尔为"我亲爱又善良的姐姐蕾切尔"，偶尔想写点有关财务的机密信息，就会在英文信中插入几行犹太阿拉伯语，签名则是"您忠诚和心怀感恩的弟弟"。[17]

　　从家族生意抽身之后，弗洛拉有了旅游的时间。大卫写了一本书，并在多年之后出版，记录了1910年弗洛拉和三个孩子非同寻常的探险之旅。他们在大卫和蕾切尔以及两人配偶的陪同下，前往沙逊家族祖先在伊拉克中部的故乡。一行人访问了巴格达和巴士拉，还有许多其他城市和小城镇，基本上沿着80年前大卫·沙逊逃出巴格达的相反路线前进。（不过他们中途去了马斯喀特，重走祖先逃难之路的计划被打断。去马斯喀特是为了拜访阿曼苏丹，表达沙逊家族的敬意。）弗洛拉一行的随从浩浩荡荡，其中包括一名犹太洁食屠夫和一名来自科钦的大厨，还有一众仆人，其中一名仆人专门负责照看弗洛拉身患残疾的女儿莫泽尔。当时拍摄的一张照片显示，一家人跟两名警卫还有当地的几名巴格达显贵在一起。弗洛拉此行的目的是尽可能多地参观犹太教会堂（巴格达当时建有大约37座犹太教会堂），还有参观犹太先知和著名拉比的陵墓，大卫则外出寻找古书和年代久远的《圣经》。大卫的这本书几乎从人类学的角度撰写，因此很少表达看到故土时的情感，读起来像是外人写的游记，书中描写了多座寺庙，还有到访各地的人们做礼拜的方式，行文流露出对当地风土人情的同情和理解，但看不出回归故土的归属感。[18]

　　就在弗洛拉离开孟买前往伦敦不久之后，沙逊家族另一位取得前所未有专业成就的成员蕾切尔也准备退休。作为沙逊·大卫唯一的女儿，30岁的蕾切尔与弗雷德里克·阿瑟·比尔（Frederick Arthur Beer）坠入爱河后结婚。比尔家族起源于法兰克福，后改宗基督教。婚礼前一天，蕾切尔竟然在切尔西教区教堂接受了洗礼，成为沙逊家族第一位接受洗礼的成员。[19]弗雷德里克的父亲买下了《观察家报》，很有政治影响力。格莱

196

斯顿及夫人都曾在蕾切尔和弗雷德里克的婚书上签名。婚后不久，蕾切尔开始给《观察家报》供稿。[20]她坚信，女性"除了婚育，还有更重要的责任"，并很快做到报纸的助理编辑一职，1891年又升为主编，成为首位掌管一家全国性报纸的女性，而且是在女性还没有投票权的年代。[21]《星期日泰晤士报》上市之后，蕾切尔买下该报并担任编辑。1898年，蕾切尔写出了她本人最为轰动一时的新闻稿，当时查尔斯·埃斯特哈奇（Charles Esterhazy）向她披露，自己伪造了用来给犹太军官阿尔弗雷德·德雷福斯定罪的文书。[22]

蕾切尔的丈夫弗雷德里克于20世纪初期患病后去世（据称是因为身患梅毒），终年45岁。蕾切尔一直照顾他到最后，其间一直在给《星期日泰晤士报》写稿，但随后她自己的身体状况也在恶化，1904年住院治疗期间，两家报纸都卖给了他人。

蕾切尔·比尔，拍摄于世纪之交后的一两年

新沙逊洋行与老沙逊洋行松散的领导风格截然相反，主席雅各布对公司的管理呈现日渐严密之势。雅各布也戴眼镜，几乎是父亲伊莱亚斯的翻版。职业生涯早期，雅各布在整个亚洲和波斯湾游历，后来才回到孟买。他从来没在孟买定居，虽然视力缺陷严重，但仍然勤勤恳恳地工作。他的独生子在出生后两个夭折（孩子沿用祖父的名字伊莱亚斯），妻子受到精神创伤，身体衰弱。连连打击让雅各布习惯于深居简出，从来没想过像英国的亲戚一样追求喧哗生活。他把精力都投入到了宗教信仰和慈善事业，一家报纸这样报道："他的虔诚与仁慈朴实无华，与他享有的巨额财富和高贵地位形成鲜明对比。"[23]雅各布在孟买乐善好施，一家报纸恳请他进一步广施恩惠，为加尔各答慷慨解囊，让当地人民也受益。[24]1902年，雅各布捐款在香港修建了一座犹太教会堂，并取名为"利娅之家"，用来纪念自己的母亲。这座教会堂坐落在悬崖之上，可以俯瞰整座城市的迷人景色，至今还在供人们做礼拜。雅各布后来在上海也建了一座犹太教会堂，取名"蕾切尔之家"，用来纪念1911年去世的妻子。不过雅各布也打破了一项传统，这项传统可以追溯到大卫·沙逊甚至更早之前，那就是沙逊家族各办事处无论在何处开展业务，都会在安息日歇业。1914年起，雅各布要求新沙逊洋行孟买全体员工星期六和所有犹太节日都要上班，只有新年和赎罪节除外。[25]

雅各布还捐钱给浦那的大卫沙逊医院修建了一栋附楼（雅各布看准时机，趁1905年威尔士亲王和王妃来访时捐款），于1909年竣工。医院和附楼至今仍作为公立医院在营业，主要收治浦那的贫困民众。这家医院附近开设了一家医学院，可以就近吸纳医生和护理人员，正好和医院相辅相成。此外，雅各布还给孟买大学捐过款。[26]

雅各布在孟买得到妹夫兼合伙人沙逊·雅各布·大卫的鼎力支持。此人聪明能干，在伊莱亚斯死后被召回孟买（伊莱亚斯生了九个孩子，从长期来看是一笔可观的人力资产）。妹夫的管理能力也很出色，新沙逊洋行棉纺厂在他手下扭亏为盈，他后来还担任过孟买米勒纳斯协会的主席。1905年，这位妹夫出任孟买郡长，为减轻孟买贫民窟的拥挤程度出谋划策。1905年底，雅各布因对这座城市的贡献获得嘉奖，当时受封不久的威尔士亲王（后来的乔治五世）访问印度，[27]雅各布被授予骑士称号，1915年又获得从男爵头衔。雅各布和妹夫见证了新沙逊洋行蓬勃发展的时期，这点从1906年伦敦商业银行——克兰沃特银行委托的研究报告就能看

199　出来：

> 每家东方银行对该公司的评级均为A1。该公司员工士气高涨，资本据
> 称在125万—150万（英镑），且支出很少。他们在香港和东方其他城市均
> 有大量地产，并且鸦片贸易规模很大。多家银行购买了该公司大量股票。[28]

沙逊家族在半个世纪以前便已投身银行业，但始终跟这项业务保持安全距离，一般是以银行董事会成员或投资人的形式参与，如今才直接参与银行业务。1909年，沙逊家族对银行大规模投资，当时为方便工业快速发展地区的贷款业务，东方银行成立，雅各布在这家银行的成立过程中发挥关键作用。东方银行共筹集200万英镑，总部设在伦敦，并在印度、巴格达和新加坡有多家分行。作为"策划人"，新沙逊洋行可以从这家新成立的银行筹集贷款，为公司发展提供资金，为种植园主，还有从马来亚到上海的建筑承包商提供透支贷款。经过这番安排，新沙逊洋行从一战爆发之后猛涨的橡胶价格大大获利。除了雅各布之外，东方银行第一届董事会成员包括伯利的贝尔福勋爵（并非英国外交大臣贝尔福。外交大臣贝尔福于1917年签署了一项声明，支持为巴勒斯坦犹太人建立家园），还有比利时某银行董事埃米尔·弗朗基（Émile Franqui），来自伦敦布朗希普利私人银行的一位代表以及新沙逊洋行的一位高级员工。[29]（在弗朗基引荐之下，东方银行在法属非洲拥有多家分行的比属刚果银行获得一席。[30]）东方银行迎来开门红，成立次年盈利就达55000英镑，1911年便开始分红。据《金融时报》称，东方银行成立第四年，"便在印度与其他国家的商业贸易中占到重大份额"；该报认为银行之所以能取得重大成就，是因为"它代表的是新沙逊洋行，后者在东方商界的影响力超越以往任何时候"。[31]

200

鸦片贸易的衰落

皇家鸦片调查委员会报告发布十年后，虽然中国本土的罂粟种植继

174

续增长，并与印度进口鸦片展开激烈竞争，但鸦片仍然从印度流向中国。事实上，从19世纪70年代到1906年，中国鸦片生产翻了12番以上；截至1906年，中国本土鸦片数量是进口鸦片数量的九倍以上。[32]中国反抗外来势力干涉内务的势头见长，并主张自己有权施政。这股势力发端于1900—1901年的反外国势力反帝国主义的义和团运动，由中国农民和民兵组织发起（参加义和团的人练拳习武，因此称为"拳师"），被视为中华民族的"觉醒"，也得到清廷支持。[33]1906年，清廷下旨禁烟，也称"禁烟上谕""着定限十年以内将洋药土药之害一律割除净尽"。[34]1907年，清廷意识到十年之内印度鸦片将逐渐衰落并消亡，下令禁止本土罂粟种植。禁烟上谕颁布之后一年，英国一份报道称，印度方面已经取得进展，但中国各省执行却面临挑战，因为各地因禁烟造成的收入损失极为惨重。报道怀疑，若无强有力的政府干预，中国能否成功禁烟，将洋药土药割除净尽。[35]

英国和印度关于鸦片贸易有悖道德的舆情进一步发酵。[36]议会再次对改革鸦片贸易的呼声持开放态度，1906年5月，议会提出禁止鸦片贸易的动议，理由与19世纪最后十年反鸦片贸易运动的理由相同。[37]就印度而言，鸦片贸易征税对财政收入的贡献变小，态度也随之发生转变。支持鸦片贸易的游说者再次聚集，中华协会也动员起来，给政治家和官员寄去备忘录和书信，呼吁维护英国利益，反对任何影响对华贸易的政策。1908年底，其中一封信称，如果禁烟上谕推行，"生鸦片贸易商大幅缩减，只剩下少数人干这一行，有碍正当竞争。到时英国商人就只能任由鸦片行业几家本土商铺摆布"。果不其然，新、老沙逊洋行和塔塔父子公司等均在该请愿书上签了名。[38]虽然新沙逊洋行的鸦片生意衰减，但仍占其在华业务的近40%，因此必定拼尽全力保护这项收入来源。[39]中华协会的档案清楚地显示，新、老沙逊洋行对此事采取合作态度，与那些传说两家公司老死不相往来的流言相反。[40]1907年至第一次世界大战期间，香港商会的报道刊登了两家公司联合发出的几十封请愿书，还有一些是跟塔塔公司等贸易商的联名请愿书。[41]中国方面则开始按照禁烟上谕在全国省份开展禁烟。

截至1909年，进口印度鸦片须事先取得特别许可，印度运华鸦片岁减十分之一；至1918年，印度运华鸦片已割除净尽。

1910年，清政府开始关停广州和北京无证经营的鸦片店铺，结果遭到外商抵抗，他们认为，这是对"鸦片贸易的无端干涉"，并称此举违反了1842年《南京条约》。[42]外商的普遍诉求是，如果中国关停销售鸦片的商铺，"我们将遭受巨大损失，该向谁索要赔偿？"[43]每次清政府颁布新条例或征收惩罚性税金，两家沙逊洋行就迅速出马，强烈谴责，并要求英国政府提供支持。鸦片商人一直在负隅顽抗，大多数都声称自己遭受了难以估量的损失。清政府对广州鸦片贸易推行新税，新沙逊洋行为此向英国外交部请愿，"希望能得到保证，类似税收制度不会推而广之"到其他通商口岸，保护鸦片贸易商"在商定剩余期限内的合法贸易权"。换言之，鸦片贸易的末日即将来临，这帮鸦片商想在这桩生意彻底被叫停之前，赚取尽可能多的利润。

202　　中华协会全力支持沙逊家族，并与伦敦外交部进一步交涉。[44]事实上，1909—1910年期间的反鸦片贸易运动反而对两家沙逊洋行有利：新条例颁布之后，印度和在华鸦片贸易体系有所调整，鸦片价格飞涨，尤其是马尔瓦鸦片，价格甚至一飞冲天，高额利润大大充实了印度国库。[45]然而，禁烟的绳索日益收紧，鸦片贸易的衰亡任谁也无法挽回，清廷禁烟总局出台了一系列税收新章和管制条例，全力肃清鸦片贸易流毒，这次回光返照带来的乐观情绪，很快就烟消云散。[46]

203　　英国的反鸦片贸易运动也呼声高涨，教堂和基督教组织都将鸦片视为在中国传教的最大拦路虎。[47]1908年，英国发起全国反鸦片倡议礼拜日运动，应"各位大主教以及非教会领袖的要求，神职人员可在各教堂和小礼拜堂讲述有关中印鸦片贸易的情况，并呼吁全国民众对鸦片贸易进行忏悔"。[48]不过坎特伯雷大主教认为，要想从根本上肃清鸦片贸易，全国礼拜日运动无法奏效，因为议会和政府跟"支持鸦片贸易的人士属于同一阵营"，就算进一步施压，也不会收到任何成效。[49]

加尔各答最大的出口商，以两家沙逊洋行为主。1911年10月登记的鸦片出口量为"零"

　　1912年，印度鸦片贸易到了生死存亡关头。中国的鸦片买家都不见了，马尔瓦鸦片的出口许可价格连续四个月下跌超过70%，各公司拖欠银行的贷款逾300万英镑，两万箱鸦片卡在码头，价值超过1000万英镑。[50]贸易颓势为新、老沙逊洋行敲响了警钟："事态极其严重，不仅威胁到靠鸦片贸易获利的英国商人，也威胁到银行收益，更波及整个香港和上海的鸦片买卖，要想避免引发金融危机，就必须立即采取强有力措施。"[51]事到如今，鸦片商和他们在伦敦的说客注定要打一场败仗。虽然沙逊家族政治人脉广大，但始终无法违抗政府政策，也无法扭转外交部的大政方针，官员对沙逊洋行的请愿也越来越警惕。[52]某官员这样提醒同事："如果涉及大政方针，你要谨慎，不要对沙逊洋行的代表胡乱许诺……笼统告诉他们一声，你收到的指示是抗议对外国鸦片批发进行干涉。"[53]外交部则写信告诉新沙逊洋行，无法支持他们的请愿，无法让中国承担"因非法限制鸦片贸易而导致贵公司蒙受的损失"，尽管北京和伦敦的英国代表对中方措辞

204

严厉。[54]

下一个关键节点出现于1913年5月7日。负责印度事务的副国务卿在议会辩论中宣布，英国政府愿意终止对华所有鸦片出口，唯一条件是中国坚定不移地落实禁烟政策。事实上，这位副国务卿向议会宣布，"这是印度现代史上首次……终止印中鸦片贸易，不再向中国出售一盎司罂粟"。[55]如果禁烟上谕标志着鸦片贸易衰亡开始，那么这次议会则宣布鸦片贸易彻底结束。沙逊家族不顾一切，想力挽狂澜。新、老沙逊洋行联名给英国外交部写了一封内容详尽的信，指出中方违背《南京条约》，因此英国无须进一步承担义务。这份备忘录乞求说，需要区别对待"鸦片并非减耗商品"的说法，声称鸦片特别是马尔瓦鸦片，长期仓储会变干，重量缩减，如果根据重量来决定允许运往中国货物的数量，要对鸦片的这种特性加以考虑。[56]两家沙逊洋行等了两个月，没有等到英国外交部的答复，于是又写了一封请愿书，请求外交部出面澄清，并提醒说，那些拒绝接受印度进口鸦片的中国省份，本身还没有肃清本土鸦片。[57]然而事到如今，英国政府只想从鸦片贸易以及背负的骂名中解脱出来。[58]与此同时，中国各地纷纷举行鸦片焚毁仪式，并宣布几个省份彻底摆脱鸦片。不过有传言称，当时北京有些高官利用鸦片供应短缺来谋取私利。[59]

反鸦片贸易的游说团体也纷纷采取行动。甚至在议会宣布上述决议之前，一众教士和政客就写信给坎特伯雷大主教，催促他抓住机会，宣布鸦片贸易禁令。[60]坎特伯雷大主教致信英国外交大臣爱德华·格雷（Edward Grey）爵士，就在议会宣布决议的前两天，贝兰斯宫收到爱德华爵士助手的亲笔回信，信中感谢主教来信，并进一步表示："在他爱德华·格雷爵士看来，无须就鸦片问题施压。英国政府也完全希望中国民众能摆脱吸食鸦片的陋习。"[61]1913年，英国上下分发了无数宣传手册，强调结束鸦片贸易对基督教信仰的重要性。有人建议教会在大英帝国筹集800万英镑，"用来彻底销毁中国尚未售出的鸦片"，[62]不过大主教以此举不切实际为由拒绝了。中国的鸦片库存，还有从法国殖民地以及香港走私的鸦片仍在市场上流通，但鸦片贸易的衰亡已经拉开序幕。

虽然鸦片贸易没落了，但两家沙逊洋行仍在继续这桩买卖，鸦片禁令反而给他们提供了赚取暴利的机会。[63]据估计，1907—1914年两家沙逊洋行盈利近2000万两。[64]姑且不论该数字是否准确，可以肯定的是，沙逊家族笼络所有资源，确保鸦片贸易到了最后阶段仍然有利可图，或者至少降低一部分风险。两家沙逊洋行只要发现印度政府，尤其是中国政府，没有遵守中英两国就鸦片贸易达成的各项约定，即规定中国减少本土鸦片生产，限制印度对华鸦片出口数量，就会向英国政府和印度副王求助。两家沙逊洋行还宣称，中国当局扣押并销毁那些已缴纳关税并且获得许可的鸦片，给贸易商造成了严重损失。[65]

206

印度帝国

自1858年印度民族大起义被镇压以来，英国在印度的统治首次出现动荡。1905年夏，印度兴起"斯瓦代希"运动，也称"印度制造"运动，民众纷纷抵制英国货。截至1913年，印度已成为英国商品的主要出口市场，出口物品包括机械、纺织品和其他商品。[66]20年前，70名受过英国教育的印度人组成印度国民大会党，并在印度召开第一次大会，从那时起，印度民族主义的种子便已萌芽。无论是知识分子的辩论，还是印度民众的情感，都体现出民族主义思想和自治愿望。19世纪最后几年，印度恰逢天灾，饥荒和瘟疫导致印度民众遭受极度痛苦，英国统治者却不能改善民众的基本生活条件，或者说对印度的苦难袖手旁观，数百万人因此丧生，进一步加速了这种思想和愿望的传播。人们对印度公务员制度的信心动摇，而这种制度原本是英国统治的"钢铁框架"。1899年，寇松勋爵（George Curzon）抵达印度（于1905年前担任印度副王），说服印度民众，"由仁慈的专制统治者进行有效管理，对印度最为有利"。[67]印度民族主义唤起了民众的民族自豪感，但也导致了与其他教派的冲突。不过，印度经济继续由私营企业主导，国家的作用并不大。[68]国家生产什么，由谁生产，全部由印度企业的老板说了算。印度各行各业开始动员，要求提高工人薪酬；虽然这些捍卫工人权利的组织发展还不成熟，对工人还不能起到保护作用，但他们的行动产生了深远影响，多年以后看来，这种影响有着关键作用。[69]

印度棉纺厂已经成为两家沙逊洋行的支柱产业，这也是沙逊家族第一次名副其实地被称为工业家与企业家。19世纪70年代以来，印度棉纺厂持续增加，大部分效仿英国的工业方式，使用的也是进口的英国机械，到19世纪末，"印度几乎从英国手中抢走了所有面向日本和中国的纱线出口业务"。[70]由于担心印度棉纺厂的竞争，曼彻斯特商会于1887年成立了孟买与兰开夏棉纺调查委员会。接受问询的人当中有一位名叫C.J.沙逊，很可能是伊莱亚斯的儿子查尔斯。委员会问及印度纺织业及其盈利情况，以及他本人是否希望继续扩张时，C.J.沙逊的回答很有预见性"大概十年之后，孟买将有超过200家棉纺厂"，除了中国和日本之外，还将扩张到新的市场，比如波斯湾和桑给巴尔。至于（按照英国要求）重新划定卢比的价值，是否能让兰开夏纺织业与孟买平起平坐，在同等条件下竞争，C.J.沙逊拒绝发表意见，不过在委员会的追问之下，他表示不管怎样，孟买都会建更多棉纺厂。[71]虽然竞争激烈，但到1911年，"首家棉纺厂成立140年之际，英国工厂仍然占据全球40%的纱锭，另外有22%位于美国或加拿大"。[72]

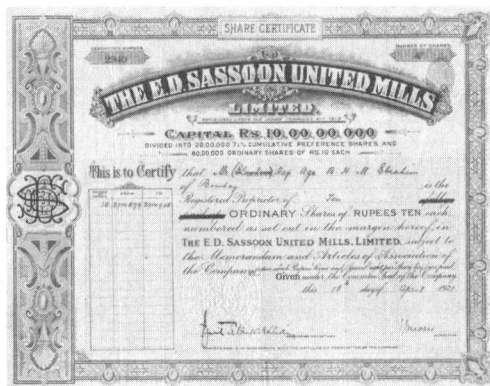

1921年，新沙逊洋行某棉纺厂在孟买发行的股份证书

随着工业化发展，电力成为另一大商机。1905年，孟买电力供应与电

车公司成立，爱德华·沙逊担任董事会成员。印度工业化的发展提升了电力消费需求，1909年，该公司公开募股来筹集资本。[73]沙逊·雅各布·大卫迫切希望为新沙逊洋行的棉纺厂引入更多电力，对杰吉伯伊·塔塔发起的大规模水电计划表示支持"沙逊爵士的担保大大推进了该方案进展"；1907年，项目获批启动。[74]第一次世界大战结束时，新沙逊洋行在孟买的棉纺厂配备了自己的发电机，为纺织部门供电。[75]

上流社会的生活

1901年，维多利亚女王去世，威尔士亲王继位，无疑引发了全球猜测。这位新君主，即英国国王和印度皇帝会是什么样？温斯顿·丘吉尔当时正在加拿大巡回演讲，宣传他在南非布尔战争期间的战绩，听到消息后用挖苦的口吻给母亲写信：

> 新王登基，伟大而庄严……但我对这位国王感到好奇。他的生活方式是否会彻底改头换面？他会卖掉他的马匹吗？他会赶走身边的犹太人吗？鲁本·沙逊会不会刻在王冠的珠宝上？还是刻到其他王室宝器上？这位国王会不会变得非常严肃？[76]

众所周知，鲁本和阿瑟与国王爱德华七世的友情本质上是一种谄媚。与全球最强大的帝国之主结交并非小事，但这种亲密关系也不算反常。刚授衔的威尔士亲王、未来的乔治五世跟阿瑟和路易丝也保持着亲密的朋友关系。1910年，爱德华七世去世三个星期之后，乔治给路易丝亲笔写了一封长信，信中充满了表达悲痛之情的亲密细节：

> 你知道我亲爱的父王对我意味着什么，所以你应该理解，父王去世将在我的生命中留下多大空白。我们更是情同手足，而非父子。凡事我都会询问他的意见。他是那么喜欢你和阿瑟，我知道你也会想念他……请向阿瑟

209　　转告我诚挚的谢意，感谢他的真诚哀悼，我知道他的悲痛发自内心。[77]

　　王室正式邀请路易丝"参加在温莎圣乔治教堂为已故的神圣的国王陛下举行的安葬仪式"，[78]路易丝与乔治五世之间的大量书信得以保存在伦敦的罗斯柴尔德档案馆。1912年3月，71岁的阿瑟去世，乔治五世这样写道：

> 不知该如何形容，我今天早上收到电报，得知从此再也见不到你的丈夫，我是多么震惊和悲痛。我不愿想象，再也不能和他谈笑风生了。我认识亲爱的阿瑟这么多年，他对我是如此友善，我失去了一位真正的好朋友。[79]

210　　1929年，乔治五世患病，他告诉路易丝，"你是我认识最久的朋友之一"。[80]1936年，乔治五世去世，其女儿玛丽公主在一封给路易丝的打印信末尾又手写了几句，"父王是如此珍惜与你的友谊，他常常跟我谈起你们的友情"。[81]

　　英国王室对沙逊一家的接纳并没有让沙逊家族躲过指责，或躲过反犹太主义的排挤，反而导致他们遭受更多攻击。1904年伦敦出版了一本书，作者用的是笔名——"某外国居民"（A Foreign Resident），讲述了作者长时间离开伦敦再次回来的见闻：

> 不管怎么说，犹太人是在这个聪明社会享受自己的成功，而在臣民心目中，伦敦本是唯一能够启迪智慧的城市……然而，新的拜金主义却导致思想高尚、品行端正的贵族道德败坏……在某种程度上，这种势头还没消退，就又听闻伦敦西区的犹太化（原文单词为Judaising），接下来，原本精神高尚的居民肯定也会思想堕落。[82]

　　书中解释说，犹太人为了讨好英国贵族而模仿这些贵族的言行，开始学着"置办庄园，搞狩猎钓鱼等野外活动"，"阿德维图尔占乡村别墅的沙逊家族也在高地狩鹿者之列"。这位作者还在书中说："沙逊一家原本从孟买迁居英国，在萨塞克斯郡买下了一条狭长的地皮，在肯特郡又置办了一处面积更大的地产。在某种方式上，他们已经将势力范围扩张到了英国的偏远地区。"[83]描述威尔士亲王与犹太人的关系时，作者说："来自东方的富豪如今仍保持亲王登基时的老样子。为了让这帮犹太人和外邦人保持好心情，亲王想出一个法子，那就是让他们掏钱做慈善，换取加官晋爵。"[84]

沙逊家族不仅在英国受到非议，在美国也是如此。《麦克卢尔杂志》连载了一部名叫《萨拉曼德》的小说，以沙逊家族为原型，可以预见书中会是一些令人不快的内容。小说将阿尔伯特爵士描绘成贪婪的大亨，曾经是纽约的邪恶势力，玩弄那些希望在纽约演艺界博个名声的年轻女性。[85]

印度的反犹太主义跟英国一样普遍，欧洲人的俱乐部通常禁止犹太人加入。1907年，大卫·以斯拉被拦在孟加拉俱乐部门外，这家俱乐部由欧洲上层社会人士在加尔各答开办，有趣的是，那帮会员不知道大卫·以斯拉在加尔各答置办了大量房地产，包括修建该俱乐部的这块地皮。于是为了泄愤，他命令这些人统统离开，俱乐部连忙给他办理临时会员，大卫·以斯拉拒绝接受，不过允许俱乐部继续租用这块场地。[86]

实际上，沙逊家族的名字很少淡出社交圈子。在《上流社会：1897—1914年照片合集》当中，爱德华·沙逊爵士及夫人艾琳·德·罗斯柴尔德与马尔伯勒亲友团的成员在乡村别墅拍了一张合照，威尔士亲王也在其中，而这些照片是英国"政治与新权贵"专题活动的一部分。[87]不过，沙逊家族还有各种各样的方式散财，比如举办奢华宴会和婚礼、保养豪宅，巨额开支从来没断过。当时到处都流行赛马，从香港、上海和伦敦，马赛随处可见，沙逊家族几位成员对赛马也近乎痴迷。[88]更奢侈的还是要属艺术品投资。英国皇家美术学院和其他机构的展览目录显示，自19世纪末开始，沙逊家族就开始出借大量艺术品和历史文物。[89]沙逊家族的成员还参加了伦敦多家剧院的戏剧开幕式，当时一位知名女高音歌唱家在伦敦开独唱会，就是由爱德华爵士及沙逊夫人赞助的。[90]从当时家族成员的账簿能

211

够看出，沙逊家族各方面的花费都属于大手笔。其中一本"赛马账簿"显示，每年的赛马投注总额达数千英镑，总预算为33000英镑，这在当时是一笔巨款（约相当于今天的190万英镑）。[91]当然沙逊家族始终不忘投身慈善事业，但随着时间推移，善款数目也在缩减。路易丝·沙逊六个月内给各类慈善机构捐赠的数目为312磅10先令7便士，只相当于赛马一天的赌注。[92]

家族还举办了数不清的豪华婚礼，而且越办越精致，宾客名单也越来越精挑细选。1912年，大卫·以斯拉爵士与蕾切尔在伦敦举行婚礼，《泰晤士报》对婚礼进行了长篇报道。婚礼于梅达谷劳德代尔路犹太教会堂举行：

> 新娘婚纱采用纯白绸缎缝制而成，好似公主华服一般，两侧有贴身长袖，婚纱上身部分采用雪纺绸和薄纱制成。新娘手捧山谷百合和白色康乃馨花束，胸前戴着一串珍珠项链，发式简单，却打扮得十分用心。她在婚礼上看上去很甜蜜，有些微微发抖，婚礼结束时，新娘脸上泛着红润，带着幸福的微笑离开了教会堂。[93]

这次婚礼之前，当时已在英国定居的弗洛拉在家族内部举行了一个订婚派对，并安排了一场有36人参加的落座晚宴（甚至还打电话给一些宾客确认是否出席）。《泰晤士报》用了两页篇幅专门介绍这对新人收到的结婚礼物，从中可以看出，参加婚礼的巴格达犹太人大多写的是支票（没有提到具体金额），而英国宾客则赠送花瓶、银器、瓶瓶罐罐、水晶、成套餐具和挂钟等。[94]1907年，阿尔伯特爵士的孙女跟一位巴格达犹太人结婚，据称结婚典礼非常盛大，在"犹太教会堂举行，四根柱子支起一块白色丝绸幕布，下面坐满了出席婚礼的宾客"。婚宴高朋满座，桌球室展示了200多份礼物。[95]

与其他商业王朝一样，沙逊家族在婚前不仅会讨论嫁妆，也会讨论如何保障新娘的未来。大卫就婚姻财产协议向姐姐蕾切尔提出建议，比如搬到英国以她的名义设立信托会产生哪些法律后果，而且协议也将受英国法律管辖。[96]跟其他财力雄厚、人脉广大的家族结亲，能让沙逊家族继续保持全球商业帝国的地位，不过他们的联姻比罗斯柴尔德家族要少。大卫的子女要么跟富有的巴格达犹太家庭联姻，要么跟自己的姑表姨表结亲。到了大卫的孙辈，范围进一步扩大，会跟巴格达家庭或欧洲显赫的犹太家族联姻，比如罗斯柴尔德家族和金茨堡家族，甚至跟非犹太出身的贵族结亲，不过这点也引起了争议。到了第四代，几乎所有家族成员都跟英国或欧洲家庭出身的人结亲，不管对方是不是犹太人。[97]沙逊家族移居伦敦之后，开始跟宗教信仰不同的外人联姻。1913年，爱德华的女儿西比尔·沙逊嫁给乔治·乔蒙德利（George Cholmondeley），即第五代乔蒙德利侯爵兼掌礼大臣。据称，当时已经跟沙逊家族联姻的罗斯柴尔德家族对这桩婚姻感到担心，因为西比尔的宗教信仰跟男方不同。罗斯柴尔德家族还有其他人的这份担心可能正是西比尔婚礼简单操办的原因，当时婚礼在伦敦的某登记处举行，仅有十名宾客出席。[98]跟"外面"的对象结婚有时会在家族内部导致严重分歧，虽然这些结婚对象大部分都是英国贵族。后辈跟外人联姻会遭到老一辈反对和抵制。1914年，鲁本的女儿路易丝跟年长24岁的博伊尔勋爵结婚，导致家族内部出现分歧。弗洛拉断绝跟路易丝的所有联系，博伊尔勋爵于婚后两年突然去世，她跟侄女的关系才有所缓和：

213

　　亲爱的路易丝：

　　我无法鼓起勇气给你写信，虽然有人说我写了你也不会见怪。我想你明白我一直以来的感受，请你相信，我对博伊尔去世感到非常遗憾，谨致沉痛哀悼。我常常希望能与你见个面，但始终没有如愿。

　　再次致以我衷心的爱与悼念。

你亲爱的

弗洛拉·沙逊[99]

跟外人联姻并不是什么新鲜事，也早有迹象可循。沙逊·大卫的孩子，也是第一批在英国长大的沙逊后代，没有一个跟巴格达出身的人联姻，其中两个还跟信仰不同宗教的人结了婚。

沙逊家族的人发现，在印度不那么容易被西方文化同化，对故土巴格达社区的投入也最显著、最持久。1917年，沙逊家族给巴格达的一位英国官员发了封电报，让对方帮新沙逊洋行将15000卢比转交给首席拉比，分给犹太穷人过逾越节。[100]作为慈善家以及投身慈善事业的典范，沙逊家族在当地犹太社区享有极高声望。当时一名犹太年轻人需要向奥斯曼帝国交一笔钱，代替服兵役，于是向沙逊家族求助。他写信给沙逊洋行在孟买的公司，讲述了征兵的痛苦，保证以后为沙逊家族卖力，来报答他们的恩情，并且称自己能讲流利的巴格达犹太方言，懂会计，可以作为将来在沙逊洋行工作的一技之长。[101]这位年轻人不想服役的那场战争于一年前在欧洲某小国爆发，比起孟买，其实这个国家离巴格达也不算近。然而身处同盟国与协约国的大网之中，意味着欧洲大国及其全球殖民地都会被拖入战争的泥潭。不管这场战争是否是第一场全球性战役，但毫无争议，它都是一场波及全球的战争。英国、印度和奥斯曼帝国下属巴格达行省的男人全部动员起来，奔赴甚至战死沙场，在这次战争影响下，全球各国的版图都将出现变动。

第 11 章
一战与动荡年代，1914—1924 年

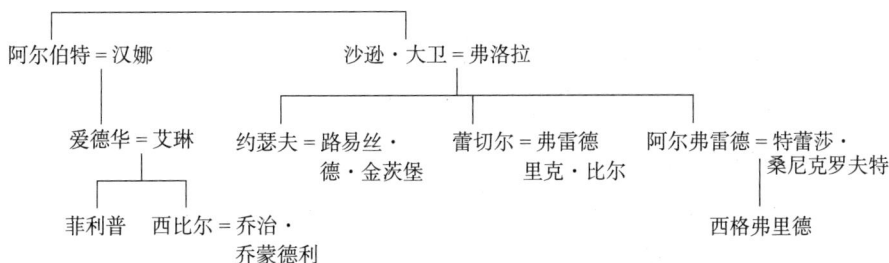

```
        阿尔伯特＝汉娜              沙逊·大卫＝弗洛拉

        爱德华＝艾琳      约瑟夫＝路易丝·      蕾切尔＝弗雷德      阿尔弗雷德＝特蕾莎·
                              德·金茨堡        里克·比尔             桑尼克罗夫特
        菲利普  西比尔＝乔治·
                      乔蒙德利                                    西格弗里德
```

1914年7月，第一次世界大战爆发，这次世界大战对大英帝国造成了地震般的深远影响，也对生活在不同地区的沙逊家族成员造成了重大影响。大战打破了维多利亚时代的相对和平与繁荣，战争及其直接后果标志着沙逊家族的两个分支开始发生深刻变化。虽然英国在战争中胜出，大大扩张了自己的殖民地，但1918年却已是大英帝国的最后风光时刻，从那以后，这个帝国便逐渐走向衰落，战后要想控制和安抚帝国各领地的难度越来越大。

战争那几年，沙逊家族当中没人比西格弗里德·沙逊更能讲述战场上数百万士兵的遭遇。

西格弗里德·洛雷恩·沙逊这个名字是母亲取的。他母亲是非犹太

人，喜欢瓦格纳的歌剧，剧中一位受人尊敬的教士就叫洛雷恩。[1]西格弗里德完全没有参与家族业务，对生意也毫无兴趣。父亲阿尔弗雷德是沙逊·大卫的次子，也是首位在伦敦出生的沙逊家族成员。阿尔弗雷德患有肺痨，一生身体羸弱，妻子是英国雕塑家兼画家特蕾莎·桑尼克罗夫特，曾在英国皇家美术院办过展览。特蕾莎信奉天主教，这次联姻导致阿尔弗雷德跟家族彻底决裂。在阿尔弗雷德母亲的教唆下，阿尔弗雷德的哥哥约瑟夫（娶了贵族出身、同为犹太人的金茨堡家族的女儿），拒绝跟弟弟见面，不过姐姐蕾切尔拒绝屈服于母亲的压力，跟特蕾莎终生保持联系，（如后文所述）还跟随弟弟的脚步，嫁给了一名异教徒。阿尔弗雷德与特蕾莎的婚姻既不长久，也不美满，西格弗里德四岁时，两人就分居了。之后，阿尔弗雷德搬去伦敦，而特蕾莎和三个儿子留在肯特的家中。对此，西格弗里德在其童年回忆录《旧世纪与七年》（*The Old Century and Seven More Years*）有所描述。

几个孩子一直不知道父母为什么分开，基本上在保姆米切尔的照看下长大。"这些就是明明白白的事实，能看出来我对世界最早认知，起源于我儿时懵懵懂懂的认识，那就是自己生活在看不到幸福未来的家庭。"[2]几个孩子时不时被带去看望他们的父亲——"一头深色头发的年轻人，一双忧郁的棕色大眼睛，留着小胡子，亲吻你的时候痒痒的。"西格弗里德记述了祖母弗洛拉来到家中的见闻（不要与其曾祖母、大卫的第二任妻子弗洛拉以及苏莱曼的妻子弗洛拉混淆），当时是1895年，34岁的阿尔弗雷德临终前，母亲弗洛拉已经十多年没见过这个儿子，在他死前做最后告别。"她讲的是外国话，语速很快……她的精力很充沛，看上去很和蔼，也很高兴见到我们。"

西格弗里德太过悲痛，没有参加葬礼，只能从哥哥和弟弟那里听说犹太人的安葬仪式，对此他感到很陌生，因为他们都是信基督教长大的。"两个戴着奇怪帽子的男人，走来走去，念念有词说着什么，我哥哥这样描述拉比……我们知道，爸爸很久以前就放弃信仰这个宗教了。"[3]

西格弗里德早些年跟沙逊家族的其他成员几乎没有联系，但在父亲去世之后一段时间，他从叔祖母（大卫最小的女儿）莫泽尔那里听说了沙逊家族的过往。西格弗里德觉得自己"是穷亲戚，相对而言，他确实是"。沙逊·大卫的遗产分给了妻子弗洛拉及四个孩子，阿尔弗雷德没法像阿尔伯特的继承人那样，声称自己是孟买居民而获得减免遗产税的资格，因此不像几个堂兄弟那样有钱。西格弗里德"对家族的钱财既不屑一顾，又心怀愧疚"。[4]1927 年，他在给诗人罗伯特·格雷夫斯（Robert Graves）的信中道出了自己对家族的感受："他们靠在东方的肮脏交易赚得盆满钵满，又把钱挥霍在盛装华服、珠宝首饰、豪华大餐和灯红酒绿的生活中。他们花钱租来气派的陵墓，却在戈德斯格林火葬。他们抽着科罗娜雪茄，崇拜德国王室成员，还有那些放荡不羁的同龄人。"西格弗里德还称沙逊家族建了"好几个闪米特王国，无一属于我"。[5]毫无疑问，西格弗里德对家族的所作所为以及东方出身感到羞耻。他完全把自己看成桑尼克罗夫特家的人。这种蔑视和嘲讽不能仅仅归咎于童年，西线作战经历也影响了他的政治观念，当然也改变了他的诗作题材。西格弗里德的爱国情怀高涨，宣战当天，他便报名入伍，然而战场上目睹的悲惨景象又将他的这种情怀打破，让他成为最著名的反战人士。他在战场上的经历，目睹那些不幸的士兵在战壕里惨烈地死去，打破了他对金钱和奢侈生活的一切幻想。

西格弗里德因其诗歌而出名，与哲学家伯特兰·罗素（Bertrand Russel）、诗人维尔浮莱德·欧文（Wilfred Owen）以及罗伯特·格雷夫斯（Robert Graves）一同属于第一次世界大战期间领头的反战主义者。他患过战壕热，颈部也曾受过伤，后来因英勇表现获得勋章，这些经历让他既能公开批评战争，又不用受惩罚。然而战场上的厮杀迟迟没有结束，西格弗里德因此陷入抑郁。战争造成的伤亡者萦绕在他心头，并体现在他的诗歌中。这些诗歌与维尔浮莱德·欧文、罗伯特·布鲁克和罗伯特·格雷夫斯的诗歌一起，无论是否悼念那些亡者，都体现出英国民众对战争的记忆：

> 死神回答："我选择他。"于是他走了，
>
> 夏日夜晚，如此寂静；
>
> 面纱之下，悄然无虞。
>
> 远处传来，砰砰枪声。[6]

有些诗篇则体现出对世人的瞒骗：

> ……到最后，他还是死了，
>
> 炸成了碎片。好像没人在乎
>
> 除了那个发已成霜的女人。[7]

西格弗里德在性取向方面也活得很痛苦。直到1967年，也就是他去世的那一年，成年人之间自愿的同性恋行为才在英国合法化。他的一生都充满了矛盾，让他陷入左右为难的境地：自己明明是同性恋，却迫于社会压力结婚生子；自己是巴格达沙逊家族的后代，却又流着英国人的血液；他出身于坐拥巨大财富的大家族，却对财富嗤之以鼻；还有"他生来就对自己不信任，却又渴望获得信任"。[8]不过，也许正是因为种种矛盾，"在他那一代诗人当中，他写的诗最受诗人朋友喜爱"。[9]

西格弗里德和姑妈蕾切尔·比尔的关系亲密，这位姑妈作为全国性报纸的编辑而出名。跟西格弗里德不同的是，蕾切尔（出生于孟买）对自己作为东方人的身份感到骄傲，很多化装舞会上，她都把自己打扮成阿拉伯女士，佩戴一串串珊瑚和珍珠，并对此感到自豪；不过同时，她也完完全全认为自己是英国人，并且保证其他人把自己当英国人看。1927年，69岁的蕾切尔因胃癌去世，西格弗里德和哥哥迈克尔均未出席葬礼，虽然他俩都在她的遗产继承人名单中。西格弗里德喜欢这位姑妈，认为她"拥有我父亲身上的很多品质，巧的是，跟自己的性格也很像。三个人都机智、迷人和多变"。[10]不过，在蕾切尔生命中最后20年，西格弗里德没有见过她。西格弗里德长大成人的那些年，姑妈对他一直很好，还将四分之一的

遗产留给他。西格弗里德用这笔钱在威尔特郡黑茨伯里买了自己的房子。讽刺的是，姑妈去世那天，西格弗里德刚好发表了一首抨击财富的诗，并不知道自己将从家族亲人那里继承一笔更巨大的财富：

> 我控诉那些富人的一贯行径——
>
> 将世俗的脸庞映在钻石光芒之上。[11]

西格弗里德于1967年去世，去世前十年，他改宗罗马天主教，"宗教信仰的改变让他归于平和"。[12]与沙逊家族其他成员相比，西格弗里德英国人的作风既象征着英国社会的完全同化，也象征着与东方起源的完全割裂。

无论是生意、艺术还是新闻业，整个沙逊家族都受到一战的影响，也背负着战争的后果。一战期间，"至少有14名大卫·沙逊的孙子和曾孙在英国军队担任职务"。[13]西格弗里德的弟弟哈莫在皇家工兵军团担任少尉（哈莫是工程师，是三兄弟中唯一完成大学学业的人），1915年11月在加利波利阵亡，当时一同阵亡的还有超过25000名协约国士兵。雷金纳德·沙逊，伊莱亚斯的孙子之一，近视程度严重，其他人都认为他不符合服役条件，却成为爱尔兰近卫团上尉，并因"英勇表现和奉献精神"被授予军功十字章。[14]1933年，雷金纳德在骑马途中因意外去世，他的一位军人朋友在《泰晤士报》上发表文章，讲述雷金纳德如何赢得军官和士兵的尊重："考验人的时刻来临，沙逊上尉的步伐从未犹豫，总是稳步向前，无论是战火纷飞的年代，还是和平无战事的年代，他始终如一。要说为什么，那就是"困难就是用来克服"的。"[15]雷吉的出名之处并非在于其敏锐的头脑，而是他对马匹的兴趣，因此在家族生意中没有发挥实际作用。就像沙逊家族的其他几位男性成员一样，雷吉的堂兄维克多也曾加入皇家飞行队，并因此负伤。沙逊家族的女性成员也贡献了自己的力量。阿瑟·沙逊夫人加入了皇后"关爱女性"基金会，该基金会为战争期间的女性提供帮助，其他女性成员也加入了各种各样的志愿者慈善组织，为士兵尤其是伤员提供帮助。[16]

沙逊洋行各办事处无一躲过这次大战的影响。战争的"积极"影响就是，沙逊家族的两个分支——新、老沙逊洋行的成员在灾难面前表现出团结的信号，因为两家公司都受到战争摧残，都有成员在战场负伤。每当对方那一脉有人受伤，两家洋行就互相安慰。

战争时期的家族业务

第一次世界大战给某些商品带来了机遇，但也严重扰乱了全球金融秩序，做跨境买卖的商人因此遭受盘查。战争期间，沙逊家族跟汇丰银行的关系变得紧张，因为这家银行被怀疑跟德国人有密切关系。尽管银行的几位德国董事被迫辞职，但"背地里，对截获文件的猜疑仍未停止，指控和反指控也仍在上演"。[17]弗洛拉的儿子大卫写信给姐姐说："英国王室指控老沙逊洋行上海办事处跟敌方交易，目前此案由英国治安法官审理。信中我不方便详谈。"[18]信中的"敌方"很可能指奥斯曼帝国，毕竟长期以来，沙逊家族跟该帝国多个行省有深厚关系，尤其是家乡巴格达。前几年，两家沙逊洋行都准备扩大在奥斯曼帝国和波斯湾的交易规模，因为需要开辟新的贸易疆土和商品出口地，弥补鸦片贸易可能导致的损失。19世纪末期，珍珠生意也开始走下坡路："珍珠业务似乎被摧毁，短期内不会有任何改善。"[19]战争爆发前，老沙逊洋行请求英国外交部支持自己，向土耳其人施加压力，允许自己购买更多蒸汽机船，用于幼发拉底河与底格里斯河航运公司开展业务，[20]而新沙逊洋行则跟土耳其国家银行有间接往来，目的是扩张自己在伊拉克的业务，进军粮食出口生意，在巴士拉与巴格达之间提供航运服务。[21]战争爆发让商业活动变得复杂，但并没有完全斩断所有生意往来。当局扣押了东方银行巴格达分行10000英镑，但这家分行仍在营业。[22]跟罗斯柴尔德家族不同的是，沙逊家族跟欧洲鲜有生意往来，跟德国几家实体企业几乎不存在业务关系，因此战争对家族的整体业务没有直接影响。

两家沙逊洋行都在波斯湾进军新的领域，比如沙迦，在波斯布什尔也整装待发，准备从该地向设拉子运送货物。此外，两家洋行继续向巴格达和巴士拉出口货物，有报告显示，两家沙逊洋行打算从卡拉奇出口锡到巴士拉，另一份报告显示，沙逊洋行获批运输汽车外胎和内胎，还有一份报告显示，沙逊洋行将小麦运往波斯湾各酋长国，并从巴士拉向亚洲和欧洲出口枣子。[23]战争结束前的1917年3月，英国刚刚从土耳其人手中攻占巴格达，新沙逊洋行便立即申请许可，让员工前往巴格达出差。[24]事实上，根据档案馆保存的资料，新沙逊洋行账簿记录了公司对波斯湾佣金和货物的分析，可以看出产品种类繁多，从白糖到火柴，范围非常广泛，利润也相当可观。[25]

虽然两家沙逊洋行都开展跨国业务，在波斯湾分属不同阵营的国家做生意，在印度却强烈要求更进一步的保护主义。沙逊·大卫·沙逊爵士曾感叹说，印度政府的政策对外商有利，但牺牲了本土工业。[26]老沙逊洋行基本关心的是维持现有业务，而新沙逊洋行则采取了更多措施，甚至考虑战后进军银行业。1921年1月，新沙逊洋行在印度成立私人有限公司，正如老沙逊洋行近20年前所做的那样，资本为100万卢比。迫于英国高额征税，该公司开始重大重组。伊莱亚斯的儿子居住在印度，因此可以建立复杂的信托系统，在英国与印度之间转移公司部分资产。1920年9月，孟买信托基金成立；1921年7月，香港信托基金成立。后者"已缴资本约500万英镑约相当于今天2.5亿英镑，再加上金额类似的储备金，两家信托基金拥有广泛权利，可以在世界各地放贷"。[27]这些信托基金让新沙逊洋行从孟买、香港和上海之间的利率差获益，更重要的是，公司变得更有韧性。

222

战后的印度

第一次世界大战给印度带来许多变化，民族主义因此兴起，"到1918年，大多数印度人都坚信，国家独立比社会改革更重要"。[28]印度对战争贡献巨大。其间，英属印度帝国2.5亿臣民中，有一半参战的人是印度志愿

者。特别是地方自治的拥护者，认为印度只要参战，就可以在战争结束后
问英国政府索要更多自由。随着战局僵持，对印度经济和政治的破坏越发
严重，印度民众的不满和反英情绪开始蔓延。1919年，"蒙塔古–切姆斯
福德改革"方案通过，英国政府承诺赋予印度更大的自治权。但与方案矛
盾的是，最终权力仍然掌握在印度副王和伦敦的印度事务办公室手中。同
年，自治运动成为印度民族主义者的主要诉求。同时，流感蔓延和民族主
义者组织的罢工浪潮加剧了印度局势动荡，镇压与非暴力反抗此起彼伏。
1919年4月，英军在阿姆利则市向手无寸铁、和平抗议的人群开火，数百
人丧生。[29]这场大屠杀令数百万印度人成为民族主义者，他们再也不相信
英国政府口中所谓的"平等对待"。战后几年，印度原本对英国胜利抱有
极大期望，最后等来的却是镇压和失望。圣雄甘地开始组织国民大会党抵
制英国诸多政策，包括经济政策在内。

对于那些跟英国政府利益纠缠、效忠大英帝国的人而言，比如沙逊
家族，1919年是一道分水岭，因为印度独立运动证明了自身的威力以及对
广大民众的号召力。不过，第一次世界大战那几年倒是让印度的棉花和纺
织业受益，因为全球需求倍增，其他地方的纺织业却因战火中断。1916—
1922年，棉纺织业经历了自19世纪60年代美国内战以来最繁荣的发展阶
段。印度的一项调查显示，截至1920年，两家沙逊洋行拥有14家棉纺厂
（其中11家属于新沙逊洋行）、纱锭65.2万个、织布机13500台，1914年之
后的十年内，两家沙逊洋行业务的账面价值翻了一番多。[30]工业家在印度
能享受诸多优势：周薪远远低于美国和英国（印度为0.78美元，美国和英国
约为7美元和5美元），制造成本不到其他大多数生产商的一半，中国除外；
而且最重要的是，印度的利润空间远远高于美国或欧洲生产商。[31]在雅各
布的领导下，新沙逊洋行专门寻找并收购那些亏损的棉纺厂，用这种方式
来实现增长。他追随具有开拓精神的杰吉伯伊·塔塔——最早进军制造业
的印度人之一，投资高质量的机器，虽然从短期来看成本高昂，但从长远
来看，却更加有利可图。"雅各布拥有足够的资本和组织天赋，还有数
量充足的劳动力，这是最重要的资产"，[32]他是印度第一个在自己的棉纺

厂安装传送带的老板。除了印度本地人，雅各布还招了很多年轻的巴格达人到公司工作，并承诺为工人家属提供免费的学校教育和医疗服务，甚至为他们提供墓地。第一次世界大战结束时，新沙逊洋行员工已达数千人，综合产量在孟买名列前茅。当时面临的主要挑战是跟上市场需求，因为新工厂建成需要数年，大型棉纺厂的老板开始收购半废弃的棉纺厂，满足不断上涨的需求。一战之所以对贸易造成种种影响，是因为英国航运公司从孟买到香港这条航线撤出。沙逊家族和其他实业家提出预警，战争爆发以来，棉纱交易量下降，作为印度纺织业的强大竞争对手，日本纺织业将成为主要受益者，肯定不符合大英帝国的利益。[33]之所以取消航线，是因为伦敦航运审计长征用船只参战；但在香港总商会的游说下，英国政府决定允许半岛东方航运公司保留四艘船，继续在该航线效力。[34]

　　印度现代工业的显著特点之一是股份公司的迅速组建。截至1916年，大约有2400家股份公司成立，其中包括约200家棉纺厂。新沙逊洋行也采用了新公司结构，旗下多家棉纺厂都成功上市。[35]然而到了1922年，增长开始放缓，孟买的织布机数量减少，进口机器的价值急剧下跌。棉纺厂主当时面临三个问题：货币贬值，进口机器的成本更高，必须更换；许多棉纺厂资本过剩，迫使工厂主在经济萧条时大幅减记资本价值；劳资关系越来越紧张。1920年11月，新沙逊洋行棉纺厂的5000多名工人举行罢工，要求加薪并缩短工时。新沙逊洋行反驳称，缩短工时和加薪会削弱他们与日本和中国的竞争力，不过承诺改善工厂的工作和卫生条件。[36]1922年，新沙逊洋行与其他棉纺厂启动合理化计划，人们担心工厂为了生存，势必解雇一半以上的工人，考虑到这一点，工人立即举行罢工。[37]新沙逊洋行的合理化计划尤其激进，清算了好几家棉纺厂（有的被老沙逊洋行收购）。[38]不过，针对当时棉纺厂工作条件的一项调查指出，虽然沙逊家族棉纺厂的工资与其他棉纺厂差不多，但沙逊棉纺厂的工作条件合理，其他棉纺厂很难效仿。[39]

　　然而，随着经济滑坡越来越严重，工厂主也开始缩减业务。原棉价格上涨，汇率变化不利于印度商人出口到中国，投资新棉纺厂也不明智。[40]

224

虽然在印度开办棉纺厂的成本相对较高，是在英国建新厂成本的三倍[41]，但一旦办下来，印度棉纺厂却占有一体化优势。原棉进入棉纺厂，再以成品形式生产出来，直接就能发货，而兰开夏郡棉纺厂却做不到这点。随着效率提高和工人减少，工资实际上涨约13%，此外纺织业利润丰厚，吸引了企业家加入。作为一家雇用数千名工人的工厂，这种声誉也算吸引力。

225 某报纸报道称："雅各布爵士完全有资格被称为孟买棉花工业之父。"[42]然而到了20世纪20年代中期，新沙逊洋行感受到了棉花市场的拥挤。公司棉花部门报告称，市场疲软，还要面临美国棉花的竞争。孟买楼房频发火灾，厂房葬身火海，此外工人经常罢工，未来市场不容乐观，再加上库存不断积压，市场看跌情绪占了上风。[43]

鸦片贸易的最终章

第一次世界大战期间（1914—1918年）的大部分时间，英国政府重心转向更迫切的战争需求，无心帮助那些大量存货无法出手的鸦片商，因为这时跟中国对着干捞不到半点政治好处。有关1914—1916年底鸦片问题的文件鲜有保存，无独有偶，沙逊家族档案馆也几乎没有20世纪初以来鸦片生意的记载。1917年初，老沙逊洋行的一位成员代表"鸦片贸易联合会"商人团体致信英国外交部，称"鸦片商现在唯一的愿望是卖掉手中存货，从此永远退出这桩买卖"。[44]鸦片贸易联合会实际上是企业联合组织，负责接管累积库存，控制市面鸦片供应，希望此举能推高价格，该组织还得到中国多家银行和汇丰银行撑腰，分获150万两和250万两白银资助。[45]

作为该联合会的代表，新沙逊洋行与中国政府达成直接协议，销售印度剩余鸦片库存，总共2100箱，每箱8200两，收入总计约1300万美元。这次交易未征求英国政府意见，英国政府因此不愿批准这份协议，于是鸦片存货在鸦片商手里一直留到1918年10月，在中国海关关长的提议下，按照36%的比例，将鸦片换成债券。[46]尽管鸦片贸易在中国已落幕，但直到1923年，新沙逊洋行鸦片的账簿都还能见到鸦片入账的记录，直到1927

年，鸦片出口完全肃清，沙逊家族才彻底从这桩买卖中抽身。[47]

沙逊家族继续集中火力向英国官员求情，好卖掉手中的鸦片库存。一战结束时，沙逊家族的鸦片总库存总价值约为1500万美元（约相当于今天的3亿美元），这笔巨款正是沙逊家族通过各个渠道，锲而不舍恳求政府松口的原因。在一封典型的请愿书中，沙逊洋行的代表警告称，橡胶贸易损失达到约500万两，就会对上海贸易造成长时间冲击，"毫不费力就能预见，完全禁止鸦片买卖会造成何等影响"。沙逊洋行恳请这些官员转告英国政府，如果库存还没清空，就关停售卖鸦片的商铺，"这些库存就只能在中国以外的市场另谋出路，这样连十分之一的价值都无法收回"。[48]似乎沙逊家族当时还尝试用新办法来处理手头存货，从新沙逊洋行给印度邮电局局长的一封信就能看出他们的新招数：

> 敝公司特此就通过邮包发送鸦片样品一事致函……敝公司经常将鸦片运往（台湾）台北以及（美国）纽约。按照伦敦标准分析，需要保证鸦片中含有一定比例的吗啡，销售额将根据所含吗啡的比例计算。[49]

要想通过邮局包裹运送鸦片并非易事，沙逊家族多次请求邮局才答应，但要求"样品用英国领事馆的封条密封，并寄往伦敦公认的实验室"。[50]1917年鸦片禁令正式生效后（1907年协议规定十年后肃清鸦片贸易），新沙逊洋行仍然活跃在鸦片市场。1924年，多名政府官员的报告显示，新沙逊洋行试图"将其他鸦片商赶出市场"，目的是"有效地操控加尔各答的鸦片拍卖，迫使我们降价"。于是，鸦片被正式销往法属印度支那，而非运往中国。印度官员对"沙逊家族对鸦片市场的操控"感到焦虑。政府每月举行一次鸦片拍卖会，直接以固定价卖给法属殖民地那些进口鸦片的政府。印度政府财政部门警告称，"虽然没有官方确认，但据了解，沙逊洋行最近与西贡政府达成安排，该政府此后将仅从沙逊洋行进口鸦片"。其他人担心，"这种安排之下，沙逊洋行几乎完全控制鸦片出口贸易"。其他鸦片商"要么没那个能力，要么不愿意以高于沙逊洋行的出价拍下"。几位官员警告称，这种事情在拍卖会上发生一次，就还会有第二次，不断重演：

> 今年（1924年）1月的拍卖会共计250箱鸦片。沙逊洋行拍下第一批，共200箱。沙逊洋行的拍卖代表表示已经拍够，其他人便纷纷走开，剩余50箱无人竞价，因为没人敢拍，拍到手也卖不出去。

该官员认为，拍卖价格"不过是沙逊洋行操控的结果"。1923年1月至1924年1月底的月度销售汇总表表明，这位官员没有夸大其词。前6个月，其他公司只拍到10%或20%的鸦片存货，下半年则一无所获。[51]与此同时，印度政府还在打压鸦片走私和非法销售，似乎中国某家公司在为这些不法行为提供资助，还有几艘船专门用来干这门生意。[52]

各方面压力增加，鸦片商和经纪人因此面临更多起诉。一份报告显示，上海高级法院受理了一起案件，中国一位鸦片商起诉新沙逊洋行，要求对方支付因八箱鸦片未发货导致的损害赔偿金，不过法官支持新沙逊洋行，理由是1918年3月前未清关的鸦片将由中国政府控制。[53]

面临漫天指控的鸦片买卖，终于落得悲惨收场的结局。长期以来，鸦片在伦敦和纽约都是合法的；鸦片战争之后，鸦片贸易更是取得完全合法的地位。19世纪和20世纪早期，鸦片贸易"将印度农民、英国和印度政府、清朝广大烟民，还有西方人、帕西人、赛法迪犹太人和大部分中国商人都聚拢到这桩利润肥厚的生意中来"。[54]并非所有参与者都心甘情愿，当然也并非每一方都从鸦片贸易获益相同，不过鸦片贸易确实有惊人之处。有观点称，鸦片是英国工业化的支柱，促进了19世纪全球经济的扩张；[55]甚至有分析（无耻地）表明，中国经济也因此"获益"，理由是通商口岸实际上加强了与亚洲邻国的贸易关系。[56]无须赘言，中国吸食鸦片的民众为此恶习付出了沉重代价，给中国社会带来了严重灾难。

尽管鸦片贸易污名难洗，沙逊洋行和其他鸦片贩子却整个19世纪都在为这桩买卖辩解。进入20世纪后，他们甚至动员起来，反对中国对鸦片

贸易施以限制，还破坏英国的反鸦片贸易运动。大卫刚到孟买时，鸦片可
自由买卖；然而当世人纷纷改变看法，认为鸦片买卖残害民众时，沙逊家
族却仍把鸦片看作普通商品，直到鸦片贸易彻底被禁，才迟迟收手。关于
鸦片毒害或者这桩买卖的道德问题，沙逊家族的档案找不到半点疑虑的痕
迹。不过这种对鸦片买卖性质的漠视，并非沙逊家族独有。《犹太人在中
国》（*Israel's Messenger*）是唯一在中国出版的赛法迪犹太语杂志，也只
字未提鸦片一事，显然是故意避而不谈，因为19世纪末，当地其他出版物
对鸦片的辩论和探讨可谓如火如荼。[57]他们在涉及家族利润时，并不会关
注什么道德问题。即使沙逊家族那些没有染指这桩买卖的家庭成员，哪怕
他们对当时许多社会和政治问题持不同意见，但面对鸦片贸易时，整个
家族还是会团结起来，甚至为之奔走呼号。沙逊·大卫的女儿蕾切尔·比
尔，同时也是《观察家报》和《星期日泰晤士报》的主编，对1895年皇家鸦
片调查委员会的人员任命评论称，"委员会的人员任命在印度造成了极大的
不公"，并预言委员会出具的报告将粉碎"反鸦片主义者的运动"。[58]而
蕾切尔的侄子、诗人西格弗里德·沙逊经常开玩笑自嘲说，自己是沙逊家
族的穷亲戚，对祖上那些不管财富来源清白与否的先人这样写道：

229

> 看呐，祖上这些穿金戴银的商人，
>
> 聚集在某个死亡殿堂；
>
> 他们摸着自己的胡须，是那般神情自若、深谋远虑、小心谨慎，
>
> 暗处慢慢移动的，是他们的脸庞，
>
> 悄声耳语交谈的，是巨大的财富，
>
> 无光眼神默许的，是又一桩买卖。[59]

在中国的新发展

　　清朝统治自1644年开始，至1911年结束，朝野腐败、农民起义和饥荒导
致了清廷的垮台。虽然中国当时某些阶级和群体因经济发展而兴盛，但全国

性贫困、饥荒和洪灾促使民族主义日益增长，指责清朝官吏和清政府甘愿接受外国政府无理要求，把中国卖给外国。遗憾的是，1912年宣布成立的"中华民国"经历了许多磨难，受到多重因素的干预，比如军阀将领统治，还有

230 外国势力插足。当时，中国三分之一的商品从英国进口，而英国五分之一的商品从中国进口，沙逊家族则利用了这一贸易差。[60]

从经济层面来看，中国的自由放任政策不仅涉及商业领域，也包括货币政策，各种商会都趁机扩大了自己在中国和外国贸易中的权力。[61]两家沙逊洋行均继续担任汇丰银行的董事。一战后最大的变化是，怡和洋行在汇丰银行董事会谋得席位。汇丰银行1865年开业，此后数十年，沙逊家族一直都在阻挠怡和洋行的加入。为表抗议，新沙逊洋行决定与汇丰银行断绝往来，并于1922年底辞去董事会职务，不过老沙逊洋行的一名代表仍然留任。[62]汇丰银行在战后重新恢复自身地位，利润也得以提升。

一战刚结束，印度国内矛盾便出现激化。新沙逊洋行对印度民族主义的崛起感到紧张，开始考虑将资产转移到国外。战争期间，新沙逊洋行各棉纺厂积累了相当丰厚的利润，这是投资制造业带来的好处，不过新沙逊洋行对印度的前景也越来越担心，于是将重心转到中国，尤其是上海——中国首个国际大都市和经济重心。19世纪最后20年，上海贸易增长400%，十分惊人。这种转移体现出19世纪全球的动态变化，当时"工业化拉开序幕，规模巨大、不近人情的大都市崛起"。大城市导致"新社会关系出现，并加速了信息传播"。[63]

20世纪初，上海租界分属于14个主权国家，划分为四个独立的片区：

231 国民党统治区，20世纪20年代末开始，由蒋介石领导的国民党统治；公共租界，区内的外国人享有治外法权，并接受上海公共租界工部局（以下简称"工部局"）管辖，工部局则由11个西方国家的代表组成；虹口区，由日本单独管理；法租界，由法国驻上海总领事管理。上海公共租界工部局代表的是那些在公共租界持有大量房产的富商。从工部局的记录可以看出，1877—1920年，两家沙逊洋行在上海置办了29处房产，大多都是低价买进，据称其中两处最大房产的价值在几十年内升值超过25倍。[64]1910年前后，

沙逊家族加大在上海房地产界的投资力度，事后证明确实有利可图，这些
房地产的价值20年后又涨了十倍以上。

沙逊家族也好，其他外商也好，都用同样的方式保护自己在上海的房
地产：游说工部局，不让那些不受欢迎的人入住公共租界，要么给基础设
施方案使绊子，比如阻拦当局拓宽道路，以免蚕食自己手中的地产。上海
《市政公报》（*Municipal Gazette*）记载了大量关于两家沙逊洋行与上海市
政府对簿公堂的故事。有一次，两家沙逊洋行联合反对工部局给当地人发
放许可证，生怕更多人住进来，影响自己在公共租界的利益：

> 上述区域有大量外国人居住，敝公司认为，获批的房屋将在整体上严
> 重损害我们在租界的居住权益，尤其将引起已有居民的反对。他们的妻儿
> 此后将不得不目睹一切不雅、不守秩序的乱象，甚至面临光天化日之下遭
> 受欺辱的风险。[65]

至于"不雅"和"不守秩序的乱象"具体性质是什么，沙逊洋行没有
明说，但他们此举的意图很明显：插手公共租界事务，哪些人可以在租界
居住，哪些人被拒之门外，工部局还得考虑他们的意见，免得影响如今房
地产价格猛涨的势头。

除了房地产之外，新沙逊洋行还试图拓展自己在上海的贸易版图。
1923年，他们购买了阿恩霍德公司大量股份（后来完全接管该公司）。此
举的目的在于利用阿恩霍德在中国庞大的分支机构，将业务扩张到自己没
有设立据点的地方，比如北京、汉口和奉天。19世纪60年代，北欧某犹太
商业家族的三名后代成立阿恩霍德公司，向中国出口欧洲工业成品，同时
进口茶叶、丝绸、木柴和油类。该公司是在中国最大的欧洲公司之一，几
乎垄断了木材出口——这桩买卖有利可图，因为当时中国的军备和铁路
建设正在铺开。[66]新沙逊洋行买入股份时，阿恩霍德公司自己在中国的资
产组合也很值钱。这次合并算是强强联手，也受到市场的热烈欢迎：两
家专业领域各异、业务据点互不交叉的公司联手，组成"东方最大的企

232

业"。[67]这次收购之后，新沙逊洋行并没有对阿恩霍德公司的管理结构操刀，到后来，虽然H.E.阿恩霍德担任工部局主席多年，但这次收购却让新沙逊洋行主席维克多在公共租界的政治事务中捞到强大的发言权。

公司易主

新沙逊洋行的领导层变化，公司易主。伊莱亚斯的长子雅各布是新沙逊洋行在孟买的掌舵人，但没有子嗣继承家业，而兄弟几人当中只有爱德华信得过（不要与阿尔伯特的儿子和继承人爱德华混淆）。1915年，印度总督批准了一项法律，被继承人可设立信托基金，"以便将从男爵的头衔与荣誉作为信托内容"[68]，这项规定对雅各布尤其有利。次年雅各布去世，爱德华不仅继承了他的主席身份，也继承了他的从男爵头衔。雅各布大部分工作时间都在印度和中国度过，爱德华却更像英国人，他在孟买出生，很小就被送到中国，后来又为了子女能够享受优质教育搬到英国。爱德华住在伦敦时髦的格罗夫纳广场，在布莱顿也有一处乡村别墅。1907—1908年冬春之交，爱德华回了一次孟买，与兄长雅各布商讨公司业务，视察了多家棉纺厂，并会见了公司大客户；其余时间他基本上留在英国，负责新沙逊洋行的各种注册和分散经营事项（为了规避纳税责任）。[69]

爱德华和莱昂丁在格罗夫纳广场的宅邸，随处可见华丽丝绸和中国古董

20世纪20年代初，爱德华身体状况恶化，多次中风让他只能在轮椅上度日；小儿子赫克托死于急诊腹部手术，让他因悲痛而瘫痪。他和他的兄弟迈耶都于1924年去世，大笔遗产都留给了爱德华的继承人维克多以及迈耶的遗孀莫泽尔·加贝。虽然爱德华只留下50万英镑，但迈耶避税有方，留下了近2800万美元的遗产。维克多还继承了父亲的头衔，成为沙逊家族在孟买的第三代从男爵。按照一贯风格，维克多没有披露遗产数目，他轻描淡写地说："往高了估，对信用始终有好处。"[70]由于没有其他人选，爱德华去世之后，维克多成为新沙逊洋行的新任主席，也将成为沙逊商业帝国最后的掌门人。

1881年，维克多在意大利那不勒斯出生，当时他父母正好在该地庆祝结婚一周年。

其父爱德华是伊莱亚斯的第四个儿子，其母莱昂丁是开罗著名犹太商人的女儿，活泼又有教养。莱昂丁对维克多的童年产生了巨大影响，她的为人处世之道在维克多成年后也仍然发挥重要作用。维克多的女性朋友伊冯娜·菲茨帕特里克（Yvonne Fitzpatrick）给母亲留下了良好印象，维克多为此感到高兴。[71]他从母亲那里学会了招待他人和举办大型宴会的门道，每次去伦敦，维克多第一个看望的就是母亲，一直到1950年莱昂丁去世。

与那一代大多数沙逊家族成员不同的是，维克多没有进入伊顿和牛津读书，而是在哈罗求学，然后在剑桥的三一学院攻读历史，并于1903年获得学位。他后来被称为"伊夫斯"（Eves），取自他全名埃利斯·维克多·伊莱亚斯·沙逊（Ellice Victor Elias Sassoon）的首字母。维克多从小就是航空爱好者，一战期间曾加入皇家飞行队，并因不明原因导致的坠机事故受伤（关于坠机的说法不一，有的说他是被敌军火力击落，有的说他是在飞行训练中坠机）。

维克多余生都没离开手杖。[72]他对身患残疾的自卑情绪从来没有消失，父亲中风后靠轮椅度日的形象一直在他脑海里挥之不去，维克多于是"发誓此生坚决不坐轮椅，虽然要靠拐杖度过余生"。[73]战后，他往返于

234

印度和中国，为新沙逊洋行工作，1922年被派往孟买，接管公司在印度的事务。

同时，老沙逊洋行的掌门人也发生变化。大卫最小的儿子弗雷德里克于1917年去世，由创始人的曾孙大卫·加贝接管。他是一位有本事的商人，精于财务，会计能力尤其出色。大卫·加贝一直担任老沙逊洋行掌舵人，直到1928年去世。如后文所述，沙逊洋行的创新和远见已延续了近百年，沙逊商业帝国过去靠着这种精神生存下来，并发展壮大，然而今时今日，这种精神早已荡然无存。从此角度来看，进入20世纪后，可以说没有哪位沙逊家族成员取得过举世瞩目的商业成就。虽然菲利普不像西格弗里德那般对家族生意漠视不管，且作为正式员工在老沙逊洋行任职，后来还被任命为公司总裁，但实际上对家族业务也没有起到多大作用。

菲利普·古斯塔夫·沙逊是爱德华·沙逊与艾琳·德·罗斯柴尔德的继承人，从小在锦衣玉食中长大（与另一位著名的家族成员沙逊·西格弗里德成长环境完全不同）。家族生意虽然给了他奢侈的生活，他对操持家业却无甚兴趣。菲利普在伦敦和巴黎长大，是家族第一批完全接受英国教育的成员之一，没有去国外游学，也没有商界实战经验。他和妹妹西比尔在父母亲位于公园巷的宅邸度过了童年时光，假期则在肯特郡海滩度过，此外还定期探望住在巴黎马里尼街的外祖父母，前往法国北部尚蒂伊的罗斯柴尔德城堡小住。菲利普跟妹妹西比尔手足情深，即使妹妹婚后也没有改变。西比尔主要在法国接受教育，并跟随私人教师学习几国语言、音乐和绘画，[74]两人都对艺术兴趣浓厚，跟堂姐汉娜·加贝关系密切。无论是菲利普还是西比尔，对慈善事业的兴趣都不如其他家族成员。对他俩而言，艺术远比慈善来得重要。

菲利普曾就读于伊顿公学，后来在牛津大学基督教堂学院学习现代史。菲利普的双亲在他20岁出头时去世，除了继承一大笔钱之外，菲利普还继承了位于伦敦北部特伦特公园的豪宅和肯特郡的乡村别墅。除此之外，还有印度的房地产，包括曾祖父在浦那的宅邸以及父亲在老沙逊洋行的股份，菲利普因此成为"英国最富有的年轻人之一"。[75]按照父亲

235

愿望，菲利普参加了东肯特郡义勇骑兵队，并于1907年成为少尉。第一次世界大战期间，菲利普曾于1915—1919年担任英军元帅道格拉斯·黑格（Douglas Haig）爵士私人秘书，在战争后方经历了这场大战，躲过了西格弗里德笔下血淋淋的恐怖与残酷。父亲去世后，菲利普履行承诺，跟随父亲步伐从政。在父母双方家族的资助下，菲利普通过补缺选举获得海斯的议员席位，而此前该席位自1899年起一直由爱德华爵士占据，直至1912年去世。

236

菲利普时年23岁，是当时最年轻的议员之一，但他最痴迷的还是艺术，对艺术的热爱和渊博学识令人叹为观止。他是著名的美学家、鉴赏家和赞助人。1921年，英国首相劳埃德·乔治（Lloyd George）看中菲利普的专业知识，任命其为英国国家美术馆受托人。此举令菲利普成为该美术馆史上最年轻的受托人。1933年，菲利普又被任命为该美术馆主席。同时，他还是泰特美术馆和华勒斯典藏馆的受托人，在英国美术界可谓上演"帽子戏法"，同时在多家重要美术机构担任职务。[76]菲利普藏品丰富，主要收藏18世纪绘画作品，还发起过一次绘画复兴运动。他赞助过约翰·辛格·萨金特（John Singer Sargent）和其他艺术家的创作，他在公园巷宅邸的墙壁上也挂有许多精美画作，包括萨金特为他母亲和妹妹画的肖像画。[77]著名艺术史学家兼英国国家美术馆馆长肯尼斯·克拉克（Kenneth Clark）这样描述菲利普——"他就像哈伦·拉希德一样，名下的三处豪宅洋溢着东方的华丽古雅，对朋友关怀备至，为人机智多情，富有神秘色彩。"[78]

237

菲利普曾担任劳埃德·乔治的议会私人秘书，在1920年4月的圣雷莫会议上发挥作用。国际联盟在此次会议决定了对前奥斯曼帝国领地巴勒斯坦、叙利亚和美索不达米亚等行省的委任统治权分配问题。会议肯定了《贝尔福宣言》中对罗斯柴尔德勋爵的保证，即英国支持该家族在巴勒斯坦为犹太人建立民族家园。世界犹太复国主义组织主席哈伊姆·魏茨曼（Chaim Weizmann）出席了会议（后成为以色列首任总统），并对菲利普无心巴勒斯坦或犹太事务感到愤怒，表示唯一无视"巴勒斯坦"事务的

238

人就是劳埃德·乔治的另一位秘书——菲利普·沙逊，他碰巧还是英国代表团中唯一的犹太人。[79]不过，沙逊家族其他成员也并非犹太复国主义支持者，虽然他们向巴勒斯坦慈善机构捐了一些钱，但主要用于宗教目的。菲利普虽然是某犹太教会堂成员，但"似乎对祖辈的信仰无动于衷，而是通过投身于人类最美的绘画作品，找到精神出口"。[80]菲利普很迷信，坚持"在他的车上和飞机上放置眼镜蛇吉祥物"。西比尔同样对犹太教保持疏远，并且跟哥哥一样，对犹太复国主义持怀疑态度，称如果这场运动的目的是"为俄罗斯信仰犹太教并遭受众多苦难的教徒打开大门，那我完全支持，不过我个人不相信犹太人会在他们那片古老的土地上重生"。[81]

菲利普对高层政治舞台的兴趣更浓，曾将自己靠近海斯林姆尼港的豪宅（建于1913—1914年，开普荷兰式风格）借给英国首相劳埃德·乔治和法国总统亚历山大·米勒兰（Alexandre Millerand）使用，供他们讨论德国的战争赔偿问题。菲利普未必在这些谈判中发挥了重要作用，但他显然很乐意偶尔能接待两位政要。有人嘲笑菲利普的所作所为，英国法西斯分子奥斯瓦尔德·莫斯利（Oswald Mosley）认为，菲利普"战时担任过黑格元帅的私人秘书，战争一结束，又在和平年代担任劳埃德·乔治的私人秘书，简直是年轻一代的笑话"。[82]莫斯利的反犹太主义是时代精神的产物。当时有一篇文章，谈及任命犹太人雷丁勋爵为印度副王一事，基本对菲利普的能力持相反观点："真正的危险是，我国政府眼下已经有太多犹太人掺和，现在又多了一个。劳埃德·乔治先生的一切行动背后，都有菲利普·沙逊爵士的隐秘之手在操纵。"[83]不过，更常见的是抨击菲利普在当时政要劳埃德·乔治和温斯顿·丘吉尔面前展现的奴性。普鲁斯特（Proust）作品的译者C.K.斯科特·蒙克利夫（C.K.Scott Moncrieff）甚至写了一首诗来抨击菲利普：

海斯议员菲利普·沙逊

他腰缠万贯、出手大方、皮肤黝黑、身材纤弱，谄媚奉承、卑躬屈膝、不拘小节、空洞乏味……

他居住的豪宅昂贵贞洁

他本人的品位无懈可击……

看来，菲利普·沙逊爵士和他的父辈们

已经在英国定居了好些年

他们的友好入侵不偏不倚

为我们的内阁带来赞助，为我们的国王带来现金……

菲利普爵士从头到尾都像双面人，

既是巴格达银行家，又是肯特郡贵族

现在的他，更是同时扮演四个角色，

奴才、地主、外交家、笨蛋。[84]

菲利普（白色衣服）以空军部副部长身份视察空军

　　菲利普在劳埃德·乔治的多党制政府任职多年，希望谋一个部长职位，最终在首相斯坦利·鲍德温（Stanley Baldwin）任期内实现。1924年大选之后，鲍德温任命菲利普为空军部副部长。菲利普盘踞该职位共11年，第一次任期从1924年到1929年，第二次任期从1931年到1937年。他的这份差事干得很开心，并且理所当然地认为航空事业将蓬勃发展，空

240

中力量会变得更加重要。菲利普喜欢自己的上司塞缪尔·霍尔（Samuel Hoare）爵士，由于服役期间结识了空军部各位主管，所以履职也很轻松。"威尔士亲王打电话给我，说他要喝杯鸡尾酒，以表对这项任命的支持。"[85]

菲利普写了一本书总结自己的第一个任期，名为《第三条路线》（The Third Route）。该书讲述了菲利普的普通航空旅行，还有作为空军部副部长到世界各地的旅行——考察英国空军，视察空军基地选址。菲利普到访的国家包括伊拉克，这是他曾祖父母的故乡，现在接受英国委任统治。"伊拉克是首个尝试通过空中力量维持和平与秩序的国家。要全面控制地面部队，成本巨大，英国不得不搞这项实验。"[86]20世纪20年代初期，英国皇家空军曾轰炸过伊拉克的城镇和村庄，镇压该国对英国统治的反抗。菲利普到访伊拉克时这样表示自己的期望：

> 了解巴格达当地情况，借鉴这个陌生而神奇的国度的某些精神。事实上要不了多少时间：进入伊拉克的那一刻，就会被它的魅力所吸引，这片土地拥有厚重的历史沉淀，还有各种传说、宗教和寓言。[87]

他说，伊拉克作为"英国仆从"很幸运，让费萨尔（Faisal）当国王也很幸运。1921年，英国政府扶植费萨尔为伊拉克国王。菲利普曾与费萨尔一起喝咖啡，看着底格里斯河上的船只时，他感受到了这位国王的魅力，国王对法国文学的了解也令他感到诧异。值得注意的是（鉴于菲利普在英国长大，上流社会充斥着东方色彩，菲利普的行为也许算不上怪事），菲利普跟弗洛拉及其家人不同，没有在巴格达寻亲或寻根。他到访巴格达只是为了公务，不过还是抽时间参观了城市博物馆，"随处可见乌尔和其他地方挖掘出来的古物，令人陶醉"。[88]菲利普的私人文件也没有体现出与祖辈出生地的任何私人联系，或对此地的任何私人感情。他以英国人和年轻部长的身份到访此处，"似乎想淡化自己的东方出身"。[89]

菲利普对家族生意也几无兴趣，尽管他是老沙逊洋行的名誉主席。

菲利普的父亲希望儿子能投身家族生意，但档案资料却找不到任何一封他与公司的书信往来，其传记中也很少提及家族业务或对家族生意的兴趣。[90]他的兴趣在于政治、艺术和豪宅。菲利普曾斥巨资购买路易十四和路易十五时期的艺术品和家具。20世纪20年代中期，英国曾有多次引人注目的社交宴会，均在菲利普位于伦敦北部巴尼特附近特伦特公园的宅邸举办。菲利普一生未婚，并很可能是同性恋，但在那个年代，同性恋话题是禁忌，所以此事从来不曾公开，但很多人都这样怀疑。菲利普在两次世界大战之间的大多数朋友都是同性恋或双性恋，但这些关系并没有浪漫色彩，而是"建立在共同利益和轻松的私人关系基础之上"。[91]

242

　　战争还有一个重要影响，那就是进一步推动了沙逊家族两支血脉的英国化，很可能最终就此切断了他们与巴格达犹太人的渊源。从各个角度来看，菲利普对犹太教不感兴趣是沙逊家族那一代子孙的共同特点。在一本关于阿什利庄园的小册子中，沙逊家族族徽上的希伯来语箴言Emet ve Emmuna（"真诚与信任"）被隐去，仅保留了拉丁文的Candide et Contanter（"正直与坚定"）。此外，沙逊家族被认为是西班牙托莱多犹太人的后裔，这支犹太人流亡者显然比巴比伦犹太人更有声望。[92]菲利普不想与"东方"甚至犹太人身份沾上关系，这个愿望一望便知。有传言称，沙逊家族其他成员也希望将希伯来语字样从族徽上抹去，每当有亲戚从印度或中国来访，已经跻身上流社会的沙逊家族成员就会略感不适，因为"这帮东方亲戚到访就像不合时宜的提醒，让他们记起自己原本并不显赫的出身"，提醒他们原本跟西方上流社会毫不相干，让他们想起父母或祖父母那有着浓浓外国口音的英语，还有他们的宗教仪式和传承。[93]

　　20世纪20年代中期，沙逊家族彻底实现了曾经的梦想：把自己当英国人，跟英国王室往来亲密，盘踞议会席位，被授予贵族头衔，并且在整体上被英国贵族接纳。然而，这种西化也付出了代价，沙逊家族后代不仅抛弃了古老信仰，也切断了与古老家园的联系，更磨灭了对家族生意的热情，而当初将他们带到英国的，正是家族不断壮大的全球业务。

　　不过家族仍有一位成员坚守传统，那就是弗洛拉。她坚守承诺，不插手家族业务，把精力都投入到自己的小家庭和宗教学习。1924年，弗洛拉受邀在伦敦犹太学院一年一度的授奖典礼发表演讲，当天有一批拉比被授予圣职。这是学院建成69年来第一次邀请女性演讲，弗洛拉的演讲自然也围绕女性的职责开展。她也好奇，为什么在此之前没有女性在该学院发表过演讲。弗洛拉说，邀请函将她称为"能力最出众的女性"，因此受邀发表演讲。她问道，此言是否表示在她之前的女性都不出色？弗洛拉引用犹太法典《塔木德》以及妥拉的内容，指出在《圣经》时代，每当担当大任的男人无路可走时，就会向女性求助，并引用巴拉克的故事为据，此人"在困难时期"曾"带领以色列军队对抗迦南军队指挥官西西拉并要求女先知底波拉加入，与他一同对抗迦南，'你若愿意与我同去，我便与他一战；你若不愿意与我同去，我便不战。'"这个典故其实也能用来影射苏莱曼死后的几年。阿尔伯特和兄弟几个找不到合适人选来当家族业务掌门人，于是请弗洛拉出面，弗洛拉受邀在犹太学院演讲也是一样的道理："这个典故跟今天的情况很像，学院的人邀请我带头发表演讲，对此我想感谢上帝。"[94]

弗洛拉对宗教的依恋是如此强烈，她的子女也继承了这种虔诚。1921年底，弗洛拉身患残疾的女儿莫泽尔在伦敦去世。弗洛拉的儿媳妇在给其父母的信中提到，莫泽尔去世三年之后的1924年12月，弗洛拉一行前往埃及和巴勒斯坦，并在耶路撒冷旧城外的橄榄山找到莫泽尔的坟墓，信奉犹太教的人通常都埋葬于此。犹太人死后会尽快下葬，通常是在死后24小时内，犹太家庭对至亲的遗体很少进行防腐处理，更别提将遗体安放如此长的时间。[95]几年后，弗洛拉为了悼念女儿，以她的名义建立了慈善信托基金（285英镑，约相当于今天的17000英镑），用来帮助伦敦东区犹太学院——生命之树学院的贫困学生。[96]

当时，弗洛拉的儿子大卫作为希伯来语书籍收藏家已经声名远播。他的宅邸被描述为"哪怕是在伦敦这样的城市，也算得上是真正独一无二的图书馆"。一位记者用两个晚上参观了大卫的宅邸，并写道："这里是中世纪希伯来语权威书籍的宝库，收藏了世界各地用多种语言写成的希伯来《圣经》，比如16世纪初的波斯语译本。"[97]大卫成为坚定的藏书家，1902年，22岁的他前往大马士革，买下一本14世纪末的《圣经》珍本。为了买珍稀书籍和手稿，他愿意去任何地方，并走访阿拉伯世界的大部分地区，寻找古老的《圣经》版本和古籍。[98]1914年，最伟大的其中一名希伯来藏书家认为，当时大卫收藏的412份手稿"具有极其重要的作用，无论从艺术还是文学角度看都是如此"。[99]大卫后来珍藏的希伯来语和撒玛利亚语手稿超过1200份。

244

弗洛拉的女儿蕾切尔·以斯拉当时住在加尔各答，她也保留了旅行的传统。1925年，蕾切尔穿越叙利亚沙漠，并在题为"从大马士革到巴格达"的笔记中写道："别人再三警告我们，选择穿越沙漠，旅途艰辛，是愚蠢行为，因为我们出发的时机不对。"不过，这次旅行并非一路艰辛，当时驻巴勒斯坦高级专员赫伯特·塞缪尔（Herbert Samuel）爵士的司机驾驶凯迪拉克，从大马士革皇宫酒店接到蕾切尔一行，经叙利亚前往巴格达。"我们吃完下午茶出发，八点停下吃晚餐，中间走了160千米，总共算起来走了402千米——我们沿着一条没有尽头的笔直道路前行。晚上又点起篝火，喝了茶。第二天的黎明在神秘沙漠中显得异常美丽。"蕾切尔一行穿过幼发拉底河，看到了正在耕作的棉田。她总结说："如果有谁想体验独特之旅，我会推荐穿越沙漠抵达巴格达这条路线（原文为Bagdad），现在从欧洲到巴格达只需九天。"[100]遗憾的是，蕾切尔的笔记没有提及访问祖先家园巴格达的感受。

一战结束到20世纪20年代初，老沙逊洋行的颓势更为明显：这家公司的领导层已经迷失方向，家族内部也没有合适人选接管大任。越来越多的外部专业人士加入，盘踞公司管理层职位。菲利普和其他家族成员都把公司当成钱库，当成他们奢侈生活的摇钱树。沙逊家族第一代和部分第二代成员去世导致家族财富流失，因为英国遗产税相当繁重，再加上还要在子孙后代和配偶之间分割。到了20世纪20年代，在全球动荡不安的背景下，老沙逊洋行却错失良机，没有利用这动荡的20年实现业务全面多样化。除此之外，他们还要面临新竞争者和家族公司的崛起，比如哈同家族和嘉道

245

理家族，这两家公司的创始人都曾为沙逊洋行打过工，后来在香港、印度和美国创建自己的商业王朝，生意大获成功。20世纪20年代中期，沙逊家族的商业重心已经转到新沙逊洋行，新掌门人维克多·沙逊爵士的出现，将家族业务带入新的轨道。

第 12 章
从孟买到上海，1925—1949 年

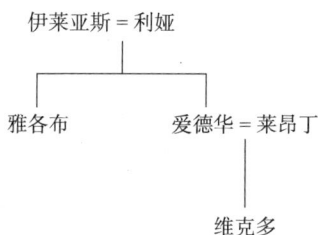

```
          伊莱亚斯 = 利娅
          ┌──────┴──────┐
          │             │
        雅各布      爱德华 = 莱昂丁
                         │
                       维克多
```

　　维克多·沙逊于1922年抵达孟买，在新沙逊洋行供职，当时担任该公司主席的是他身体孱弱的父亲爱德华。两年后，爱德华去世，维克多子承父职，掌管新沙逊洋行上海办事处——上海最有价值的公司之一，并且担任该市犹太社区的实际负责人。顺理成章，维克多代表孟买米勒纳斯协会在印度立法会议获得一席，并且两次担任该职务，第一次是1922年至1923年，第二次是1926年至1929年。印度立法会议是国务会议的下院，1919年，该组织根据《印度政府法》成立（并于1947年解散），目的是安抚一战期间民族主义者对更多自治权的要求。维克多现在必须更详尽地学习业务，作为一家印度企业的掌门人，应对各种政治经济挑战。政治方面，民族主义崛起，社区暴乱。经济方面，此前新沙逊洋行大势收购多家棉纺厂，现在不得不应对行业低迷的影响。维克多因性格直言不讳知名。[1]
　　1928年，他在印度立法会议发表言辞激烈的演讲，抨击印度共产党人，警

告称"如果现在不把印共红色队伍赶出印度，他们肯定会把印度领导人培养成宣传家，从内部'扰乱社会秩序'"。谈及自己在中国的经历，维克多预言布尔什维克不可能在中国兴起，这个预言显然不准确，随后他又放话说印度正在与历史上"最危险的民族敌人"交手，印共在印度的影响就是国之大敌，"其目的是让所有有文化的阶级'遭受痛苦'"。[2]维克多就像那个年代的许多人一样，认为共产主义和民族主义是硬币的两面，是对商业和帝国的双重威胁。鉴于共产主义和民族主义都在当时的反殖民主义运动中占据主导地位，维克多的想法并不奇怪。

维克多目睹了新沙逊洋行工人的一系列罢工和要求，认为这些活动是最近崛起的不屈不挠民族主义的产物，在维克多看来更甚的是，共产主义在工人中流行开来。实际上，20世纪20年代最后几年（1917—1920年），印度生活成本上涨超过50%，再加上雨季侵扰和1918年流感疫情，导致"以阶级为基础的抗议运动"出现，印度首个工会成立。[3]同时来自日本工厂的竞争日益激烈，情况更加恶化。孟买工厂主认为，只有两种方法可以对抗这种竞争，要么废除纺织品消费税，要么降低工人工资（一旦降低工资，就会出现更多罢工）。[4]维克多提倡提高效率，鼓励纺织业同行尽可能地削减管理成本，同时"竭力提高工人效率"。维克多对一位记者说，"每个有志孟买繁荣发展的人，都会想着提高工人效率。"[5]尽管面对这股热潮，新沙逊洋行棉纺厂的工资和工作条件在孟买仍然名列前茅。维克多甚至还支持印度第一部《工人赔偿法》的出台（工人可依该法获得事故赔偿），不过他担心该法案在孟买和加尔各答以外的地区难以实施，这样其他地区的工厂和棉纺厂就会获得不公平优势。

维克多在立法会议的主要议题之一就是卢比。20世纪初开始，印度卢比的估价相对较高，政府被迫采取措施，应付商业需求的种种变数。原本一卢比相当于1先令4便士，后来政府出台方案将卢比的价值稳定为1先令6便士，贸易界表示强烈反对。这项政策加剧了维克多对印度副王雷丁勋爵的不满（雷丁是法官，任印度副王之前，也是首位犹太人出身的英国首席大法官爵士）。在维克多看来，印度还没做好准备，雷丁就将自由主

248

义政策扣到这个国家头上。维克多对雷丁的财政部部长巴兹尔·布莱克特（Basil Blackett）爵士也是越发不满。维克多感到不舒服的是，自己与民族主义者国大党在卢比价值一事上身处同一阵营，因为双方都认为外商会成为卢比升值的受益者。

维克多给伊冯娜·菲茨罗伊（Yvonne Fitzroy）的信件比立法会议的记录更有启迪性。伊冯娜曾担任演员和护士，1920 年她作为雷丁勋爵夫人的私人秘书来到印度。维克多在信中大谈特谈自己对印度的看法以及这个国家面临的选择。维克多与伊冯娜的关系十分亲密，给她所有书信的署名都以"爸爸"自称。伊冯娜 1926 年回英国，维克多还将自己位于汉普郡韦斯特格林花园的豪宅让给她用。维克多曾买下这处豪华庄园，但很少去住。伊冯娜在这里一直住到 1971 年去世。两人书信往来大多谈及政治和经济，没有明显的情话，外人也不清楚两人是否有风流韵事。正如后文所述，维克多喜欢貌美女郎的陪伴，但似乎只是为了欣赏对方的美丽和魅力。1923 年的一封信中，维克多向伊冯娜谈及自己在德里立法会议的第一次辩论，承认自己对辩论艺术一无所知，因为从未踏入下议院，但他还是对布莱克特枯燥乏味的辩论感到不寒而栗。维克多在信中长篇大论，详细介绍了大会的来龙去脉，因此觉得伊冯娜读这些内容会感到乏味：

> 可怜的伊冯娜，你不得不听我这般唠叨。外面下着大雨，我正在试着用新款便携式雷明顿打字机打字，你还有什么别的选择呢？也许我还是送你两组丝袜吧，作为听我唠叨的赔礼。
>
> 你的
>
> 爸爸[6]

249

维克多对政府的批评集中在与贸易和金融直接相关的问题上，比如盐税或联盟银行的法律地位，还有他最讨厌的议题，即卢比价值问题。维克多告诉伊冯娜，卢比升值的提议对沙逊家族生意有利，但违背印度国家利益，因此自己强烈反对这种升值。维克多不同意伊冯娜说自己一直在跟印度副王对着干，坚持认为自己基本上是在跟财政部斗。[7]维克多的意见在媒体或议会的反响并非始终良好。有人致信《印度时报》（*Times of India*），认为维克多爵士及游说团体"印度货币联盟"的其他人只不过代表棉纺厂利益。信中嘲讽维克多对印度农民的同情，这些"棉花大亨过去竭尽所能从贫穷棉农手中榨取金钱"。[8]该报还批评说，"维克多·沙逊爵士在下议院表现很糟糕……他坚持戴着灰色高帽入席"，这种夸张打扮是在强调"议会荒诞可笑的不确定性"。[9]

维克多于1923年底退出议会，1926年雷丁勋爵离开印度后，又重新回去任职三年。维克多不相信斯瓦代希运动，该运动的理念是印度自治，鼓励购买印度货，抵制英国货。此外，维克多也怀疑圣雄甘地及其策略。工人罢工让工厂陷入停工泥潭，维克多对此感到恼火，也很不耐烦，但他还是过于将印度困境简单化。维克多坚信一切问题都源于共产主义，在外国的帮助下，这种思潮占据孟买工会运动，而反对者则活在担心丧命于此的恐惧中。[10]

老沙逊洋行渐渐撤出印度，新沙逊洋行1914—1924年在印度的业务却大规模扩张，纺织机数量增长，机械与工厂投资额也有所增长。[11]不过，此后问题却逐渐凸显。沙逊棉纺厂的一次股东大会决定，削减资本以及普通股持有人的权利。有些股东对公司这番安排不满，离开会议厅时，连声喊着："丢脸，丢脸！"

一位印度股东告诉维克多："沙逊家族就像印度斯坦王公，拥有人们的信任。"不过这位股东也认为，公司主席的计划只是为了保护那些持优先股的股东——也就是沙逊家族成员自己的利益。[12]来自印度其他地区和国外（主要是日本）的竞争日益激烈，维克多就此在立法会议上多次提出警告。1927年底，维克多预见了印度和中国的倾销战；他认为，印度当局置本土棉纺厂于不顾，为此要承担严重风险。维克多将棉纺织业比作"躺在路上的伤员"，并警告说，除非为这个行业提供保障，否则将承受严重打击。[13]

棉纺织业面临危机，再加上整个国民经济疲软，导致1924—1930年印度民众暴乱增加。其中多次暴乱因印度教与其他教派冲突引发，并迅速蔓延到全国大部分地区，造成本土商业活动中断。自19世纪80年代初期开始，各地暴乱的消息通过电报和报纸传播，激起更多报复行为。往往印度教的宗教节日前后，民众关系就会变得紧张。

棉纺织业的困难时期，也是鸦片贸易的落幕时期，这点从1924年的代理人英商三美路商会（Samuel, Samuel & Co.）给新沙逊洋行的一份备忘录就能窥见（英商三美路商会是1878年成立的贸易公司，于1907年合并）。关东厅，即租借并管理关东地区的日本政府机构，曾与该商会在满洲里南部的办事处接洽，询问该商会是否能提供印度鸦片，商会转头又问新沙逊洋行能否供货，"估计将按照你方给我们台北办事处提供波斯鸦片的方式供货"。英商三美路商会在台湾的主营业务就是鸦片，在满洲里南部也有小规模经营。新沙逊洋行没有答复该请求，不过洋行当时能否弄到多少印度鸦片也值得怀疑，除非他们手里还有存货。[14]

251

尽管面临诸多经济和政治问题，维克多仍然不失为真正的生活家，懂得享受荣华富贵，沉醉在爱好之中。他对赛马的热爱到了痴狂的地步。父亲去世后，维克多从一位生意不景气的印度棉花大亨那里买了几十匹马，并耗资超过11万英镑在浦那建了一处私人赛马场，用来训练这些马。维克多私人生活极尽奢华之时，棉纺厂却连工人的工资都发不起，医院负债累累，学校也因没有资金支持而关闭，他的挥金如土因此显得十分不合时宜，正如《印度时报》所言，这是一种"荒唐和令人震惊的"行为。[15]而这些声音并没有打消维克多对赛马的热情，他的赛马场每周三和周六都会举办比赛。只要在城里，他就从浦那别墅出发，开着他那辆黄色豪车前往赛马场，车牌号也是定制的"EVE1"。维克多经常开玩笑说，"只有一个种族（赛事）比犹太人高贵，那就是德比（马赛）"。[16]1927年，维克多差点赢得马赛冠军，但被朋友弗兰克·柯曾（Frank Curzon）击败，维克多之后四次赢得比赛。与沙逊家族祖辈一样，维克多虽在娱乐方面挥金如土，但在慈善事业方面毫不吝啬。建造赛马场的同一年，维克多拿出60万卢比设立基金（大约为娱乐开支的一半），捐款给印度当地慈善机构。[17]

252　　从维克多的私人日记可以看出他忙于商务和政务，再加上大量旅行，繁忙程度更甚。维克多每年至少乘豪华游轮旅行一次，像其他头等舱乘客一样，他会事先收到航运公司的小册子，其中详细介绍了航线和其他乘客的名字。维克多每次都会标出那些认识的人以及希望结交的人，无一例外。[18]维克多对这类社交生活兴致盎然，乐此不疲。他在日记中一连数周记下午餐和晚餐，有些是商务性质，有些是娱乐性质。在一次关于"主义"的演讲中，维克多认为人们大多被动地接受所读或所听内容的思想和观点，缺乏自身理性思考。他认为，自己这一代人与祖辈不同，忙得没有思考时间，而这种广为流行的"浮躁"是"精神紊乱的表现，如不加以控制，可能会导致完全心理失常。"。[19]

253　　维克多在家时会花时间组织和举办晚宴。从他的日记可以看出他的精心策划，包括挑选客人、安排座位，目的是让晚宴的回报最大化。[20]1927年，维克多在家中举办了一次晚宴，出席的有旁遮普总督、军方官员、政界和商界人士，此外还有英国驻印度军队的朋友，但没有巴格达犹太人。在1929年12月举办的晚宴上，维克多印制了人物介绍卡，上面有每位来宾的简短说明，从中可看出印度精英阶层的社会生活："考特尼·特雷尔爵士，比哈尔邦首席大法官，专利法权威，对童子军运动和印度经济发展有浓厚兴趣。"[21]

　　20世纪20年代末期，维克多在印度的时间越来越少。他对印度僵化的税收制度和繁重的课税负担越来越苦恼，特别是上诉期间缴纳所得税的义务，于是每年都会到上海住上两个月，将这座城市视为自己施展商业和社交抱负之地。[22]维克多对印度国库的贡献十分巨大，以至于有传言称他准备离开印度时，中央税务局于1929年向孟买所得税专员发出备忘录，通知称当局怀疑维克多把钱转移到国外，在印度用贷款开展业务，建议对此开展调查。[23]

　　维克多在立法会议的最后一次演讲中谈到税收制度不合理、[24]政府官僚机构的重压与印共对本国的威胁。维克多坚信，政府在减轻商人负担方面做得不够，并认为"立法机构有相当一部分人只顾攫取眼前政治利益，无暇顾及国家重大经济利益"。他责备政府不支持一般工业，特别是棉纺厂。[25]

1929年华尔街股灾和随之而来的经济萧条对印度产生严重影响，进出口业务减少，对农业部门和国内贸易的打击尤其明显。20世纪20年代末期，新沙逊洋行多家棉纺厂均报告称损失惨重，储备金枯竭。[26]国大党领导的抵制活动加剧了棉纺厂困境。维克多声称，抵制"是种族因素造成的，不然无法解释为何外国人管理的工厂最先遭到抵制"，而且只有承诺改善工作条件，不进口外国商品，才能逃过一劫，但印度本土工厂却没有这个义务。孟买的劳资关系仍然很紧张；迫于工会压力，劳工委员会建议工人每周工作54小时，工会希望争取减少到48小时，但维克多和其他工业家则争取60小时。[27]维克多认为，孟买似乎"正在走向经济自杀，只会导致当地生活水平下降，落得与印度其他地区齐平的结果"。[28]

1931年7月，维克多宣布将在几个月内离开孟买前往上海，从此将上海作为主要业务中心。维克多称，他留在印度的主要业务——棉纺厂有自己的管理层，所以可以放心离开，不过维克多此举其实是出于公共关系的考虑，因为他确信印度不能像中国那样给他个人和生意带来活力。在维克多看来，中国刚结束内战和动乱，局势相对稳定，并且中国的银行很愿意参与携手发展上海的计划。维克多承认，新沙逊洋行棉纺厂跟孟买其他企业一样，无法与印度人经营的工厂竞争，因为后者的管理开支要低得多。一次采访中，维克多承认离开孟买主要是因为"外国人在印度的前景似乎并不光明"。他预见斯瓦代希运动会带来很大麻烦，而且跟许多英国政界人士一样，维克多也意识到了"长期认为印度自治会走向不明确未来的假设是空洞的"。[29]对比之下，维克多认为中国虽然曾遭受英国和其他国家欺辱，被迫签订不平等条约，但中国仍然欢迎外资帮助以及发展方面的建议。除了棉纺厂之外，维克多决定赛马场在有人接管之前先保持原样，因为他不想赛马场的大量员工流离失所。[30]

维克多宣布退出孟买成为国际事件，从《德臣西报》（*China Mail*）

254

到《爱尔兰时报》（*Irish Times*）等全球各地媒体均有报道，也在一定程度上引起印度银行机构的焦虑。英国政客则纷纷表示放心，称维克多并未切断与印度的所有关系，只是不再投入更多精力。[31] 维克多于当年10月离开印度，动身前不久接受《印度时报》采访时也是这种基调，"如果能防范印度政局动荡，我对印度的立场其实不悲观"，并呼吁印度民众"努力避免社区紧张局势，在各社区之间达成妥协"。[32]

上海

自19世纪40年代起，沙逊家族就以不同形式在上海占有一席之地。伊莱亚斯与阿尔伯特分道扬镳之后，新老沙逊洋行均扩张了自身在上海的据点和业务，其他巴格达犹太人也涌入中国寻找财富，上海成为鸦片、丝绸和茶叶的贸易中心，表现十分活跃。上海的巴格达犹太社区规模很小，1895年拥有商业执照的为175人，但社区之间联系紧密，要么联姻，要么通过生意互相往来，有时是联姻和生意两方面的因素兼有之，不过其影响力却远远超过人数所占的比例。这些犹太居民大多是忠诚的英国臣民，每个安息日为王室祈祷成为当地礼拜的特色。上海巴格达犹太社区一直是英国及其全球政策的坚定支持者，不过并非所有犹太人都家境富裕，住在公共租界和法租界的居民与那些住在国民党统治区的下层中产阶级之间存在着明显的社会鸿沟。[33] 许多有头有脸的豪门拥有令人艳羡的宅邸和大花园，比如嘉道理家族的嘉道理公馆（俗称大理石宫），就如宫殿般豪华。此外，富有的巴格达人还以奢华的娱乐和宴请活动著称。巴格达犹太社区的英国化最初是为了确保后代（包括男性和女性后代）接受全面英语教育，培养他们对英国理念的认同。

与印度不同的是，上海的巴格达犹太社区不喜与当地人融合。孟买巴格达犹太社区会学习印地语，但在上海，只有极少数犹太人会说官话——上海当时的主要语言。作为后来者，维克多与巴格达社区保持距离，也逐渐疏离儿时和成长过程中的宗教信仰。[34] 他仍然庆祝重大犹太节日，1938

年，维克多在伦敦过赎罪日，前往圣约翰伍德的自由派犹太教会堂做礼拜，不过他在日记中提到"与A共进午餐"，表明维克多对斋戒很随意，[35]有人说，维克多"对宗教信仰的松懈可能在某种程度上影响了他与东南亚巴格达犹太社区的关系"，[36]尽管如此，他在上海关系最密切的朋友，如埃利斯·哈伊姆（Ellis Hayim）和嘉道理（Kadoorie）家族，都是巴格达犹太人，不过维克多没有像曾祖父当时在孟买那样，成为上海巴格达犹太社区的领袖。

新沙逊洋行的巴格达特色也在淡化。1931年，上海一位巴格达犹太员工的妻子给弗洛拉和苏莱曼的女儿以斯拉夫人写信求情，请她在维克多面前美言几句，希望被解雇的丈夫能获得第二次机会，这位员工妻子还在信中哀叹公司掌门人太过遥远："以斯拉夫人，这里的犹太人在维克多·沙逊爵士面前人微言轻。"[37]越来越多外人或者跟异教徒结婚的亲戚加入新沙逊洋行，为公司注入新鲜血液——维克多的堂妹维奥莉特嫁给德里克·巴林顿·菲茨杰拉德（Derek Barrington Fitzgerald）上尉。德瑞克是来自爱尔兰古老家族的军官，曾在战争中负重伤，后来成为维克多最信任的人之一，并担任新沙逊洋行伦敦办事处的高级主管，不过这些外人和亲戚的加入也标志着公司性质的转变。

1937年，维克多与孟买巴格达社区几位领导人举行罕见会晤，就公司的人员任命交换意见。维克托提醒说，新沙逊洋行人员聘用的主要标准并非宗教信仰，而是工作业绩，"哪位犹太人效率高，我们就聘用哪位"，并且称自己的公司"并非为信奉同一宗教的人服务的慈善机构"。[38]整个20世纪，公司与领导人信仰的关联，实则为领导人与员工信仰的关联，在慢慢弱化。此前雅各布已经宣布星期六不再歇业，从印度搬到上海之后，当地犹太社区规模小，沙逊家族与犹太社区的关系也不那么牢固，更是加速了宗教信仰弱化的过程。

至少一开始，维克多公开讨伐印度的税收制度，小心翼翼地限制自己在英国停留的时间，以免在英国承担责任，这些所作所为导致他融入上海社会有些坎坷。香港和上海的大班（旧时洋行经理）始终认为，"大英

257

帝国运作起来就像俱乐部，不交会费就享受所有特权，算不得公平"。[39]这里的"会费"即纳税，表达了对维克多避税行为的不屑。不过这种言论也有偏见在其中作祟。尽管维克多不像祖辈那样与巴格达联系紧密，但依然无法避免他人的偏见。一次派对上，有位女士问维克多乘坐哪种交通工具回家最方便，维克多正准备回答，这位女士的朋友插话说："你不骑骆驼吗？"[40]

上海外滩拔地而起的沙逊大厦钢架

偏见归偏见，维克多的影响力却不容忽视。据估计，他从印度转移到中国的资产为2800万美元，至少相当于今天的5亿美元。[41]当时的中国虽然存在诸多问题，但上海却在蓬勃发展。维克多注意到上海到处都在建房子，总结说投资建筑生意会带来可观的回报，房地产开发因此成为维克多的第一要务，也成为那2800万美元的主要去处。维克多是高层建筑的先驱，他将一批曼哈顿的建筑师和工程师拢到麾下，成立新公司华懋地产，建造远东第一批摩天大楼。沙逊大厦（后来被称为"华懋饭店"）的竣工在上海轰动一时。作为上海第一座11层楼高的建筑，沙逊大厦采用当时最先进的建筑工艺，至今仍伫立在上海外滩的繁华路口。大厦一楼和二楼主要租给医疗机构和律所办公，三楼用作新沙逊洋行和阿恩霍德公司办公室，往上楼层用作饭店客房，顶部为240英尺高的墨绿色金字塔形铜顶。维克多有意打造"东方克拉里奇酒店"，将大厦一整层用来举办私人宴会，并设有豪华宴会厅，[42]顶层是维克多的私人套房（大厦如今已改名费尔蒙和平饭店，维克多的私人套房也改名为"沙逊总统套房"），从维克多的卧室可眺望外滩和城市美景。大厦由公和洋行的乔治·威尔逊（George Leopold 'Tug' Wilson）设计，体现了这名设计师"将建筑比例、规模、外观与简约内部装饰、色彩与照明完美结合"的理念。[43]

沙逊大厦于1929年8月隆重开业，被誉为"远东第一大楼"。[44]大厦的金字塔顶和方尖塔体现出20世纪20年代现代主义和艺术装饰主义的典型细节，再加之恢宏规模，沙逊大厦很快成为上海地标。从空中俯瞰，乘客可以看到刻在大厦侧面的字母V和S，维克多也是"历史上首个将自己姓名首字母刻入整座上海城的人"。[45]1937年中国的抗日战争爆发之前，沙逊大厦一直用作新沙逊洋行总部，不过对维克多还有他那个圈子的人来说，这座大楼首先是举办奢侈聚会、音乐会和舞会的场所，这些喧闹繁华，也正是上海那十年的特色所在。沙逊大厦因拥有上海最豪华的歌舞厅而闻名，来自欧洲的歌舞剧演员每晚都会在此演出。此外，沙逊大厦的"马与猎犬"（Horse and Hounds）酒吧也非常有名。与华懋饭店比肩的是沙逊商场，内设高档古董店和服装店，还有一家颇受欢迎的茶馆。不过那个年代的上海，要想破除文化和种族偏见并不容易。当时饭店一楼洗手间的"绅士淑女专用"和"中国人专用"标语立即掀起轩然大波，直到标语更换后风波才平息。[46]

259

不久之后，维克多又建了都城饭店，这次是16层，200间客房和200间浴室。他的下一个目标是建公寓楼，"减少富商用于保养豪宅和聘请大批人马的开支"。汉弥尔登大楼就是这样一座公寓式酒店。20世纪30年代中期，《财富》杂志称维克多为"上海首屈一指的房地产商"，1927年至1935年，外滩地皮价格增长三倍多，维克多的财富也大大增值。[47]截至1937年，他在上海拥有30多家公司，当时上海共28座10层以上的大楼，维克多占了6座。

根据新沙逊洋行档案，1933年初，维克多拥有22块地皮，包括外滩地皮在内，总价值265万两，折合100万美元，相当于今天的5500万美元。[48]
不过这个数字严重低估了维克多房产的价值。根据中国最近的资料估计，
新沙逊洋行1921年的投资组合价值1330万两，即1120万美元，相当于今天
的2.2亿美元以上。[49]如果这份资料估价准确，考虑到十年间房价飞涨，按
照今天的货币价值计算，新沙逊洋行的房产在1937年可能接近20亿美元
（本人估计比较保守，估价大概为12亿—15亿美元，但这个数字依旧令
人震惊）。维克多的整体战略是在上海建立纵向一体化的房地产与服务
帝国，从建筑材料供应商，再到大厦建成之后运营所需的商业网络，统统
都拢到自己手中，加以控制。上海有这么一个笑话，说乘的是沙逊洋行的
有轨电车，去的是沙逊大厦的灯红酒绿之地，喝的是沙逊啤酒厂生产的啤
酒。维克多确实在一家啤酒厂和多家洗衣店持有股份，这些公司均为沙逊
旗下的酒店提供服务，此外，员工上下班乘坐的电车运营公司，维克多也
持有股份。[50]虽然新沙逊洋行身价猛涨，却依然拒绝提高工人薪水，因此
引起中国工人的失望与愤怒，并通过工会表达不满。[51]

　　维克多在上海得到亲表兄弟卢西恩·奥瓦迪亚（Lucien Ovadia）的帮
助。这位表兄弟跟维克多的母亲一样出生于埃及，并在法国接受教育。20
世纪20年代初，奥瓦迪亚加入新沙逊洋行曼彻斯特办事处，厌倦工作后辞
职，后转去伦敦的一家比利时银行工作，并在此掌握了国际金融知识。全
球外汇市场进入极端动荡时期，奥瓦迪亚成为业界首屈一指的外汇专家。
维克多因此邀请这位表兄弟来管理新沙逊洋行的财务，虽然奥瓦迪亚看中
的业务偶尔会遭到维克多的干涉，但他把洋行的财务管理得井井有条，并
坚持用数字说话，判断哪些项目该叫停，而非感情用事。20世纪30年代
初，奥瓦迪亚趁合适时机加入维克多的公司，新沙逊洋行当时正好将银行
业、石油业务以及房地产作为业务重心。[52]维克多深信，通过生产纺织品
赚取利润的日子已经一去不返。尤其是看到冤家——老沙逊洋行关停曼彻
斯特办事处，宣布上海、加尔各答和卡拉奇办事处从纺织品贸易抽身，维
克多更是笃定了这一点。新沙逊洋行棉纺厂仍在运营，但不再有新投资，
不过二战期间由于需求激增，这些棉纺厂又起死回生。

老沙逊洋行仍在汇丰银行董事会占有一席之地，但新沙逊洋行于20世纪20年代初从该银行董事会退出，开设了自己的银行。该银行总部设在伦敦，设有几家分行，尤以香港分行著名，不过银行资产约750万英镑，约相当于今天的5亿英镑，与当时财大气粗的其他商业银行相比微不足道。[53]即使该银行专攻远东的房地产交易，对老牌银行而言，其竞争力也是微乎其微，更别提在汇丰银行这样的业界巨头面前。[54]仔细查阅新沙逊洋行的银行资料就能发现，维克多在上海的业务主要是与其他地区中等规模的银行合作（从借贷两个方面），其次是与个人（主要是巴格达犹太人）或公司交易。[55]不过，维克多的这家银行还是有一些显著成就：向淮河委员会贷款23.8万英镑建造淮河水库，取得仁安羌（Yenangyaung）油田控股权，在英属缅甸石油公司持有相当比例的股份，经初步地质勘探，缅甸油田潜力巨大，当时正在开发。[56]

考虑到外汇波动，奥瓦迪亚减持卢比和银圆，买入英镑和美元。根据中国的一项研究，1936—1940年期间，沙逊集团以英镑计价的投资约70万英镑。[57]该研究的作者此前撰写了有关沙逊家族的文章，称1941年12月日本偷袭珍珠港之前，新沙逊洋行设法从中国转移走了700多万美元（约相当于今天的1.3亿美元）。[58]

维克多对汇率仍然关心，并全身心投入中国的货币辩论，由于他的观点在金融市场具有巨大影响力，因此持续广泛地见诸媒体报道。他支持中国降低汇率的政策，让商品出口更有竞争力，同时打击日本。虽然中国仍采用银本位制，将货币与白银价格挂钩，但国际贸易商担心中国政治局势，中国货币因此走弱。维克多一度提出"缓解方案"，让中国接受英国的英镑贷款，不过当局和媒体批评了该方案，理由是从英国贷款会给英国贸易带来好处。[59]维克多还主张发行与英镑挂钩的"沪元"，以缓解中国，尤其是上海严峻的金融形势。同时，维克多继续支持白银政策，将金融危机归咎于美国，因为美国的白银购买计划导致白银价格上涨和严重外流，给中国及其主要贸易中心上海带来灾难性后果。[60]1934年，美国颁布《购银法案》，旨在振兴中西部的银矿开采业，但中国因此被推入经济大萧条。[61]

维克多认为自己是全球主义者，会针对那些自己有经验或感兴趣的国家提供政治和经济建议。他建议美国购买印度白银，预测中国经济衰退将导致远东地区爆发战争，但战局来得不会像其他人想象的那样快。[62]

对维克多而言，与政治家、商人、记者和到访上海的电影明星共进午餐，是一种稀松平常的生活。不过接连不断的旅行，才是维克多最重要的生活组成部分。从维克多的日记能看出，他曾游历美国各地，每年到伦敦和欧洲旅行，到公司各办事处考察。1930年，他从香港启程前往神户、横滨，然后北上温哥华；1931年，他在欧洲游历数个星期；1932年，他到访日本，然后乘船前往美国；1934年，他又动身去开罗和塞得港度假。在开往美国的船上，发生了一段小插曲，让维克多哭笑不得。当时蒸汽机船在开往火奴鲁鲁途中靠岸，海关官员登船搜查了维克多的船舱，在他其中一个行李箱里发现了啤酒和葡萄酒。这位官员没收了这些酒，并逮捕了维克多。"实在是太好笑了"，他对媒体评论说："我感到很尴尬，不知道自己违反了你们美国哪条古老又好笑的法律条文。"后来维克多缴纳了150美元罚款，被放回船上。[63]维克多算是一位高超的商人，巧妙地将商业和娱乐结合，几乎涵盖自己所有兴趣领域。在将个人兴趣与家族生意融合方面，维克多可谓做到了极致。20世纪30年代末，维克多几乎周游各大洲，数十次横跨大西洋，基本上游遍欧洲各大城市，其中有的是为了观光旅游，有的是为了招募欧洲工程师，参与中国的工业化进程。维克多所到之处，无一不是受到最高规格的招待。维克多喜欢奢侈生活，1934年，他在上海郊外建造了一座名为"罗别根花园"的乡村别墅。公和洋行负责该别墅设计，在建筑方面自由发挥，将这块地建成"上海最美的花园之一"。公和洋行利用流经该地的小溪，打造了一个人工湖。这处洋房属英国古典式乡村别墅风格，外墙可见粗犷的建材，宽敞的起居室砌有大壁炉。[64]

维克多的另一大爱好是摄影，20世纪30年代更是到了如痴如醉的程度。不管待在家里还是人在旅途，维克多的脖子上几乎总是挂着相机，身边也常常有约会的女性相伴左右。有传言称，维克多爱好摄影就是幌子。每当他看到长得好看的女性，就会提出为对方拍摄照片，再索要地址，把照片寄给对方。南卫理公会大学保存的维克多私人文件中，有成千上万张这类照片，其中许多是他为偶遇的女性所拍，少数几位穿着泳衣，有的衣衫不整，有的甚至全裸。[65]一位当时认识维克多的社交名媛回忆说，"女人为他痴迷""一方面是因为他富甲一方，另一方面是因为他身上的神秘感让女人好奇"。[66]这位名媛说维克多曾送给她两打法式长筒袜，自己是多么欣喜；当她发现送丝袜不过是维克多遇到心仪女人时的惯常招数，又是多么失望。不过对那些倾心的女人，或者喜欢对方陪伴在侧的女人，维克多送出的礼物则豪华奢侈得多。比如作家艾米丽·哈恩（Emily Hahn）就获赠了一辆雪佛兰蓝色双门跑车。[67]哈恩是一名记者，二战前与中国政治家以及维克多关系密切。1944 年，哈恩出版回忆录《中国与我》（China to Me），并在回忆录中称，自己曾把手稿拿给维克多看，征求对方意见。维克多看了几页，直言不讳地反馈："无聊乏味。"令哈恩大为震惊，于是又推翻重写，最终交出满意的书稿，哈恩觉得维克多在这件事上"帮了大忙"。[68]维克多剪下哈恩的书评，夹在日记里，就像忠实粉丝一样。[69]

维克多天性并不浪漫，对那些他萍水相逢并拍过照片的女人，他在日记或书信里头的评价可能令人感到冷酷无情。在一封写给意大利公主朱莉娅（Giulia）的信中，[70]维克多谈及他结识的女人。关于这位公主，我们只知道维克多 1936 年要求伦敦办事处帮她在法国的房子办理抵押贷款。他在这封信中写道："我想拍一些安吉拉的照片，不过我担心她拍出来不好看，海伦·麦克贝恩也是如此，不过马乔里·贝斯拍出来的效果很好。"[71]在给这位公主的另一封信中，维克多附上了一张裸照，更直截了当地说："模特照片比本人好看多了。"[72]

在维克多的日记中，既有女性照片，也有剪报、晚宴菜单以及他心仪游轮的乘客名单。在一次回欧洲的旅行中，他剪下了报纸上的一篇文章，该文（错误地）称沙逊家族来自西班牙托莱多，而且其中一位家族成员

264

曾是威尼斯的犹太秘法家。[73]只要有关于自己的新闻报道或描绘自己给美女拍照的漫画，维克多一定会把这样的报道或配图贴到日记本里。无论何时，只要报纸公布参加宴会或庆典的名单，而且其中有他的名字，维克托肯定会把这部分内容剪下来，贴到当天的日记中。

每年1月1日，维克多都会写下过去一年的年度鸡尾酒配方（对前一年配方的回顾，而非新年配方）。比如有一款配方名叫"绿帽子"，由2/9的杜松子酒、2/9的君度酒、2/9的法国苦艾酒、2/9的薄荷酒和1/9的柠檬调制而成。还有一款配方名叫"芭芭拉"，由1/2的伏特加和1/2的酸奶油以及少许可可甜酒调制而成。这本日记向后翻几页，可以看到维克多的圣诞礼物清单和现金奖励，金额从5英镑到1000英镑不等，无论是摇身一变成为公司员工的"女友"，还是正常招聘上岗的员工，人人有份。[74]维克多的银行支出更是能看出他在酒店和娱乐方面的大手笔。[75]

维克多的其他日记内容能看出他在战争年代对美食的品位以及对潮流的追求，其中包括他中意的菜肴食谱，如咖喱鳟鱼和橘子煎饼。时至今日，他那道著名的爆辣"沙逊咖喱"，连同他调制的几种鸡尾酒配方，仍能在上海的繁华街道——外滩的几家餐馆找到。他告诉某记者，作为单身汉，自己一直追求可以快速烹饪或者能够长时间保存的菜谱，因此他的咖喱酱放在冰箱冷藏之后更可口。[76]虽然维克多热爱美食，他对自己的体重却很在意，因为弟弟34岁时就因肥胖去世。为此，维克多的日记里能看到低脂饮食和瘦身技巧。[77]他对女性和平常生活的态度在很大程度上受到自身残疾的影响，许多人认为这是他直到晚年才结婚的原因。腿部受伤和使用手杖可能导致他患上强迫症，认为需要证明自己有本事。他明明热衷于聚会与音乐，出于身体限制，无论是跳舞、骑马还是游泳，都只能咬牙忍受痛苦才能做到。1959年，直到去世前两年，77岁的维克多才与他在拿骚的美国护士艾弗琳·巴恩斯（Evelyn Barnes）结婚。

265

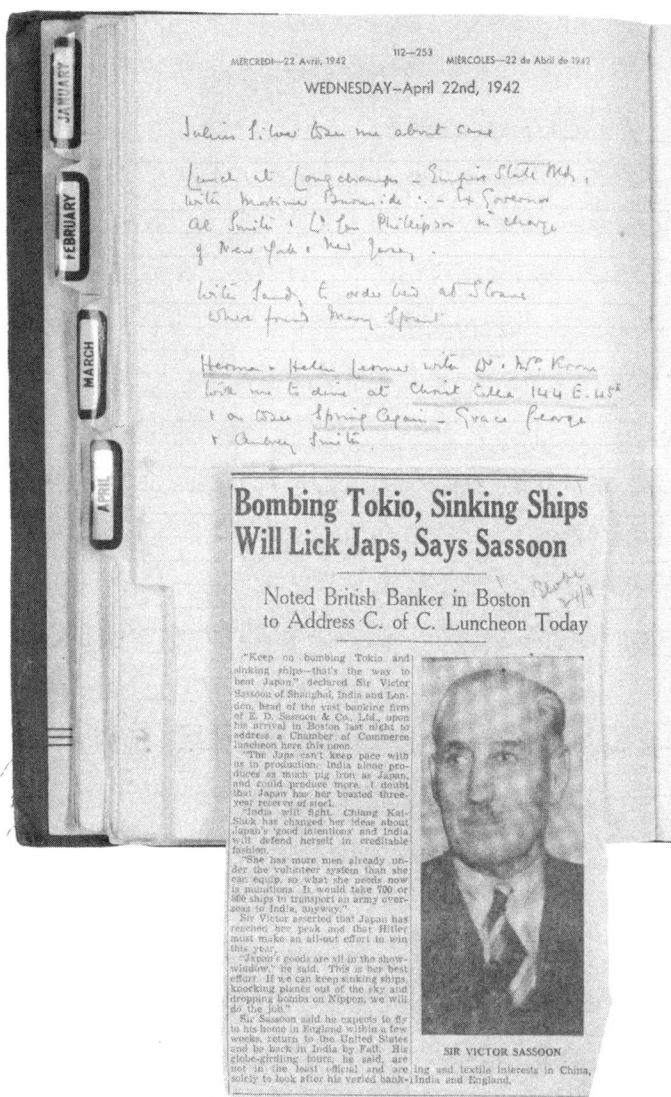

MERCREDI—22 Avril, 1942　　112—253　　MIÉRCOLES—22 de Abril de 1942

WEDNESDAY—April 22nd, 1942

Bombing Tokio, Sinking Ships Will Lick Japs, Says Sassoon

Noted British Banker in Boston to Address C. of C. Luncheon Today

"Keep on bombing Tokio and sinking ships—that's the way to beat Japan," declared Sir Victor Sassoon of Shanghai, India and London, head of the vast banking firm of E. D. Sassoon & Co. Ltd., upon his arrival in Boston last night to address a Chamber of Commerce luncheon here this noon.

"The Japs can't keep pace with us in production. India alone produces as much pig iron as Japan, and could produce more. I doubt that Japan has her boasted three-year reserve of steel.

"India will fight. Chiang Kai-Shek has changed her ideas about Japan's 'good intentions' and India will defend herself in creditable fashion.

"She has more men already under the volunteer system than she can equip, so what she needs now is munitions. It would take 700 or 800 ships in transport an army overseas to India, anyway."

Sir Victor asserted that Japan has reached her peak and that Hitler must make an all-out effort to win this year.

"Japan's goods are all in the show-window," he said. "This is her best effort. If we can keep sinking ships, knocking planes out of the sky and dropping bombs on Nippon, we will do the job."

Sir Sassoon said he expects to fly to his home in England within a few weeks, return to the United States and be back in India by Fall. His globe-girdling tours, he said, are not in the least official and are solely to look after his varied bank-

SIR VICTOR SASSOON

ing and textile interests in China, India and England.

维克多日记中有关自己的新闻剪报

　　20世纪30年代初，比起死气沉沉、经商为重的孟买，"高楼大厦、霓虹灯、夜总会、爵士乐队、冷气电影和港口军舰"[78]围绕之下的上海更适合维克多这样追求纸醉金迷的人。他积极投身文化生活，参加音乐会，举办盛大晚宴。有一次，维克多举办了一场有200人参加的大型花园派对，当时中国一位著名艺术家刚刚结束在苏联和欧洲的巡回演出归国，国际艺术剧院为这位艺术家举行庆功宴，维克多的宴会也是其中一环。[79]维克多还热衷于中国艺术，尤其是收集玉石和象牙。后来，维克多离开中国，自费出版了三本大部头，全部都是关于他的藏品，并邀请伦敦的著名悉尼象牙专家爱德华·卢卡斯（Edward Lucas）撰写评论，《泰晤士报文学增刊》（*The Times Literary Supplement*）将这套象牙藏品三部曲描述为"战后英国出版界最为豪华的一套书"。[80]第一卷主要介绍佛教人物、历史人物和神话人物；第二卷介绍花瓶、匾额和手托；第三卷介绍壶、盘子和鼻烟壶。根据这套书的前言，维克多经常从满族人那里购买这类藏品，1915—1927年，满族家庭能从政府收到赠礼。当时维克多的藏品估价为12.7万英镑，相当于今天的750万英镑。[81]部分藏品如今收藏在伦敦的维多利亚与阿尔伯特博物馆。[82]

不过，维克多最大的心头好还是赛马，这是叔叔大卫·伊莱亚斯（伊莱亚斯的小儿子）从小灌输的结果。这位叔叔的外号叫"农基"（Nunkie），对生意毫无兴趣，但喜欢赛马，本身也是优秀骑手。农基是喜欢玩弄女性的花花公子，即使自由开放如上海，他的名号也很耸人听闻。农基72岁去世，当时维克多正在南美洲旅行，没能参加葬礼。不过，农基最后似乎还是体面离世，按照其生前指示，遗体安放在"有水晶和黄金装饰的优雅棺材"里。此外，虽然他生前过着花花公子的生活，但还是按照家族传统，给巴格达犹太社区留下了一笔遗产。[83]

维克多也继承了家族投身慈善事业的传统。他为上海一所国立医科大学捐赠一大笔资金，鼓励外国学生学习中文，1935年捐款建了一家收容所，帮助那些从俄国逃到上海落脚的妇女。[84]他跟家族祖辈一样，慈善捐赠通常与权力和权贵挂钩。维克多与蒋介石的小舅子走得很近。蒋介石是国民党首领，20世纪20年代一手策划了对共产党人的"清洗"，并将中国大部分地区拢到自己的统治之下。1935年，在华懋饭店的一次招待会上，维克多被国民党政府授予一级金质奖章。他与国民党的密切关系，后来影响了他对中国多起事件以及中国共产主义崛起的判断。

当时伦敦的弗洛拉正在安排自己的身后事。1935年底，她起草了临终遗嘱。很可能是考虑到英国繁重的遗产税，弗洛拉在遗嘱中强调自己的祖籍在巴格达，并且在孟买长大："本人仍然在孟买保留有永久住所，并且在我丈夫生前一同居住于此。"她指定儿子大卫为遗嘱唯一执行人，将遗产分配如下：2500英镑给女儿蕾切尔，5000英镑给女婿大卫·以斯拉爵士，2500英镑给儿媳妇塞利娜；孙子孙女年满30岁时，每人可获得2500英镑；她的三个兄弟姐妹每人500英镑；她的侄子和侄女每人100英镑。凡是在印度和英国为她工作六年以上的家政人员，她也留了六个月的工资。她给儿子大卫留下了2500英镑，专门处理她生前留下的义务，以及与"本人所有房地产、个人财产、不可移动或可移动的财产，包括本人可能拥有一般财产处理权的财产"相关的义务。[85]

两个月后的1936年1月14日，弗洛拉在伦敦去世。《士蔑西报》（*Hong Kong Telegraph*）在讣告中哀悼称弗洛拉是"伟大的学者、名媛和商界女性"，称赞她"为商界和世界事务贡献了巨大的知识"。[86]英国首席拉比称赞她是"现世妥拉，虔诚、智慧、善良与仁慈"。[87]弗洛拉在布鲁顿街的宅邸被称为各国学者的"沙龙"，是连接伦敦和印度的纽带。她敞开大门，迎接各方来客，在伦敦感到孤独的学生总能在她的住处找到一丝慰藉。每个星期六下午，弗洛拉都会开放这处宅邸，供任何想来参观的人探访。据说她"走路像女王，说话像圣人，盛情待客好似东方君主"。[88]弗洛拉举办宴会和宴席常以东方菜肴招待宾客，并因此闻名，她还坚持让宾客品尝每一道菜。不管从哪一方面来说，弗洛拉都是女族长。"她最开心的是促成了一对年轻人的好事，原本在地球两端的两个人被巧妙地安排到一起"，当时她的宅子里"洋溢着东方犹太婚礼的欢笑声和音乐声，仿若置身巴格达或仰光"。[89]

弗洛拉人生后30年的照片从哪个角度看都是贵妇人的形象，无论是气质还是外表。"一头银发，气质满满，穿着高贵典雅，总是戴着名贵的七股珍珠项链"。[90]弗洛拉非常健谈，总是以委婉的方式提出恰当的问题，记忆力也很惊人。作为职业经理人，弗洛拉取得了非同寻常的商业成就，

268

拥有独特的商业天赋，可惜的是，沙逊洋行的那帮男人一直不愿意接受女性担任家族掌门人，等他们意识到弗洛拉的才能，为时已晚。《威斯敏斯特评论》（Westminster Review）发表了一篇题为《妇女与解放》的文章，赞扬弗洛拉的巨大经商才能，称她"完全独自掌管沙逊洋行在孟买的大宗银行业务长达六年，并取得巨大成功"。[91]不过该报犯了一个常识错误，弗洛拉掌管的并非银行业务。弗洛拉退任之后，继续在维护家族价值观和传统方面发挥关键作用。她先是凝结家族业务，后来又把家族成员团结起来，不管是生意还是家族，要是没有弗洛拉，大概都会分崩离析。

日本侵略

当时国民党"围剿"共产党人，引起了外国势力的注意。中国一旦统一，就会威胁日本对朝鲜半岛及其以北的南满铁路附属地的控制。英国当时不再将鸦片列入议事日程，对华政策得到英国民众的赞许和支持。1931年，日本军方制造了一起冲突，成为后来中日战争的前奏以及日本侵华的借口。1934年，日本跟蒋介石达成一系列秘密交易，扩大在华势力。而这些勾当一旦公开，就会受到共产党人攻击，激起全国人民反对。[92]从那时起，日本的扩张野心盖过了它与上海牢固的经济关系。多年来，日本在上海投资超过10亿日元，并向上海出口各种商品。1937年7月，中日双方在北京郊区发生一起小规模冲突，再次成为日本更大规模侵华的借口。消息传开，上海群情激奋，爱国浪潮涌现，并组织了一场抵制日货的运动，在那个年代，抵制日货基本上是一种象征性行为，[93]当局会在全市范围内动员志愿者。7月中旬，北平和天津相继沦陷。同年8月13日，淞沪战役爆发，一直持续到同年11月下旬，成为日本对中国发动的第一场大规模战役。当时在上海的外国人都目睹了这次会战，纷纷关注战斗动向，这场会战后来被称为"长江流域的斯大林格勒保卫战"，[94]让全世界都认识到了这场战役的重要性。日本人本以为能速战速决，但街头巷战导致他们伤亡达9万余人。[95]

1937年8月14日，拥有350万人口的上海遭到日军轰炸。这座世界第五大城市被炸得措手不及：2000多人在这次被称为"黑色星期六"的空袭中丧生，[96]上海与腹地的联系被切断。有几颗炸弹击中公共租界，死伤极为惨重。一枚炸弹落在"南京路外滩一头"，刚好在沙逊大厦外，"街上横尸遍野，有的甚至身首异处"。[97]维克多的得力助手卢西恩·奥瓦迪亚当时正在华懋饭店的办公室，被爆炸震得从这头抛到了那头，旁边的沙逊商场也被炸毁。奥瓦迪亚和饭店高级管理人员急忙逃到大楼上面几层。尽管遭到空袭，饭店员工第二天还是开放了餐厅和酒吧，商场则设了警戒，以免遭劫，并趁这段时间做好店铺安保措施。战火纷飞导致上海食品成本猛涨，投资者信心骤降。

270

维克多镜头下的日军入侵上海

这次空袭让上海元气大伤。当年8月下旬，新沙逊洋行上海办事处给伦敦办事处发电报，称局势趋于平静，业务恢复了一部分。[98]外国银行恢复营业，但自日本全面侵华战争爆发以来，英国人已损失600多万英镑。每个人都认识到，即使立即停战，生意在几个月内也无法恢复元气。同年10月，贸易中断对上海的影响变得越发明显：航运业务崩溃，运输量不到往常的20％，大多数工厂被迫停业，食品稀缺导致价格飞涨。[99]日本全面侵华战争刚爆发时，维克多正前往欧洲避暑，10月回到上海。1938

年初，他从上海给伦敦的一位董事写信说："无论是从政治还是金融角度来看，上海眼下局势似乎都是前所未有的严重和危险。"[100]几天后，维克多担心地说："日本人将扼杀所有外商业务，只有日本商品才能进入中国。"[101]战争爆发一年后，局势没有明显好转。虽然每天的敌对行动逐渐平息，但报道称上海贸易动脉已经萎缩，英国在该市的投资总价值严重缩水。[102]不过，维克多的日记却显示，上海精英名流的生活一如往常，聚会、晚宴和射击场郊游，仍是一副歌舞升平的景象，而且至少持续到1940年。

一开始，日本侵略者基本上没有染指上海公共租界和法租界，这几块飞地逃过了外围地区战火纷飞的命运，但随后也遭到残暴占领，因为日本人企图将秩序强加给外国。日军任命了多名"专家"来处理上海各社区事务，其中有两名"犹太专家"，一位称"日本应该本着这个国家四海皆兄弟的精神接纳犹太人"，这种做法是为了对抗反犹太主义。[103]日本人还极力要求在上海工部局掌握更多权力，以便插手上海行政事务。他们还要求上海工部局保证"肃清"公共租界内的反日广播和政治广播。[104]早在这次侵华之前的19世纪末，日本对中国怀有帝国主义野心，并坚持要求在工部局占有一席。

作为人脉关系遍布全球的富商，维克多正好符合日本人心目中的犹太人形象。在日方看来，维克多不仅可以用来在上海犹太社区为舆论造势，而且在英国和美国也有用武之地。反之，这位富商本人也希望日本人控制涌入公共租界的难民潮。这次难民迁徙始于1933年，希特勒成为德国总理。当时纳粹德国将迫害犹太人定为国策，其他地方寻求避难的人数也有所增加，更是在1938年11月"水晶之夜"事件后达到顶峰。数以万计的犹太人住宅、企业、学校和犹太教会堂被破坏或摧毁。犹太人纷纷逃离德国和奥地利，数量之庞大，导致许多国家下达禁止犹太人入境的禁令。结果，上海成了犹太难民争相涌入之地，因为"这座城市处于外国势力控制之下，不需要通行证"也能进入。[105]（事实上，日本入侵和随之而来的动乱让大批犹太人毫无阻拦地进入该城市。）许多犹太难民身无分文，希望上海能成为他们前往澳大利亚或北美新家园的中途歇脚之地。与此同时，抵达上海的难民处境持续恶化。1938年11月至次年夏天，上海约2万名犹太难民，这些人经济拮据，难以度日。维克多既急于改善难民的困境，又不想让上海不堪重负。1938年，有传言称维克多在巴西购买了2万平方公里的土地，用于安置来自德国和奥地利的犹太难民。但巴西政府规定，只有掌握实用技能的犹太人才能进入巴西，维克多的计划最终不了了之。[106]

1940年底之前，维克多一直试图在日本人和英国人之间充当调停人，代表赛法迪犹太社区与当局打交道。1939年5月，维克多和朋友埃利斯·哈伊姆会见日本"犹太专家"，讨论难民问题，当时中国腹地受敌，数十万中国人流离失所并涌入上海，难民问题变得更加严峻。他们要求日本不要再接收难民，因为上海本身已经风雨飘摇，无力承受。[107]上海工部局的多名代表也敦促公共租界各国政府"尽一切可能阻止贫困或身无分文的人移民到上海"，[108]当时世界各国都对欧洲犹太人关上了大门，但上海的大门却敞开了一段时间，在自身难保的时期接纳了成千上万的犹太难民，让他们在战乱纷纷的年代有个安身立命之处，等战火平息再移民到其他国家，无论当时还是现在，都是上海和中国人民的一记功劳。虽然维克多迫切希望减少新涌入的犹太难民数量，但他仍努力改善这座城市难民的处境，并捐赠15万美元来帮助他们。[109]维克多还制订了就业计划，支持一批犹太人开办企业。维克多计算了在上海养活一个犹太人需要多少钱——一周约10先令，一年26英镑，然后拿这个数字来说服其他慈善机构提供帮助，就像今天很多慈善机构的做法一样。[110]

维克多自始至终保持对英国政府的忠诚。随着欧洲战争爆发，日本与德国的关系越来越密切，维克多与侵略国保持友好关系的机会也越来越渺茫。战争刚爆发时，维克多宣布捐款100万英镑（相当于今天的6000万英镑以上）用于战事，不过无法证明此传言是否属实，也不清楚具体金额是多少。[111]维克多与日本政府之间的分歧公开化。1940年初，维克多在一次美国之行途中抨击日本，并预言即将到来的经济崩溃将迫使日本人寻求

273

武力。日方对此猛烈抨击维克多，称他的言论"不仅是对日本军队的严重诽谤，也是对日本人民的严重诽谤"，[112]维克多的言论还立即遭到上海犹太社区谴责，甚至埃利斯·哈依姆也加入谴责阵营，并对上海日本官员对犹太难民表现出的"同情和礼貌"表示赞赏。[113]对于日方的"犹太专家"而言，这件事证明他们的策略起了作用：犹太社区对自己飘摇的地位心知肚明，日方可以在世界舞台上利用犹太人口口声声的感激之情。[114]另一方面，日本人对维克多的言论感到震惊，认为此举是一种背叛，这件事显然标志着双方"友好"关系的结束。

维克多无法返回上海，转而前往孟买，发现印度已经今非昔比。在他离开印度后的几年里，追求国家独立的民族主义运动蓄势待发；数以百万计的印度人动员起来，投身到非暴力反抗中。为了表达对英国统治的不满，民众频繁抵制英国当局，而英国政府通常是武力镇压，尽管如此，圣雄甘地仍决心"通过非暴力方式领导革命运动"。[115]1935年，第二部《印度政府法》出台，为自治省的管理制度提供了框架，并扩大了公民选举权，试图以此来确保英国对印度统治的存续。1939年，欧洲战争爆发，这次改革的局限性暴露无遗。当时总督通知印度的政治领导人，他们正与纳粹德国交战，此举激怒国大党高层，并引发大规模抗议活动，最终演变成要求英国殖民者"退出印度"（Quit India）的独立运动。

如同那次美国之行一样，维克多这次回印度也发表言论，分析和预测了世界局势。他继续批评国大党，宣称印度应该帮助英国，而不是忙着争取独立："每个印度人都必须认识到，只有击败希特勒，这个国家才能避免成为奴隶国家。"[116]维克多对甘地的"消极抵抗"政策也持批评态度，认为这一套对英国的敌人徒劳无益。维克多辩称，将印度的权力交给人民将是一场"灾难"。《印度时报》对此的反驳是："没人会把维克多爵士的建议当真，不过借此能看出，当国家需要民众表现出最大勇气和智慧的时候，某些人的想法会有多黑暗。"[117]早在1930年，维克多就曾试图插手印度领导人和英国人的统治。当时，他结交了一些印度政治家（比如与甘地和尼赫鲁关系密切的大律师、印度自治运动领导人M. R.贾亚卡尔），从他们口中弄清印度政界的来龙去脉。[118]不过直到1939年，维克多才开始了解民族主义运动，这时候的印度已经与他在立法会议任职那时不同，当时他周围都是亲英的印度人以及英国统治的代表。印度在二战中付出了沉重代价，战争快结束时，近200万印度士兵在全球范围内与纳粹德国和日军作战。1943年，缅甸遭到日本占领，大米供应中断，孟加拉爆发大规模饥荒；当局决策失误，导致印度200万人丧生。

维克多继续宣扬他那不切实际的预言，而这些预言显然有的一语中的，有的相差千里：1941年8月，他声称日本胆子小，不敢参战；之后几个月，维克多无论走到哪里都会重复这句话，宣称日本不会对美国或东南亚地区开战。[119]1941年上半年，他有五个月的时间都在美国巡回演讲。维克多声称自己是去卖珠宝，为皇家空军筹款，因为他本人曾是皇家空军老兵。[120]不过，他此行的真正目的是把自己打造成全球评论家。这个头衔明显能满足维克多的虚荣心，然而他也希望与政治家和生意人搞好关系，塑造战后世界格局。美国此行，无论维克多走到哪里，都会确保自己的观点见诸报端。维克多1942年的日记中，有来自美国和加拿大报纸的剪报。在波士顿商会的一次演讲中，维克多总结说，"本来轮不到我来对你们发表这番意见"，但他还是督促听众将胜利置于一切利益之上，并且将这场战争称为"生死存亡之战……为了普通人有权利按照自己的方式生活和思考而战"。[121]维克多的经济预测也同样经不起推敲，不过对他本人和沙逊家族还是起到了先见之明的效果。在孟菲斯的一次采访中，维克多预言"这场战争结束后，没人能再度变得非常富有"。此外，"不管西方国家是赢是输（原文单词为irrelevant），经济体系都会发生变化"。[122]美国之行也让维克多有机会跟那些在上海拜访过他并下榻华懋饭店的名人叙旧。1940年，维克多访问好莱坞，出席了为演员巴西尔·拉斯本举办的派对，出席这次派对的有查理·卓别林、劳伦斯·奥利弗、雷金纳德·加德纳、阿瑟·鲁宾斯坦、贝蒂·戴维斯、玛丽琳·迪特里希和费雯·丽。在这次派对的一张照片中，女演员宝莲·高黛拥抱了维克多[123]（有传言称，维克多与迪特里希和高黛有浪漫关系，维克多对此也从未否认）。

275

　　与此同时，上海局势越来越令人绝望。工部局开会讨论迫切需要增加收入、大米短缺等议题，会议记录的语气接近恐慌。[124]12月8日，日本偷袭珍珠港第二天，日本军舰在上海附近向一艘英国炮艇开火。一直以来，英美海军就在上海附近保持小规模驻军。1941年，驻军减少到只留一艘炮艇。随后，日本迅速占领外国租界（香港也在同一天遭到日本袭击。12月25日，香港沦陷，一直持续到二战结束）。这次事件标志着英国自第一次鸦片战争以来在上海的特权结束，"英国发现自己已经全面撤出中国"。[125]欧洲人对亚洲臣民的天生优越感也同样终结。日军占领了华懋饭店和其他外国人开办的豪华俱乐部。这些俱乐部"为侵略者提供了活动空间"[126]。然而，拥有英国公民身份的犹太人发现自己陷入两难境地。占领华懋饭店后，日本人审问了新沙逊洋行的几位高管，包括亨利·阿恩霍德（Henry Arnhold）。卢西恩·奥瓦迪亚算走运，当时正在国外谈生意，打算将都城饭店卖给美国某财团。珍珠港事件的消息传来，这桩交易也随之落空。1942年，奥瓦迪亚全年都与维克多一起在美国各地旅行，后来他在新沙逊洋行的战后战略计划中发挥了重要作用。

　　走运的是，维克多在日本人全面占领上海之前离开，但日本当局密切关注他在世界各地的反日言论。日本人注意到，苏联难民会转述维克多的某些反日言论，但也有传言说犹太人用心险恶，维克多是阴谋集团一分子，必须加以制止和反击。[127]日本人在德国盟友的压力下，对犹太人采取一系列惩戒措施，留在上海日占区的犹太人行动受限。1943年2月18日，日本军方将犹太难民统统赶到难民营，一直关到战争结束。其他巴格达犹太人，如嘉道理家族曾在香港遭到关押，到了上海，作为英国公民又一次被关押。难民营的生活艰苦，食物匮乏，难民身体状况极差，四年多的关押生活结束，出来时早已一无所有。[128]

　　维克多对中国未来的乐观情绪随着战事的演变逐渐削弱。战争最后几年，他留在印度的时间更长，希望能在一定程度上恢复往日生活。其间，维克多主持了一次全印度纺织大会，主张建立类似曼彻斯特纺织学会的工业研究所。[129]然而，台面下的维克多在黑暗中摸索，试图弄清楚下一步棋

276

该怎么走。1943 年初，维克多在一次午餐会上与美国某商人讨论，滔滔不
绝地谈及南美洲。他表示这片大陆自然资源丰富，气候宜人，是世界上唯
一能吸引移民前往定居的地方。维克多认为，从长期来看，美国势必"与
南美联姻"，并担心巴西不太欢迎移民。维克多解释说，他曾会见过巴西
总统，后者告诉他，巴西只想让"合适的人移民过来"（合适的人指的是
"像丹麦人和斯堪的纳维亚人这样的种族，'没有想象力''没有头脑'
却是耕地的一把好手，而巴西人正好懒得耕地"）。维克多认为南美洲是
希特勒的最终目标，是真正的大奖章。他预言将建立"欧洲合众国"，依
据是如果不联合起来，欧洲各国就无法自卫，无法实现经济增长。谈到印
度时，维克多表示自己始终认为英国不得不让印度独立，双方的问题就在
于时机。他还主张建立英美联邦，不过在他看来，这个联邦是君主制还是
总统制并不重要。[130]

离中国而去

与日本苦苦抗战八年之后（1937—1945 年），战争结束，中国社会陷
入混乱，经济崩溃，大部分基础设施被毁。抗战胜利并没有带来和平，重
建的社会秩序也很脆弱，因为国共两党当时均没有完全控制国家权力，政
治秩序的重建也显得脆弱。国民党中央政府实际上夺回了日占区，中国北
方许多小城镇和村庄属于解放区，满洲里则属于苏军占领区。

1945 年二战结束，维克多不再热衷于世界大局问题的猜测，而是将注
意力重新集中到家族生意。他在访问孟买时发表声明，称自己对新沙逊洋
行在上海的巨大财产和公用事业采取"等待和观望政策"，而这些资产名
义上处于国民党控制之下。维克多认为，到 1947 年就能弄清楚中国方面是
否会为外国投资者提供担保。如果中国禁止或限制已经在上海活动半个多
世纪的外商开展商业活动，那么中国将面临跟印度一样的难题。[131]维克
多呼吁印度利用战后需求，建立棉纺织品出口市场，并表示印度纺织业
的前景将非常光明。他建议不要将纺织业集中在几个城市，而是在全国

推广。[132]受到二战需求的影响，1943年沙逊棉纺厂迎来有史以来业绩最好的一年，战争一旦结束，还有望投资购买新机械，扩建厂房。[133]从维克多日记中的一篇新闻剪报可以看出，他在1943年似乎利用需求增加和利润率上长之机，以高价将几家棉纺厂卖给了印度的马尔瓦里（Marwadis）家族。[134]尽管维克多对公司的未来感到担忧，但他战后在印度写的日记满是有关赛马的八卦新闻和细节。维克多提议在印度成立赛马俱乐部，并建议整个国家分成四个赛马区，每个区都有自己的俱乐部。[135]就算战争期间，维克多日记的风格也没变；1942年的圣诞礼物清单似乎比以前简朴，不过鸡尾酒和香槟调酒配方仍是他日记中的保留节目。

与此同时，上海经济形势继续恶化，通货膨胀疾驰，货币贬值，1946年生活费是1935年的4000倍以上。要想租房租公寓比登天还难，因为必须提前给经纪人支付"钥匙钱"。[136]此外，仓促之间将模棱两可的税法强加到外国企业头上，导致贸易界更加不稳定。[137]但有一点毋庸置疑，那就是国民党没有妥善管理上海，队伍腐败蔓延，整座城市面临黑市困扰。当时国共交战，争夺国家控制权，国民党的腐败和不作为，共产党深得民心。华懋饭店的处境十分尴尬。1945年，国民党与日军在该饭店发生冲突。饭店的锅炉和暖气片被拆下来当废品，各种设备也遭到摧毁。维克多仍抱着一丝希望，认为中国的情况会有所改善。他表示，"中国恢复正常秩序的主要障碍是货币不稳定"，中国人从根本上说思路清晰，他们明白，冲击以上海等城市为据点的外国企业会损害本国利益。维克多甚至表示自己打算把孟买的大部分业务转移到华南，并考察了香港的商业前景，当时的香港正处于战后迅速复苏阶段。[138]就在维克多发表该言论的同一个星期，维克多给香港的一所学校捐了一笔钱，并收到该校校长霍勒斯·嘉道理（Horace Kadoorie）的感谢信。[139]维克多无疑认为，嘉道理家族将来肯定很有利用价值。那段时间也有好消息传来：维克多被列入1947年1月受勋者名册，被授予爵级大十字勋章（GBE），该勋章据称是英国勋章的最高等级。[140]

虽然维克多在公开场合表现得很乐观，但台面之下，却和奥瓦迪亚一同拼命清算新沙逊洋行在中国的房地产，减少公司面临的风险。两人神神秘秘，引起了媒体和商界对维克多商业计划的无尽猜测。1947 年夏天，有传言称中国的顾维钧（Wellington Koo）已经收购华懋饭店和沙逊大厦，还有传言称一群俄国人愿意以低价接收这些房产。[141] 不过接下来一年，内战局势扭转，共产党取得有利局面。事实证明这支队伍骁勇善战，士兵人数已超过 50 万人。随着这支队伍的推进，上海的房地产价值也在缩水。据估计，日本占领上海之后新沙逊洋行房地产价值为 750 万英镑（约相当于今天的 3.5 亿英镑）。1948 年，维克多回到上海，当时共产党取得节节胜利，不过上海仍然处于混乱和无序状态。维克多清楚地认识到，"祖父伊莱亚斯近一个世纪前建立的商业帝国正在分崩离析"。[142]

外国企业在印度的前景也很黯淡。印度独立前的几年里，教派冲突不断升级，不过与 1947 年 8 月发生的分治惨案相比，这些冲突略显苍白。分治惨案发生之后，印度爆发大规模冲突，无数民众被迫迁徙，印度和巴基斯坦为争夺查谟和克什米尔爆发战争。对刚刚独立的印度而言，农村经济占绝对比例，政策重心是应对严重通货膨胀的直接威胁，同时鼓励将制造业从工业中心孟买和加尔各答向全国扩张。[143] 印度独立一年左右，新沙逊洋行低价出售孟买棉纺厂，自愿清算，结束了一个多世纪以来新沙逊洋行在孟买的商业活动。

维克多在上海停留几个月后，动身前往阿根廷，打算帮当地某制药公司融资。

被问及此事时，维克多不置可否："我打算从生意退休……做些小事情，让自己忙起来。"[144] 同年晚些时候，维克多回到上海，希望做最后一次努力，挽救自己的财产。同时，他在记者面前装出一副大无畏的样子。他告诉《洛杉矶时报》，二战结束后上海公共租界归还中国，自己设法清算了很多战前财产，只剩下"几家饭店、一家啤酒厂和一家贸易公司"。[145] 维克多意识到中国不会恢复到战前状态，立即与纽约的银行家、公司律师和经纪人举行了一系列会议，得出的结论是巴哈马可作为理想定居地，因为当地的所得税和遗产税可忽略不计。维克多曾于 1946 年访问拿骚，在

280

东街购买了一处房产，并让自己在拿骚的代理人J. P. 哈特居住。[146]1948年底，维克多返回上海，开始将员工转移到香港，并宣布把新沙逊洋行留下的大部分财产转移到巴哈马。对许多人来说，放弃上海意味着放弃他们曾经或打算在这座城市打下的江山，事到如今，"这家英国公司几乎完全消失"，先是从中国市场抽身，接着退出印度市场，对众人而言，新沙逊洋行的撤退已经是板上钉钉的事情。[147]维克多仍然表现出对未来的信心，或者说他想努力做到这一点。他告诉记者，自己买了1950年春季泛美航空的回程机票。这一次，他的预言又没有成真。维克多认识到共产党将从此接管上海，但他相信：

> 这支红色队伍将来会跟美国和英联邦国家做生意。第一，只有西方能提供他们所需的必备物资；第二，有些中国人做生意始终会寻求庇护；第三，他们的领导人头脑聪明且态度坚决，令我印象深刻。[148]

维克多没有意识到苏联会向中国提供必备物资，根本不需要英美帮助，也没有意识到毛泽东十分重视阶级斗争。不过，维克多认为国民党和蒋介石"无穷无尽的自私和无能，让他们失去重获民心的机会。中国人民权衡选择，接受共产党领导"，维克多在这个观点上无疑非常正确。[149]

维克多怀着沉重的心情前往美国，身后远去的是不再属于自己的沙逊商业帝国。维克多将财富和生意从印度转移到中国，就像一场商业赌博，让他损失了巨大财富。1949年5月27日，共产党解放上海。交战仍在继续，国民党甚至派飞机轰炸这座城市，维克多祖父近一个世纪前建立的商业帝国只剩残垣断壁，由共产党接管，尘埃就此落定。消息传来时，维克多正在纽约的律师办公室里。"他闭眼片刻，勉强笑了笑。'好吧，事已至此'，接着平静地说道，'我放弃印度，中国却放弃了我。'"[150]

第 13 章
最后倒计时，1949—1982 年

爱德华＝莱昂丁

维克多＝艾弗琳·巴恩斯

　　1939年德国入侵波兰的几个月前，菲利普逝世，终年50岁。他终生未婚，祖父阿尔伯特传下来的从男爵头衔因此后继无人。菲利普去世时仍是老沙逊洋行的负责人，不过他本人似乎对自己净资产的波动毫不关心。他身后留下的是"美丽的艺术品，耐人寻味的职业生涯。菲利普对自己在公共事业方面的成就并不满意，在生命的最后阶段似乎也很消沉"[1]。他的遗产约200万英镑，一部分捐给了医院，5000英镑留给了克伦威尔皇家空军学院。[2]林姆尼港的宅邸留给了堂姐汉娜·加贝，她是菲利普除亲妹妹之外唯一亲近的家庭成员。这座宅邸战后被家族成员卖掉，1972年，辗转到了约翰·阿斯皮诺尔（John Aspinall）手中。今天，这座宅邸已变成酒店，院子里设有野生动物保护区。尽管菲利普一直没有插手老沙逊洋行的业务，但他的离世还是决定了这家全球企业的命运走向，因为菲利普的去世标志着沙逊家族从此无人在公司担任职务。

　　老沙逊洋行的下坡路远远早于姐妹公司新沙逊洋行，弗洛拉时代的雄心和活力一去不再复返。1901年弗洛拉离任之后，老沙逊洋行也曾有一些

283

可圈可点之处，特别是1917年大卫·加贝接替弗雷德里克之后，但严重逆境导致他的金融才干难以施展。20世纪20年代，鸦片贸易全面肃清，来自印度本地制造商以及中国和日本纺织品的竞争也越发激烈。

1928年，加贝去世，公司的主动式管理大权从家族成员转到塞西尔·朗克罗夫特手中。朗克罗夫特初到伦敦办事处时是初级职员，此后一路高升。沙逊家族认为把生意交给此人打理安全放心，因为他忠诚、可靠，对冒险投机活动没有任何兴趣。1929年经济危机爆发，随之而来的是大萧条和全球贸易疲软，朗克罗夫特任职期间面临挑战。老沙逊洋行试图通过多元化经营力挽狂澜，在布宜诺斯艾利斯开设办事处交易商品，但亏损连连，很快就关门停业。朗克罗夫特执掌期间，公司表现出全面谨慎，"从曼彻斯特到广州，各分支机构很快意识到总部的极端谨慎态度，并对此感到不满"。[3]果不其然，朗克罗夫特因谨慎可靠而被指定为爱德华爵士以及菲利普的遗嘱执行人。朗克罗夫特来自古老的英国家族，终生未婚，生活简朴，"似乎只为生意成功而活"。[4]1947年10月，他在工作中去世，终年81岁。在全球最著名的商业帝国之一任职20年期间，朗克罗夫特最鲜明的特点就是管理毫无创新。

1947年之后，几乎看不到有关老沙逊洋行业务活动的记载，不过公司还在继续小规模向中东和世界其他地区出口纺织品，投资股票和债券。老沙逊洋行走到今天这一步，不能怪到朗克罗夫特头上。他的走马上任也是听命于人，任期前十年，需要听从公司主席菲利普的指示，而这位主席对公司生意从来没有表现出半点兴趣，从来都是不过问、不插手。虽然老沙逊洋行在印度有大宗业务，但菲利普只去过印度一次。当时他以公职身份出差，视察英国境外皇家空军基地，似乎也没有利用这个机会视察印度公司的办公室或会见任何员工。[5]

菲利普最大的影响是在艺术界，他曾在公园巷的豪宅和其他宅邸举办多次展览，藏品和艺术鉴赏力得到评论家交口称赞。菲利普被任命为英国国家美术馆主席一事，成为沙逊家族跻身英国上流社会的决定性证据。肯尼斯·克拉克将菲利普视为导师，认为对方让自己受益良多。菲利普的藏

284

品让"很多人见识到了英国风俗画的魅力和卓越"。[6]他在林姆尼港的宅邸也获赞颇多，因风格优雅，多次被誉为非凡作品。[7]"宅邸内有很多风格古怪的房间……中间是摩尔式建筑风格的院子。"克拉克认为菲利普在林姆尼港的宅邸有些怪诞，但他很欣赏这座具有建筑风格的花园。"这里有最深幽最葱郁的草本植物园"。[8]

有意思的是，唯一将菲利普和老沙逊洋行联系起来的那份文件，并非过问他漠不关心的商品，也并非用来给下属发指示，虽然他的祖辈曾发送过数千份这样的文件。事实上，这份文件甚至并非菲利普本人发出，而是1934年11月卡拉奇办事处发给巴林岛东方银行，确认一笔15000卢比的汇款，菲利普此前在访问巴林岛期间为自己或妹妹买了一些养殖珍珠。[9]菲利普对艺术界的贡献巨大，在该领域耀眼成就的对比之下，他对家族生意的漠不关心显得更为扎眼。他是公司掌门人，却对公司生意毫无兴趣，也不想费心思去领导。菲利普明明有自己的兴趣爱好和巨大天赋，却不知为何要当公司主席。沙逊家族的第一代和第二代勤勤恳恳，努力打拼，为的是挽回因亡命天涯而失去的社会地位，最终跻身社会顶层，而且家族生意也没有因此荒废，对沙逊家族艰苦创业的祖辈而言，追求社会地位与打拼家族业务，两者相辅相成。到第三代和第四代，荣华富贵与兢兢业业的天平却从此失衡。

沙逊家族的其他名人，后来何去何从？西格弗里德·沙逊是同性恋，但屈于社会压力，1933年底与比自己小很多岁的赫斯特·加蒂（Hester Gatty）结婚。加蒂家族出过很多杰出律师。西格弗里德的婚礼规模不大，出席的都是亲朋好友，如T.E.劳伦斯。菲利普当时没有出席，但发来了贺信。结婚几年后，两人生下孩子乔治，随后这桩婚姻以和平分手结束。年岁渐长，西格弗里德选择孤独度日，在宁静的乡下生活，过着虔诚天主教徒的生活。20世纪40年代末，西格弗里德总结说，孤独"迫使人们发现自己的精神源泉"。[10]他患有胃癌，1967年9月去世，离81岁生日还有一个星期，就这样坚韧克己地走完一生。

老沙逊洋行全盛时期，掌舵人是苏莱曼及妻子弗洛拉。两人都很有

285

创新精神，精于业务，并将家族生意推到新高度。不过他们的三个孩子都没有延续父母的辉煌。小女儿莫泽尔早逝，长女蕾切尔嫁给商人大卫·以斯拉爵士。这个女婿醉心于私人事务和加尔各答的地方政治活动，从未插手沙逊家族事务。儿子大卫在金融界混得风生水起，从与姐姐蕾切尔的大量书信往来可以看出，他对金融知识异常熟稔，但对家族生意没有兴趣，反而更倾心学术追求。20世纪30年代初，大卫出版了两卷希伯来语和撒玛利亚语手稿，这是他从亚洲和非洲各地精心收集而来的成果。一位评论家称，大卫珍藏的《圣经》手稿是全球最精美的版本之一，其中可能包括最古老的也门手稿。[11]大卫的儿子所罗门成为杰出拉比，后来搬到以色列，投身宗教活动和学术著作。家族档案保存了所罗门与姑妈蕾切尔的大量书信往来。所罗门1969年与老沙逊洋行伦敦办事处的一些书信得以保存，这也是沙逊家族档案保存的最后印有公司信头的书信。信中表示，生活在以色列的一位沙逊家族成员的妹妹生活困难，所罗门决定伸出援手，以阿哈隆·沙逊设立的信托基金名义捐赠40英镑。[12]

即使到了20世纪70年代中期，沙逊家族还在通过印度的生意收入为一些在世的家族成员提供资助，这些收入大部分来自房地产，虽然印度官僚作风和英国货币法阻碍和拖延了这些小规模的资金转移。[13]拉比所罗门的家庭就像祖先大卫·沙逊，信仰正统派犹太教，也会敞开家门招待远方游客、学者和藏书家，但从不插手商业活动。

由于缺乏积极领导，老沙逊洋行一直在走下坡路。公司虽然还在营业，不过与世纪之交相比，已经大不如前。1952年，其中一家子公司——非洲商业公司发行股票，资本增加到65万英镑，母公司持股稀释到44%。这家子公司在东非国家开展业务，这些国家仍是英国附属国。[14]1956年，老沙逊洋行退出香港，公司在汇丰银行的代表H.D.贝纳姆辞职。这是一起重大事件，自1864年首次董事会议以来，老沙逊洋行是唯一从始至终在该银行担任董事职务的公司（战争年代除外）。有意思的是，老沙逊洋行退出董事会之后，席位被另一家巴格达起源的犹太公司取代，即嘉道理父子公司。[15]

接下来20年，老沙逊洋行依然保留跟沙逊家族的关系，不过这层关系已经很疏远——约翰·乔蒙德利勋爵（西比尔的儿子）担任过几年主席。1981年出版的一份银行和特许收储机构名单中，老沙逊洋行名列其中。[16]1982年，负责公司运营事务的外部人士杰拉德·潘乔德（Gerald Panchaud）经过谈判，将公司卖给股票经纪人罗·拉德（Rowe Rudd），售价约200万英镑。[17]这家辉煌一时的商行自此从伦敦金融版图上跌落，公司存款总额已缩减至几百万，利润仅十多万英镑。尽管公司卖给了股票经纪人罗·拉德，不过仍由伦敦西区干草市场的办公室独立运营，持有特许收储机构执照。1983年8月，英格兰银行担心沙逊银行部门的流动比率，加上规模太小，可能无法承担国际项目融资，因此撤销了老沙逊洋行执照。[18]一开始，公司对这次最后的羞辱提出上诉，但一周后接受了英国央行的决定，将活动限制在商业银行领域。[19]1988年，英国贸工部宣布罗·拉德的两名前合伙人（包括托尼·拉德）"完全不适合担任任何私营或上市公司的董事"。[20]老沙逊洋行究竟何时正式停止存续，无人知晓，因为查不到清算记录。对于曾经与塔塔集团竞争并打败怡和洋行的全球商业帝国而言，这样的结局谈不上光彩。

287

1949年，新沙逊洋行在中国的资产被收归国有，不得不离开上海，公司遭到沉重一击，不过仍然勉强维持营业。维克多希望减轻身上债务，因此将巴哈马作为据点，继续开展业务，远离曾经在中国和印度的商业中心。美国某报纸报道称，"来自英国的年轻女演员弗吉尼亚·菲尔德（Virginia Field）"及小女儿1950年在巴哈马过冬，维克多给孩子买了一辆红色自行车。[21]翻看维克多当年的日记，可以看到他们在巴哈马周围探险以及在美属维尔京群岛捕鱼的照片。[22]不过，他与弗吉尼亚·菲尔德的关系并不持久。维克多的日记里有一篇关于她与美国演员威拉德·帕克（Willard Parker）长期恋爱的剪报（菲尔德后来嫁给了帕克）。[23]他仍会为偶遇或一起度假的女性拍照，其中包括一些模特，但频率不比在上海那时。[24]维克多对赛马投入的精力仍然不减，在赛马场上，至少能够将一些资产货币化：维克多以29.4万美元（相当于今天的300万美元）的价格将一

288

匹退役冠军种马卖给辛迪加，以作繁殖之用，尽管他之前拒绝了美国人以100万美元购买这匹种马的提议。[25] 某体育报的报道称，维克多"马厩里的马匹比其他赞助人都多"，并详细介绍了每匹马的特性。[26]维克多对马匹和赛马的热情持续了一生。他写过一篇与赛马有关的文章，接受过几次有关赛马兴奋剂问题的采访，还密切关注好几个国家的赛马新闻。"对维克多而言，赛马不仅是百万富翁的爱好。他全身心投入其中，常常有一种无情的味道。"[27]

从维克多20世纪50年代初的日记来看，《财富》杂志1935年1月的预测完全不准——当时杂志预测维克多"会把沙逊商业帝国推到新的高度"。时至今日，业界几乎不再提及新沙逊洋行的生意或新项目，维克多对时局的预测能力也在衰退：一次美国之行，维克多告诉记者，"以前我对局势看得很明白"，但战后新秩序建立，"自己已经无法再预测未来的政治和经济走向，就像无法预测女人下次会戴哪顶帽子一样"。[28]维克多预感，自己会失去得力助手奥瓦迪亚，因为当局不准外国公司高管离开上海，除非缴清所有税款，奥瓦迪亚因此被困上海，一直到1952年夏天才离开。奥瓦迪亚获释后先是飞往香港，然后前往伦敦与维克多会面，当场提出辞职。其实，奥瓦迪亚早就计划到法国南部养老，不过他借此机会批评了维克多，说他不该交出新沙逊银行香港分公司的控制权，不该把这家分公司变成拿骚总部的隶属机构，这种行为跟维克多之前对曼彻斯特和伦敦分公司的处置没什么两样（伦敦分公司后来由维克多堂妹的丈夫德里克·巴林顿·菲茨杰拉德管理）。奥瓦迪亚看到了香港的光明前景，认为放弃香港的任何据点都是错误的，特别是新沙逊洋行香港分公司拥有一些国际大公司的代理权，利润相当可观。不过拿骚总部希望在欧洲和亚洲开展商业银行业务，卖掉香港的房地产，尽管阿恩霍德公司当时的精力确实放在香港，但1957年被卖给了格林家族。从长远来看，放弃香港是战略错误。20世纪后半叶，香港成为全球最成功的经济中心之一，新沙逊洋行就这样错过了千载难逢的良机。

1953年，年逾古稀的维克多脊柱因一次事故严重受伤，让他那条好

289

腿也受了伤，使他不得不坐上轮椅。自从早年父亲坐上轮椅后，维克多就将坐轮椅视为耻辱。伤势稍有好转，维克多就试着靠手杖站起来。不过一战负伤那次只需一根手杖，这次是两根手杖都得用上。除了肉体伤痛，维克多的性情也变得急躁，因为他意识到自己已经不能再随随便便离开巴哈马，前往英国和世界各地旅行，身边始终得有人看护。维克多在纽约接受治疗，被一位护士的"麻利干脆"打动——她就是来自得克萨斯州的护士艾弗琳·巴恩斯（别称巴恩西）。[29]这段新的关系给维克多的生活注入了新鲜感和活力，巴恩西靠耐心和理解赢得了维克多的心。次年四月，两人动身去了女方家里位于达拉斯的牧场，女方家里人常常用烧烤来招待维克多。[30]维克多经历过几次心情低落期，其中有一次特别严重，当时中国国营企业查封了他在上海的房产，华懋饭店也更名为和平饭店。巴恩西明白，要想跟维克多心灵相通，就要过"马儿"这一关，于是全心全意地研究赛马和纯种马的有关知识。当时报纸流言蜚语不断，纷纷猜测两人的关系不是单纯艳遇，还是会有其他进展。一篇报道称"维克多·沙逊爵士对这位护士青睐有加，几位国际名媛为此忧心忡忡……毕竟他可是全球最有钱的单身汉"，还有一篇报道标题是《维克多爵士的护士成为美女克星》。[31]到了同年年底，巴恩西已经常伴维克多左右，几乎每天都会出现在他的日记中。维克多的身体越来越虚弱，1957年在法国南部的家中又摔了一跤，导致多种并发症，健康受到很大影响。[32]第二年，维克多在阿斯科特突然病倒，医生让他不要去赛马场，少抽雪茄。有好几次，连续好几天，维克多不是在住院，就是卧床休养，不过他的幽默感倒是没有因病痛而减少。他在日记里贴了一张慰问卡，上面是一只躺在床上的大鸭子，配文是："我被禁足了？真是哭笑不得。我只需要休息一下就好……"[33]

290

　　维克多的生意也没什么进展。他在拿骚成立了一家巴哈马信托公司，主要赞助商是巴克莱银行、加拿大皇家银行和新沙逊银行，均在拿骚设有分行。[34]巴拿马的银行和信托公司遍地开花，专门为海外公司和个人提供服务，利用避税天堂的优势——这里不用缴纳所得税和资本收益税，也不用缴纳年度税。[35]

维克多就像所有富商那样，为巴哈马不用纳税而高兴。不过他说，如果自己还年轻，会去南美发财。[36]巴哈马被英国控制了三个多世纪，直到1973年才独立。沙逊家族的财富曾与大英帝国完全捆绑在一起，最终落幕也是在英国殖民地，似乎并非事出偶然。避税天堂的做法起源于19世纪末期，到了现代尤其大行其道。不过一战之后，各国才纷纷开始出台全面政策，把自己打造成避税天堂。随着大英帝国的瓦解，英国建立起更加隐蔽的新"金融"帝国，即避税天堂，经手处理巨额资金，尤其是来自前殖民地和即将获得独立的殖民地的资金。

资本流入和旅游业发展带来巴哈马房地产和建筑业的繁荣。豪华酒店和高级俱乐部如雨后春笋般拔地而起，岛上的超级富豪成了坐享好处的赢家。除了银行业之外，沙逊家族在巴哈马留下的唯一印记就是房地产。维克多和佛罗里达州的某开发商宣布，将在拿骚的凯布尔海滩建造一栋五层楼的公寓，一居室售价3.5美元，顶层公寓售价40万美元。[37]此外，维克多在来佛礁俱乐部买了地皮；同样买了此处地皮的还有亨利·福特二世（Henry Ford II）和罗伊·拉森（Roy Larsen），后者是《时代》和《生活》杂志的执行总裁。[38]20世纪50年代末，维克多在巴哈马巩固了自己的财富，远离了那些被鄙视的税务机关，不过他在其他地方有没有赚到大钱，无从确定。

20世纪50年代末，中英两国关系开始改善，英国对中国的出口总额达到2500万英镑，但没有迹象表明中国是否打算赔偿外商损失，或允许房地产所有人卖掉他们的资产。1958年10月，新沙逊洋行及其八家附属公司将60多处大型房产交给当地国有企业。其中，最有名的是沙逊大厦、华懋饭店、华懋公寓、格林文纳公寓、都城饭店、汉弥尔登大楼、河滨大厦和凯文公寓。维克多在访问迈阿密时告诉某报纸，他已经注销在中国的所有房产。[39]曾经的光辉岁月一去不复返，当时一位记者设法抵达上海，描述了原来属于新沙逊洋行的华懋饭店，当时已经被改成办公室。"这座摄人心魄的大厦前门上方，苏维埃的徽章闪闪发光，有一种扬眉吐气的气势，大

291

厦内部是共产党人的办公室。"[40]

　　尽管损失惨重，维克多仍设法保住了大量财富（见后记），还提高了在英国、印度和巴哈马的慈善捐款金额。由于自身健康状况不佳，维克多对心脏病学产生兴趣，并向美国几家医院捐赠了几台心脏治疗仪器。值得称道的是，维克多继续通过沙逊家族信托基金捐款，支持孟买巴格达犹太社区的教育和医疗，还为新建的犹太社区中心捐了钱。[41]

　　1959年4月1日，维克多宣布与38岁的巴恩西结婚。有人问为什么选择这个日期，维克多开玩笑说，他想选择容易记住的日期，而4月1日恰好是皇家空军成立的周年纪念日。[42] 维克多当天的日记附了一张照片，脸上笑容灿烂，手上戴着简约朴素的戒指，是从尼曼马库斯百货公司柜台买来的。[43]《迈阿密先驱报》刊登了婚礼照片，照片上维克多正站着切蛋糕。夫妇俩在迈阿密度过了短暂的蜜月，还观看了佛罗里达州的德比马赛。一年后，两人在英国观看德比马赛时，"容光焕发、晒得黝黑"的沙逊夫人（正如她结婚时的模样）向《每日邮报》表达了新婚的喜悦，过去53个星期，两人每个星期都会庆祝一次，后来才改为每月庆祝一次。[44] 后来，维克多第四次赢得德比马赛，奖金高达3.3万英镑，创下历史纪录。维克多之前在英国德比马赛中也表现突出，1953年的纯种马宾莎（Pinza）、1957年的纯种马克雷佩罗（Crepello）以及1958年的"桀骜不逊"（Hard Ridden）分别斩获佳绩。维克多希望自己能打破阿卡·汗（Aga Khan）五次赢得德比马赛的纪录。[45] 几个月后，首席骑师莱斯特·皮戈特（Lester Piggott）身骑圣帕蒂（St Paddy），赢得唐卡斯特圣莱杰马赛。1960年，圣帕蒂赢得的奖金超过10万英镑（约相当于今天的250万英镑）。[46] 然而，维克多再赢一次德比马赛的梦想没有实现。

　　次年1月初，维克多在去旧金山的旅途中心脏病严重发作，住进了圣路加医院。他的病情稳定下来，媒体得到消息是"状态良好"。[47] 维克多确实恢复得不错，很快回到巴哈马。[48] 接下来七个月，维克多一直保持兴高采烈的状态，虽然健康状况不佳，但还是下定决心享受生活。当年8月，维克多不顾妻子反对，坚持为巴哈马总督举办晚宴。参加晚餐的宾客十分开心，不过这一顿操劳让维克多不得不待在氧气帐里，其间他一直保持着平静的表情。"准备再打一针的时候，他带着淡淡的微笑看了看，喃喃地说，我不需要再打针了，巴恩西。"[49] 1961年8月13日，79岁的维克多爵士去世，他的爵士头衔也随他而去，后继无人。维克多的葬礼在拿骚的圣公会基督大教堂举行，迈阿密的一位拉比主持了葬礼。

世界各地的报纸都刊登了讣告。《纽约时报》报道称，维克多1941年曾建议成立民主制英语国家联盟，由英国、加拿大、澳大利亚和美国组成。[50]《泰晤士报》回顾了1945年初，当时一大批英军抵达孟买和浦那，当地的家具用品消耗一空，维克多出手化解这次燃眉之急，不仅捐了5万英镑，而且预计军事主管当局行动没那么快，于是动员印度各地工人，在短短几周时间之内就造出了几千把椅子、几千张桌子和床。[51]这两篇报道一方面体现出维克多的远大抱负，他致力于成为全球风云人物，指点江山，为全球事务提出建议；另一方面则体现出他的务实精神和过人精力。

毫无疑问，维克多·沙逊是个性独特之人。他在商业领域的成就，特别是在上海房地产界，令人印象深刻；他对赛马事业的奉献，还有在德比马赛和其他赛事取得的成绩，令人瞩目。他非常自恋，喜欢博取他人关注，不管这份关注来自谣言还是事实。他的目标是尽可能多地见诸报端，在上海、浦那和拿骚凯布尔海滩的宅邸举办了数不清的派对，宴请了许许多多的贵宾。他并没有因为飞机失事造成的腿伤而失意。到了晚年，甚至有人指出，"有时人们不禁猜想，坐上轮椅会不会也是他出风头的一种方式"。[52]

维克多去世之后，新沙逊洋行还在营业，但已经没有沙逊家族成员担任掌门人。公司在巴哈马仅作为银行信托基金存在，由巴恩西担任董事。1963年，巴恩西卖掉手中股份。1967年，在成立一个世纪后，新沙逊洋行做了最后一次努力，试图在伦敦和曼彻斯特分公司之外的地方做生意赚钱。新沙逊银行的资本仍然只有区区50万英镑，不过跟银行关系不错的英国工业家拉尔夫·亚布隆（Ralph Yablon）受聘加入董事会（此人母亲是沙

293

逊家族成员），希望能为银行注入更多现金。[53]当年晚些时候，英国皇家海外政府及行政机构代办处获得新沙逊洋行40%的股份，总部迁至伦敦，拿骚降级成为分支机构。当时的计划是扩大新沙逊银行在商业银行领域的活动，特别是发展欧洲市场的出口融资业务。[54]同年秋天，该银行资本金为200万英镑，其中皇家代办处持有40%，伊利诺伊大陆银行（在非洲有广泛业务）和亚布隆各持有25%，菲茨杰拉德上尉持有10%。菲茨杰拉德是维克多亲戚，当时也是银行主席。[55]该银行获批作为外汇交易商开展业务，努力为投资管理部门招揽新客户。此外还有一家名为"沙逊信托与执行人公司"的附属公司，不过并非银行所有，而是由沙逊家族股东所有，授权作为清算受托人、遗嘱执行人和房地产管理人。虽然菲茨杰拉德与沙逊家族联姻，但没有任何一位董事的姓氏带"沙逊"二字。[56]此外，该银行还在巴哈马投资房地产。1969年，有报道称沙逊房地产开发公司和沃顿房地产公司将携手开发一块700英亩的土地，[57]不过后来是否按计划行事，不得而知。

皇家代办处投资新沙逊银行是为了扩大银行业务，20世纪60年代末，该公司代理的业务价值约8000万英镑，主要是处理英国境内的跨国订单。[58]但双方的关系很快恶化，因为双方都对结果感到不满。新沙逊银行认为，皇家代办处将生意拱手让给竞争对手，而皇家代办处作为最大股东，感觉他们对新沙逊洋行的投资低于预期。20世纪60年代末，皇家代办处和伊利诺伊大陆银行携手，以88万英镑的价格买下亚布隆25%的股份。[59]20世纪70年代初，利润下滑，新沙逊银行被卖给商业银行华莱士兄弟集团，合并之后的公司取名为华莱士兄弟沙逊银行有限公司。公司保证金为5600万英镑，实缴资本约570万英镑。1972年夏天，总利润仅50万英镑。[60]即使在巴哈马这个主场，政府筹集1000万美元中期贷款，新沙逊银行也只是担任初级承购人。[61]1978年，切特豪斯雅弗有限公司宣布收购新沙逊银行与信托有限公司在英国和巴哈马的剩余未偿付利息，并更名为切特豪斯雅弗银行与信托国际有限公司。[62]从此，沙逊家族的名字从全球贸易、银行与金融业的舞台彻底抹去。

后　记

　　新老两家沙逊洋行从默默无闻开始，到取得辉煌成就，再到悄然退场，用不到一个半世纪的时间在历史长河中画出一条弧线。沙逊家族崛起，又迅速落幕，让人不禁想问：为什么？为什么在许多贸易家族生意下滑甚至失败的时候，沙逊家族能够发展壮大？为什么在取得辉煌成就之后又走向下坡路，是哪里出了问题？

　　沙逊家族的成功源自多方面的因素。他们顺应大英帝国在殖民地的利益，借乘19世纪下半叶全球贸易和商品价格的上升之势，不过做到这两点并非独独沙逊一家。是什么让这个家族区别于竞争对手，崛起成为真正的全球贸易公司？19世纪商人最看重的就是信任。当时世界的联系越来越紧密，但主要通信手段速度太慢，且不安全，信任以及护身符一般的声誉就成为贸易命脉，就像资本和信贷一样重要。[1]欧洲许多同行可以依赖书面合同，但沙逊家族跟他们不同，不得不依靠自己与贸易商、供应商和买家的私人关系来做生意。他们必须谨慎选择，在这个过程中，他们在亚洲和英国办事处周围建立的情报网起了作用，在印度、中国和其他地方培养的代理人、经纪人等人脉网络也派上了用场。[2]从一开始，沙逊家族各办事处内部的信任就已经向外开枝散叶。大卫安排自己的儿子当代理人和业务代表，还建立起一支像亲人般可靠的人才队伍，成员大多是巴格达犹太人。这帮人懂得沙逊家族在商业通信过程中使用的"加密"方言，促进了公司内部信任，确保竞争对手无法破解他们的书信内容。大卫对员工的家庭情况知根知底，通过资助的学校和医院为员工家属提供免费教育和医疗服务，借此赢得他们的忠诚；而沙逊家族的竞争对手对新员工却难以信任。大卫十分看重家族的良好声誉，因此自己和几个儿子在评估新项目和生意时会注意规避风险，这种策略可在危急时刻保住业务，证明自己无愧于生意伙伴的信任。最后，大卫为穷困民众慷慨解囊的核心原则也成为家族凝聚力，赢得外人对沙逊家族的尊重，扩大了政治影响力。既然做生意，风险就不可避免，但大卫组建的公司结构能够系统地避免投机买卖，因此挺过了19世纪60年代的金融危机，当时大批竞争对手在这次危机中被摧毁。

不过，沙逊家族衰落的种子也无须从远处找，因为这些种子就植根在公司内部。当时，沙逊洋行各办事处彼此独立，每家都有自己的交易账簿和会计，激励了兄弟几个的创业精神以及对风险的敏锐嗅觉，这两种宝贵的品格也见证了沙逊洋行几十年的蓬勃发展。然而，这种结构也导致各办事处之间不必要的竞争，有时甚至损害整个洋行的利益。弗雷德里克访问远东地区时做了一次长篇分析，从中可以看出他觉察到了这种结构缺陷：

> 在我看来，中国办事处和加尔各答办事处的合伙人应该按月领取报酬。如果想给他们更多激励，盈利时可以发放奖金。很明显，这几个合伙人并不关心孟买是盈利还是亏损，有时为了卖出手中的鸦片，扰乱市场也好，赚点小钱也好，他们都能接受。
>
> 我在香港任职期间，建议上海办事处卖掉手中的几百箱鸦片，但是他们不听，担心削弱当地市场，损害自己的利润。[3]

弗雷德里克强烈建议兄弟苏莱曼另行制定公司制度，让各办事处自行决定出售的鸦片箱数。他还主张压制各办事处盛行的机会主义，因为这种做法可能损害其他办事处的利益，特别是考虑到两家沙逊洋行当时手里控制了鸦片买卖的大片江山。弗雷德里克总结时恳请兄弟苏莱曼"本着客观的态度考虑这些建议，得出正确结论"[4]。遗憾的是，苏莱曼没有听从弟弟

298

的及时建议，这种内部竞争制度一直持续到1901年沙逊有限公司成立，但一切为时已晚。

真正扼杀沙逊商业帝国企业家精神的并非各办事处的无良竞争，而是一种更持久和微妙的转变：英国化。越来越多家族成员搬到英国，醉心贵族阶层的生活，陷入上流社会的魔咒，想方设法跻身其中。他们的这种迫切愿望体现出19世纪末的社会情绪，那就是拥有大量地产的绅士地位高于工业家，因为"工业革命的颠覆力量"导致人们越来越轻视物质和技术的进步，觉得那是理所当然。[5] 甚至《经济学人》后来也改变了论调。1850年，这本杂志对资本家为加官晋爵而购买土地的做法不以为然。然而，到了1870年，却大肆宣扬"追求社会地位是伟大而合法的目标……英国的百万富翁花上一半家产，买下一万英亩的土地……那么在更多人看来，他的身份将更高贵"。[6]

原本勤勉的企业家精神被抛到一旁，甚至遭到鄙视，对英国高雅人士的圈子而言，休闲娱乐才更重要。[7] 赚钱这件事被当成普通物件一样被抛弃，沙逊家族的后面几代人就这样将创始人踏实勤奋的工作精神抛诸脑后。而阿尔伯特和苏莱曼一直秉持着这样的精神，每天工作很长时间，每周六天。他们把金钱看成谋权谋利和安身立命的手段，也看成为社区做贡献的方式；他们购买和建造豪宅，举办豪华宴会，但目的是给生意铺路，而不是荒废业务。家族后来的几代人却没有这样的品质。阿瑟给侄子爱德华写过一封信，信中描述了利德贺街老沙逊洋行办公室典型的一天，当时大概是1890年，从中能看出创始人兢兢业业的工作热情已经从这家公司悄然流失：

299

> 我们（阿瑟及兄弟鲁本）昨天11点去了办公室，在那里待到下午1点，给几封希伯来语和阿拉伯语的信件签了名。在办公室那会儿，（一位代理人）打电话来，想卖一些波斯鸦片给我们，说这里和香港的价格相差100多美元，我们认为不妨买一小批，赚点小钱。之后，我们和（威尔士）亲王还有罗斯伯里（勋爵）坐上一辆特制（火车）去了桑当（赛马场），眼见

　　（赛马）拉达斯落北，我们很是痛心。我在达拉斯身上下了40英镑的注，要是赢了能得70英镑。希望下次运气会更好！[8]

　　如果大卫在天之灵知道两个儿子上午11点才到办公室，只待几个小时就跑去赌马了，会多么痛心！这种浑浑噩噩的生活方式跟大卫和阿尔伯特的勤勤恳恳截然相反。正如一位评论家所说："对绅士派头的追求最能扼杀对生意的激情。"[9]事实上，这封信写于1890年左右，当时阿卜杜拉（阿尔伯特）还在世，苏莱曼也在弗洛拉的辅佐下，在印度鞠躬尽瘁地为家族业务效力。因此不难看出，家族企业精神的消亡从当时就已经出现苗头，而且在阿尔伯特去世以及弗洛拉被赶走之后愈演愈烈。

　　对阿尔伯特而言，"社交生活是附属品"；对阿瑟和鲁本来说，"社交生活却是必需品，甚至是他们唯一着迷的东西"。[10]家族生意从此被抛到脑后。阿瑟无心生意，是因为他娶了一位欧洲犹太姑娘。他的兄弟姐妹都与其他富有的巴格达犹太家庭联姻，有着相同的价值观和传统——不过这个说法欠考虑，因为那些跟沙逊家族联姻的欧洲贵族家庭并没有走上相同的衰亡之路。英国化本身并非沙逊家族走下坡路的核心原因，但它绝对分散了家族成员的精力，让他们无法专心做生意。此外，对英国贵族头衔的渴望本身也并非沙逊商业帝国分崩离析的导火索。壳牌公司创始人马库斯·塞缪尔（Marcus Samuel）也是移民到英国的犹太人，也希望获得贵族头衔，在政界发挥重要作用，在乡下建别墅，拥有纯种赛马，子女接受最好的教育，这一切他都做到了。随着时间的推移，塞缪尔对生意的兴趣也不如从前，但这个家族却保住了自己的财富。时至今日，壳牌公司仍然是全球最大的石油公司之一。[11]

　　沙逊家族常常被拿来跟罗斯柴尔德家族比较，但二者的关键区别在于对财富与知识的世代传承。大卫定下"学徒计划"，让几个儿子学习做生意的门道，但与罗斯柴尔德家族几代人都在勤勉培养后代相比，大卫的计划太过短命。[12]对于罗斯柴尔德家族那些接受过世代传承教育的后代而言，保住对家族生意的所有权是至高无上的原则。他们建立了牢不可摧的

300

信托机构，通过巧妙的方式确保家族的财富不会一代一代被稀释。[13]与此相反，沙逊家族在创始人去世后即一分为二，手足竞争，而不是团结向前发展。尼尔·弗格森（Niall Ferguson）写过一本关于罗斯柴尔德家族的巨著，其中强调了手足和谐相处的重要性，并引用了罗斯柴尔德王朝创始人梅耶·阿姆谢尔（Mayer Amschel）的话。梅耶去世之前很久便交代几个儿子："一致行动是生意成功的制胜法宝。"[14]当时差不多是沙逊家族一分为二的20年前。内部竞争虽然削弱了家族利益，但造成致命影响的是家族成员自鸣得意的心态。跟沙逊家族形成鲜明对比的还有塔塔家族，当时禁止鸦片贸易的讨论甚嚣尘上，纺织品生产转移到印度，塔塔家族跟沙逊家族一样，原本也活跃在这两个业务领域。1917年，塔塔子公司迅速适应新的贸易条件，在印度工业、贸易和金融领域取得成功，并建成印度第一批现代钢铁厂。[15]两家沙逊洋行的反应却相对较慢，他们采取的是循序渐进和保守的方式，在原本已经拥挤不堪的孟买棉纺厂行业增加更多棉纺厂。J.N.塔塔前往亚拉巴马州和佐治亚州，用几个月时间考察了最新的棉纱生产情况，又前往匹兹堡考察钢铁厂现状。[16]与此同时，沙逊家族从来都没有彻底把自己当成印度人，因此减少了对印度业务的投入，导致在时代变迁时他们的双眼被蒙蔽。从19世纪60年代起，沙逊家族在伦敦设立据点，比起竞争对手，优势十分明显。然而，沙逊家族成员却越来越醉心于英国的奢华生活，这种优势地位也被扭转。

再以嘉道理家族为例。这个家族也在大英帝国的滋养和保护之下发展壮大；自由贸易提升为国策之后，他们的业务也因此受益。二战期间以及战争结束之后，日本侵华和随后资产被收归国有，嘉道理家族因此遭受巨大经济损失。然而，与维克多不同的是，嘉道理家族重新创造出巨大的财富，至今仍是屹立不倒的强大商业王朝，在中国香港拥有大量房产，其中包括豪华的半岛酒店集团。当时英国对印度的控制已接近尾声，嘉道理从中国内地抽身之后，并没有重蹈沙逊家族的覆辙。

与那些历久弥坚的商业帝国不同，沙逊家族缺乏长期规划，坐享现有贸易成果，如鸦片和棉花买卖。一位历史学家谈及太古洋行，简明扼要地总结了太古家族的成功秘诀，"英国太古集团的发展关键在于长期投资精神，该战略让太古在经济波动和政治动荡时期乘风破浪，渡过难关"。[17]

沙逊商业帝国的衰落还有一个原因——人才库的面向太窄。他们要求由于员工必须能用巴格达犹太方言交流，还得具备会计才能。沙逊洋行成立的最初三四十年里，员工大多从巴格达招募。这些年轻人有的才华横溢，有的表现平庸，但后备力量始终太过薄弱。与此形成对比的是孟买的帕西商业公司，他们也招募与自己出身相同的员工，但帕西人口众多，因此备用人才库的规模也就更大。一直到19世纪末，沙逊家族才雇用外部专业人才担任管理职位，但那时沙逊家族成员对生意已经没那么上心，往往也不愿被派往中国或印度，所以外来人才缺乏直接监督。从20世纪20年代末开始，老沙逊洋行由外部人员管理，从60年代中期开始，新沙逊洋行也效仿这种做法，结果两家洋行都走上了衰亡的不归路。像罗斯柴尔德这样的商业帝国也雇用外部专家打理业务，但区别在于，罗斯柴尔德家的行政职务始终由家族成员把持。

与其他商业帝国不同的是，后继无人也是沙逊商业帝国的衰亡原因之一。两家沙逊洋行都是结构紧密的家族企业，公司高层由忠诚敬业的家族成员和近亲组成。20世纪初，家族成员中已经难以找出有干劲有热情的人选，后继无人的问题凸显。创始人大卫有两次婚姻，共育有八儿六女，伊莱亚斯则育有六儿三女，而沙逊商业帝国后来的掌门人，要么是单身汉（菲利普），要么到晚年才结婚（维克多），两人都没有孩子。一位观察家称，很多沙逊后代要么没有生育，要么没有男性后代继承家族名号，"沙逊商业帝国因此后继无人"。[18]他们去世后，整个家族无人能挑大梁，也无人希望重振家族公司，应对瞬息万变的世界带来的挑战。

外人远比沙逊家族成员早意识到这个商业帝国的衰落。1940年，英国殖民部认为沙逊洋行已经走下坡路，不适合担任西印度群岛新投资企业的合作伙伴：

302

从目前来看，我认为英国沙逊公司已经没有什么"大块业务"。菲利普爵士手持沙逊家族的大部分资金，但从来没有为家族生意尽过一分力。此外，西格弗里德是一位穷困潦倒的作家……维克多·沙逊爵士……特别缺乏预见能力……维克多认为，随着印度自治运动的推进，赚取巨额利润的机会因此流失……他决定减持在印度的股份，将主要业务转移到上海。

不出所料，中日战争让新沙逊洋行的生意乱了套。我认为，维克多肯定是想去别的地方发财，所以踏上了前往布宜诺斯艾利斯的黄金之路。然而正如那些熟悉情况的老手事先提醒他的那样，南美洲对货币和财产转移有限制，要想有一番作为很难。[19]

沙逊商业帝国已经大难临头，然而老沙逊洋行却没有一位家族成员看清这一点。迈克尔·格林（Michael Green）爵士是在香港做生意的商人，新沙逊洋行与阿恩霍德合并后，其父曾与维克多打交道，格林爵士对二战后的那段关键岁月做出了深刻而尖锐的评判：

我认为，维克多爵士对他继承的商业帝国不上心，没有意识到自己玩的是真枪实弹。沙逊商业帝国的瓦解并非朝夕之间，它的衰落早在很多年前就埋下祸根……接连的失误和疏忽导致了今天的局面。维克多缺乏远见，难辞其咎，虽然他没有把鸡蛋全部放在一个篮子，可一个篮子里的鸡蛋也太多了。根据我父亲的看法，沙逊家族出了一个不靠谱的掌门人，要么搞出一连串不负责任的投资决策，要么不动脑子就跟其他公司合作。维克多的妹妹（原文如此）嫁给爱尔兰贵族菲茨杰拉德家族，男方的一位家族成员后来加入（沙逊）董事会，对沙逊家族在英国如何开展业务指手画脚。沙逊家族意志不坚定，对时代变化毫无准备。战事爆发确实不怪维克多爵士，但沙逊商业帝国既没有做到业务多元化，也没有重建二战前的辉煌，他本人难辞其咎。祖辈留下的一大笔财富，他就这样挥霍一空。[20]

事后来看，维克多离开印度的决定属于根本性错误。他认为印度一旦独立，犹太人就会失去安身立命之处，这种想法也错了。一位名叫杰克·雅各布（Jack Jacob）的中将就一直留在印度。雅各布出生于加尔各答犹太家庭，1971年印巴战争期间担任印度东部军区参谋长，当时印巴两军的交战地点后来成为孟加拉国。之后，雅各布先后担任果阿总督和旁遮普省总督。[21]

当时的后起之秀米高·嘉道理（Michael Kadoorie）爵士总结了家族薪火代代相传的秘诀："关键在于家族成员承担起义务与责任，而不是一味享受特权。以身作则，是家族精神代代相传的唯一办法。"[22] 沙逊家族到了第二代，这种精神已经有所涣散，到了第三代和第四代，这种精神彻底失传。毋庸置疑，商业王朝的存在比人的寿命要长，然而商业王朝的存续却取决于领导人是否有韧性，是否能适应公司内部不断变化的形势。对沙逊家族而言，这种领导却是一副风雨飘摇的状态。

沙逊商业帝国昔日的辉煌至今仍在他们做过生意的地方有迹可循。这一家人曾在全球很多地方开展过业务，去上海的游客可以入住费尔蒙和平饭店的沙逊总统套房（每晚需14000美元），去孟买的游客可以考虑参观卡拉果达（Kala Ghoda）社区，美丽的大卫沙逊图书馆就坐落于此。然而，这些历史建筑背后的巨额财富却令人难以琢磨。沙逊家族的钱都去哪里了？遗嘱通常是评估财富的可靠工具，但沙逊家族的遗嘱也有漏洞。一些家族成员，特别是爱德华，去世前将大部分资产都分给了子女，因此他们的遗产并不能反映真实财富。其他家族成员，特别是维克多，抽走大部分财富，转移到巴哈马等地的离岸公司，遗嘱不过是一纸象征。

大卫的遗嘱没有对财产估价，不过他于1864年去世后，当地媒体曾有模糊报道，称大卫留下超过200万美元的财产。他在英国的财产价值16万英镑，在孟买的房地产和公司价值达500万英镑。[23]这个数字估计夸大了20%，按400万英镑计，约相当于今天的4亿英镑；若按劳动或收入价值计，约30亿英镑。如此巨大的财富，在短短近30年内就积累起来，不过这笔财富的蒸发也很迅速。奥利弗·温德尔·霍姆斯（Oliver Wendell Holmes）是美国两代商业王朝的继承人，简要解释了富商家族试图将财富

304

传给子孙时面临的问题:"由于性质使然,切割分配会导致大笔财富快速流失。"[24]

沙逊家族的巨额财富快速蒸发还有一个关键原因,那就是没有做好妥善的税务安排,缺乏信托机构的保驾护航。以罗斯柴尔德家族为例,他们设立了多家信托机构,避免财富被一代代瓜分,或者家族成员分道扬镳时,避免财富一分为二。"家族企业打江山容易,守财富难",这句箴言确有道理。[25]沙逊家族没有制定长期战略规划来守护和保障家族资产,因此无法让后代人人受益。沙逊家族的财富在英国高额遗产税的侵蚀下流失殆尽,19世纪末至20世纪初,100万英镑以上的遗产需缴纳的遗产税在30%至50%之间。1939年,菲利普·沙逊的遗产估计约200万英镑(约相当于今天1.25亿英镑),缴纳了80万英镑左右的遗产税。30年后,其堂姐汉娜·加贝也留下了一笔约200万英镑的遗产,其中包括在南非、澳大利亚和荷兰的资产,需缴纳120万英镑的遗产税(她给国家信托基金留了30万英镑,跟沙逊家族关系密切的一位人士告诉媒体,汉娜十分愤怒,即使是将遗产留给受人尊敬的国家组织,遗产税居然都照收不误[26])。

305

有些家族成员的遗嘱写得非常详细,比如弗洛拉和苏莱曼的女儿以斯拉夫人留下了一份长达四页的受益人名单,大部分是为该家族工作的当地人。[27]其他家族成员的遗嘱执行起来也很复杂,并且需要多年才能厘清遗产的分配,因为遗产不仅形式多样,而且分布在不同的地方。比如阿瑟在伦敦、孟买、香港和上海均有财产,遗嘱必须经过各司法管辖区的法院批准。[28]他在英国的大部分资产是股票和债券,这些资产必须先变现再分配,而且变现的时机并非总能实现价值最大化。至于其他遗产,由于家族成员对应征税款提出上诉,更是花了相当长时间才分配。有的案子甚至一路打到高等法院,才解决税务局和遗产执行人之间的纠纷。[29]以今天的货币价值计算,沙逊家族缴纳的遗产税数字无疑非常巨大。比如嘉道理家族或古本江家族(卡洛斯特·古本江是美国人,持有伊拉克石油公司5%的股份,于1955年去世,生前是全球最富有的人之一,他在里斯本设立的基金会以及同名艺术博物馆至今仍在运作),这两大家族将资产转移到中国香港等免税区，或者创立基金会，避免财产流失。维克多也采取了类似措施，不过是在中国遭受严重损失之后才走这一步棋。

至于新沙逊洋行在中国损失了多少钱，或者维克多去世时的身价是多少，无人知晓。他在英国的财产少得可怜，只有区区12000英镑，不过给三个侄女留下了30万英镑，每年给两个姐妹各约7000英镑的津贴，还有几千英镑留给了朋友和拿骚的皇家空军协会，信托基金的其余部分则归妻子巴恩西。可以预见，对比维克多在移居中国之前的巨额财富，当媒体得知维克多留下的遗产如此之少，会是多少震惊。《每日电讯报》称维克多在巴哈马的财产"少得令人惊讶"。[30]20世纪60年代，巴恩西卖掉了自己在新沙逊银行的股份，1970年卖掉自己在伊夫种马场（Eve Stud Company）的股份，一年后又卖掉了自己在沙逊种马场（原名比奇豪斯种马场）的股份。她卖掉的股份价值精确数字不详，据估计至少在一到两百万英镑之间。

维克多在巴哈马的公司和信托基金留下了多少钱？据某消息来源，20世纪40年代末，维克多问卢西恩·奥瓦迪亚自己有多少钱，对方说"香港信托公司的钱约500万美元，在美国的一级证券（约相当于今天的6000万美元），此外还有上海的房产和印度的资产"。[31] 如前所述，二战结束时，维克多在上海的财产估值约为750万英镑（约相当于今天的3.5亿英镑），其中奥瓦迪亚设法帮他变现140万英镑，其余部分都损失了。值得注意的是，按照此前计算，1928年维克多在中国的资产约为10亿美元，到1937年，他的资产价值可能已经翻了一番，至少也有15亿美元。目前不清楚维克多卖掉印度的棉纺厂拿到多少钱；二战结束时，印度棉纺厂正蓬勃发展，维克多卖掉厂房是几年后的事情。无论怎样算，维克多离开中国时的身家肯定不如来时。不过可以肯定，这些钱加上在美国的资本，再加上印度卖厂房的钱，差不多相当于今天的数亿美元。虽然维克多的生意没有赚到更多钱，但也不用承担运营开支。维克多去世时的财富以及留给妻子的资产价值，本来应该是个巨大的数字。巴恩西没有子女，她的侄子和侄女是继承人。一家名叫伊夫斯控股的有限公司至今仍在巴哈马运营，但持

306

有的股份不得而知。

对于沙逊家族其他成员，高额遗产税迫使他们卖掉手中房产，分割收益。几乎没有哪个后代有足够的财力买下兄弟姐妹的房产，伦敦多处豪宅就这样一代一代被卖空。早在1917年，大卫·沙逊的儿子约瑟夫和儿媳妇露易丝就已经"负担不起阿什利庄园"，只能搬到泰晤士河畔沃尔顿雷登斯路的宅邸。[32]贝尔格莱维亚（Belgravia）、海德公园和格罗夫纳广场的高端住宅也在几十年间转手他人；菲利普在公园大道的宅邸后来成为伦敦花花公子赌场的所在地。不过，要是以为沙逊家族的财富是被征税耗尽的，那就错了。最重要的祸根是铺张挥霍，对生意也提不起兴趣。有些家族成员明明没有财力负担奢侈生活，却依然讲究。到后来，老沙逊洋行无法再给家族成员提供源源财富，家族成员却依然以奢华为荣。约瑟夫的儿子阿瑟·迈耶·沙逊于1950年申请破产，他告诉法庭，前几年的家庭开支是3.9万英镑（约相当于今天的140万英镑），他还花了3.3万英镑为他的第二任妻子（一位比他小25岁的女演员）购买珠宝和皮草。法庭询问，他的妻子为什么不提供经济援助，阿瑟称自己财力不支之后，两人就一直在争吵，这正是他申请破产的原因。有时为了付清账单，甚至不得不典当珠宝首饰。[33]

沙逊家族还有一大笔钱花在艺术和娱乐领域。菲利普的三处豪宅以及奢华的舞会和宴会在一定程度上成就了他的名气。数不清的王室年轻人和名人受邀参加过菲利普举办的宴会。据称，一位女士在复活节给菲利普发了一封电报，称"基督复活了。为什么不邀请他参加午宴？"[34]菲利普还在艺术品上耗费巨资，其中大部分由妹妹西比尔继承。她住在诺福克郡的霍顿庄园，这座庄园被认为是"英格兰最典型、保存最完好的帕拉迪奥式建筑"，菲利普的一些艺术收藏品至今仍在这里展出。[35]西比尔与丈夫——第五代乔蒙德利侯爵，曾斥巨资将庄园恢复昔日辉煌。后来，两人的后代为了筹钱，在佳士得拍卖行拍卖了160件藏品，大部分是菲利普收藏的18世纪法国作品，此外还有霍顿庄园的一些藏品。《泰晤士报》报道称，1994年12月的拍卖会共拍得超过2100万英镑的资金。[36]时至今日，沙逊家族曾入手的藏品还在渐渐出现在世人面前。1999年特拉维夫苏富比拍卖行的一次拍卖会以及2020年12月纽约的一次拍卖会，拍卖了苏莱曼和弗洛拉后代的财物，包括富有异国情调的犹太文物以及风格各异的藏品。其中包括东方地毯，富丽堂皇的刺绣纺织品和东方瓷器，甚至还有中国和欧洲的扇子。一些宗教物件，如经文卷轴和一个华贵的妥拉经文罩，标价超过15万美元。[37]2020年的拍卖会上有两个18世纪的妥拉盾牌，被苏富比拍卖行称之为"百年一遇的……金属文物"，每件价值90万美元。[38]

　　沙逊家族的兴衰史与19世纪开始的全球化进程互相交织。随着时间的推移，贸易、金融以及人与人之间的相互联系变得更加紧密。[39]沙逊商业帝国130年间的故事发生在全球格局正在翻天覆地变化的时期：东印度公司退出历史舞台、两次鸦片战争、美国内战、苏伊士运河通航、一战和奥斯曼帝国终结、1929年大萧条、二战、共产主义崛起，沙逊家族开展业务所在的许多贸易枢纽纷纷独立，最重要的是大英帝国在此期间落幕。他们拥抱技术变革，很多时候，沙逊家族都走在变革的前沿。蒸汽机船出现时，沙逊家族立即改变商船队结构，电报一问世便立即投入使用，因为他们心知肚明信息的关键作用；银行、金融和投资越来越成熟时，沙逊家族不仅采用新的理念，更是成为商业实战的先驱，跳出地区局限，面向全球开展投资和交易（从货币和金属套利到投身洲际银行活动，均有所涉足）。沙逊家族甚至在慈善事业方面也不乏创新，将每笔交易收入的0.25%捐给慈善机构。

　　沙逊家族没有将眼光局限于世界一隅；相反，他们非常关注世界事件，无论是法国的蚕丝采集还是亚洲的稻米收成，都在他们的关注范围之内。沙逊家族采用垂直整合的商业模式：基本上控制自己的供应链，在某些产品贸易中占主导地位（尤其是鸦片），效率和利润因此得到提高。

　　从沙逊商业帝国的故事可以看出，全球化从各个维度改变了世界。企业必须决定是跟上这个巨大的发展步伐，还是停滞不前，沙逊家族选择的是前者。然而，正如前文所述，站在全球化的最前沿，并不意味着有能

308

力进行长期投资，也不代表有能力对企业做出根本改革。沙逊家族预见了电报和蒸汽机船带来的变化，却没有预见鸦片贸易的结束，也没有预见进军新业务领域的需要。沙逊家族之所以能够适应全球性变革，他们的身世背景起了重要作用：自从逃出巴格达的那刻起，他们就知道何为安全，何为危险。他们会说好几种语言，理解不同的文化，无论在何处游历，在何处做生意，他们都尊重当地的宗教和教派。这种理念让他们感知到与整个世界的联系，随着交通和通信的进步，这个世界变得越来越小。最关键的是，沙逊家族作为难民，愿意改变和适应，融入不同的社会和文化，这就是这个家族对我们今天所谓全球化持开放态度的终极证明。

309

沙逊家族也向世人展示了难民家庭如何为世界福祉做出贡献。1941年4月，关于沙逊家族的第一本书出版，那是欧洲最黑暗的日子。作者塞西尔·罗斯（Cecil Roth）向阿道夫·希特勒以及那些误导民众相信自己种族优越性的领导人发话。罗斯的结论十分明确："对文明国度而言，接纳有才华的外来家族不能不说是一种优势。"沙逊家族和其他类似的家族证明了这个基本假设。[40]

本书开头，我用托马斯·曼的《布登勃洛克一家》作为警示；本书结尾，我将用雷曼兄弟的故事作为补充。雷曼兄弟也是由移民家族创立的公司，第一代人生活节俭，工作勤勉，创下巨大财富。到了第三代，生活颓废，对生意几无兴致，与沙逊家族的情况相仿，对公司控制权的放弃预示衰亡命运的开始，但雷曼兄弟破产的余波更为巨大。"完了，这个家族的生意出问题了。"就像曼笔下的一个人物在布登勃洛克家族生意破产时说的那样。[41]

跟虚构的布登勃洛克一家不同的是，沙逊家族的衰落有一部分归咎于他们对头衔、社会和政治地位的追求，攀上王室，还要斥巨资维持这份交情，最初为他们创造巨大财富的家族业务和企业家精神似乎都成了代价。大卫·沙逊一直将家族声誉作为重中之重，并要求后代通过工作充实自己。大卫去世还不到100年，后代就开始坐享财富，挥金度日，大卫创建的公司在方方面面都被边缘化，那些被聘请来管理家族生意的外部人士，最终也被英格兰银行宣布不适合担任管理职务。渴求上流社会的认可，对身份地位的追求，并非沙逊家族独有。从创始人打下江山，到第四代失去整个商业帝国，其间100多年，沙逊家族丧失的不仅仅是金钱。一位眼光敏锐的观察家将沙逊家族的发展历程比作一颗钻石，"开头是一个点，接着迅速扩大，最后是悲惨消亡，又变成一个点。此外，（第四代）家族成员中，上两代沙逊家族成员的独特品质已经所剩无几"。[42] 曾经的全球商业帝国，人们口中的"东方罗斯柴尔德家族"已经在历史舞台上谢幕。

　　今时今日，除了孟买或上海某些地区，已经很少有人听说过沙逊家族。这个名字只让人想起一战著名反战诗人西格弗里德·沙逊，还有美发师维达尔·沙逊（维达尔的祖籍是叙利亚，与巴格达沙逊家族没有关系），前者来自英国，后者来自美国。我之所以知道沙逊，是因为我的姓氏也是沙逊。在写本书之前，我从来没去想过，祖上那个大家族给世人留下了什么。我的高祖父本杰明是大卫的弟弟，当年大卫和父亲沙逊族长逃离巴格达，他却留了下来。20世纪，我父亲的好几个哥哥都在年满16岁时离开了伊拉克，到国外求学和工作。轮到我父亲离开家乡时，我爷爷病逝了，按照传统，父亲不得不留下来照顾我的奶奶和姊妹几个。20世纪70年代，沙逊族长和大卫曾经的命运又重演，20世纪60年代复兴党崛起，萨达姆·侯赛因暴政冒头，父亲和我因为政治和文化迫害不得不逃离祖国，逃到伊拉克东部边境的另一头。像大卫一样，我很幸运地找到了工作，在流亡途中取得了一定程度的成功。有人说，"一时为难民，永远是难民"。研究和撰写此书时，我开始思考，难民经历为何是沙逊家族留给世人的一种遗产。我的身上，不仅带着自己离开祖国的经历，还带着几代人的经历。如今我在新家园安全无虞，我的子孙也过着安稳日子，但我尽量不把今天的好日子视为理所当然。

310

311

附　录

　　　　　印度卢比与英镑（GBP）和美元（USD）的换算，1850—1910年

年份	英镑 / 印度卢比	美元 / 印度卢比	英镑 / 美元
1850	1£＝9.88Ru	1$＝2.02Ru	1£＝4.87$
1855	1£＝9.92Ru	1$＝2.02Ru	1£＝4.89$
1860	1£＝9.23Ru	1$＝1.90Ru	1£＝4.85$
1865	1£＝9.74Ru	1$＝2.27Ru	1£＝7.69$
1870	1£＝10.49Ru	1$＝1.88Ru	1£＝5.59$
1875	1£＝11.07Ru	1$＝1.98Ru	1£＝5.59$
1880	1£＝12.02Ru	1$＝2.48Ru	1£＝4.85$
1885	1£＝12.96Ru	1$＝2.67Ru	1£＝4.86$
1890	1£＝13.14Ru	1$＝2.79Ru	1£＝4.86$
1895	1£＝17.78Ru	1$＝3.64Ru	1£＝4.89$
1900	1£＝15.00Ru	1$＝3.09Ru	1£＝4.86$
1905	1£＝9.75Ru	1$＝2.00Ru	1£＝4.86$
1910	1£＝9.52Ru	1$＝1.96Ru	1£＝4.86$

来源：

A.Piatt Andrew, 'Indian Currency Problems of the Last Decade', Quarterly Journal of Economics 15, no. 4 (1901): 483–516.

Stefan Eich, 'B. R. Ambedkar's The Problem of the Rupee', in The Cambridge Companion to Ambedkar, eds. Anupama Rao and Shailaja Paik, Cambridge: Cambridge University Press, forthcoming.

Brij Narain, 'Exchange and Prices in India 1873–1924', Weltwirtschaftliches Archiv 23 (1926): 247–92.

参考文献

档案馆

Babylonian Jewry Heritage Center Archives (Tel Aviv)

Brighton and Hove Archives

British National Archives (London)

China Association Papers, School of Oriental and African Studies, University of London

Church of England Archives (Lambeth Palace, London)

Collection of Kenneth and Joyce Robbins

David Sassoon Archives (National Library, Jerusalem)

E. D. Sassoon papers and accounts, London Metropolitan Archives

India Office (British Library, London)

Indian National Archives (Delhi)

Kadoorie Archives (Hong Kong)

Ottoman Archives (Istanbul)

Queen Victoria's Journals, Bodleian Library, University of Oxford

Rothschild Archive, The (London)

Shanghai Municipal Archives

Sir Ellice Victor Elias Sassoon Papers and Photographs, Southern Methodist University, Dallas (SMU)

South Asia Archive (Qatar Digital Library)

报道、目录册与论文集等

Annual Report of the Department of Agriculture in Sind, 1932–33.

Annual Reports of the Sassoon Mechanics' Institute.

Ardeshir H. Mama vs Flora Sassoon. Bombay High Court, 21 May, 1928.

Bombay Administration Report of 1864–5.

Bombay and Lancashire Cotton Spinning Inquiry, Minutes of Evidence and Reports. London: Manchester Chamber of Commerce, 1888.

British *Parliamentary Debates* (Hansard).

Catalogue of the Anglo-Jewish Historical Exhibition 1887.

China: A Collection of Correspondence and Papers Relating to Chinese Affairs, London: Foreign Office, 1870.

Christie's catalogue, *Works of Art from Collections of the Cholmondeley Family and the Late Sir Philip Sassoon, Bt.* London: Christie's, 1994.

1889 Exhibition of the Royal Academy of Arts.

England and the Opium Trade with China, pamphlet. London: Dyer Brothers,1880.

Fifty-First Annual Report. London: Board of Guardians for the Relief of the Jewish Poor, 1909.

Indian Law Reports, Bombay Series.

Indo-European Telegraph Department Administration Report 1875–76.

Presentation of the Freedom of the City of London to Sir A. D. Sassoon, CSI,Council Chamber Guildhall, 6 November 1873.

Proceedings of the Legislative Council of the Governor of Bombay, 1919.

Public Education Reports, Government of Bombay.

Report of the Agri-Horticultural Society for the Year 1863.

Reports of the Bombay Chamber of Commerce.

Reports of the General Committee of the Hong Kong General Chamber of Commerce.

Reports of the Royal Commission on Opium, 1894, 1895.

Reports on Trade at the Treaty Ports in China for the Year 1874. Shanghai:Inspector General of Customs, 1874.

Shanghai Political and Economic Reports 1842–1943.

Sir William Muir's 'Minute and Correspondence Thereon', in *Papers Relating to the Opium Question.* Calcutta: Government Press, 1870.

Sotheby's catalogue, *Sassoon: A Golden Legacy.* New York: Sotheby's, 2020.

Speeches at the Millowners' Association, 1920.

Twentieth Annual Report of the Anglo-Jewish Association, in Connection with the Alliance Israélite Universelle, 1890–1891.

新闻与期刊等

Allen's Indian Mail and Register of Intelligence for British & Foreign India, China, & All Parts of the East

Bombay Calendar and Almanac

Bombay Times and Journal of Commerce

Bulletin de la Société héraldique et généalogique de France

China Mail

Collegian & Progress in India

Daily Mail

Daily News

Daily Telegraph

Doar Ha-Yom

Economist

Financial Times

Fortune Magazine

Green Bay Press-Gazette

Guardian

Hong Kong Daily Press

Hong Kong Government Gazette

Hong Kong Telegraph

Honolulu Star-Bulletin

Illustrated London News

Imperial Gazette of India

India Review

Indian Education

Irish Times

Israel's Messenger

Jerusalem Post

Jewish Messenger

Jewish World

Journal of the National Indian Association

Journal of the Royal Asiatic Society of Great Britain and Ireland

Journal of the Society of Arts

Lady's Realm

London and China Telegraph

Los Angeles Times

Manchester Guardian

Manchester Times

McClure's Magazine

Menorah

Miami Herald

Mumbai Magic

Municipal Gazette

Nassau-Guardian

National China Herald

New York Times, The

North-ChinaDaily News

North-ChinaHerald

Observer

Scribe

Shen Bao

Sketch

Spectator

Sun (Baltimore)

Times, The

Times Literary Supplement, The

Times of India

Vanity Fair

Wall Street Journal

Washington Post

Westminster Review

书籍与文章

A Foreign Resident. *Society in the New Reign*. London: T. Fisher Unwin, 1904.

Allen, Nathan. *An Essay on the Opium Trade*. Boston: John P. Jewett, 1850.

Allfrey, Anthony. *Edward VII and His Jewish Court*. London: Weidenfeld & Nicolson, 1991.

Amanat, Abbas. *Iran: A Modern History*. New Haven: Yale University Press,2017.

Anderson, John A. "The Opium Question: A New Opportunity", *Chinese Recorder and Missionary Journal*, xxxvii (1906): 431–4.

Bauer, Rolf. *The Peasant Production of Opium in Nineteenth-Century India*(Library of Economic History: vol. 12). Boston: Brill, 2019.

Bayly, C. A. *The Birth of the Modern World 1780–1914:Global Connections and Comparisons*. Oxford: Blackwell, 2004.

——. *Indian Society and the Making of the British Empire*. Cambridge: Cambridge University Press, 1990.

Beckert, Sven. *Empire of Cotton: A Global History*. New York: Knopf, 2014.

Benjamin, N. "Industrialization of Bombay: Role of the Parsis and the Jews", *Proceedings of the Indian History Congress* 61, no. 1 (January 2000):871–87.

Ben-Naeh,Yaron. "Ha-Sheliach Me-Hebron Mistabech Be-Bombay[The, Emissary from Hebron Encountered Complications in Bombay]", *Et-Mol*,no. 215 (2011): 6–9.

Ben-Yacov,Avraham. *Perakim Be-Toldot Yehudei Babel* [Treatise on the History of Babylonian Jewry], vol. 1. Jerusalem: Olam Ha-Sefer,1989.

. *Yehudei Babel be-Tfuzot*[Babylonian Jewry in Diaspora]. Jerusalem:Rubin Mass, 1985.

. "A Letter and Five Poems to the Honourable Suleiman David Sassoon" (in Hebrew), in Shmuel Moreh, ed., *Mihkarim be-Toldot Yehudei Iraq ve-Beterbutam*[Studies in the History of Iraqi Jews and Their Culture]. Or Yehuda: Centre for the Heritage of Babylonian Jews, 1981.

Betta, Chiara. "Silas Aaron Hardoon (1851– 1931):Marginality and Adaptationin Shanghai". Ph.D. thesis, School of Oriental and African Studies,University of London, 1997.

Bickers, Robert. *Britain in China: Community, Culture and Colonialism1900–1949*.Manchester:

Manchester University Press, 1999.

——. *China Bound: John Swire & Sons and Its World, 1816–1980*.London:Bloomsbury, 2020.

Blue, Gregory. "Opium for China: The British Connection", in *Opium Regimes:China, Britain, and Japan, 1839–1952*,ed. Timothy Brook and Bob Tadashi Wakabayashi, pp. 31–54. Berkeley: University of California Press, 2000.

Booth, Martin. *Opium: A History*. New York: St. Martin's Griffin, 1996.

Bose, Sugata. *A Hundred Horizons: The Indian Ocean in the Age of Global Empire*. Cambridge, Mass.: Harvard University Press, 2006.

Breger, Jennifer. "Three Women of the Book: Judith Montefiore, Rachel Morpurgo,and Flora Sassoon", *AB Bookman's Weekly*, no. 101 (30 March1998): 853–64.

Brice, A. C. *Indian Cotton Supply: The Only Effectual and Permanent Measure for Relief to Lancashire*. London: Smith, Elder and Co., 1863.

Bunkanwanicha, Pramuan, Joseph P. H. Fan and Yupana Wiwattanakantang. "The Value of Marriage to Family Firms", *Journal of Financial and Quantitative Analysis* 48, no. 2 (2013): 611–36.

al-Bustani, Mehdi Jawad Habib. 'Bag˘dad'daki Kölemen Hâkimiyetinin Te'sisive Kaldırılması ile Ali Rıza Pas‚a'nın Vâlilig˘i (1749– 1842)[The Establishment and Decline of the Mamluk Rule in Baghdad and the Governorship of Ali Rıza Pasha (1749– 1842)]',unpublished Ph.D. dissertation, Istanbul University, Faculty of Literature, 1979.

Cannadine, David. *Ornamentalism: How the British Saw Their Empire*.Oxford: Oxford University Press, 2001.

Caine, W. S. *Picturesque India: A Handbook for European Travellers* (London:Routledge & Sons, 1890), pp. 439–40.

Caro, Robert. *Working: Researching, Interviewing, Writing*. New York:Alfred Knopf, 2019.

Carpenter, Mary. *Six Months in India*, vol. II. London: Longmans, Green, 1868.

Carter, James. *Champions Day: The End of Old Shanghai*. New York: W. W.Norton, 2020.

Caru, Vanessa. "'A Powerful Weapon for the Employers"? Workers' Housingand Social Control in Interwar Bombay', in *Bombay Before Mumbai*, ed.Prashant Kidambi, Manjiri Kamat and Rachel Dwyer. Penguin Random House India, 2019, pp. 213–35.

Cernea, Ruth Fredman. *Almost Englishmen: Baghdadi Jews in British Burma*.Lanham, MD: Rowman & Littlefield, 2007.

Chandavarkar, Rajnarayan. *The Origins of Industrial Capitalism in India:Business Strategies and the Working Classes in Bombay, 1900–1940*.Cambridge:Cambridge University Press, 1994.

Chow, Phoebe. *Britain's Imperial Retreat from China, 1900–1931*.New York: Routledge, 2017.

Clarence-Smith,William Gervase. *Cocoa and Chocolate, 1765–1914*.London:Routledge, 2000.

Clark, Gregory. "Why isn't the Whole World Developed? Lessons from the Cotton Mills", *Journal of Economic History* 47, no. 1 (1987): 141–73.

Clifford, Nicholas R. *Retreat from China: British Policy in the Far East1937–1941*.London: Longmans, 1967.

Collins, Damian. *Charmed Life: The Phenomenal World of Philip Sassoon*.London: Collins, 2016.

Cruise of Her Majesty's Ship "Bacchante", 1879–1882:Compiled from the Private Journals, Letters, and Notebooks of Prince Albert Victor and Prince George of Wales. London: Macmillan,

1886.

Cyclopedia of India, The: Biographical–Historical–Administrative–Commercial,vol. I.Calcutta: The Cyclopedia Publishing Coy, 1907.

Dalrymple, William. *The Anarchy: The Relentless Rise of the East India Company*. New York: Bloomsbury Publishing, 2019.

Dalzell, P. M. *Memoranda on the External Trade of Sind for 1857–58*.Karachi:Sindian Press, 1858.

Dane, Michael. *The Sassoons of Ashley Park*. Walton-on-Thames:MichaelDane, 1999.

Darwin, John. *The Empire Project: The Rise and Fall of the British World-System1830–1970*. Cambridge: Cambridge University Press, 2009.

Dejung, Christof. "Bridges to the East: European Merchants and Business Practices in India and China", in *Commerce and Culture: Nineteenth Century Elites*, ed. Robert Lee. Farnham: Ashgate, 2011, pp. 93–116.

Dong, Stella. *Shanghai: The Rise and Fall of a Decadent City*. New York: Perennial,2000.

Dossal, Mariam. *Imperial Designs and India Realities: The Planning of Bombay City 1845–1875*. Bombay: Oxford University Press, 1991.

Dunn, Wie T. *The Opium Traffic in Its International Aspects*. New York:Columbia University, 1920.

Dwivedi, Sharada, and Rahul Mehrotra, *Bombay: The Cities Within*. Mumbai:India Book House, 1995.

Eich, Stefan, "B. R. Ambedkar's *The Problem of the Rupee*", in *The Cambridge Companion to Ambedkar*, eds. Anupama Rao and Shailaja Paik.Cambridge: Cambridge University Press, forthcoming.

Ellis, Bryan. *Walton Past*. Bognor Regis: Phillimore & Co., 2002.

England, Vaudine. *Arnholds: China Trader*. Hong Kong: Arnhold & Co.,2017.

Farooqui, Amar. *Opium City: The Making of Early Victorian Bombay*. New Delhi: Three Essays Collective, 2006.

Farr, Dennis. *English Art 1870–1940*.Oxford: Clarendon Press, 1978.

Fay, Peter Ward. *The Opium War 1840–1842*.Chapel Hill: University of North Carolina Press, 1975.

Feige, Chris, and Jeffrey A. Miron. "The Opium Wars, Opium Legalization and Opium Consumption in China". *Applied Economic Letters* 15, no. 12(2008): 911–13.

Fels, Rendigs. "The Long-Wave Depression, 1873–97".*Review of Economics and Statistics* 31 (1949): 69–73.

Ferguson, Niall. *The House of Rothschild: Money's Prophets 1798–1848*(New York: Penguin Books, 1998).

——. *The House of Rothschild: The World's Banker 1849–1999*(New York:Penguin Books, 1999).

——. *The Square and the Tower: Networks and Power, from the Freemasons to Facebook*. New York: Penguin Press, 2018.

Findlay, Ronald, and Kevin H. O'Rourke, *Power and Plenty: Trade, War, and the World Economy in the Second Millennium*. Princeton: Princeton University Press, 2007.

Fischel, Walter J., ed. *Unknown Jews in Unknown Lands: The Travels of Rabbi David D'Beth Hillel (1824–1832)*. New York: Ktav Publishing,1973.

——. "Bombay in Jewish History in the Light of New Documents from the Indian Archives", *Proceedings of the American Academy for Jewish Research* 38/39 (1970–71):119–44.

Freeze, Chaeran Y. *A Jewish Woman of Distinction: The Life & Diaries of Zinaida Poliakova*.

Waltham, Mass.: Brandeis University Press, 2019.

French, Paul. *Bloody Saturday*. Melbourne: Penguin Books, 2017.

——. *Destination Shanghai*. Hong Kong: Blacksmith Books, 2019.

Gao Bei. *Shanghai Sanctuary: Chinese and Japanese Policy toward European Jewish Refugees during World War II*. Oxford: Oxford University Press, 2013.

Gaster, M. "[Review of] Ohel Dawid. Descriptive Catalogue of the Hebrew and Samaritan MSS in theSassoon Library", *Journal of the Royal Asiatic Society of Great Britain and Ireland* 67, no. 3 (July 1935): 542–3.

Gilbert, Martin. *Churchill and the Jews: A Lifelong Friendship*. New York:Henry Holt, 2007.

Grace, Richard J. *Opium and Empire: The Lives and Careers of William Jardine and James Matheson*. Montreal: McGill-Queen's University Press, 2014.

Gray, John Henry. *Journey around the World in the Years 1875–1876–1877*.London: Harrison, 1879.

Grescoe, Taras. *Shanghai Grand: Forbidden Love and International Intriguein a Doomed World*. New York: St Martin's Press, 2016.

Groves, Anthony N. *Journal of a Residence at Bagdad during the Years 1830 and 1831*. London: James Nisbet, 1832.

Guha, Amalendu. "The Comprador Role of the Parsi Seths, 1750–1850", *Economic and Political Weekly* 5, no. 48 (1970): 1933–6.

Hahn, Emily. *China to Me: A Partial Autobiography*. New York: Doubleday,1944.

Hall, Peter Dobkin. "A Historical Overview of Family Firms in the United States", *Family Business Review* 1, no. 1, Spring 1988: 51–68.

Halsey, Stephen R. *Quest for Power: European Imperialism and the Making of Chinese Statecraft*. Cambridge, Mass.: Harvard University Press, 2015.

Handbook for Travellers in India, Burma, and Ceylon. 1909.

Hao, Yen-p'ing.*The Commercial Revolution in Nineteenth-Century China:The Rise of Sino-Western Mercantile Capitalism*. Berkeley: University of California Press, 1986.

——. *The Comprador in Nineteenth Century China: Bridge between Eastand West*. Boston: East Asian Research Center, Harvard University, 1971.

Harcourt, Freda. "Black Gold: P&O and the Opium Trade, 1847–1914", *International Journal of Maritime History* 6, no. 1 (1994): 1–83.

Harmsen, Peter. *Shanghai 1937: Stalingrad on the Yangtze*. Havertown:Casemate Publishers, 2015.

Hauser, Ernest O. *Shanghai: City for Sale*. New York: Harcourt, Brace,1940.

Haweis, Mary Eliza. *Beautiful Houses: Being a Description of Certain Well-Known Artistic Houses*. London: Sampson Low, Marston, Searle &Rivington, 1882.

Heehs, Peter. *India's Freedom Struggle 1857–1947:A Short History*. Oxford Scholarship Online, 2012.

Henriques, Robert. *Bearsted: A Biography of Marcus Samuel*. New York:Augustus M. Kelley, 1970.

Hibbard, Peter. *The Bund Shanghai: China Faces West*. New York: W. W.Norton, 2008.

Horesh, Niv. *Shanghai, Past and Present: A Concise Socio-Economic History*. Brighton: Sussex Academic Press, 2014.

Hunt, Tristram. *Ten Cities That Made an Empire*. London: Penguin Books, 2015.

Imber, Elizabeth E. "A Late Imperial Elite Jewish Politics: Baghdadi Jews in British India and the Political Horizons of Empire and Nation", *Jewish Social Studies: History, Culture, Society* 23, no. 2 (Winter 2018): 48–85.

Issawi, Charles. *The Fertile Crescent, 1800–1914:A Documentary Economic History*. Oxford: Oxford University Press, 1988.

Jackson, Stanley. *The Sassoons*. New York: E. P. Dutton, 1968.

Jacob, J. F. R. *An Odyssey in War and Peace: An Autobiography*. New Delhi: Lotus, 2011.

Janin, Hunt. *The India–China Opium Trade in the Nineteenth Century*. Jefferson,NC: McFarland & Company, 1999.

Jessawalla, Dosebai Cowasjee. *The Story of My Life*. Bombay: Times Press,1911.

Johnson, Owen. *The Salamander*. New York: A. L. Burt, 1914.

Jones, Geoffrey. *Merchants to Multinationals: British Trading Companies in the Nineteenth and Twentieth Centuries*. New York: Oxford University Press, 2000.

Kessinger, Tom G. "Regional Economy (1757–1857)", in *The Cambridge Economic History of India*, vol.II: *1757–2003*,ed. Dharma Kumar. Delhi:Orient Longman, 2005, pp. 242–70.

King, Frank H. H. *The History of the Hongkong and Shanghai Banking Corporation*,vol. I: *The Hongkong Bank in Late Imperial China, 1864–1902:On an Even Keel*. New York: Cambridge University Press, 1987.

——. *The History of the Hongkong and Shanghai Banking Corporation*, vol. II:*The Hongkong Bank in the Period of Imperialism and War, 1895–1918:Wayfoong,the Focus of Wealth*. New York: Cambridge University Press, 1988.

——. *The History of the Hongkong and Shanghai Banking Corporation*, vol.III: *The Hongkong Bank between the Wars and the Bank Interned, 1919–1945:Return From Grandeur*. New York: Cambridge University Press, 1988.

——. *The History of the Hongkong and Shanghai Banking Corporation*, vol.IV: *The Hongkong Bank in the Period of Development and Nationalism, 1941–1984:From Regional bank to Multi national Group*. New York:Cambridge University Press, 1991.

Kranzler, David. *Japanese, Nazis and Jews: The Jewish Refugee Community of Shanghai, 1938–1945*. New York. Yeshiva University Press, 1976.

Kumar, Dharma, and Meghdad Desai, eds. *The Cambridge Economic History of India*, vol. II: *1757–2003*.Delhi: Orient Longman, 2005.

Kynaston, David. *The City of London*, vol. II: *Golden Years 1890–1914*.London: Chatto & Windus, 1994.

Leese, Arnold. *"Chinese Communism? Yes, but it was Jewish when it started"*, pamphlet. Guildford: Arnold Leese, 1949.

LeFevour, Edward. *Western Enterprise in Late Ch'ing China: A Selective Survey of Jardine, Matheson & Company's Operations 1842–1895*.Cambridge,Mass.: Harvard University Press, 1968.

Lethbridge, Roper. *India and the Imperial Preference*. London: Longmans,Green and Co., 1907.

Levinson, Harry. "Conflicts That Plague Family Businesses". *Harvard Business Review* 49, no. 2 (1971). 90–98.

Lin, Man-Hung. 'China's "Dual Economy" in International Trade Relations,1842–1949', in *Japan,*

China, and the Growth of the Asian International Economy, 1850–1949,vol. 1, ed. Kaoru Sugihara.Oxford:Oxford University Press, 2005, pp. 183–5.

Longrigg, Stephen Hemsley. *Four Centuries of Modern Iraq*. Oxford: Clarendon Press, 1925.

Lovell, Julia. *The Opium War: Drugs, Dreams and the Making of China*.London: Picador, 2011.

Lucas, S. E., ed. *The Catalogue of Sassoon Chinese Ivories*. London: Country Life, 1950.

Macfarlane, Alan, and Iris Macfarlane. *The Empire of Tea: The Remarkable History of the Plant That Took Over the World*. New York: The Overlook Press, 2004.

Maclean's Guide to Bombay, the *Bombay Gazette* Steam Press, 1875.

MacMillan, Margaret. *Women of the Raj*. New York: Thames and Hudson,1988.

Mann, Thomas. *Buddenbrooks: The Decline of a Family*. Transl. JohnE. Woods. New York: Vintage, 1994.

Marks, Steven G. *The Information Nexus: Global Capitalism from the Renaissance to the Present*. Cambridge: Cambridge University Press, 2016.

Marozzi, Justin. *Baghdad: City of Peace, City of Blood – a History in Thirteen Centuries*. London: Da Capo Press, 2014.

Marriott, W. F. "Indian Political Economy and Finance", *Journal of the East Indian Association* (London) 8, (1874): 188–207.

Masters, Bruce. *The Arabs of the Ottoman Empire, 1516–1918:A Social and Cultural History*. New York: Cambridge University Press, 2013.

——. *Christians and Jews in the Ottoman Arab World: The Roots of Sectarianism*.Cambridge: Cambridge University Press, 2001.

Meaux, Lorraine de. *Une grande famille russe: Les Gunzburg*. Paris: Perrin, 2018.

Metcalf, Barbara D., and Thomas R. Metcalf. *A Concise History of Modern India*. 3rd edn. New York: Cambridge University Press, 2012.

Meyer, Maisie. *Shanghai's Baghdadi Jews: A Collection of Biographical Reflections*. Hong Kong: Blacksmith Books, 2015.

——. "Baghdadi Jewish Merchants in Shanghai and the Opium Trade", *Jewish Culture and History* 2, no. 1 (1999): 58–71.

——. "Three Prominent Sephardi Jews", *Sino-Judaica:Occasional Papers of the Sino-Judaic Institute* 2 (1995), 85–110.

Moreh, Shmuel, ed. *Mihkarim be-Toldot Yehudei Iraq ve-Beterbutam*[Studiesin the History of Iraqi Jews and Their Culture]. Or Yehuda: Center forthe Heritage of Babylonian Jews, 1981.

Morris, Morris D. 'The Growth of Large-ScaleIndustry to 1947', in *The Cambridge Economic History of India*, vol. II: *1757–2003*,ed. Dharma Kumar.Delhi: Orient Longman, 2005, pp. 553–676.

Motono Eiichi. "A Study of the Legal Status of the Compradors during the1880s with Special Reference to the Three Civil Cases between David Sassoon Sons & Co. and Their Compradors, 1884–1887". *Acta Asiatica* 62(1992): 44–70.

Muirhead, Stuart. *Crisis Banking in the East: The History of Chartered Mercantile Bank of India, London, and China, 1853–93*.Aldershot: Scolar Press,1996.

Musson, A. E. "The Great Depression in Britain, 1873–1896", *Journal of Economic History* 19, no. 2 (1959): 199–228.

Narayan, Govind. *Mumbai: An Urban Biography from 1863*, ed. and transl.Murali Ranganathan. London: Anthem Press, 2009.

Nawwar, Abdul Aziz. *Dawud Pasha: Wali Baghdad* [Dawud Pasha: Governor of Baghdad]. Cairo: Dar al-Katib,1967.

Negev, Eilat, and Yehuda Koren. *The First Lady of Fleet Street: The Life of Rachel Beer*. New York: Bantam Books, 2011.

Newman, R. K. "India and the Anglo-Chinese Opium Agreements, 1907–1914", *Modern Asian Studies* 23, no. 3 (1989): 525–60.

Nieuwenhuis, Tom. *Politics and Society in Early Modern Iraq: Mamlu-k Pashas, Tribal Shayks, and Local Rule between 1802 and 1831*. The Hague:Martinus Nijhoff, 1981.

Nomura, Chikayoshi. "The Origin of the Controlling Power of ManagingAgents over Modern Business Enterprise in Colonial India", *Indian Economic and Social History Review* 51, no. 1 (2014): 95–132.

Oonk, Gijsbert. "Motor or Millstone? The Managing Agency System in Bombay and Ahmedabad, 1850–1930", *Indian Economic and Social History Review* 38, no. 4 (2001): 419–452.

Opium Trade 1910–1941,The, 4 vols. London: Scholarly Resources, 1974.

Osterhammel, Jürgen. *The Transformation of the World: A Global History of the Nineteenth Century*. Princeton: Princeton University Press, 2014.

Owen, David E. *British Opium Policy in China and India*. New Haven: Yale University Press, 1934.

Palsetia, Jesse S. *Jamsetjee Jeejeebhoy of Bombay: Partnership and Public Culturein Empire*. New Delhi: Oxford University Press, 2012.

Pearson, Michael. *The Indian Ocean*. London: Routledge, 2003.

Pepper, Terence. *High Society Photographs 1897–1914*.London: National Portrait Gallery, 1998.

Phillips-Evans,James. *The Longcrofts: 500 Years of a British Family*. London: Create Space Independent Publishing. 2012.

Plüss, Caroline. "Assimilation Versus Idiosyncrasy: Strategic Constructions of Sephardic Identities in Hong Kong", *Jewish Culture and History* 5, no. 2(2002): 48–69.

Pomeranz, Kenneth, and Steven Topik. *The World That Trade Created: Society,Culture, and the World Economy 1400 to the Present*. London: M. E.Sharpe, 2006.

Raianu, Mircea. *Tata: The Global Corporation That Built Indian Capitalism*(Cambridge, Mass.: Harvard University Press, 2021).al-Rubai'i,Nabil. *Tarikh Yehud al-Iraq*[The History of Iraq's Jews]. Beirut:al-Rafidain,2017.

Ray, Rajat K., ed. *Entrepreneurship and Industry in India 1800–1947*.Delhi:Oxford University Press, 1994.

——. "Asian Capital in the Age of European Domination: The Rise of theBazaar, 1800–1914", *Modern Asian Studies* 29, no. 3 (1995): 449–554.

Richards, John F. "The Indian Empire and Peasant Production of Opiumin the Nineteenth Century", *Modern Asian Studies* 15, no. 1 (1981):59–82.

——. "Opium and the British Indian Empire: The Royal Commission of 1895", *Modern Asian Studies* 36, no. 2 (2002): 375–420.

——. "The Opium Industry in British India", *Indian Economic and Social History Review* 39, no.

2–3(2002): 149–180.

Ridley, Jane. *The Heir Apparent*. New York: Random House, 2013.

Roberts, John Stuart. *Siegfried Sassoon*. London: Metro Publishing, 1999.

Roland, Joan G. *Jews in British India: Identity in a Colonial Era*. Tauber Institute for the Study of European Jewry Series 9. Hanover, NH: Published for Brandeis University Press by University Press of New England,1989.

Roth, Cecil. *The Sassoon Dynasty*. Reprint of the 1941 edn. New York: Arno Press, 1977.

——. "The Court Jews of Edwardian England", *Jewish Social Studies* 5, no. 4(1943): 355–66.

Rubinstein, W. D. *Men of Property: The Very Wealthy in Britain since the Industrial Revolution*. New Brunswick: Rutgers University Press, 1981.

Rungta, Radhe Shyam. *The Rise of Business Corporations in India 1851–1900*.London: Cambridge University Press, 1970.

Rutnagur, S. M., ed. *Bombay Industries: The Cotton Mills*. Bombay: IndianTextile Journal, 1927.

——, ed. *Electricity in India: Being a History of the Tata Hydro-Electric Project*.Bombay: Indian Textile Journal, 1912.

Sachs, Jeffrey D. *The Ages of Globalization: Geography, Technology, and Institutions*. New York: Columbia University Press, 2020.

Sapir, Shaul. *Bombay: Exploring the Jewish Urban Heritage*. Mumbai: Bene Israel Heritage Museum and Genealogical Research Centre, 2013.

Sassoon, David Solomon. *A History of the Jews in Baghdad*. First edn 1949.London: Simon Wallenberg Press, 2007.

——. *Masa' Bavel* [Journey to Babylon], 1935.

Sassoon, Philip. *The Third Route*. New York: Doubleday & Co., 1929.

Sassoon, Siegfried. *The Old Century and Seven More Years*. London: Faber& Faber, 1938.

——. *The Old Huntsman and Other Poems*. New York: E. P. Dutton,1918.

Seal, Anil. *The Emergence of Indian Nationalism: Competition and Collaborationin the Later Nineteenth Century*. Cambridge: Cambridge University Press, 1971.

Sergeant, Harriet. *Shanghai*. London: Jonathan Cape, 1991.

Siddiqi, Asiya, ed. *Trade and Finance in Colonial India 1750–1860*. Delhi: Oxford University Press, 1995.

Silliman, Jael. *Jewish Portraits, Indian Frames: Women's Narratives from a Diaspora of Hope*. Calcutta: Seagull Books, 2001.

Smith, George. *The Life of John Wilson, D.D. F.R.S.: For Fifty Years Philanthropist and Scholar in the East*. London: John Murray, 1878.

Stansky, Peter. *Sassoon: The Worlds of Philip and Sybil*. New Haven: Yale University Press, 2003.

Stein, Sarah Abrevaya. "Protected Persons? The Baghdadi Jewish Diaspora,the British State, and the Persistence of Empire", *American Historical Review* 116, no. 1 (February 2011): 80–108.

Stephenson, MacDonald. *Railways in China: Report upon the Feasibility and Most Effectual Means of Introducing Railway Communication into the Empire of China*. London: J. E. Adlard, 1864.

Stourton, James. *Kenneth Clark: Life, Art and Civilisation*. New York: Alfred Knopf, 2016.

Temple, Richard. *Men and Events of My Time in India*. London: John Murray,1882.

Trentmann, Frank. *Free Trade Nation*. New York: Oxford University Press,2008.

Tripathi, Dwijendra. *The Oxford History of Indian Business*. New Delhi:Oxford University Press, 2004.

Trivellato, Francesca. *The Familiarity of Strangers: The Sephardic Diaspora,Livorno, and Cross-Cultural Trade in the Early Modern Period*. New Haven: Yale University Press, 2012.

Trocki, Carl A. *Opium, Empire and the Global Political Economy: A Study of the Asian Opium Trade 1750–1950*.New York: Routledge, 1999.

Vaidya, Dhruti, Design Studio. *The Other Mahabaleshwar: A Template forMindful Travel*. Pune: Merven Technologies, 2018.

Vaidyanathan, A. "The Indian Economy since Independence (1947– 70)", in *The Cambridge Economic History of India*, vol. II: *1757–2003*,ed.Dharma Kumar. Delhi: Orient Longman, 2005, pp. 947–94.

Vicziany, Marika. "Bombay Merchants and Structural Changes in the Export Community 1850 to 1880", in *Economy and Society: Essays in Indian Economic and Social History* [Papers]. Delhi: Oxford University Press,1979.

Wang Jian. *Shanghai Jewish Cultural Map*. Transl. Fang Shengquan. Shanghai:Shanghai Brilliant Publishing House, 2013.

Wang Xuyuan. *Shanghai China: The Bund and Architecture of One Century*.Shanghai: China Architecture & Building Press, 2008.

Webster, Anthony. "The Political Economy of Trade Liberalization: The East India Company Charter Act of 1813", *Economic History Review* XLIII, no. 3 (1990), 404–19.

Weizmann, Chaim. *Trial and Error*. New York: Schocken, 1966.

Wellsted, J. R. *Travels to the City of the Caliphs, along the Shores of the Persian Gulf and the Mediterranean*. Philadelphia: Lea & Blanchard, 1841.

Wiener, Martin J. *English Culture and the Decline of the Industrial Spirit1850–1980*.2nd edn. Cambridge: Cambridge University Press, 2004.

Wilson, Jean Moorcroft. *Siegfried Sassoon: The Making of a War Poet: A Biography (1886–1918)* London: Duckworth, 1998.

——. *Siegfried Sassoon: The Journey from the Trenches: A Biography (1918–1967)*.London: Duckworth, 2003.

Woolfson, Marion. *Prophets in Babylon: Jews in the Arab World*. London:Faber & Faber, 1980.

Yehuda, Zvi. *The New Babylonian Diaspora: The Rise and Fall of the Jewish Community in Iraq, 16th–20th Centuries C.E.* Leiden: Brill, 2017.

Zelin, Madeleine. "Chinese Business Practice in the Late Imperial Period", *Enterprise & Society* 14, no. 4 (2013): 769–93.

Zhang Zhongli and Chen Zengnian. *Shaxun Jituan Zai Jiu Zhongguo* [TheSassoon Group in Old China]. Beijing: Chubanshe, 1985.

Zhong, Weimin. "The Roles of Tea and Opium in Early Economic Globalization:A Perspective on China's Crisis in the 19th Century", *Frontiers of History in China* 5, no. 1 (2010): 86–105.

注 释

前 言

1   Robert A. Caro, *Working: Researching, Interviewing, Writing* (NewYork: Alfred Knopf, 2019), p. 141.

2   Thomas Mann, *Buddenbrooks: The Decline of a Family*, transl. JohnE. Woods (New York: Vintage, 1994). 该小说于 1901 年出版，被认为是托马斯·曼最好的小说，据称曼主要凭借该小说于 1929 年获得诺贝尔文学奖。

第 1 章   沙逊家族起源巴格达，1802—1830 年

1   Walter J. Fischel, ed., *Unknown Jews in Unknown Lands: The Travels of Rabbi David D'Beth Hillel (1824–1832)*(New York: Ktav Publishing,1973), p. 11.

2   Ibid., pp. 82–3.

3   J. R. Wellsted, *Travels to the City of the Caliphs, along the Shores of the Persian Gulf and the Mediterranean* (London: Henry Colburn. 1840),vol. I, p. 176.

4   Bruce Masters, *The Arabs of the Ottoman Empire, 1516–1918:A Social and Cultural History* (New York: Cambridge University Press, 2013),pp. 30–33.

5   Bruce Masters, *Christians and Jews in the Ottoman Arab World: The Roots of Sectarianism* (Cambridge: Cambridge University Press, 2001),p. 48.

6   Wellsted, *Travels to the City of the Caliphs*, vol. I, p. 178.

7   David Solomon Sassoon, *A History of the Jews in Baghdad* (London:Simon Wallenberg Press, 2007 [1st edn 1949]), pp. 123–4.

8   Naim Dangoor, "The New Ottoman Empire", *The Scribe*, issue 29, October1988, pp. 4–5.

9   Fischel, ed., *Unknown Jews in Unknown Lands*, p. 83.

10   Avraham Ben-Yacov,*Perakim Be-Toldot Yehudei Babel* [Treatise on the History of Babylonian Jewry],vol. 1 (Jerusalem: Olam Ha-Sefer,1989), p. 20.

11 Nabil al-Rubai'i, *Tarikh Yehud al-Iraq*[The History of Iraq's Jews](Beirut:al-Rafidain,2017), pp. 107–10.

12 Wellsted, *Travels to the City of the Caliphs*, vol. I, p. 277.

13 Marion Woolfson, *Prophets in Babylon: Jews in the Arab World* (London:Faber & Faber, 1980),p. 89.

14 Ben-Yacov, *Perakim Be-Toldot Yehudei Babel*, p. 22.

15 Ibid.

16 Justin Marozzi, *Baghdad: City of Peace, City of Blood: A History in Thirteen Centuries* (London: Da Capo Press, 2014), p. 226.

17 Tom Nieuwenhuis, *Politics and Society in Early Modern Iraq: MamlˉukPashas, Tribal Shayks and Local Rule between 1802 and 1831* (The Hague: Martinus Nijhoff, 1981), Appendix I.

18 Ibid., pp. 18–22.

19 Stephen Hemsley Longrigg, *Four Centuries of Modern Iraq* (Oxford:Clarendon Press, 1925), p.239.

20 Zvi Yehuda, *The New Babylonian Diaspora: The Rise and Fall of the Jewish Community in Iraq, 16th–20th Centuries C.E.* (Leiden: Brill,2017), p. 138.

21 Ben-Yacov,*Perakim Be-Toldot Yehudei Babel*, p. 22.

22 Ibid.

23 Political Agent in Turkish Arabia to Bombay, 13 October 1817, Papers Relating to the Political Situation in the Pashaliq of Baghdad, British Library, India Office Records, IOR/F/4/574/14025.

24 参阅 Abdul Aziz Nawwar, *Dawud Pasha: Wali Baghdad*[Dawud Pasha: Governor of Baghdad] (Cairo: Dar al-Katib,1967),pp. 327–9.

25 Political Agent in Turkish Arabia to Bombay, 11 March 1818, Papers Relating to the Political Situation in the Pashaliq of Baghdad, British Library, India Office Records, IOR/F/4/574/14025.

26 Nieuwenhuis, *Politics and Society*, p. 92.

27 Anthony N. Groves, *Journal of a Residence at Bagdad, during the Years1830 and 1831* (London: James Nisbet, 1831), p. 285.

28 Nawwar, *Dawud Pasha*, pp. 139–40.

29 Sassoon, *A History of the Jews in Baghdad*, pp. 124–5.

30 Ibid., p. 125.

31 Ibid.

32 Nieuwenhuis, *Politics and Society*, p. 96.

33 Mehdi Jawad Habib al-Bustani,'Bagˉdad'daki Kölemen HâkimiyetininTe'sisi ve Kaldırılması ile Ali Rıza Pas‚a'nın Vâliligˉ i (1749–1842)' [TheEstablishment and Decline of the Mamluk Rule in Baghdad and the Governorship of Ali Rıza Pasha (1749–1842)],unpublished Ph.D. dissertation,Istanbul University, Faculty of Literature, 1979, pp. 82–3.

34　Longrigg, *Four Centuries of Modern Iraq*, p. 263.

35　Al-Bustani, 'Bagˇdad'daki Kölemen', p. 83.

36　少校 R. 泰勒，英政府驻布什尔特派政治代表，1831 年 10 月 6 日。该报纸记录的是 1831 年 6 月 9 日的事件，参阅 Papers Relating to the Political Situation in the Pashaliq of Baghdad, British Library, India Office Records, IOR/F/4/1455/57333。

37　Longrigg, *Four Centuries of Modern Iraq*, p. 265; Marozzi, *Baghdad:City of Peace*, pp. 234–5.

38　Wellsted, *Travels to the City of the Caliphs*, vol. I, pp. 289–90.

39　Ottoman Archives,Hatt-iHümayun [Imperial Decrees] (HAT) 00462_22645_E_001, 30 April 1831.

40　Ottoman Archives, HAT 0046 222645_D_001, 12 June 1831.

41　Charles Issawi, *The Fertile Crescent, 1800–1914:A Documentary Economic History* (Oxford: Oxford University Press, 1988), p. 104. 这些估计数字与 Wellsted 有所不同，但巴格达城当时的人口很可能是从 8 万左右减少到 5 万。

42　Longrigg, *Four Centuries of Modern Iraq*, p. 266.

43　Ottoman Archives, HAT 0046 222642_A_001, 11 May 1831.

44　Ottoman Archives, HAT 00404 21157_C_002, 3 September 1831.

45　Ottoman Archives, HAT 00389_20705_C_001, 20 October 1831.

46　Al-Bustani, 'Bagˇdad'daki Kölemen', pp. 154–5.

47　Longrigg, *Four Centuries of Modern Iraq*, p. 274.

48　Sir Edward Sassoon, "The Orient", a lecture given on 16 November 1907,*Israel's Messenger*, 7 February 1908, p. 9.

49　老沙逊洋行(伦敦)给罗斯柴尔德先生(不清楚具体是罗斯柴尔德家族哪位成员)的信件，1917 年 3 月 13 日，罗斯柴尔德档案馆。

第 2 章　逃出巴格达，开启新征程，1831—1839 年

1　Fischel, ed., *Unknown Jews in Unknown Lands*, p. 118.

2　Sharada Dwivedi and Rahul Mehrotra, *Bombay: The Cities Within*(Mumbai: India Book House, 1995), p. 28.

3　William Dalrymple, *The Anarchy: The Relentless Rise of the East India Company* (New York: Bloomsbury Publishing, 2019), p. 394.

4　Ibid., pp. 13–14.

5　C. A. Bayly, *Indian Society and the Making of the British Empire* (Cambridge:Cambridge University Press, 1990), p. 106.

6 Amar Farooqui, *Opium City: The Making of Early Victorian Bombay*(New Delhi: Three Essays Collective, 2006), p. 9.

7 Stefan Eich, "B. R. Ambedkar's *The Problem of the Rupee*", *The Cambridge Companion to Ambedkar*, ed. Anupama Rao and Shailaja Paik(Cambridge: Cambridge University Press, forthcoming).

8 Geoffrey Jones, *Merchants to Multinationals: British Trading Companiesin the Nineteenth and Twentieth Centuries* (New York: Oxford University Press, 2000), p. 227.

9 参阅老沙逊洋行香港办事处给上海办事处的信，1861 年 5 月 9 日，大卫沙逊档案馆，国家图书馆，耶路撒冷（DSA），1808；伦敦办事处给上海办事处的信，1864 年 9 月 9 日，DSA，1862。

10 Mariam Dossal, *Imperial Designs and Indian Realities: The Planning of Bombay City 1845–1875*(Bombay: Oxford University Press, 1991),p. 22.

11 Freda Harcourt, "Black Gold: P&O and the Opium Trade, 1847–1914", *International Journal of Maritime History*, vol. 6, no. 1, June 1994, pp.18–19(pp. 1–83).

12 Jesse S. Palsetia, *Jamsetjee Jejeebhoy of Bombay: Partnership and Public Culture in Empire* (New Delhi: Oxford University Press, 2015), p. 7.

13 Cecil Roth, *The Sassoon Dynasty*, reprint of the 1941 edn (New York: Arno Press, 1977), p. 44.

14 The *Bombay Times and Journal of Commerce* (*BTJC*), 18 November1843, p. 739.

15 *BJTC*, 16 October 1844, p. 663.

16 Tristram Hunt, *Ten Cities That Made an Empire* (London: Penguin Books, 2015), p. 273.

17 Walter J. Fischel, "Bombay in Jewish History in the Light of New Documents from the Indian Archives", *Proceedings of the American Academy for Jewish Research*, vol. 38/39, 1970–71,pp. 119–44.

18 Fischel, ed., *Unknown Jews in Unknown Lands*, pp. 119–20.

19 Joan G. Roland, *Jews in British India: Identity in a Colonial Era* (Hanover,NH: University Press of New England for Brandeis University Press, 1989), p. 16.

20 Ben-Yacov,*Perakim Be-Toldot Yehudei Babel*, p. 52.

21 Roth, *Sassoon Dynasty*, p. 55.

22 Ibid., p. 63. See also George Smith, *The Life of John Wilson D.D. F.R.S.:For Fifty Years Philanthropist and Scholar in the East* (London: John Murray, 1878).

23 Govind Narayan, *Mumbai: An Urban Biography from 1863*, ed. Andtransl. Murali Ranganathan, Foreword by Gyan Prakash (London:Anthem Press, 2009), p. 5.

24 Anil Seal, *The Emergence of Indian Nationalism: Competition and Collaborationin the Later Nineteenth Century* (Cambridge: Cambridge University Press, 1971), p. 31.

25 "Essay on the Present War", 亚伯拉罕・舍拉姆・沙逊著，1855 年 11 月 27 日，DSA，1543。俄国在克里米亚战争中败给英国、法国、撒丁王国、奥斯曼帝国联军。

26 大卫（孟买）给苏莱曼（香港）的信，1865 年 6 月 2 日，DSA，1551。

27 Ibid., 2 July 1856, DSA, 1555.

28　所罗门·以西结（广州）给所罗门（孟买）的信，1856 年 7 月 14 日，DSA，Box 8，1558。

29　*BTJC*, 4 August 1852, p. 501.

30　转引自 Stanley Jackson, *The Sassoons* (New York: E. P. Dutton,1968), p. 32。

31　Abraham Shalom (Arthur), "From Canton to London, 1855", DSA, Box8, 1540.

32　阿哈隆·沙逊给弗洛拉（S.D. 沙逊之妻）的信，1859 年 6 月 19 日，DSA, 1697。

第 3 章　战争与机遇，1839—1857 年

1　J. F. Richards, "The Indian Empire and Peasant Production of Opiumin the Nineteenth Century", *Modern Asian Studies*, vol. 15, no. 1, 1981,pp. 59–82.

2　Harcourt, "Black Gold", p. 18.

3　Richards, "The Indian Empire and Peasant Production", pp. 63–4.

4　Ibid., p. 66. 1839–1840 年总收入为 1.12 亿卢比，鸦片收入约为 700 万卢比。

5　Weimin Zhong, "The Roles of Tea and Opium in Early Economic Globalization:A Perspective on China's Crisis in the 19th Century", *Frontiers of History in China*, vol. 5, no. 1, March 2010, pp. 86–105.

6　Peter Ward Fay, *The Opium War 1840–1842*(Chapel Hill: University of North Carolina Press, 1975), pp. 58–9.

7　Nathan Allen, *An Essay on the Opium Trade* (Boston: John P. Jewett,1850), p. 8.

8　Anthony Webster, "The Political Economy of Trade Liberalization: The East India Company Charter Act of 1813", *Economic History Review*,vol. xliii, no. 3, 1990, pp. 404–19.

9　Harcourt, "Black Gold", p. 9.

10　Hunt Janin, *The India–China Opium Trade in the Nineteenth Century*(Jefferson, NC: McFarland & Co., 1999), p. 75.

11　Narayan, *Mumbai: An Urban Biography*, p. 354.

12　Harcourt, "Black Gold", p. 7.

13　Ibid., p. 24.

14　Michael Pearson, *The Indian Ocean* (London: Routledge, 2003), p. 203.

15　Harcourt, "Black Gold", p. 12. 哈考特的文章对半岛东方航运公司以及鸦片贸易的研究最为详细。

16　Motono Eiichi, "A Study of the Legal Status of the Compradors duringthe 1880s with Special Reference to the Three Civil Cases between David Sassoon Sons & Co. and Their Compradors, 1884–1887", *Acta Asiatica*,vol. 62, 1992, p. 45 (pp. 44–70).

17　*BTJC*, 10 November 1852, p. 723.

18　Export Manifest, 15 November 1854, *BTJC*, 2 December 1854, p. 4838;Import Manifest of May 1853, *BTJC*, 13 May 1853, p. 910.

19　参阅伦敦办事处有关一艘沉船的来信，1865 年 9 月 21 日，DSA，1921；参阅香港办事处有关一场火灾的来信，1867 年 8 月 20 日，DSA，3454。

20　鲁本·大卫·沙逊（浦那）给弟弟苏莱曼（上海）的信，1866 年 8 月 12 日，DSA，1986。

21　亚伯拉罕·舍拉姆·沙逊（加尔各答）给莫迪凯·加贝（上海）的信，1868 年 2 月 25 日，DSA，2083。加贝是沙逊家族亲戚，也是沙逊洋行雇员。

22　参阅上海办事处给香港办事处的信，1866 年 9 月 4 日，DSA，717。值得注意的是，很多这类书信开头注明了运送信函的蒸汽机船信息。这封信由一艘名叫"根格斯号"的蒸汽机船运送。

23　亚伯拉罕·舍拉姆·沙逊（香港）给弟弟苏莱曼（上海）的信，1865 年 7 月 24 日，DSA，3553。

24　文森特船长给沙逊·大卫·沙逊的信，1861 年 9 月 19 日，DSA，File 9，1833。

25　Tom G. Kessinger, "Regional Economy (1757–1857): North India", inDharma Kumar and Meghdad Desai, eds., *The Cambridge Economic History of India*, vol. II: *1757–2003*(Delhi: Orient Longman, 2005),p. 261 (pp. 242–70).

26　Marika Vicziany, "Bombay Merchants and Structural Changes in the Export Community 1850 to 1880", in Asiya Siddiqi, ed., *Trade and Finance in Colonial India 1750–1860*(Delhi: Oxford University Press,1995), pp. 345–82.

27　Radhe Shyam Rungta, *The Rise of Business Corporations in India1851–1900*(London: Cambridge University Press, 1970), p. 46.

28　P. M. Dalzell (Deputy Collector of Customs), *Memoranda on the External Trade of Sind for 1857–58*(Karachi: Sindian Press, 1858).

29　Asiya Siddiqi, "Introduction", in Siddiqi (ed.), *Trade and Finance in Colonial India*, pp. 1–60(p. 30).

30　Sven Beckert, *Empire of Cotton: A Global History* (New York: Knopf,2014), pp. 124–5.Beckert's book provides a comprehensive history of cotton.

31　小沙逊·大卫·沙逊（伦敦）给苏莱曼·沙逊（上海）的信，1864 年 7 月 26 日，DSA，1855。继承了大卫·沙逊名字的儿子总是签名小沙逊·大卫·沙逊，以此区别于父亲，后来称 S.D.。

32　Gijsbert Oonk, "Motor or Millstone? The Managing Agency System in Bombay and Ahmedabad, 1850–1930", *Indian and Economic Social History Review*, vol. 38, no. 4, 2001, fn. 16, pp. 424–5(pp. 419–52). 有关此问题的辩论持续此后 20 年。参阅 Parl. Deb. (series 3), vol. 167, cc. 754–93(19 June 1862); ibid., vol.180, cc. 927–63(29 June 1865)。

33　Morris D. Morris, "The Growth of Large-Scale Industry to 1947", in Kumar and Desai, eds., *Cambridge Economic History of India*, vol. II:*1757–2003*,p. 565 (pp. 553–676). 莫里斯强调印度企业家开始在贸易中使用法定合同。

34 N. Benjamin, "Industrialization of Bombay: Role of the Parsis and the Jews", *Proceedings of the Indian History Congress*, vol. 61, part I, 2000–2001,pp. 871–87.

35 大卫（孟买）给苏莱曼（香港）的信，1859 年 5 月 13 日，DSA，1687。

36 参阅大卫沙逊工业感化学校的董事会会议记录，Public (Education) Dispatch to the Government of Bombay, 22 July1857, East India (Education) Correspondence, p. 644.

37 Public (Education) Dispatch to the Government of Bombay, no. 10, 4November 1858, East India (Education) Correspondence.

38 Mircea Raianu, *Tata: The Global Corporation That Built Indian Capitalism*(Cambridge, Mass.: Harvard University Press, 2021).

39 *Report of the Agri-Horticultural Society for the Year 1863*, pp. 19and 25.

40 John Darwin, *The Empire Project: The Rise and Fall of the British World-System 1830–1970* (Cambridge: Cambridge University Press,2009), p. 2.

41 *Illustrated London News*, 24 May 1851.

42 Ben-Yacov,*Perakim Be-Toldot Yehudei Babel*, p. 59.

43 *The Bombay Calendar and Almanac for 1853*, p. 244; *The Bombay Calendar and Almanac for 1855*, p. 375.

44 Ben-Yacov,*Perakim Be-Toldot Yehudei Babel*, quoting the traveler Yacov Sapir, p. 58.

45 Richard Temple, *Men and Events of My Time in India* (London: John Murray, 1882), p. 260。巴特尔·弗里尔爵士于 1850—1859 年担任信德首席专员。因镇压 1857 年印度民族大起义被授予骑士称号。弗里尔于 1862—1876 年担任孟买总督。

46 *Allen's Indian Mail*, 1851, p. 646.

47 *BTJC*, 25 February 1852, p. 133.

48 *Allen's Indian Mail*, 1852, p. 296.

49 参阅《肯尼斯与乔伊斯·罗宾斯藏品集》的图片。孟买有轨电车公司成立于 1873 年，第一辆马拉四轮车于 1874 年问世。

50 Stephen R. Halsey, *Quest for Power: European Imperialism and the Making of Chinese Statecraft* (Cambridge, Mass.: Harvard University Press, 2015), p. 81.

51 Julia Lovell, *The Opium War: Drugs, Dreams and the Making of China*(London: Picador, 2011), p. 252.

52 Chris Feige and Jeffrey A. Miron, "The Opium Wars, Opium Legalization and Opium Consumption in China", *Applied Economic Letters*, vol.15, no. 12, 2008, p. 913 (pp. 911–13).

53 转引自 Martin Booth, *Opium: A History* (New York: St Martin's Griffin, 1996), p. 145.

54 Farooqui, *Opium City*, p. 17.

55 "The Opium Wars: Memories and Hallucinations", *Economist*, 23December 2017, pp. 38–41.

56 Samuel Laing (Financial Minister in India from 1860, and on the Council of the Governor-General), quoted in Temple, *Men and Events*,p. 220.

57 Barbara D. Metcalf and Thomas R. Metcalf, *A Concise History of Modern India*, 3rd edn (New York: Cambridge University Press, 2012),p. 103.

58　Ibid., p. 106.

59　Seal, *Emergence of Indian Nationalism*, pp. 1–7.

60　*Illustrated London News*, 5 December 1863, p. 569.

61　Frank Trentmann, *Free Trade Nation* (New York: Oxford University Press, 2008), p. 3.

第 4 章　向全球拓展业务，1858—1864 年

1　Roth, *Sassoon Dynasty*, p. 84.

2　Jackson, *The Sassoons*, p. 32.

3　*Illustrated London News*, 23 April 1859, p. 403.

4　拉比雅各布·萨比尔，译自埃本·萨比尔，第 2 卷，第 11 章。译文注释参阅 DSA，Box 35。

5　Shaul Sapir, *Bombay: Exploring the Jewish Urban Heritage* (Mumbai:Bene Israel Heritage Museum and Genealogical Research Centre, 2013),p. 183.

6　Circular to Chambers of Commerce, 26 March 1859, 1859 *Parliamentary Papers*, pp. 13–14.

7　Michael Dane, *The Sassoons of Ashley Park* (Walton-on-Thames:Michael Dane, 1999), p. 15.

8　Sugata Bose, *A Hundred Horizons: The Indian Ocean in the Age of Global Empire* (Cambridge, Mass.: Harvard University Press, 2006), p. 28.

9　Ibid., p. 74.

10　Rolf Bauer, *The Peasant Production of Opium in Nineteenth-Century India*, Library of Economic History, vol. 12 (Boston: Brill, 2019), p. 64. 鲍尔详细讲述了鸦片贸易系统的运作方式。

11　Ernest O. Hauser, *Shanghai: City for Sale* (New York: Harcourt, Brace,1940), p. 72.

12　Carl A. Trocki, *Opium, Empire and the Global Political Economy: A Study of the Asian Opium Trade 1750–1950*(New York: Routledge,1999), p. xiii.

13　Bauer, *Peasant Production of Opium*, p. 193.

14　Richards, "The Indian Empire and Peasant Production", p. 79.

15　阿卜杜拉（浦那）给莫迪凯·尼西姆（布什尔）的信，1868 年（未注明具体日期），DSA，2159。在本案例中，由普通雇员而非家庭成员负责小型办事处。沙逊家族的波斯鸦片来源于大地主之一的阿伽·穆罕默德·阿里。

16　*Report of the Bombay Chamber of Commerce for the Year 1868–69*(Bombay: Education Society's Press, 1870), p. 325.

17　Trocki, *Opium, Empire and the Global Political Economy*, pp. 42–3.

18　*North-China Herald*, no. 477, 17 September 1859, p. 27.

19　Ibid.

20　Halsey, *Quest for Power*, p. 55.

21　汉娜·莫迪凯·加贝（上海）给苏莱曼（香港）的信，1869 年 8 月 26 日，DSA，
2914。

22　莫迪凯·加贝（上海）给苏莱曼（香港）的信，1869 年 8 月 30 日，DSA，2920。

23　Ibid., 26 August 1869, DSA, 2916.

24　Ibid., 2 September 1869, DSA, 2926.

25　Ibid., 10 September 1869, DSA, 2931.

26　Ibid., 14 September 1869, DSA, 2933.

27　Harcourt, 'Black Gold', p. 52.

28　*London and China Telegraph*, 16 February 1864, p. 85.

29　阿哈隆·摩西·加贝（孟买）给苏莱曼（香港）的信，1872 年 3 月 12 日，DSA，
635。

30　阿哈隆·摩西·加贝（孟买）给阿卜杜拉（浦那）的备忘录，1872 年 7 月 7 日，
DSA，Box 12。

31　Ibid., 29 August 1872, DSA, Box 12.

32　参阅阿卜杜拉（浦那）给苏莱曼（香港）有关贸易策略的信，1872 年 9 月 20 日，
DSA，Box 12。

33　*BTJC*, 22 May 1858, p. 405; *BTJC*, 11 June 1859, p. 375.

34　*London and China Telegraph*, 27 September 1865, p. 510. 全体董事均为欧洲人。

35　MacDonald Stephenson, *Railways in China: Report upon the Feasibility and Most Effectual
Means of Introducing Railway Communication into the Empire of China* (London: J. E. Ad-
lard, 1864), p. 43.

36　Alan Macfarlane and Iris Macfarlane, *The Empire of Tea: The Remarkable History of the
Plant That Took Over the World* (New York: The Overlook Press, 2004), p. 179.

37　Zhong, "Roles of Tea and Opium", p. 89.

38　小沙逊·大卫·沙逊（伦敦）给弟弟苏莱曼（上海）的信，1864 年 8 月 26 日，DSA，
1861。

39　亚伯拉罕·舍拉姆·沙逊（香港）给弟弟苏莱曼（上海）的信，1864 年 10 月 18 日，
DSA，3471。

40　小沙逊·大卫·沙逊（伦敦）给弟弟苏莱曼（上海）的信，1865 年 2 月 10 日，DSA，
1884。

41　Ibid., 29 January 1865, DSA, 1881.

42　莫迪凯·加贝（上海）给苏莱曼（上海）的信，1868 年 4 月 1 日，DSA，2115。

43　上海雇员（全名已褪色）给亚伯拉罕·舍拉姆（孟买）的信，1868 年 9 月 24 日，Box
8B，7082。

44　小沙逊·大卫·沙逊（伦敦）给弟弟苏莱曼（上海）的信，1865 年 4 月 26 日，DSA，
1896。

45　小沙逊·大卫·沙逊（伦敦）给弟弟苏莱曼（上海）的信，1865 年 2 月 10 日，DSA，

1884。

46　Ibid., 29 January 1865, DSA, 1881.

47　亚伯拉罕·舍拉姆·沙逊（阿瑟）从香港给苏莱曼（上海）的信，1864 年 10 月 5 日，3467。

48　Ibid., 28 December 1864, DSA, 3492。另一封信详细记录了不同办事处之间的套利，参阅 DSA，3487，1864 年 12 月 8 日。

49　*Annual Report of the Department of Agriculture in Sind, 1932–33*,p. 4.

50　阿卜杜拉（浦那）给伊莱·舍拉姆·加贝（加尔各答办事处雇员）的信，1868 年 10 月 26 日，DSA，1365。

51　亚伯拉罕·舍拉姆·大卫·沙逊（香港）给弟弟苏莱曼（上海），1864 年 11 月 19 日，DSA，3481。

52　小沙逊·大卫·沙逊（伦敦）给弟弟苏莱曼（上海）的信，1865 年 8 月 18 日，DSA，1867。

53　阿卜杜拉（浦那）给鲁本（香港）的信，1867 年 9 月 6 日，DSA，3450。有关阿伽·默罕穆德的声明，参阅鲁本（香港）给阿卜杜拉（孟买）的信，1867 年 5 月 30 日，DSA，3463。

54　阿卜杜拉（浦那）给鲁本（香港）的信，1867 年 9 月 6 日，DSA，3450。

55　亚伯拉罕·舍拉姆·沙逊（香港）给苏莱曼（上海）的信，1864 年 9 月 25 日，DSA，3464。

56　小沙逊·大卫·沙逊（伦敦）给弟弟苏莱曼（上海）的信，1864 年 11 月 4 日，DSA，1874。

57　大卫（孟买）给苏莱曼（上海）的信，1859 年 9 月 12 日，DSA，1704。

58　给苏莱曼的备忘录，1859 年 6 月 28 日，1699。

59　参阅大卫于 1861 年 7 月 29 日写给上海儿子的信，DSA，1822。

60　S. 以西结（孟买）给所罗门（上海）的信，1858 年 9 月 2 日，DSA，File 17,1650。

61　Beckert, *Empire of Cotton*, p. 249.

62　Ibid., p. 255.

63　A. C. Brice, *Indian Cotton Supply: The Only Effectual and Permanent Measure for Relief to Lancashire* (London: Smith, Elder and Co., 1863).

64　引自 *Bombay Administration Report of 1864–5* 以及 *Indo-European Telegraph Department Administration Report 1875–76*, 转引自 Vicziany, "Bombay Merchants and Structural Changes", fn. 49,p. 370.

65　参阅孟买总部的抱怨信，称从香港办事处收到的两封电报不准确，如果没发现电报中的错误，可能导致交易无法盈利，1869 年 10 月 11 日，DSA，2964。

66　该电报转引自在香港收到电报的兄弟给自己在上海的兄弟的书信，1864 年 10 月 26 日，DSA，3472。

67　Ibid.

68　参阅小沙逊·大卫·沙逊（伦敦）和弟弟苏莱曼（上海）的书信往来，1864 年 9 月 9 日，

DSA，1862。

69   参阅小沙逊·大卫·沙逊（伦敦）给弟弟苏莱曼（上海）的信，1864 年 9 月 26 日，
      DSA，1867。

70   有关信息对资本主义的详细作用分析，参阅 Steven G. Marks, *The Information Nexus:
      Global Capitalism from the Renaissance to the Present* (Cambridge: Cambridge University
      Press,2016)。

71   Beckert, *Empire of Cotton*, p. 227.

72   参阅香港办事处向上海办事处抱怨上海经纪人不听从香港办事处指示，1864 年 10 月
      28 日，DSA，3474。

73   小亚伯拉罕·舍拉姆·大卫·沙逊（香港）给弟弟苏莱曼（上海）的信，1864 年 11 月 4 日，
      DSA，3478。

74   亚伯拉罕（香港）给苏莱曼（上海）的信，1864 年 11 月 11 日，DSA，3480。

75   Ibid., 11 January 1865, DSA, 3496.

76   Roth, *Sassoon Dynasty*, p. 66.

77   亚伯拉罕·大卫·沙逊（浦那）给苏莱曼（香港），1867 年 11 月 13 日，DSA，
      3440。

78   DSA, 3474. 此处的引文最初用英语而非阿拉伯方言写成。之后数十年，书信往来悄然
      出现越来越多的英语单词。

79   很多文件用来处理雇员的问题和调任。参阅 DSA，1910。

80   "Pune Today", *Imperial Gazette of India*, 1886, p. 214.

81   Jackson, *The Sassoons*, p. 30.

第 5 章 大卫去世，家族分裂，1864—1867 年

1   *Illustrated London News*, 10 December 1864, p. 574.

2   "Last Will and Testament of David Sassoon", 16 January 1862, DSA, File19, 1840.

3   Roth, *Sassoon Dynasty*, p. 97.

4   "Last Will and Testament of David Sassoon".

5   亚伯拉罕（默哈伯莱什沃尔）给上海所罗门（苏莱曼）的信，1865 年 11 月 12 日，
      DSA，Box 33b。默哈伯莱什沃尔是一处避暑山庄，沙逊家族在此处建有宅邸。

6   "Last Will and Testament of David Sassoon".

7   Ibid.

8   阿卜杜拉与伊莱亚斯之间的协议草案，1865 年 9 月 25 日，DSA，1920。

9   亚伯拉罕·舍拉姆（香港）给苏莱曼（上海）的信，1865 年 1 月 26 日，DSA，3499。

10   小沙逊·大卫·沙逊（伦敦）给苏莱曼（上海）的信，1865 年 2 月 17 日，DSA，1882。

11 阿卜杜拉（浦那）给苏莱曼（上海）的信，1865 年 8 月 28 日，DSA，3571。

12 亚伯拉罕·舍拉姆（香港）给苏莱曼（上海）的信，1866 年 3 月 13 日，DSA，1954。

13 阿卜杜拉（孟买）给苏莱曼（上海）的信，1866 年 6 月 28 日，DSA，1972。

14 *Illustrated London News*, 17 July 1869, p. 76.

15 *London and China Telegraph*, 22 February 1869, p. 83.

16 *Mumbai Magic*, 14 January 2014.

17 参阅 DSA document no. 1882, dated February 1865。

18 小沙逊·大卫·沙逊（伦敦）给弟弟苏莱曼（上海）的信，1865 年 4 月 26 日，DSA，1896；沙逊给苏莱曼的信，1865 年 5 月 10 日，DSA，1898。

19 亚伯拉罕·舍拉姆·大卫·沙逊（香港）给弟弟苏莱曼（上海）的信，1865 年 6 月，DSA，3537。有关这些破产的更多详细信息，参阅 Stuart Muirhead, *Crisis Banking in the East: The History of Chartered Mercantile Bank of India, London, and China, 1853–93*(Aldershot: Scolar Press, 1996), ch. 4, pp. 68–85。

20 阿卜杜拉（孟买）给弟弟苏莱曼（上海）的信，1866 年 5 月 29 日，DSA，1963。

21 阿卜杜拉（浦那）给弟弟苏莱曼（上海）的信，1866 年 7 月 27 日，DSA，1983。

22 小沙逊·大卫·沙逊（伦敦）给弟弟苏莱曼（上海）的信，1865 年 5 月 25 日，DSA，1902。

23 阿瑟（香港）给苏莱曼（上海）的信，1866 年 6 月 12 日，DSA，1968。

24 沙逊洋行（孟买）给所罗门 .D. 沙逊（上海）的信，1866 年 3 月 14 日，DSA，Box 10，File 39，3608。

25 Christ of Dejung, "Bridges to the East: European Merchants and Business Practices in India and China", in Robert Lee (ed.), *Commerce and Culture: Nineteenth-Century Elites* (Farnham: Ashgate, 2011), p. 102(pp. 93–116).

26 Rungta, *The Rise of Business Corporations in India*, p. 73. 有关美国内战前后商业公司的详细回顾，参阅 pp. 46–71, 109–35。

27 小沙逊·大卫·沙逊（伦敦）给弟弟苏莱曼（上海）的信，1865 年 8 月 25 日，DSA，1915；沙逊·大卫·沙逊给苏莱曼的信，1865 年 10 月 10 日，DSA，1922。第一封信表达了对事态的担心，第二封信的口气安心得多。

28 "Third Report of the Bank of Hindustan, China, and Japan", *London and China Telegraph*, 27 May 1865, p. 300。报告指出，总资本为 400 万英镑，催缴股本为 100 万英镑。除了沙逊·大卫代表沙逊家族之外，其他董事均为英国人。该银行的总部设在伦敦，但在亚洲各地均有分支机构。沙逊·大卫于 1865 年初加入董事会，参阅 *London and China Telegraph*, 28 February 1865, p. 121。

29 沙逊洋行（孟买）给亚伯拉罕·舍拉姆·沙逊（香港）的信，1866 年 5 月 28 日，DSA，1960。

30 阿卜杜拉（浦那）给鲁本（香港）的信，1867 年 9 月 6 日，DSA，3450。

31 亚伯拉罕·舍拉姆·沙逊（香港）给弟弟苏莱曼（上海）的信，1865 年 1 月 6 日，DSA，3494。

32　Muirhead, *Crisis Banking in the East*, p. 169.

33　Frank H. H. King, *The History of the Hongkong and Shanghai Banking Corporation*, vol. I: *The Hongkong Bank in Late Imperial China, 1864–1902:On an Even Keel* (New York: Cambridge University Press, 1987), p. 19.

34　Ibid., pp. 166–70.The source calls him Solomon, the anglicized name, but he never changed his name officially.

35　Ibid., p. 56.

36　*London and China Telegraph*, 15 November 1869, p. 580.

37　阿卜杜拉（浦那）给鲁本（香港）的信，1867 年 9 月 6 日，DSA，3450。

38　鲁本·沙逊（上海）给弟弟苏莱曼（香港）的信，1860 年 10 月 28 日，DSA，1780。

39　大卫·沙逊（浦那）给儿子苏莱曼（上海）的信，1864 年 8 月 24 日，DSA，1860。

40　Vicziany, "Bombay Merchants and Structural Changes", pp. 368–9.

41　亚伯拉罕·舍拉姆·沙逊（加尔各答）给弟弟苏莱曼（香港）的信，1868 年 2 月 25 日，DSA，2081。这份文件体现了沙逊家族成员的流动：亚伯拉罕此前在香港，后来到了加尔各答，苏莱曼此前在上海，后来到了香港。

42　参阅 1872 年的会计账簿。

43　1870 Ledger, DSA.

44　阿卜杜拉（浦那）给弟弟亚伯拉罕·舍拉姆（孟买）的信，1868 年 6 月 12 日，DSA，2158。无忧宫是沙逊家族在孟买拜库拉的主要住处。

45　亚伯拉罕·舍拉姆·沙逊（香港）给苏莱曼（上海）的信，1864 年 9 月 25 日，DSA，3464。

46　小沙逊·大卫·沙逊（伦敦）给弟弟苏莱曼（上海）的信，1865 年 10 月 17 日，DSA，1923。

47　约瑟夫·斋（香港）给苏莱曼（上海）的信，1860 年 11 月 16 日，DSA，1785。约瑟夫是阿卜杜拉的儿子，并非普通合伙人。约瑟夫生于 1843 年，当时只有 17 岁。

48　参阅 1874 年全年发送给苏莱曼·沙逊的详细借贷记录，DSA，2686–715。

49　上海的所罗门（苏莱曼）给约瑟夫（香港）的信，1866 年 3 月 18 日，DSA，Box 10，3606。

50　苏莱曼（香港）给阿卜杜拉（孟买）的信，1867 年 5 月 30 日，DSA，3463。

51　亚伯拉罕·舍拉姆（香港）给弟弟苏莱曼（上海）的信，1866 年 1 月（未注明具体日期），DSA，1940。

52　鲁本·大卫·沙逊（伦敦）给弟弟苏莱曼（孟买）的信，1868 年 4 月 24 日，DSA，2126。

53　大卫·沙逊（浦那）给儿子苏莱曼（上海）的信，1860 年 7 月 27 日，DSA，1764。

54　Ibid., 29 July 1861, DSA, 1822.

55　Jackson, *The Sassoons*, p. 41.

56　1869 年夏天，亚伯拉罕·舍拉姆在欧洲旅行数月。参阅 DSA，2904，2930，2939。每封信开头阿瑟都希望苏莱曼来年能跟他们一起旅游，但接下来都会提出建议、批评和指责。

57 亚伯拉罕·舍拉姆（阿瑟）从香港给弟弟苏莱曼（上海）的信，1864 年 12 月 28 日，DSA，3492。

58 杰克逊、罗斯和斯坦斯基等作者均认为阿什利庄园由沙逊·大卫·沙逊单独购买。

59 沙逊·大卫·沙逊（伦敦）给苏莱曼（上海）的信，1866 年 3 月 6 日，DSA，1952。

60 阿卜杜拉（孟买）给亚伯拉罕·舍拉姆（香港）的信，1866 年 5 月 29 日，DSA，1961。

61 亚伯拉罕·舍拉姆（香港）给苏莱曼（上海），1866 年 6 月 12 日，DSA，1968。

62 Ibid., 2 April 1866, DSA, 1956。摩西与大卫·沙逊与第一任妻子所生的女儿亚曼结婚。

63 亚伯拉罕·舍拉姆（在前往汉堡途中）给苏莱曼（孟买）的信，1876 年 8 月 10 日，DSA，3753。

64 苏莱曼·耶海兹克尔（伦敦）给苏莱曼（孟买），1877 年 5 月 17 日，DSA，3787。

65 阿哈隆·摩西·加贝（加尔各答）给苏莱曼（香港）的信，1870 年 1 月 8 日，DSA，608。

66 Ibid., 28 October 1869, DSA, 2978.

67 蕾切尔·加贝给苏莱曼的信，1869 年 10 月 29 日，DSA，2879。

68 阿卜杜拉（加尔各答）给莫迪凯·哈依姆 [人称阿布·舍赫尔]（布什尔）的信，1869 年 1 月 15 日，DSA，478。

69 档案馆中保存的这份文件日期为 1867 年 1 月 1 日，很可能是经校订的草案，但未包含兄弟几个任何一人的签名。参阅 DSA，3732。

第 6 章　家族内部竞争，1867—1871 年

1 Maisie Meyer, "Three Prominent Sephardi Jews", *Sino-Judaica:Occasional Papers of the Sino-Judaic Institute 2*, 1995, pp. 90–91(pp.85–110).

2 David Kranzler, *Japanese, Nazis and Jews: The Jewish Refugee Community of Shanghai, 1938–1945*(New York: Yeshiva University Press, 1976),p. 47.

3 Robert Bickers, *Britain in China: Community, Culture and Colonialism1900–1949*(Manchester: Manchester University Press, 1999), p. 97.

4 *Hong Kong Government Gazette*, 5 February 1876, p. 70.

5 Abraham Ben-Yacov,*Yehudei Babel be-Tfuzot*[Babylonian Jewry in Diaspora] (Jerusalem: Rubin Mass, 1985), p. 80.

6 *London and China Telegraph*, 22 February 1869, p. 73. 该报告于 1868 年 12 月 24 日提交自上海。通知由新沙逊洋行香港办事处提供。

7 亚伯拉罕·舍拉姆（伦敦）给苏莱曼（香港）的信，1869 年 1 月 22 日，DSA，2814。

8　阿卜杜拉（孟买）给苏莱曼（香港）的信，1869 年 2 月 4 日，DSA，2816。

9　Ben-Yacov, *Perakim Be-Toldot Yehudei Babel*, p. 74.

10　阿卜杜拉（布莱顿）给苏莱曼（孟买）的信，1878 年 6 月 12 日，DSA，3903。

11　Ibid. 有关要钱的请求，出处同前，1878 年 6 月 4 日，DSA，3901。

12　Ibid., 9 August 1878, DSA, 3919.

13　Ibid., 14 August 1878, DSA, 3923.

14　Ibid., 3 July 1878, DSA, 3909.

15　伦敦办事处给孟买总部的信，1878 年 10 月 11 日，DSA，3935。

16　阿卜杜拉（孟买）给伊利亚·加贝（加尔各答）的信，1870 年 3 月 1 日，DSA，494。

17　阿卜杜拉（托基）给苏莱曼（孟买）的信，1891 年 3 月 19 日，DSA，3266。

18　阿哈隆·摩西·加贝（孟买）给苏莱曼（香港）的信，1870 年 5 月 11 日，DSA，657。

19　苏莱曼·哈斯克尔给阿卜杜拉的信，1884 年 10 月 9 日，DSA，4744。

20　船长 C. 怀斯曼给沙逊先生（不清楚具体是哪一位）的信，1892 年 2 月 24 日，DSA，4383。

21　H. 科克（伦敦）给老沙逊洋行（加尔各答）的信，1894 年 10 月 18 日，DSA，Box 34–3。

22　萨利赫·梅耶（上海）给苏莱曼（香港）的信，1871 年 5 月 10 日，DSA，6363。萨利赫是苏莱曼的外甥。

23　阿哈隆·摩西·加贝（孟买）给阿卜杜拉（浦那）的信，1872 年 8 月 9 日，DSA，Box 12。

24　E. 利文斯通（曼彻斯特）给爱德华·沙逊（伦敦）的信，1892 年 1 月 26 日，DSA，4349。

25　阿哈隆·摩西·加贝（孟买）给阿卜杜拉（浦那）的信，1872 年 9 月 26 日，DSA，Box 12。

26　Ibid., 18 July 1872; 19 July 1872, DSA, Box 12.

27　Ibid., 23 September 1872, DSA, Box 12.

28　Ibid., 10 October 1872, DSA, Box 12.

29　阿卜杜拉（伦敦）给苏莱曼（香港）的信，1873 年 10 月 24 日，DSA，2681。

30　Kenneth Pomeranz and Steven Topik, *The World That Trade Created:Society, Culture, and the World Economy 1400 to the Present,* 2nd edn(London: M. E. Sharpe, 2006), p. 64.

31　Ronald Findlay and Kevin H. O'Rourke, *Power and Plenty: Trade, War,and the World Economy in the Second Millennium* (Princeton: Princeton Uiversity Press, 2007), p. 380.

32　*Maclean's Guide to Bombay*, 1876, pp. 160–61.

33　*Indian Law Reports*, Bombay Series, vol. I, February 1877, pp.513–22.

34　*Maclean's Guide to Bombay*, 1876, pp. 65–77;Government of India,Public Works Department Proceedings, December 1876, Indian National Archives (INA), nos. 1/5.

35　阿卜杜拉（伦敦）给苏莱曼（香港），1873 年 5 月 16 日，DSA，2670; Harcourt, "Black

Gold", p.52.

36 Harcourt, "Black Gold", p. 53.

37 *Report of the Bombay Chamber of Commerce for the Year 1869–79*(Bombay: Chamber of Commerce, 1879), p. 325.

38 阿哈隆·摩西·加贝（布什尔）给阿卜杜拉（孟买）的信，1877年2月14日，DSA，3768。

39 参阅 S. 耶海兹克尔（伦敦）给苏莱曼（孟买）的信，1886年10月8日，DSA，3717。

40 参阅伦敦一位员工给阿卜杜拉的信，1878年10月11日，DSA，3935。

41 阿哈隆·摩西·加贝（孟买）给阿卜杜拉（浦那）的信，1872年10月7日，DSA，Box 12。

42 阿卜杜拉（浦那）给伊莱亚斯·加贝（加尔各答）的信，1868年10月26日，DSA，1365。

43 阿卜杜拉（布莱顿）给苏莱曼（孟买）的信，1890年1月22日，DSA，3215。

44 亚伯拉罕·舍拉姆（伦敦）给阿卜杜拉（孟买）的信，1872年1月19日，DSA，Box 12。

45 鲁本（伦敦）给苏莱曼（香港）的信，1872年5月3日，DSA，Box 12。

46 W. S. Caine, *Picturesque India: A Handbook for European Travellers*(London: Routledge & Sons, 1890), pp. 439–40.

47 阿卜杜拉（浦那）给阿哈隆·加贝（孟买）的信，1868年10月23日，DSA，1357。

48 感谢卡扬·贾拉那对相关信息的全面调查。

49 1881年，默哈伯莱什沃尔建了一家英国俱乐部，至今仍在营业，且几乎保留原样。俱乐部成立之初有60名成员，两年后允许女性加入。虽然俱乐部对"本地人"有限制，但允许本地拥有大量地产的人成为荣誉会员，包括阿伽汗在内。俱乐部成立40年后，印度人可作为正式会员加入。俱乐部开业时，阿卜杜拉已经离开印度，但家族其他成员在该俱乐部活动。

50 Margaret MacMillan, *Women of the Raj* (New York: Thames and Hudson,1988), pp. 182–3. 麦克米伦（MacMillan）描述了女性的职责及其在避暑山庄的活动；Dhruti Vaidya Design Studio, *The Other Mahabaleshwar: A Template for Mindful Travel* (Pune: Merven Technologies, 2018)。

51 MacMillan, *Women of the Raj*, p. 193. 孟买角（Bombay Point）与巴格达角（Baghdad Point）是不同的景点。

52 Peter Heehs, *India's Freedom Struggle 1857–1947: A Short History*(Oxford Scholarship Online, 2012), p. 46.

53 阿卜杜拉（孟买）给莫迪凯·哈赞（布什尔）的信，1868年6月（未注明具体日期），DSA，2159。1868年，威廉·格雷爵士在加尔各答定居期间曾任孟加拉邦副总督。

54 家族成员之间的书信，1867年9月26日，DSA，3441；1867年10月28日，3443。对阿比西尼亚的远征从1867年12月持续到1868年5月，目标是埃塞俄比亚皇帝的军队。

55 阿卜杜拉（浦那）给苏莱曼（香港）的信，1869年8月31日，DSA，2922。

56　Mary Carpenter, *Six Months in India* (London: Longmans, Green,1868), vol. II, pp. 3–4.

57　John Henry Gray, *A Journey around the World in the Years 1875–1876–1877*(London: Harrison, 1879), p. 293.

58　A. M. 加贝（孟买）给苏莱曼（香港）的信，1870 年 3 月 17 日，DSA，659。

59　阿礼国（伦敦）给阿卜杜拉（孟买）的信，1870 年 5 月 20 日，DSA。阿礼国爵士对中国和日本非常了解，即使从外交部门退任后，仍很有影响力。

60　*Journal of the National Indian Association*, no. 156, 1883, p. 714.

61　*Annual Report of the Sassoon Mechanics' Institute for the Year 1872–73.*

62　*Journal of the Society of Arts* (London), vol. xxiii, 23 April 1875, p. 517.

63　E. A. Reade, "The Cultivation of Opium", *Annual Report of the SassoonMechanics' Institute for the Year 1871–72.*

64　Jackson, *The Sassoons*, p. 52.

65　Sir William Muir's "Minute and Correspondence Thereon", in *Papers Relating to the Opium Question* (Calcutta: Government Press, 1870),p. 2. 威廉爵士既是学者，也是殖民地行政长官，曾任印度西北省份的副总督。

66　Messrs. Sassoon and Co. to the Earl of Clarendon, London, 22 March1870, in *China: A Collection of Correspondence and Papers Relating to Chinese Affairs*, 1870, no. 5, p. 21.

67　*Economist*, 12 March 1870, in ibid., p. 22.

68　孟买总部给香港办事处的信，1869 年 9 月 16 日，DSA，2935。

69　阿哈隆·加贝（孟买）给苏莱曼（香港）的信，1869 年 10 月 28 日，DSA，2978。阿哈隆娶了阿卜杜拉的女儿蕾切尔，阿卜杜拉与伊莱亚斯分家之后，非常依赖阿哈隆。加贝家族与沙逊家族是姻亲，大卫·沙逊的母亲来自加贝家族。

70　莫迪凯·加贝（上海员工）给苏莱曼（香港）的信，1869 年 12 月 4 日，DSA，2996。

71　阿卜杜拉（孟买）给苏莱曼（香港）的信，1869 年 2 月 18 日，DSA，2818。

72　Marks, *Information Nexus*, p. 75.

73　亚伯拉罕·舍拉姆（孟买）给苏莱曼（香港）的信，1869 年 4 月 15 日，DSA，2838。

74　参阅上海办事处向香港办事处报告鸦片销售额，1869 年 7 月 18 日，DSA，2873。

75　伦敦办事处给孟买办事处的信，1869 年 7 月 22 日，DSA，2878。

76　加尔各答办事处给香港办事处的信，1870 年 1 月 9 日，DSA，608。

77　老沙逊洋行给《北华捷报》编辑的信，1877 年 1 月 5 日，以及该报编辑的答复，出处同前，1877 年 1 月 11 日，第 35 页。

78　阿卜杜拉（孟买）给苏莱曼（香港）的信，1869 年 3 月 4 日，DSA，2820。

79　苏莱曼（香港）给阿卜杜拉（孟买）的信，1867 年 7 月 29 日，DSA，3456。

80　阿瑟、阿哈隆和弗雷德里克的来信，向老沙逊洋行表示自己愿意捐出巴格达的那栋楼，1867 年 10 月 3 日，DSA，6000。世界以色列人联盟是 1860 年在巴黎成立的国际犹太组织，宗旨是通过教育和专业培训维护全世界犹太人的权利。

81　参阅孟买总部的信，1877 年 5 月 15 日，DSA，3787。

82　阿卜杜拉（布莱顿）给苏莱曼（孟买）的信，1878 年 11 月 26 日，DSA，3949。

83 苏莱曼·耶海兹克尔（伦敦）给苏莱曼（孟买）的信，1889 年 11 月 15 日，DSA，
    3203。

84 阿哈隆·摩西·加贝（孟买）给苏莱曼（香港）的信，1871 年 7 月 4 日，DSA，644。

85 Jackson, *The Sassoons*, p. 52.

86 苏莱曼（香港）给鲁本（伦敦）的信，1867 年 [未注明具体日期]，DSA，3609。苏莱
    曼写信给鲁本，让对方自由处理自己在布莱顿的业务和遗产份额。

87 General Department, "Sassoon Hospital at Pune", 3 May 1867, no. 16,*Abstract of Letters Re-
    ceived from India*, 1859–68,pp. 302–3.

88 "Contribution to the "Sassoon Hospital" at Pune", Financial Department Proceedings, 31
    May 1865, Government of India Archives, Finance Department, nos. 197–8.

89 埃利亚胡（伊莱亚斯）从孟买给苏莱曼（香港）的信，1878 年 11 月 8 日，DSA，
    3944。

90 埃利亚胡（伊莱亚斯）从孟买给苏莱曼（香港）的信，1878 年 11 月 10 日，DSA，
    3945。

91 亚曼（孟买）给苏莱曼（香港）的信，1869 年 8 月 4 日，DSA，2891。

92 苏莱曼（香港）给阿卜杜拉（孟买）的信，1867 年 7 月 29 日，DSA，3456。

第 7 章　伦敦的召唤，1872—1880 年

1   *Illustrated London News*, 7 January 1876, p. 3. L1,000 in 1865 was roughly equivalent to
    L112,000 today.

2   Albert Sassoon to William Gladstone, 5 April 1865, British Library, Gladstone Papers, vol.
    cccxxi, MS 44406.

3   *Illustrated London News*, 30 November 1872, p. 510.

4   *London and China Telegraph*, 22 July 1872, p. 511.

5   1873 年 11 月 6 日，在伦敦市政厅向阿尔伯特·沙逊爵士颁发伦敦金融城荣誉市民勋章，
    C.S.I.。严格来讲，阿尔伯特并非印度首位获得此荣誉的商人。帕西慈善家詹姆斯·杰
    吉伯伊爵士于 1855 年被授予伦敦金融城荣誉市民勋章，但未能出席领取。

6   William Gervase Clarence-Smith,*Cocoa and Chocolate, 1765–1914*(London: Routledge,
    2000), pp. 93–124.

7   Jackson, *The Sassoons*, p. 56.

8   有关布莱顿和霍夫的盎格鲁 – 犹太人遗产线索，参阅 http://www.jtrails.org.uk/trails/
    brighton-and-hove。

9   Jackson, *The Sassoons*, pp. 106, 89.

10 *Illustrated London News*, 1 April 1876, p. 318.

11　Ibid., 29 July 1876, p. 110.

12　Ibid., 30 March 1878, p. 291.

13　Ibid., 26 July 1879, p. 78.

14　阿卜杜拉（布莱顿）给苏莱曼（孟买）的信，1876 年 11 月 29 日，DSA，3759。

15　阿瑟（汉堡）给苏莱曼（孟买）的信，1876 年 8 月 10 日，DSA，3753。

16　老沙逊洋行，"Announcement"，1876 年 10 月 23 日，DSA，4692。由处理老沙逊洋行事务的律师签名的备忘录，1876 年 10 月 23 日，DSA，4692。

17　*Hong Kong Daily Press*, 9 April 1894, p. 2.

18　部分信息来自 Ben-Yacov,*Perakim Be-Toldot Yehudei Babel*, pp. 93–6。

19　阿卜杜拉（布莱顿）给苏莱曼（孟买）的信，1878 年 8 月 25 日，DSA，3926。

20　Ibid., 28 November 1889, DSA, 3206.352

21　有关大萧条的详细信息，参阅 Rendigs Fels, 'The Long-Wave Depression, 1873–97',*The Review of Economics and Statistics*, vol. 31,February 1949, pp. 69–73;A. E. Musson, "The Great Depression in Britain,1873–1896", *Journal of Economic History*, vol. 19, no. 2, June 1959,pp. 199–228。

22　Trentmann, *Free Trade Nation*, pp. 142–3.

23　Major-GeneralW. F. Marriott, "Indian Political Economy and Finance", *Journal of the East Indian Association* (London), vol. 8, 1874, pp.188–207.

24　John F. Richards, "The Opium Industry in British India", *Indian Economic and Social History Review*, vol. 39, nos. 2 and 3, 2002, Table 2,pp. 166–7(pp. 149–80).

25　Ibid., Table 1, pp. 159–61.

26　*Reports on Trade at the Treaty Ports in China for the Year 1874* (Shanghai:Inspector General of Customs, 1874), p. 20.

27　老沙逊洋行（香港）给其他办事处的信，1874 年 1 月 21 日，《肯尼斯与乔伊斯·罗宾斯藏品集》。感谢肯让我参考他私人保存的档案。

28　Ibid., 14 April 1875.

29　Yen-p'ingHao, *The Commercial Revolution in Nineteenth-Century China: The Rise of Sino-Western Mercantile Capitalism* (Berkeley: University of Berkeley Press, 1986), p. 310.

30　中国采用非常复杂的货币体系，即白银黄铜复本位制。有关所用货币的不同形式，出处同前，第 55—64 页。

31　Trocki, *Opium, Empire and the Global Political Economy*, pp. 119–20.

32　Yen-p'ingHao, *The Comprador in Nineteenth Century China: Bridge between East and West* (Cambridge, Mass.: Harvard University Press,1971), p. 114。这本书列出了为怡和洋行等大公司办事的买办名单，但遗憾的是未列出为沙逊洋行办事的买办名单。

33　Ibid., p. 117.

34　老沙逊洋行针对阿卜杜尔·纳比索赔一事的信件，1881 年 7 月 12 日，以及驻波斯湾特派政治代表 E.C. 罗斯的评论，1881 年 10 月 17 日，INA，Foreign Department，1882,288/92。

35 "Marine Insurance", *London and China Telegraph*, 1 February 1875,p. 106.

36 "The Principle of the Stamp Laws", *Economist*, 1 January 1876.

37 Motono, "Study of the Legal Status of the Compradors", p. 69.353References to pp. 124–8

38 Case, DSA, Box 69.

39 阿哈隆·摩西·加贝（孟买）给阿卜杜拉（浦那）的信，1872 年 9 月 24 日，DSA，Box 12。

40 阿卜杜拉（伦敦）给蕾切尔（阿哈隆·摩西·加贝的妻子）的信，1885 年 11 月 20 日，DSA，4782。

41 S. 以西结给 Lewis and Lewis 的信，1892 年 10 月 20 日，DSA，Box 12，Part II。

42 S. 以西结给老沙逊洋行员工科克的信，1892 年 10 月 22 日，DSA，Box 12，Part II。

43 老沙逊洋行与 S. 以西结的协议，1892 年 10 月 27 日，DSA，Box 12，Part II。

44 加贝家族的不满体现在 1870 年的很多书信中，DSA，606。

45 Trocki, *Opium, Empire and the Global Political Economy*, p. 113.

46 阿卜杜拉（浦那）给亚伯拉罕·舍拉姆（加尔各答）的信，1868 年 6 月 11 日，DSA，2157。

47 转引自 Edward LeFevour, *Western Enterprise in Late Ch'ing China:A Selective Survey of Jardine, Matheson & Company's Operations1842–1895*(Cambridge, Mass.: Harvard University Press, 1968), fn. 80,p. 165。有关沙逊家族的活动，参阅第 26—30 页。

48 Richard J. Grace, *Opium and Empire: The Lives and Careers of William Jardine and James Matheson* (Montreal: McGill–Queen's University Press, 2014), p. 302.

49 LeFevour, *Western Enterprise in Late Ch'ing China*, pp. 28–9.

50 *The Cruise of Her Majesty's Ship "Bacchante": Compiled 1879–1882,from the Private Journals, Letters, and Note-books of Prince Albert Victor and Prince George of Wales* (London: Macmillan, 1886), p. 172.

51 LeFevour, *Western Enterprise in Late Ch'ing China*, p. 29.

52 阿卜杜拉（布莱顿）给苏莱曼（孟买）的信，1878 年 6 月 12 日，DSA，3903。

53 S. M. Rutangur (ed.), *Bombay Industries: The Cotton Mills* (Bombay:Indian Textile Journal, 1927), p. 59.

54 H. Birley, MP (Manchester), Parl. Deb. (series 3), vol. 235, cc. 1085–128(10 July 1877).

55 沙逊纺织厂公司章程，1874，DSA，Box 34–2。

56 Amalendu Guna, "Parsi Seths as Entrepreneurs, 1750–1850", *Economic and Political Weekly*, vol. 5, no. 35, 29 August 1870, p. M107 (pp.M107–M115).

57 阿卜杜拉（布莱顿）给苏莱曼（孟买）的信，1887 年 3 月 1 日，DSA，4807。

58 沙逊丝绸制造厂公司章程，孟买，1875 年，DSA，Box 34–2。

59 沙逊丝厂，董事会报告，1941 年 12 月 31 日，DSA，Box 23-B。

60 Seal, *Emergence of Indian Nationalism*, pp. 32–3.

61 Roth, *Sassoon Dynasty*, p. 77.

62 会计备忘录，1874 年 1 月 31 日，DSA，2698。

63　Ibid., 24 March 1874, DSA, 2703.

64　Ibid., 1 May 1874, DSA, 2708. 这份备忘录提及 1874 年 2 月、3 月和 4 月的多次发货。

65　阿卜杜拉（布莱顿）给苏莱曼（孟买）的信，1889 年 11 月 28 日，DSA，3206。

66　A. M. 加贝（孟买）给苏莱曼（香港）的信，1874 年 4 月 21 日，DSA，2716。这份备忘录请求苏莱曼用其影响力督促上海上交鸦片收入。

67　对 1873 年香港托管重新核算的备忘录，1874 年 4 月 29 日，DSA，2719。

68　Ruth Fredman Cernea, *Almost Englishmen: Baghdadi Jews in British Burma* (Lanham: Rowman & Little field, 2007), p. xxiv.

69　Francesca Trivella to, *The Familiarity of Strangers: The Sephardic Diaspora,Livorno, and Cross-Cultural Trade in the Early Modern Period*(New Haven: Yale University Press, 2009), p. 22.

70　Jackson, *The Sassoons*, pp. 69–71.

71　*Vanity Fair*, 18 December 1880, vol. 24, p. 346.

72　Jane Ridley, *The Heir Apparent* (New York: Random House, 2013),p. 521.

73　苏莱曼·耶海兹克尔（伦敦）给苏莱曼（孟买）的信，1888 年 6 月 29 日，DSA，3104。

74　鲁本（伦敦）给苏莱曼（香港），1873 年 9 月 26 日，DSA，2676。

75　*Vanity Fair*, 31 May 1879, vol. 21, p. 317.

76　Ibid., 7 June 1879, vol. 21, p. 335.

77　Ibid., 2 August 1879, vol. 22, p. 65.

78　Mary Eliza Haweis, *Beautiful Houses: Being a Description of Certain Well-Known Artistic Houses* (London: Sampson Low, Marston, Searle& Rivington, 1882), pp. 71–6.

第 8 章　上流社会，1880—1894 年

1　Heehs, *India's Freedom Struggle*, p. 46.

2　拉比萨比尔旅行笔记的译文，DSA，Box 35。

3　Roland, *Jews in British India*, pp. 65–6.

4　Sarah Abrevaya Stein, "Protected Persons? The Baghdadi Jewish Diaspora, the British State, and the Persistence of Empire", *American Historical Review*, vol. 116, no. 1, February 2011, pp. 80–108.

5　Elizabeth E. Imber, "A Late Imperial Elite Jewish Politics: Baghdadi Jewsin British India and the Political Horizons of Empire and Nation", *Jewish Social Studies: History, Culture, Society*, vol. 23, no. 2, Winter 2018, p. 49(pp. 48–85).

6　Roth, *Sassoon Dynasty*, fn. 1, p. 116.

7 Jones, *Merchants to Multinationals*, p. 227.

8 David Cannadine, *Ornamentalism: How the British Saw Their Empire*(Oxford: Oxford University Press, 2001), p. 8.

9 Cernea, *Almost Englishmen*, p. xxiii.

10 Caroline Plüss, "Assimilation Versus Idiosyncrasy: Strategic Constructions of Sephardic Identities in Hong Kong", *Jewish Culture and History*,vol. 5, no. 2, 2002, p. 48 (pp. 48– 69).

11 Jael Silliman, *Jewish Portraits, Indian Frames: Women's Narratives from a Diaspora of Hope* (Calcutta: Seagull Books, 2001), p. 27.

12 阿卜杜拉（默哈伯莱什沃尔）给苏莱曼（上海）的信，1865 年 11 月 10 日，DSA，3595。

13 拉哈明·穆萨（加尔各答）给法哈（孟买）的信，"Memorandum"，1902 年 4 月 13 日，DSA，Box 12。

14 Silliman, *Jewish Portraits, Indian Frames*, p. 50.

15 苏莱曼·耶海兹克尔（伦敦）给苏莱曼（孟买）的信，1889 年 11 月 15 日，DSA，3203；阿卜杜拉（布莱顿）给苏莱曼（孟买）的信，1889 年 11 月 21 日，DSA，3205。

16 阿卜杜拉（布莱顿）给苏莱曼（孟买）的信，1889 年 12 月 4 日，DSA，3207。

17 阿哈隆·加贝（莫斯科）给法哈（孟买）的信，1891 年 9 月 23 日，DSA，3307。

18 Pramuan Bunkanwanicha, Joseph P. H. Fan and Yupana Wiwattanakantang, "The Value of Marriage to Family Firms", *Journal of Financial and Quantitative Analysis*, vol. 48, no. 2, April 2013, pp. 611–36.

19 Lorraine de Meaux, *Une grande famille russe: Les Gunzburg* (Paris:Perrin, 2018), p. 207.

20 *Bulletin de la Société héraldique*, 1887, p. 622.

21 Roth, *Sassoon Dynasty*, p. 172.

22 Peter Stansky, *Sassoon: The Worlds of Philip and Sybil* (New Haven:Yale University Press, 2003), p. 15. 一条项链在 2016 年苏富比拍卖会上拍得 66.5 万瑞士法郎，约 53 万英镑。

23 爱德华·阿尔伯特·沙逊给哈特先生的信（不清楚这位哈特先生是何人，但似乎其兄弟是一位有影响力的议员），1887 年 10 月（未注明具体日期），DSA，4840。

24 鲁本·沙逊（伦敦）给内森尼尔·德·罗斯柴尔德的信（未注明具体日期），DSA，Box 27-A。

25 *North-China Herald*, 8 February 1881, p. 123.

26 阿哈隆·加贝（莫斯科）给法哈（孟买）的信，1891 年 9 月 23 日，DSA，3307。

27 Ibid., 6 November 1891, DSA, 3315.

28 Ibid.; *The Times*, 8 November 1912.

29 Chaeran Y. Freeze, *A Jewish Woman of Distinction: The Life & Diaries of Zinaida Poliakova* (Waltham, Mass.: Brandeis University Press, 2019),p. 87.

30 Ibid., p. 89.

31 Newspaper cutting, 1893, DSA, Box 21-C.

32　*Vanity Fair*, 6 August 1881, vol. 26, p. 82.

33　Ibid., 23 April 1881, vol. 25, p. 234.

34　Ibid., 18 July 1885, vol. 34, p. 41.

35　*Lady's Realm*, vol. 6, May–October1899, p. 332.

36　*Vanity Fair*, 28 July 1883, vol. 30, p. 47.

37　Ibid., 15 April 1882, vol. 27, p. 209.

38　W. D. Rubinstein, *Men of Property: The Very Wealthy in Britain since the Industrial Revolution* (New Brunswick: Rutgers University Press, 1981),p. 106.

39　蕾切尔·沙逊日记中记录的"宴会"，DSA，Box 29–2。

40　Ibid.

41　DSA，未注明日期。

42　"菜谱"，1937 年 3 月 10 日。约翰·安德森爵士的名字写在页边空白处。以斯拉宅邸的宴会，基德街 3 号，加尔各答，DSA，Box 24。

43　"Barnato's House", *The Sketch, a Journal of Art and Actuality*, 1 November1899, p. 80.

44　*Lady's Realm*, vol. 4, May– October1898, p. 608.

45　Haweis, *Beautiful Houses*, pp. 76–83.

46　*Evening Standard*, October 1906, The Rothschild Archive.

47　*Vanity Fair*, vol. 34, 5, December 1885, p. 318.

48　Cecil Roth, "The Court Jews of Edwardian England", *Jewish Social Studies*,vol. 5, no. 4, October 1943, p. 361 (pp. 355–66).

49　Ridley, *Heir Apparent*, p. 342.

50　乔治（巴尔莫勒尔堡）给鲁本的信，1900 年 9 月 9 日。感谢珀斯的乔安娜·沙逊欣然分享这封信以及其他文件和图片。

51　James Carter, *Champions Day: The End of Old Shanghai* (New York:W. W. Norton, 2020), pp. 43–4.

52　*Hong Kong Telegraph*, 24 September 1881.

53　Anthony Allfrey, *Edward VII and His Jewish Court* (London: Weidenfeld& Nicolson, 1991), p. xiv.

54　Quoted in ibid., p. 9.

55　Quoted in ibid., p. 46.

56　Ridley, *Heir Apparent*, p. 342.

57　阿尔弗雷德·德·罗斯柴尔德（伦敦）给爱德华·沙逊的信，1892 年 8 月 17 日，DSA，4571。

58　鲁本（布莱顿）给阿卜杜拉（布莱顿）的信，1890 年 2 月 19 日，DSA，3217。

59　W. V. 哈考特爵士给阿尔伯特爵士的信，1889 年 7 月 5 日，DSA，Box 10,4877/1。

60　阿瑟·埃利斯（马尔伯勒大厦）代表威尔士亲王写给阿尔伯特爵士的信，1889 年 7 月 5 日，DSA，Box 10，4877/2。还有更多给阿尔伯特爵士的感谢信，包括家庭成员的来信。

61　有关这一时期伊朗的详细讨论，参阅 Abbas Amanat, *Iran: A Modern History* (New Haven: Yale University Press, 2017), pp. 247–314。

62　阿尔伯特（伦敦）给策尔·索尔坦 [原文为 Zelli Sultan]（伊斯法罕）的信，1887 年 9 月 14 日，DSA，437。

63　策尔·索尔坦 [原文为 Zelli Sultan]（伊斯法罕）给阿尔伯特·沙逊爵士（伦敦）的信，1896 年 6 月 12 日，阿卜杜拉给策尔·索尔坦 [原文为 Zelli Sultan] 的信，1896 年 7 月 17 日，DSA，Box 36-A。两人的书信用法语和英语书写。

64　苏莱曼（孟买）给阿卜杜拉（伦敦）的信，1885 年 4 月 24 日，DSA，4762。

65　阿尔伯特·沙逊爵士的助手给阿卜杜勒·阿齐兹·本·萨义德阁下的信，1895 年 1 月 24 日，DSA，File 10，981。约翰·柯克爵士有内科医生执业证，曾任桑给巴尔总领事，在不同职位上任职 20 年，包括桑给巴尔卫生干事。

66　"The Jubilee of Shanghai, 1843–1893.Shanghai: Past and Present, and a Full Account of the Proceedings on the 17th and 18th November, 1893" (Shanghai: *North-ChinaDaily News*, 1893), p. 43.

67　China Famine Relief Fund, 1878.

68　*Shen Bao*, 15 July 1885. *Shen Bao*, known in English as the *Shanghai News*,was a Chinese newspaper that appeared in Shanghai from 1872 to 1949.

69　*Twentieth Annual Report of the Anglo-Jewish Association, in Connection with the Alliance Israélite Universelle, 1890–1891*(London: 1891),pp. 36–7.

70　Yaron Ben-Naeh, 'Ha-Sheliachme-Hebron Mistabech Be-Bombay' [The Emissary from Hebron Encountered Complications in Bombay], *Et-Mol*,no. 215, February 2011, pp. 6–9.

71　鲁本（布莱顿）给阿卜杜拉（布莱顿）的信，1890 年 1 月 30 日，DSA，3216。

72　老沙逊洋行给英国内政部申领从男爵证书的信，1890 年 1 月 27 日。

73　Queen Victoria's Journals, 14 March 1877, 11 September 1889, Bodleian Library. 日 记 于 2012 年公开：https://www.royal.uk/ queen-victorias-journals。

74　Ibid., 11 March 1899.

75　*Spectator*, 4 January 1890, p. 3.

76　威廉·默里（苏格兰德拉莫尔）给阿瑟·沙逊（伦敦）的信，1887 年 10 月 31 日，DSA，4844。

77　哈吉·穆罕默德·迈赫迪·迈勒特贾（布什尔）给阿尔伯特爵士（伦敦）的信，1887 年 5 月 5 日，DSA，4819。

78　《房地产管理报告》（*Property Management Report*），1884 年 3 月 10 日，DSA，4737。

79　提交给苏莱曼（孟买）的《房地产管理报告》，1886 年 2 月 22 日，DSA，4803。

80　B. 沃里克合伙公司（B.Warwick & Partners，伦敦）给老沙逊洋行（伦敦办事处）的信，1895 年 6 月 20 日，DSA，Box 12，Part II。

81　耶海兹克尔（伦敦办事处员工）给苏莱曼（孟买）的信，1878 年 5 月 11 日，DSA，3785。有趣的是，伦敦办事处收取 2.5% 的佣金，却说伦敦办事处的成本比孟买要高。

82　阿哈隆·摩西·加贝（孟买）给阿卜杜拉（浦那）的信，1872 年 7 月 12 日，DSA，

Box 12。

83　老沙逊洋行（伦敦），波斯湾蒸汽机船公司章程，1892，DSA，4332；致老沙逊洋行（伦敦）的备忘录，1893 年 2 月 2 日，DSA，3993。

84　阿卜杜拉（布莱顿）给苏莱曼（浦那）的信，1886 年 8 月 5 日，DSA，3706。

85　Proceedings of the Finance and Commerce Department, September1893, memos 880–929 from 4 July to 18 August 1893, INA.

86　*Reports on Trade at the Treaty Ports in China for the Year 1874*, p. 7.

87　Man-HoungLin, "China's "Dual Economy" in International Trade Relations, 1842–1949", in Kaoru Sugihara (ed.), *Japan, China, and the Growth of the Asian International Economy, 1850–1949*, vol. 1, Ag. one pp. 183–5(pp. 179–97).

88　Halsey, *Quest for Power*, p. 60.

89　S. 耶海兹克尔（香港）给爱德华（伦敦）的信，1890 年 1 月 1 日，DSA，3212。

90　阿卜杜拉（布莱顿）给苏莱曼（孟买）的信，1890 年 2 月 12 日，DSA，3221。

91　爱德华·阿卜杜拉·沙逊（诺福克）给苏莱曼（孟买）的信，1890 年 1 月 20 日，DSA，3214。

92　阿卜杜拉（布莱顿）给苏莱曼（孟买）的信，1890 年 3 月 20 日，DSA，3227。

93　朱尔斯·吕弗，交趾支那水运公司（巴黎）给阿哈隆·摩西·加贝（伦敦）的信，1892 年 10 月 3 日，DSA，4836。

94　Fond Gouvernement Général de l'Indochine, Dossier no. 17607, Vietnam National Archives Center 1 (Hanoi)。感谢我同事戴安娜·金姆提供的信息。

95　阿卜杜拉（布莱顿）给苏莱曼（孟买）的信，1890 年 4 月 1 日，DSA，3230。

96　《鸦片贸易亏损备忘录》（伦敦），1893 年 6 月 1 日，DSA，4080。

97　阿卜杜拉（布莱顿）给苏莱曼（孟买）的信，1891 年 12 月 24 日，DSA，3326。

98　"Memorial from Messrs. D. Sassoon & Co. and other Opium Merchants of Bombay Praying for a Reduction in the Pass-Dutyon Malwa Opium Exported to China and Negative Orders Thereon", Proceedings of the Finance and Commerce Department, 1892, 494–702,INA.

99　A.M. 加贝（伦敦）给苏莱曼（孟买）的信，1893 年 1 月 6 日，DSA，3971。

100　曼彻斯特办事处给老沙逊洋行（伦敦）的报告，1893 年 1 月 19 日，DSA，3182。

101　孟买总部与沙逊洋行（伦敦）的账务往来，1893 年 4 月 17 日，DSA，Box 10,4026。

102　"The Opium Trade Resolution Placed by J. W. Pease, MP", 15 March1881, Church of England Archives (LPA), Tait 286.

103　Storrs Turner (Secretary of the Anglo-Oriental Society for the Suppression of the Opium Trade) to the Lord Archbishop, 18 March 1881,LPA, Tait 286.

104　Inspectorate General of Customs, Peking, 29 January 1881, LPA,Tait 286.

105　Gregory Blue, "Opium for China: The British Connection", in Timothy Brook and Bob Tadashi Wakabayashi, eds., *Opium Regimes: China,Britain, and Japan, 1839–1952*(Berkeley: University of California Press, 2000), fn. 53, pp. 51–2(pp. 31–54).

106　给财政大臣 W. E. 格莱斯顿的信，1881 年 [未注明具体日期]，LPA，Tait 286。

107 *England and the Opium Trade with China*, pamphlet (London: Dyer Brothers, 1880).

108 Li Hung-Changon the Opium Trade, Tientsin, 24 May 1881, LPA,Tait 286.

109 The Anglo-Oriental Society for the Suppression of the Opium Trade,*Who is Responsible for the Opium Trade?*, pamphlet, n.d., LPA, Tait 286.

110 Correspondence between the Archbishop of Canterbury and the Anglo-Oriental Society for the Suppression of the Opium Trade, June 1875,LPA, Tait 210.

111 Joseph Alexander, "Open Letter", 17 March 1891, LPA, Benson 99.

112 *The Times*, 14 April 1891.

113 Sir R. Temple, Parl. Deb. (series 3), vol. 352, cc. 330–38(10 April 1891).

114 Cabinet Notes and Discussions, CAB 37/29, no. 19, 1891, British National Archives.

115 参阅 1908 年 12 月 9 日新老沙逊洋行联名写给中华协会的信，*China Association Circulars*, vol. III, 12 October 1908–17June 1909。

116 阿卜杜拉（布莱顿）给苏莱曼（孟买）的信，1888 年 8 月 26 日，DSA，3122。

117 Ibid., 14 May 1891, DSA, 3281.

118 Chiara Betta, 'Silas Aharon Hardoon (1851–1931):Marginality and Adaptation in Shanghai,' Ph.D. thesis, School of Oriental and African Studies, University of London, 1997, p. 296. 有关哈同家族财富之争的分析，参阅 Stein, 'Protected Persons?', pp. 81–7.

119 *Chemist and Druggist*, 24 March 1894, p. 417.

第 9 章　女掌门人，1895—1901 年

1 Trivellato, *Familiarity of Strangers*, p. 23.

2 Dosebai Cowasjee Jessawalla, *The Story of My Life* (Bombay: Times Press, 1911), p. 43.

3 Silliman, *Jewish Portraits, Indian Frames*, p. 49.

4 汉娜·加贝（香港）给苏莱曼（上海）的信，1869 年 10 月 29 日，DSA，2979。

5 法哈·大卫·沙逊（伦敦）给苏莱曼（上海）的信，1869 年 8 月 13 日，DSA，2903；1869 年 8 月 26 日，DSA，2915；1869 年 9 月 23 日，DSA，2940。

6 参阅沙逊家族一位亲戚写给苏莱曼的信，1869 年 8 月 18 日，DSA，2909，告知苏莱曼收到了一箱茶叶，并且为自己丈夫未及时告知苏莱曼而致歉。

7 Avraham Ben-Yacov, 'A Letter and Five Poems to the Honourable Suleiman David Sassoon' (in Hebrew), in Shmuel Moreh (ed.), *Mihkarimbe-Toldot Yehudei Iraq ve-Beterbutam*[Studies in the History of Iraqi Jews and Their Culture] (Or Yehuda: Centre for the Heritage of Babylonian Jews, 1981), pp. 73–82.

8 鲁本（桑德林汉姆）给法哈（孟买）的信，1891 年 11 月 11 日，DSA，3316。

9 这段轶事转述自 Roth, *Sassoon Dynasty*, pp. 129–30。

10　Freeze, *Jewish Woman of Distinction*, p. 78.

11　老沙逊洋行（伦敦），《公告》（"Announcement"），1895 年，DSA，1521。

12　《合伙关系提案摘要》（"Epitome of Proposed Partnership"），老沙逊洋行，1895 年，DSA，Box 27-A。

13　不知名人士（浦那）给苏莱曼·大卫·沙逊夫人（孟买）的信，1895 年 1 月 3 日，DSA，1522。

14　沙逊榨棉厂，《董事会报告》，1894 年 6 月 30 日，DSA，Box 23-B。

15　Ibid., 30 June 1896, DSA, Box 23-B.

16　以斯拉（伦敦）给法哈（孟买）的信，1895 年 4 月 12 日，DSA，1014。

17　老沙逊洋行（孟买）给孟买法拉杰·哈依姆（即弗雷德里克）的信，1885 年 5 月 31 日，DSA，4776。

18　老沙逊洋行（伦敦），《公告》（"Announcement"），1895 年 11 月 29 日。弗雷德里克成为合伙人，自 1896 年 1 月 1 日起生效，DSA，Box 12，Part II。

19　坎宁港与土地改良公司的会议文献，1894 年 8 月 13 日，DSA，5473。

20　Department of Overseas Trade to India Office, 7 September 1929, Qatar Digital Library, India Office Records, IOR/R/15/2/1241.

21　Sir H. Layard, 'Memorandum Respecting the Navigation of the Tigrisand Euphrates', 1913, Qatar Digital Library, India Office Records,IOR/L/PS/18/B199.

22　波斯湾蒸汽机船公司主席给老沙逊洋行的信，1893 年 2 月 2 日，DSA，3992。

23　坎贝尔与纽瑟姆建筑公司（孟买）给老沙逊洋行（孟买）的信，1895 年 11 月 25 日，DSA。

24　以斯拉（伦敦）给法哈（孟买）的信，1895 年 5 月 10 日，DSA，1027。

25　《有关沙逊·大卫·沙逊房产投资的声明（1895 年 1 月 1 日起生效）》（"Statement of Investments of the Estate of S. D. Sassoon as of 1 January 1895"），DSA，1025。

26　这几家公司给老沙逊洋行的信，1895 年 12 月 26 日、27 日和 29 日，DSA，1504，1505，1506，1507。

27　H. 科克（伦敦）给老沙逊洋行（孟买）的信，1895 年 11 月 21 日，DSA，1520。

28　加贝（香港）给法哈（孟买）的信，1898 年 8 月 26 日，DSA，Box 34-3。

29　Dwijendra Tripathi, *The Oxford History of Indian Business* (New Delhi:Oxford University Press, 2004), pp. 116–17.

30　剪报，1895 年 3 月 26 日，DSA，Box 21-C。

31　威尔（孟买）给姨妈法哈的信，未注明具体日期，DSA，3959。

32　半岛东方航运公司给老沙逊洋行的信，1900 年 10 月 26 日，DSA，Box 33。

33　鲁比·沙逊（日本）给大卫（法哈的儿子）的信，1903 年 9 月 1 日，DSA，Box 33。

34　*First Report of the Royal Commission on Opium, with Minutes of Evidenceand Appendices*, vol. 7: 'Scope of the Inquiry' (London: H. M.Stationery Office, 1894–5),p. 1. 该报告是 19 世纪关于鸦片各方面的最珍贵的资料之一。

35　David Edward Owen, *British Opium Policy in China and India* (New Haven: Yale University

Press, 1934), pp. 317–18.

36 *First Report of the Royal Commission on Opium*, vol. 2, pp. 145–6。访谈于 1893 年 12 月 6 日进行。

37 Ibid., vol. 4, p. 232。访谈于 1894 年 2 月 13 日进行。

38 Ibid., vol. 4, pp. 232, 231–2.

39 Ibid., vol. 5, 附录 XXV 的问题由该委员会发布，第 145 页。

40 Ibid., vol. 6, Part I, p. 94.

41 John F. Richards, 'Opium and the British Indian Empire: The Royal Commission of 1895', *Modern Asian Studies*, vol. 36, no. 2, May 2002,p. 378 (pp. 375–420).

42 Owen, *British Opium Policy*, p. 320.

43 Ibid.

44 Brighton and Hove Archives, item 46. 并非墓地的一部分，而是位于布莱顿肯普顿中心区，如今已并入一家名叫 Proud Cabaret 的夜总会。

45 Niall Ferguson, *The Square and the Tower: Networks and Power, fromthe Freemasons to Facebook* (New York: Penguin Press, 2018), p. 67. Ferguson转引自 John F. Padgett 和 Paul D. McLean，'OrganizationalInvention and Elite Transformation: The Birth of PartnershipSystems in Renaissance Florence', *American Journal of Sociology*, vol.111, no. 5 (March 2006), pp. 1463–568。

46 'Civil Case in the Goods of Sir Albert A. D. Sassoon (Deceased), March29, 1897', *Indian Law Reports*, Bombay Series, vol. XXI, 1897, pp.673–80.

47 Hollams, Sons, Coward & Hawksley 公司给老沙逊洋行的信，1897 年 9 月 1 日，DSA，Box 36-A。

48 《孟买总部重组》（"Reorganization of the Bombay Office"），1898 年 11 月 7 日，DSA，Box 33。

49 老沙逊洋行(孟买)，《给香港办事处、上海办事处和加尔各答办事处的备忘录》（"Note to Hongkong, Shanghai, Calcutta"），1895 年 7 月 19 日，DSA，1059。

50 老沙逊洋行（香港办事处）给老沙逊洋行（孟买总部）的信，1896 年 1 月 30 日，DSA，Box 73。

51 Apcar 公司（加尔各答）给老沙逊洋行（孟买）的信，1895 年 10 月 29 日，DSA，1093。

52 *Menorah*, a monthly magazine of B'Nei B'rith, New York, vol. XXII,January–June1897.

53 以斯拉（伦敦）给法哈（孟买）的信，1899 年 11 月 3 日，DSA，934。

54 参阅 *Hong Kong Government Gazette*, 2 May 1896,p. 408。

55 Jackson, *The Sassoons*, p. 105.

56 老沙逊洋行（伦敦）给 S. 摩西和 S. 舍利姆的信，1898 年 7 月 22 日，DSA，Box 27A。

57 索菲亚·所罗门（伦敦）给法哈（孟买）的信，1892 年 7 月 28 日，DSA，4557。

58 *Jewish World*, 1897–8.*Jewish World* was a weekly newspaper publishedin London from 1873

to 1934. It was taken over by the *Jewish Chronicle*,with which it merged in 1934.

59　*North-ChinaHerald*, vol. lxxxiv, 30 September 1907, p. 638.

60　*Indian Education*, 1908, p. 318; *Hong Kong Telegraph*, 4 November1908, p. 5.

61　以斯拉（伦敦）给法哈（孟买）的信，1899 年 5 月 5 日，DSA，903。

62　Ibid., 6 July 1899, DSA, 910.

63　Ibid., 3 November 1899, DSA, 934.

64　鲁本（桑德林汉姆）给法哈（孟买）的信，1899 年 11 月 8 日，DSA，935。

65　老沙逊洋行（伦敦）给法哈（孟买）的信，《有关对已故沙逊·大卫·沙逊房产的管理》（"Administration of the Estate of the Late S.D.Sassoon"），1899 年 12 月 1 日，DSA，957；《有关管理费的备忘录》（"Memo re Administrative Cost"），1899 年 12 月 23 日，DSA，966。

66　弗雷德里克（伦敦）给爱德华（定居伦敦，但正在旅行途中），1898 年 3 月 25 日，DSA，Box 27-A。

67　Ibid.

68　老沙逊洋行（伦敦）给老沙逊洋行（孟买）的信，1899 年 3 月 15 日，DSA，Box 33。

69　*Financial Times*, 1 January 1902, p. 5.

70　信件内容转引自 Jackson, *The Sassoons*，第 119 页。

71　波马耶·佩斯通杰（孟买）给老沙逊洋行（浦那）的信，1899 年 8 月 1 日，DSA，Box 33。

72　转引自 Jackson, *The Sassoons*，第 120 页。

第 10 章　新世纪来临，1902—1914 年

1　Kumar and Desai, eds., *Cambridge Economic History of India*, vol. II,p. 737.

2　Jürgen Osterhammel, *The Transformation of the World: A Global History of the Nineteenth Century* (Princeton: Princeton University Press,2014), p. 719.

3　*Spectator*, 3 August 1907, p. 2.

4　爱德华·沙逊给外交部的信，1906 年 7 月 17 日，FO 371/11/273，英国国家档案馆。

5　India Office Records, 25 February 1903, Koweit [sic] Baghdad Railway,British Library, File 53/33 II (D15).

6　Jackson, *The Sassoons*, p. 119.

7　David Kynaston, *The City of London*, vol. II: *Golden Years 1890–1914*(London: Chatto & Windus, 1994), pp. 265–6.

8　*Financial Times*, 28 May 1912, p. 10.

9　*The Times*, 27 May 1912, p. 9.

10　*Financial Times*, 23 July 1912, p. 5.

11　Ibid., 29 July 1912, p. 7.

12　比如法哈通过经纪人 Seligman & Pearson 卖掉了 5% 的战时公债，DSA，Box 33。

13　*Ardeshir H. Mama vs Flora Sassoon*, 21 May 1928, Bombay High Court,https:indiankanoo. org/doc/958023.

14　D. 本申（加尔各答）给老沙逊洋行（伦敦）的信，1929 年 2 月 11 日，DSA，Box 71。

15　法哈（马拉巴山）给艾玛（伦敦）的信，1911 年 4 月 30 日，DSA，Box 34–3。

16　参阅大卫（伦敦）给蕾切尔（加尔各答）的信，1916 年 1 月 26 日，DSA，Box 71。

17　大卫（伦敦）给蕾切尔（加尔各答）的信，1915 年 4 月 22 日，DSA，Box 71。

18　David Solomon Sassoon, *Masa' Babel* [Journey to Babylon] (Jerusalem,1935).

19　有关蕾切尔·比尔婚姻的详细信息，参阅 Eilat Negev andYehuda Koren, *The First Lady of Fleet Street: The Life of Rachel Beer*(New York: Bantam Books, 2011)。

20　Ibid., p. 137.

21　Ibid., p. 116.

22　Ibid., pp. 217–25.

23　*Hong Kong Telegraph*, 8 January 1909, p. 3.

24　*Jewish Messenger*, 3 March 1914, p. 233. 该报纸在加尔各答出版。

25　*Israel's Messenger*, 6 March 1935, p. 2.

26　*Collegian & Progress in India*, vol. XIX, no. 2, July 1920, pp. 57–8.

27　*The Cyclopedia of India: Biographical–Historical–Administrative–Commercial*,vol. I (Calcutta: Cyclopedia Publishing Coy, 1907), p. 280.

28　Kynaston, *City of London*, vol. II, p. 266.

29　*Financial Times*, 21 December 1909, pp. 6 and 10.

30　Ibid., 14 February 1917, p. 11.

31　Ibid., 28 February 1912, p. 9.

32　Lin, 'China's "Dual Economy"', p. 182.

33　有关义和团运动及其影响的详细信息，参阅 Phoebe Chow, *Britain'sImperial Retreat from China, 1900–1931*(New York: Routledge,2017), pp. 60–71。

34　Owen, *British Opium Policy*, p. 333.

35　J. Jordan to Edward Grey, 'General Report on Opium', Trade in China,January to June 1908, Foreign Office Correspondence, FO 405/185,9443, British National Archives.

36　R. K. Newman, 'India and the Anglo-ChineseOpium Agreements, 1907–1914',*Modern Asian Studies*, vol. 23, no. 3, 1989, p. 533 (pp. 525–60).

37　Theodore Taylor, MP (Radcliffe-cum-Farnworth, Lancs.), Parl. Deb.(series 4), vol. 158, cc. 494–500(30 May 1906).

38　'Letter to Colonial Secretary, Hong Kong', 9 December 1908, *China AssociationCirculars* (CHAS), vol. III, nos. XLI–LX,12 October 1908–17June1909. The China Association had its offices at 99 Cannon Street, London.

39　Zhang Zhongli and Chen Zengnian, *Shaxun Jituan Zai Jiu Zhongguo*[The Sassoon Group in Old China] (Beijing: Chubanshe, 1985), p. 29.

40　杰克逊（Jackson）在其著作《沙逊家族》（*The Sassoons*）中反复强调两家公司的分歧是永久性的。

41　David Sassoon & Co. and E. D. Sassoon & Co. (Hong Kong) to the Secretary,Hong Kong Chamber of Commerce, 9 April 1911, in *Report ofthe General Committee of the Hongkong General Chamber of Commercefor the Year Ending 31st December 1911* (Hong Kong: South-China Morning Post Ltd, 1912), pp. 49–50.

42　Sir J. Jordan to Sir Edward Grey, Peking, 21 December 1909, in *The OpiumTrade 1910–1941*, vol. 1: *1910–1911*(London: Scholarly Resources, 1974),p. 6. 这六卷书精心收集了 1910–1941 年这 31 年间与鸦片有关的所有英文文件和通信。

43　Messrs. E. D. Sassoon & Co. to Sir John Jordan, Shanghai, 20 September1909, China Association Papers, CHAS/MCP/13.

44　新沙逊洋行给英国外交部的信，1910 年 7 月 7 日；1910 年 7 月 18 日，以及中华协会给沙逊洋行的信，1910 年 7 月 22 日，参阅 ChinaAssociation Circular Correspondence for the General Committee, 22 July1910, China Association Papers, CHAS/MCP/13/84, pp. 1–3。

45　Wie T. Dunn, *The Opium Traffic in Its International Aspects* (New York:doctoral thesis, Columbia University, 1920), p. 107; Owen, *BritishOpium Policy*, p. 343.

46　参阅两家沙逊洋行给殖民大臣梅含理爵士的信，1910 年 11 月 21 日以及 1910 年 11 月 26 日，CHAS/MCP/14/92, pp. 6–7。

47　John A. Anderson, 'The Opium Question: A New Opportunity', *ChineseRecorder and Missionary Journal*, vol. xxxvii, 1906, pp. 431–4.

48　Correspondence and leaflet, 15 January 1908, LPA, Davidson 147, pp.267–9.

49　Letter to the Bishop of Durham, 18 May 1908, LPA, Davidson 147,p. 304.

50　Owen, *British Opium Policy*, p. 347.

51　Messrs. E. D. Sassoon and D. Sassoon and Co. to Foreign Office, 23 May1912, in *Opium Trade 1910–1941*,vol. 2: *1912*, part 5, no. 50, p. 135.

52　中华协会给英国外交部的信，1912 年 6 月 18 日，参阅 China AssociationPapersCHAS/MCP/17/130,p.4。

53　葛福给乔丹的信，南京，1909 年 11 月 25 日，no.45；乔丹给葛福的信，1909 年 8 月 13 日，no.28,FO 228/2427，英国国家档案馆。

54　英国外交部给新沙逊洋行的信，1912 年 7 月 15 日，参阅 ChinaAssociation Papers, CHAS/MCP/17/130, pp. 1–2。

55　E. S. Montagu, Parl. Deb. (series 5), vol. 52, c. 2190 (7 May 1913).

56　新沙逊洋行和老沙逊洋行给英国外交部副国务卿的信，1913 年 5 月 14 日，参阅 China Association Papers, CHAS/MCP/18。

57 新沙逊洋行和老沙逊洋行给英国外交部爱德华·格雷爵士的信，1913 年 7 月 15 日，参阅 *Opium Trade 1910–1941*,vol. 3: *1913–1916*,no. 151, pp. 177–8。

58 Newman, 'India and the Anglo-ChineseOpium Agreements', p. 545.

59 Owen, *British Opium Policy*, pp. 349–50.

60 全国平信徒运动给贝兰斯宫坎特伯雷大主教的信，1913 年 4 月 30 日，参阅 LPA, Davidson 187, pp. 277–9。

61 W. 兰利给贝兰思宫的信，1913 年 5 月 5 日，LPA, Davidson 187, pp.280–81。

62 Archbishop's Office, 2 October 1913, LPA, Davidson 187, p. 308.

63 *Financial Times*, 30 April 1910, p. 7.

64 Zhang and Chen, *Shaxun Jituan*, pp. 27–8.

65 *Financial Times*, 14 December 1912, p. 7.

66 Metcalf and Metcalf, *Concise History of Modern India*, p. 125.

67 Ibid., p. 155.

68 Morris David Morris, 'Indian Industry and Business in the Age of *LaissezFaire* ', in Rajat K. Ray (ed.), *Entrepreneurship and Industry inndia 1800–1947*(Delhi: Oxford University Press, 1994), pp. 197–8(pp. 197–227).

69 Vanessa Caru, ' "A Powerful Weapon for the Employers?" : Workers' Housingand Social Control in Interwar Bombay', in Prashant Kidambi, ManjiriKamat and Rachel Dwyer, eds., *Bombay Before Mumbai: Essays in Honourof Jim Masselos* (Penguin Books India, 2019), p. 217 (pp. 213–35).

70 Sir Henry James, 'The Indian Cotton Duties', Parl. Deb. (series 4), vol.30, cc. 1285–361(21 February 1895).

71 Manchester Chamber of Commerce, *Bombay and Lancashire CottonSpinning Inquiry . . . Minutes of Evidence and Reports* (London: EffinghamWilson, 1888), pp. 267–83. C. J. 沙逊 于 1888 年 6 月 29 日接受委员会问询。

72 Gregory Clark, 'Why isn't the Whole World Developed? Lessons fromthe Cotton Mills', *Journal of Economic History*, vol. 47, no. 1, March1987, p. 143 (pp. 141–73).

73 *Financial Times*, 1 June 1909, p. 8.

74 S. M. Rutnagur (ed.), *Electricity in India: Being a History of the TataHydro-ElectricProject* (Bombay: The Proprietors, Indian Textile Journal,1912), p. 10.

75 Ibid., p. 63.

76 Martin Gilbert, *Churchill and the Jews: A Lifelong Friendship* (NewYork: Henry Holt, 2007), p. 5.

77 国王乔治（马尔伯勒大厦）给阿瑟夫人的信，1910 年 5 月 26 日，罗斯柴尔德档案馆。

78 典礼大臣办公室（伦敦）给阿瑟·沙逊夫人的信，1910 年 5 月（未注明具体日期），罗斯柴尔德档案馆。

79 国王乔治（白金汉宫）给阿瑟夫人的信，1912 年 3 月 13 日，罗斯柴尔德档案馆。

80 国王乔治（温莎城堡）给阿瑟夫人的信，1929 年 5 月 23 日，罗斯柴尔德档案馆。

81　玛丽公主（白金汉宫）给阿瑟夫人的信，1936 年 1 月 30 日，罗斯柴尔德档案馆。

82　A Foreign Resident, *Society in the New Reign* (London: T. Fisher Unwin,1904), pp. 191–2.

83　Ibid., p. 227.

84　Ibid., p. 197.

85　Owen Johnson, *The Salamander* (New York: A. L. Burt, 1914). 该书从 1913 年 5 月至 1914 年 10 月在《麦克卢尔杂志》（*McClure's Magazine*）上连载。

86　Imber, 'A Late Imperial Elite', p. 63.

87　Terence Pepper, *High Society Photographs 1897–1914*(London:National Portrait Gallery, 1998), p. 29.

88　参阅 *North-ChinaHerald*, 22 June 1906, p. 689。

89　参阅 *The 1889 Exhibition of the Royal Academy of Arts* ;*Catalogue of the Anglo-JewishHistorical Exhibition 1887*。

90　*Sketch*, 6 June 1900, p. 318.

91　'Racing Account of 1928', London Metropolitan Archives, CLC/8/207/ED04/03/016, p. 59.

92　'Lady L. Sassoon Account, 1928', London Metropolitan Archives,CLC/8/207/ED04/03/016, p. 105.

93　沙逊家族成员的日记，1912 年 11 月 5 日，DSA，Box 21-B。

94　*The Times*, 8 November 1912.

95　*North-ChinaHerald*, 15 March 1907, p. 565.

96　大卫（伦敦）给姐姐蕾切尔（加尔各答）的信，1931 年 7 月 27 日；1931 年 9 月 2 日，DSA，Box 71。

97　参阅 Table in Roth, *Sassoon Dynasty*, p. 170，另参阅上一章。

98　Damian Collins, *Charmed Life: The Phenomenal World of Philip Sassoon*(London: Collins, 2016), p. 27.

99　弗洛拉·沙逊（伦敦伯顿街 32 号）给博伊尔夫人（萨塞克斯郡达德利酒店）的信，1916 年 9 月 26 日，DSA，Box 16。路易丝于 1873 年出生，1914 年结婚，1964 年去世。

100　Foreign and Political Department, May 1917, INA, no. 63.

101　沙乌尔·耶胡达（巴格达）给老沙逊洋行（孟买）的信，1915 年 9 月 5 日，DSA，Box 71。

第 11 章　一战与动荡年代，1914—1924 年

1　John Stuart Roberts, *Siegfried Sassoon* (London: Metro Publishing,1999), p. 1.

2　Siegfried Sassoon, *The Old Century and Seven More Years* (London:Faber & Faber, 1938), p. 15.

3   Ibid., p. 39.

4   Jean Moorcroft Wilson, *Siegfried Sassoon: The Making of a War Poet:A Biography (1886 1918)*(London: Duckworth, 1998), p. 14.

5.   转引自 ibid., p. 14。

6   转引自 ibid., p. 293。

7   节选自一首题为《英雄》（"The Hero"）的诗。

8   Jean Moorcroft Wilson, *Siegfried Sassoon: The Journey from the Trenches :A Biography (1918–1967)*(London: Duckworth, 2003), p. 251.

9   *Spectator*, 'A Sketch of Mr. Siegfried Sassoon', 21 March 1931.

10   Wilson, *Siegfried Sassoon: Making of a War Poet*, p. 78.

11   Wilson, *Siegfried Sassoon: Journey from the Trenches*, p. 184.

12   Jackson, *The Sassoons*, p. 291.

13   Roth, *Sassoon Dynasty*, p. 211.

14   Jackson, *The Sassoons*, p. 173.

15   *The Times*, 18 January 1933, p. 12.

16   *Women of the Empire in War Time* (London: Dominion of CanadaNews, 1916), p. 5.

17   Frank H. H. King, *The History of the Hongkong and Shanghai Banking Corporation*, vol. II: *The Hongkong Bank in the Period of Imperialismand War, 1895–1918:Wayfoong, the Focus of Wealth* (New York: Cambridge University Press, 1988), p. 550.

18   大卫（伦敦）给蕾切尔（加尔各答）的信，1916 年 1 月 26 日，DSA，Box 71。

19   以斯拉（伦敦）给苏莱曼（孟买）的信，1891 年 5 月 21 日，DSA，3284。

20   'Baghdad Railway: Navigation of the Tigris and Euphrates', Qatar Digital Library, Foreign Office, India Office Records, file 2073/1913.

21   Sir G. Lowther to Sir Edward Grey, 23 June 1913, Qatar Digital Library,FO 29510, no. 552.

22   *Financial Times*, 22 March 1917, p. 4.

23   Persian Gulf Trade, British Library, India Office Records, file 1032/1914.See also Department of Commerce and Industry, 1918, INA, file 631.

24   Foreign and Political Department, July 1917, INA, nos. 143–4.

25   E. D. Sassoon Accounts, 'Persian Gulf Commissions and ConsignmentsAccount, 1921–1925', London Metropolitan Archives.

26   Roper Lethbridge, *India and the Imperial Preference* (London: Longmans,Green and Co., 1907), p. 6.

27   Jackson, *The Sassoons*, p. 200.

28   Roland, *Jews in British India*, p. 89.

29   Metcalf and Metcalf, *Concise History of Modern India*, p. 169.

30   S. M. Rutnagur, ed., *Bombay Industries: The Cotton Mills* (Bombay:India Textile Journal, 1927), p. 59.

31   Clark, 'Why isn't the Whole World Developed?' pp. 146 and 148.

32　Jackson, *The Sassoons*, pp. 62–3.

33　新老沙逊洋行以及其他几家棉纺厂主给香港商会主席的信，1917 年 6 月 23 日，*Report of the General Committee of the Hong Kong General Chamberof Commerce for the Year Ended 31st December 1917* (Hong Kong:South China Morning Post, 1918), p. 209。

34　国务卿给香港总督的信，1917 年 8 月 10 日，*Reportof the General Committee of the Hong Kong General Chamber of Commerce*,p. 226。

35　R. K. Sangameswaran, 'Joint Stock Concerns in India', *India Review*, August 1919, pp. 526–7.

36　Speeches at the Millowners' Association, 1920.

37　Rajnarayan Chandavarkar, *The Origins of Industrial Capitalism inIndia: Business Strategies and the Working Classes in Bombay, 1900–1940*(Cambridge: Cambridge University Press, 1994), pp.251–60.

38　参阅 the liquidation of Empress Spinning and Weaving Co.,21 August 1916, DSA, Box 34–3。

39　Chandavarkar, *Origins of Industrial Capitalism*, pp. 384–5.The inquiryreferred to was known as the Stones Inquiry.

40　给爱德华爵士的信，1923 年 11 月 13 日，DSA, Box 27-A.

41　Oonk, 'Motor or Millstone?', pp. 419–52.

42　*Financial Times*, 14 March 1912, p. 6.

43　新沙逊洋行棉纺织部门（曼彻斯特），1926 年 1 月 21 日以及 1928 年 1 月 14 日，新沙逊洋行文件与账簿，伦敦大都会档案馆。

44　A. Howard, David Sassoon & Co., Shanghai, 'Memorandum RespectingOpium Stocks', 12 January 1917, in *Opium Trade 1910–1941*,vol. 4:*1917–1921*,no. 14, pp. 8–9.

45　Blue, 'Opium for China', p. 42. See also Hauser, *Shanghai: City for Sale*,p. 118.

46　Correspondence, 15 October 1918 and 1 November 1918, in *OpiumTrade 1910–1941*,vol. 4: *1917–1921*,part XIII, no. 6 and enclosure,pp. 3–4.

47　Zhang and Chen, *Shaxun Jituan*, p. 28.

48　新沙逊洋行给外交部的信，1915 年 1 月 27 日，*Shanghai Politicaland Economic Reports 1842–1943*,pp. 134–5。

49　新沙逊洋行给邮电局局长（孟买）的信，1918 年 10 月 25 日，商业与工业部，INA，no. 5/6，Part B。

50　负责印度事务的副国务卿给邮电局局长的信，1918 年 11 月 13 日，商业与工业部，INA，no. 5/6，Part B。

51　财务部（加尔各答）给副国务卿（孟买）的信，1924 年 1 月 15 日，INA, file 20.114 SR。

52　Report on an Opium Smuggling Syndicate Discovered at a ChineseSteamship Company, 7 August 1923, Finance Department, INA.

53　*China Mail*, 19 March 1918.

54   Blue, 'Opium for China', p. 45.

55   Pomeranz and Topik, *The World That Trade Created*, p. 93.

56   Lin, 'China's "Dual Economy"', pp. 193–4.

57   Maisie Meyer, 'Baghdadi Jewish Merchants in Shanghai and the OpiumTrade', *Jewish Culture and History*, vol. 2, no. 1, 1999, p. 68 (pp. 58–71).

58   转引自 Negev and Koren, *First Lady of Fleet Street*, p. 43。

59   Siegfried Sassoon, 'Ancestors', in *The Old Huntsman and Other Poems*(New York: E. P. Dutton, 1918), p. 61. 诗集献给托马斯·哈代。

60   Hauser, *Shanghai: City for Sale*, p. 119.

61   Madeleine Zelin, 'Chinese Business Practice in the Late Imperial Period', *Enterprise & Society*, vol. 14, no. 4, December 2013, pp. 769–93.

62   King, *History of the Hongkong and Shanghai*, vol. II: *1895–1918*, pp.40–42.

63   C. A. Bayly, *The Birth of the Modern World 1780–1914: Global Connectionsand Comparisons* (Oxford: Blackwell, 2004), pp. 170 and184.

64   Zhang and Chen, *Shaxun Jituan*, pp. 37–8.

65   *Municipal Gazette*, 28 March 1911, p. 94.

66   Wang Jian, *Shanghai Jewish Cultural Map*, transl. Fang Shengquan(Shanghai: Shanghai Brilliant Publishing House, 2013), p. 66.

67   Vaudine England, *Arnholds: China Trader* (Hong Kong: Arnhold & Co.,2017), p. 94.

68   Jacob Sassoon Baronetcy, Act no. II of 1915, South Asia Archive.

69   *Times of India*, 5 December 1924, p. 9.

70   Jackson, *The Sassoons*, p. 206.

71   维克多给伊冯娜的信，1926 年 1 月 23 日，参阅 Sir Ellice Victor Elias Sassoon Papersand Photographs (Victor's Papers), Southern Methodist University(SMU)。

72   Maisie Meyer, *Shanghai's Baghdadi Jews: A Collection of BiographicalReflections* (Hong Kong: Blacksmith Books, 2015), p. 267.

73   Jackson, *The Sassoons*, p. 203.

74   Stansky, *Sassoon*, p. 15.

75   Collins, *Charmed Life*, p. 22.

76   James Knox, 'Sir Philip Sassoon, Bt: Aesthete, Connoisseur, Patron', inChristie's, *Works of Art from Collections of the Cholmondeley Familyand the Late Sir Philip Sassoon, Bt.* (London: Christie's, 1994), p. xxv.

77   Stansky, *Sassoon*, p. 144.

78   James Stourton, *Kenneth Clark: Life, Art and Civilisation* (New York:Alfred Knopf, 2016), p. 92.

79   Chaim Weizmann, *Trial and Error* (New York: Schocken, 1966), p. 261.

80   Knox, 'Sir Philip Sassoon, Bt', p. xxiv.

81   Stansky, *Sassoon*, p. 29.

82 转引自 ibid., pp. 101–2。

83 转引自 *Blackwood's Edinburgh Magazine*, February 1921, inCollins, *Charmed Life*, p. 118。

84 转引自 Stansky, *Sassoon*, p. 110。

85 转引自 Collins, *Charmed Life*, p. 170。另参阅 Stansky, *Sassoon*,p. 116。

86 Philip Sassoon, *The Third Route* (New York: Doubleday & Co., 1929),p. 106.

87 Ibid., p. 112.

88 Ibid., p. 113.

89 Collins, *Charmed Life*, p. 187.

90 Ibid.; Stansky, *Sassoon*.

91 Collins, *Charmed Life*, p. 29.

92 Dane, *Sassoons of Ashley Park*, p. 8.

93 Roth, *Sassoon Dynasty*, p. 136.

94 犹太学院授奖典礼发表的演讲，伦敦，1924 年 4 月 13 日（Oxford: Private circulation, 1924）。法哈对《圣经》的引用来自 Judges 4:8, DSA, Box 33。

95 塞利娜（耶路撒冷）给父母（伦敦）的信，1924 年 12 月 25 日，DSA，Box 33。

96 契约，[未注明具体日期] 1927 年，DSA.

97 *Doar Ha-Yom*,17 June 1927. 只能查到该记者的姓名首字母 Y.H.。

98 David Solomon Sassoon, *Masa' Babel*. 有关大卫及其藏书的详细信息见迈尔·贝纳亚胡（Meir Benayahu）提供的前言。

99 Sotheby's catalogue, *Sassoon: A Golden Legacy* (New York: Sotheby's,2020). 目录册引自埃尔坎·纳森·阿德勒（Elkan Nathan Adler，1861–1946）。

100 蕾切尔·以斯拉，'From Damascus to Baghdad: A Trip across the SyrianDesert'，DSA，Box 69。

第 12 章　从孟买到上海，1925—1949 年

1 *Times of India*, 11 October 1926, p. 11.

2 Ibid., 13 September 1928, p. 13.

3 Metcalf and Metcalf, *Concise History of Modern India*, pp. 185 and 188.

4 *Times of India*, 10 March 1925, p. 4.

5 Ibid., 8 December 1925, p. 6.

6 维克多·沙逊给伊冯娜·菲茨罗伊的信，1923 年 7 月 22 日，大英图书馆，Mss.Eur.E 312。

7 Ibid., 23 January 1926, British Library, Mss.Eur.E 312.

8 给《印度时报》（*Times of India*）的信，1927 年 1 月 8 日，第 7 页。

9   *Times of India*, 30 August 1927, p. 7.

10 维克多·沙逊在印度立法会议的演讲，德里，1929 年 2 月 5 日，*Times of India*, 6 February 1929, p. 11。

11 Rutnagur, ed., *Bombay Industries*, p. 364.

12 *Times of India*, 18 January 1927, p. 4.

13 *China Mail*, 8 September 1927, p. 1.

14 英商三美路商会给新沙逊洋行的信，1924 年 7 月 31 日，劳埃德银行集团档案馆，Samuel Papers, S/1/1/b/262, f. 229。感谢威廉·卡拉伦斯 - 史密斯教授给我带来这份文件以及有关英商三美路商会的信息。

15 *Times of India*, 24 July 1925, p. 8.

16 转引自 Jackson, *The Sassoons*, p. 210。

17 负责印度事务的副国务卿，内政部，D.O.，INA，no. 1514。

18 1927 年的日记，Victor's Papers，SMU。当时，维克多乘坐半岛东方航运公司的纳尔德号（*Naldera*）游览，于 1927 年 7 月底从伦敦开往马赛。

19 1927 年 7 月的剪报，Victor's Papers，SMU。

20 参阅 1927 年 8 月 30 日的备忘录，Victor's Papers，SMU。

21 介绍卡 1 号，1929 年 12 月 19 日晚宴，Victor'sPapers，SMU。

22 维克多·沙逊爵士在立法会议演讲的摘录，1929 年 3 月 5 日，INA，no. 436-I.T./29。

23 中央税务局，西姆拉给汗·瓦查的信，所得税专员，孟买，1929 年 6 月 21 日，INA，no. 436-I.T./29。

24 中央税务局备忘录，1929 年 5 月 29 日，INA，no.436-I.T./29。

25 *Times of India*, 13 March 1929, p. 13.

26 参阅新沙逊洋行三家棉纺厂的会议记录，*Times of India*, 17 June 1930, p. 4。

27 *Times of India*, 17 March 1931, p. 7.

28 Ibid., 10 October 1930, p. 10.

29 Metcalf and Metcalf, *Concise History of Modern India*, p. 123.

30 *Financial Times*, 18 July 1931, p. 6; *Times of India*, 18 July 1931, p. 12.

31 *Irish Times*, 18 July 1931, p. 10; *China Mail*, 18 July 1931, p. 7.

32 *Times of India*, 6 October 1931, p. 3.

33 Meyer, *Shanghai's Baghdadi Jews*, p. 27.

34 Jackson, *The Sassoons*, p. 98.

35 日记内容，1938 年 10 月 4 日，Victor's Papers，SMU。

36 Meyer, *Shanghai's Baghdadi Jews*, p. 279.

37 莫泽尔·所罗门（上海）给以斯拉夫人（伦敦）的信，1931 年 2 月 17 日，DSA，Box 72-1。

38 Meyer, *Shanghai's Baghdadi Jews*, p. 280.

39 Hauser, *Shanghai: City for Sale*, p. 278.

40 Harriet Sergeant, *Shanghai* (London: Jonathan Cape, 1991), p. 134.

41　'The Shanghai Boom', *Fortune Magazine*, January 1935. 文章中的货币单位为墨西哥元。如前所述，中国采用银圆，非严格意义上称为"墨西哥鹰洋"，当时 1 墨西哥元价值 0.34 美元。

42　*North-ChinaHerald*, 5 May 1928, p. 189.

43　Peter Hibbard, *The Bund Shanghai: China Faces West* (New York: W. W.Norton, 2008), p. 75.

44　Wang Xuyuan, *Shanghai China: The Bund and Architecture of One Century* (Shanghai: China Architecture & Building Press, 2008),p. 220.

45　Taras Grescoe, *Shanghai Grand: Forbidden Love and International Intrigue in a Doomed World* (New York: St Martin's Press, 2016), p. 24.

46　Meyer, *Shanghai's Baghdadi Jews*, p. 271.

47　'The Shanghai Boom', *Fortune Magazine*, January 1935.

48　'Comparative Statement of Land Values in Shanghai, 1929–1933', London Metropolitan Archives, CLC/B/207/ED08/01/001.

49　Zhang and Chen, *Shaxun Jituan*, Table 6, p. 41.

50　Jackson, *The Sassoons*, p. 234.

51　Shanghai Municipal Archives, File Q6–6–1146,p. 32, 22 July 1938.

52　*Financial Times*, 24 December 1934, p. 7.

53　Ibid., 17 January 1935, p. 5.

54　Frank H. H. King, *The History of the Hongkong and Shanghai Banking Corporation*, vol. III: *The Hongkong Bank between the Wars and the Bank Interned, 1919–1945:Return From Grandeur* (New York: Cambridge University Press, 1988), p. 367.

55　E. D. Sassoon Banking Archives, 1931, London Metropolitan Archives,CLC/B/207/ED04/03/021.

56　*Financial Times*, 25 January 1936, p. 4.

57　Zhang and Chen, *Shaxun Jituan*, Table 30, p. 146.

58　Ibid., p. 147.

59　*Hong Kong Daily Press*, 30 November 1935, p. 6; *Hong Kong Daily Telegraph*, 28 March 1935, p. 1, and 30 March 1935, p. 1.

60　*Financial Times*, 28 March 1935, p. 7.

61　Niv Horesh, *Shanghai, Past and Present: A Concise Socio-Economic History* (Eastbourne: Sussex Academic Press, 2014), p. 59.

62　*Times of India*, 12 April 1934, p. 11.

63　1930 年、1931 年、1932 年、1933 年以及 1934 年的私人日记，Victor's Papers，SMU。

64　*Israel's Messenger*, 1 January 1934, p. 4.

65　日记内容，1935 年 1 月 23 日，Victor's Papers，SMU。维克多在日记中称自己的拍照模特是一位美国舞者，身材很好，两人之后一起共进了晚餐。

66　Stella Dong, *Shanghai: The Rise and Fall of a Decadent City* (New York:Perennial, 2000), p. 221.

67 Ibid.

68 Emily Hahn, *China to Me: A Partial Autobiography* (New York: Doubleday,1944).

69 剪报，来自维克多的日记，1945 年 12 月 11 日，Victor's Papers，SMU。

70 参阅 1930 年 9 月 14 日（星期天）的日记，出处同前。

71 维克多给茉莉亚公主的信，1933 年 6 月 18 日，出处同前。

72 Ibid., 20 February 1934.

73 日记内容，1931 年 10 月 26 日，附有标题为 "Europe Day by Day"、日期为 1931 年 9 月 30 日的剪报，出处同前。

74 日记内容，1935 年 1 月 1 日以及 1934 年圣诞节，出处同前。

75 Victor Sassoon accounts 1934,E. D. Sassoon Banking Archives, London Metropolitan Archives, CLC/B/207/ED04/03/018.

76 Meyer, *Shanghai's Baghdadi Jews*, p. 274. She quotes the *Miami Herald*of 22 October 1960.

77 日记内容，1933 年 6 月 10 日，Victor's Papers，SMU。

78 转引自 Paul French, *Destination Shanghai* (Hong Kong: Blacksmith Books, 2019), p. 115。

79 日记内容，1935 年 8 月 21 日，Victor's Papers，SMU。

80 *The Times Literary Supplement*, 25 May 1951.

81 S. E. Lucas, *Catalogue of Sassoon Chinese Ivories* (London: CountryLife, 1950).

82 Meyer, *Shanghai's Baghdadi Jews*, p. 275. 当今价值根据 measuringworth.com 计算得出。

83 Ibid.

84 日记内容，1935 年 10 月 11 日，Victor's Papers，SMU; Meyer, *Shanghai's Baghdadi Jews*, p. 277。

85 法哈·沙逊的遗嘱，1935 年 11 月 1 日，DSA，Box. 68。

86 *Hong Kong Telegraph*, 17 February 1936, p. 3.

87 Jennifer Breger, 'Three Women of the Book: Judith Montefiore, Rachel Morpurgo, and Flora Sassoon', *AB Bookman's Weekly*, no. 101, 30March 1998, pp. 861–3 (pp. 853–64).

88 Roth, *Sassoon Dynasty*, p. 139.

89 Ibid., p. 139.

90 Jackson, *The Sassoons*, p. 208.

91 'Women and Their Emancipation', *Westminster Review*, vol. clxi,1904, p. 417.

92 Sergeant, *Shanghai*, p. 296.

93 Dong, *Shanghai*, p. 213.

94 Peter Harmsen, *Shanghai 1937: Stalingrad on the Yangtze* (Havertown:Casemate Publishers, 2015).

95 Carter, *Champions Day*, p. 152.

96 Paul French, *Bloody Saturday* (Melbourne: Penguin Books, 2017), p. 3。弗伦奇（French）生动地描述了上海遭受的这次袭击。

97 Ibid., p. 41.

98 *Financial Times*, 20 August 1937, p. 7.

99　Ibid., 11 October 1937, p. 7.

100　维克多给德里克·巴林顿·菲茨杰拉德的信，1938 年 1 月 7 日，Victor's Papers，SMU。

101　Ibid., 11 January 1938.

102　*Financial Times*, 18 August 1938, p. 7.

103　Gao Bei, *Shanghai Sanctuary: Chinese and Japanese Policy toward European Jewish Refugees during World War II* (Oxford: Oxford UniversityPress, 2013), p. 59.

104　上海工部局会议记录，1938 年 5 月 5 日，vol. 27, p. 256。

105　Gao, *Shanghai Sanctuary*, p. 5.

106　*Israel's Messenger*, 12 August 1938, p. 13.

107　Kranzler, *Japanese, Nazis and Jews*, p. 268.

108　上海工部局会议记录，1938 年 5 月 5 日，vol. 27, p. 356。

109　Meyer, *Shanghai's Baghdadi Jews*, p. 275.

110　China Records of the Intergovernmental Committee of Refugees, 1938–1947,13 November 1939, US National Archives.

111　*Times of India*, 20 October 1939, p. 8.

112　*Hong Kong Telegraph*, 27 February 1940, p. 1.

113　*Israel's Messenger*, 20 March 1940, p. 16.

114　Gao, *Shanghai Sanctuary*, p. 105.

115　Heehs, *India's Freedom Struggle*, p. 119.

116　*Times of India*, 9 October 1940, p. 1.

117　Ibid., 21 January 1942, p. 7.

118　维克多给雷丁勋爵的信（雷丁勋爵曾任印度副王，1931 年短暂担任上议院领袖以及外交大臣），1930 年 9 月 23 日，大英图书馆，Mss.Eur.E 238/105。

119　剪报，1941 年 8 月 25 日，Victor's Papers，SMU。

120　*Hong Kong Daily Press*, 7 July 1941, p. 5.

121　维克多在波士顿商会的演讲，1942 年 4 月 24 日，Victor'sPapers，SMU。

122　剪报，1941 年 4 月 8 日，Victor's Papers，SMU。

123　为拉斯本举办的派对，好莱坞，1940 年 2 月 4 日，Box 7:2，Victor's Papers，Parties，1940–1957，SMU。

124　上海工部局会议记录，1940 年和 1941 年，vol. 28。

125　Nicholas R. Clifford, *Retreat from China: British Policy in the Far East, 1937–1941*(London: Longmans, 1967), p. 158.

126　Kranzler, *Japanese, Nazis and Jews*, pp. 453–4.

127　备忘录译自俄语，由一位名叫 E. Kerganeff 的人签名，1940 年 8 月 20 日，美国国家档案馆，Shanghai Police Files，1894–1945。

128　《嘉道理家族回忆录》（*"The Kadoorie Memoir"*），香港的罗兰士·嘉道理勋爵给一位朋友的信，1979 年 2 月 6 日，大英图书馆。

129 *Financial Times*, 30 May 1944, p. 4.

130 维克多·沙逊爵士与亨利 .B. 塞尔（Henry B. Sell）未经编辑的速记手稿，1943 年，Victor's Papers，SMU。

131 *Times of India*, 24 December 1945, p. 1.

132 Ibid., 16 May 1945, p. 9; ibid., 24 November 1945, p. 4.

133 剪报，维克多的日记，1945 年 5 月 7 日，Victor's Papers，SMU。

134 剪报，出处同前，1943 年 9 月 19 日。

135 剪报，出处同前，1945 年 11 月 23 日。

136 钥匙钱是打算租房的人付给房东的小费。

137 *Financial Times*, 10 July 1946, p. 2.

138 *Times of India*, 19 December 1947, p. 8; *China Mail*, 18 December1947, p. 1.

139 霍勒斯·嘉道理（香港）给维克多·沙逊（上海）的信，1947 年 12 月 19 日，嘉道理档案馆（香港）。

140 *Financial Times*, 1 January 1947, p. 1.

141 *Washington Post*, 13 August 1947, p. 4B.

142 Meyer, *Shanghai's Baghdadi Jews*, p. 295.

143 A. Vaidyanathan, 'The Indian Economy since Independence (1947– 70)',in Kumar and Desai, eds., *Cambridge Economic History of India*, vol. II:*1757–2003*,pp. 947–94.

144 *Honolulu Star-Bulletin*,25 June 1948, p. 4.

145 *Los Angeles Times*, 21 September. 1948, p. 5.

146 剪报，维克多的日记，1947 年 5 月 14 日，Victor's Papers，SMU。

147 Bickers, *Britain in China*, p. 236.

148 *Los Angeles Times*, 29 November 1948, p. 5.

149 Ibid.

150 Jackson, *The Sassoons*, p. 268.

第 13 章　最后倒计时，1949—1982 年

1 Stansky,· *Sassoon*, p. 246.

2 *Hong Kong Telegraph*, 18 August 1939, p. 13.

3 Jackson, *The Sassoons*, pp. 218–19.

4 James Phillips-Evans,*The Longcrofts: 500 Years of a British Family*(London: CreateSpace Independent Publishing, 2012), pp. 131–2.

5 *Hong Kong Telegraph*, 1 October 1928, p. 2.

6 *Spectator*, 12 April 1930, p. 47.

7　*Dennis Farr, English Art 1870–1940(Oxford: Clarendon Press, 1978),p. 336.*

8　Stourton, *Kenneth Clark*, p. 107.

9　老沙逊洋行（卡拉奇）给巴林岛东方银行（Bahrein［原文如此］）的信，1934 年 11 月 9 日，大英图书馆，India Office Records, IOR/R/15/2/346。

10　Wilson, *Siegfried Sassoon: Journey from the Trenches*, p. 365.

11　M. Gaster, '[Review of] Ohel Dawid. Descriptive Catalogue of the Hebrewand Samaritan MSS. in the Sassoon Library', *Journal of the Royal AsiaticSociety of Great Britain and Ireland*, vol. 67, no. 3, July 1935, pp. 542–3.

12　S. D. 沙逊（哈特福郡莱奇沃思）和老沙逊洋行（伦敦圣斯威逊办事处）之间的通信，1969 年 3 月 3 日和 14 日，DSA，Box 64-A。

13　R. 沙逊（伦敦）给拉比所罗门（耶路撒冷）的信，1975 年 5 月 6 日，DSA，Box 64-A。

14　*Financial Times*, 13 August 1952, p. 4.

15　Frank H. H. King, *The History of the Hongkong and Shanghai Banking Corporation*, vol. IV: *The Hongkong Bank in the Period of Developmentand Nationalism, 1941–1984:From Regional Bank to Multinational Group* (New York: Cambridge University Press, 1991), pp. 252–5.

16　*Financial Times*, 6 April 1981, p. 9.

17　*Observer*, 29 August 1982, p. 12.

18　*The Times*, 30 August 1983, p. 15.

19　Ibid., 6 September 1983, p. 15.

20　*Financial Times*, 5 August 1988, p. 16.

21　*Daily News* (New York), 14 February 1950, p. 198.

22　日记内容，1950 年 2 月 4 日，Victor's Papers，SMU。

23　剪报，1951 年 3 月 27 日，出处同前。

24　日记内容，1951 年 1 月 1 日以及 1951 年 2 月 10 日，出处同前。

25　*Washington Post*, 9 September 1953, p. 16.

26　剪报，1950 年 3 月 11 日，Victor's Papers，SMU。

27　Jackson, *The Sassoons*, p. 276.

28　*Green Bay Press-Gazette*,30 September 1952, p. 13.

29　Jackson, *The Sassoons*, p. 275.

30　日记内容，1955 年 2 月 13 日，Victor's Papers，SMU。

31　剪报，1955 年 5 月 20 日，出处同前。

32　*Daily Telegraph*, 9 September 1957, p. 8.

33　日记内容，1959 年 9 月 30 日，Victor's Papers，SMU。

34　*Financial Times*, 22 January 1957, p. 1

35　Ibid., 2 March 1959, p. 1.

36　*Miami Herald*, 5 February 1958, p. 2-B.

37　*The New York Times*, 9 March 1958, p. 8.

38　*Nassau-Guardian*,3 April 1960, p. 7.

39　*China Association Circulars*, 22 December 1958, CHAS/MCP/556.

40　*Manchester Guardian*, 27 August 1954, p. 1.

41　*Guardian*, 13 April 1960, p. 10.

42　Jackson, *The Sassoons*, p. 283.

43　日记内容，1959 年 4 月 1 日、2 日、3 日和 4 日，Victor's Papers，SMU。

44　*Daily Mail*, 1 June 1960, p. 16.

45　*Nassau-Guardian*,2 June 1960, p. 5.

46　Ibid., 16 September 1960, p. 8.

47　Ibid., 8 January 1961, p. 15.

48　Ibid., 9 February 1961, p. 4.

49　Jackson, *The Sassoons*, p. 287.

50　*The New York Times*, 13 August 1961, p. 88.

51　*The Times*, 18 August 1961, p. 12.

52　剪报，1960 年 3 月 11 日，Victor's Papers，SMU。

53　*Daily Telegraph*, 24 May 1967, p. 2.

54　*Financial Times*, 15 September 1967, p. 26.

55　*Wall Street Journal*, 15 September 1967, p. 12.

56　银行草案与手册，《金融与贸易服务百年史》（"A Century of Service to Financeand Trade"），1967 年，伦敦大都会档案馆，CLC/B.207/ED09/01/001–002。

57　*Financial Times*, 6 June 1969, p. 26.

58　*Daily Telegraph*, 18 February 1969, p. 3.

59　*Guardian*, 5 August 1971, p. 13.

60　*Financial Times*, 5 December 1972, p. 22; *Economist*, 9 December 1972,p. 100.

61　*Financial Times*, 13 February 1978, p. 22.

62　Ibid., 25 September 1978, p. 33.

后　记

1　某瑞士商业家族，即沃卡特家族，像沙逊家族一样意识到文化、声誉和当地语言的重要性。参阅 Dejung, 'Bridges to the East', p. 96。

2　有关信息对全球资本主义重要性的综合论述，参阅 Marks, *Information Nexus*。

3　法拉杰·哈依姆（即弗雷德里克）（伦敦）给苏莱曼（孟买）的信，1887 年 8 月 11 日，DSA，3050。

4　Ibid.

5　Martin J. Wiener, *English Culture and the Decline of the IndustrialSpirit 1850–1980*,2nd edn (Cambridge: Cambridge University Press,2004), pp. xvi, 97.

6　Quoted in ibid., p. 12.

7　Ibid., p. 130.

8　Quoted in Kynaston, *City of London*, vol. II, p. 34.

9　Knox, 'Sir Philip Sassoon, Bt', p. xiii.

10　Roth, *Sassoon Dynasty*, p. 117.

11　Wiener, *English Culture*, pp. 146–7;Robert Henriques, *Bearsted: ABiography of Marcus Samuel* (New York: Augustus M. Kelley, 1970).

12　有关罗斯柴尔德家族详尽和深入的研究，参阅 Niall Ferguson 有关该家族历史的两卷研究：*The House of Rothschild:Money's Prophets 1798–1848*(New York: Penguin Books, 1998)；*TheHouse of Rothschild: The World's Banker 1849–1999*(New York: Penguin Books, 1999)。

13　参阅与大卫·罗斯柴尔德的访谈：'Lunch with the FT', *Financial Times*, 22 September 2018.

14　Ferguson, *House of Rothschild: The World's Banker*, p. 78。

15　Chikayoshi Nomura, 'The Origin of the Controlling Power of Managing Agents over Modern Business Enterprise in Colonial India', *Indian Economicand Social History Review*, vol. 51, no. 1, 2014, p. 108 (pp.95–132).

16　Jackson, *The Sassoons*, p. 101.

17　Robert Bickers, *China Bound: John Swire & Sons and Its World, 1816–1980*(London: Bloomsbury, 2020), p. 430.

18　Roth, *Sassoon Dynasty*, pp. 206–9.

19　'Memorandum by the Colonial Office, Economic/West Indies: businessactivities of Mr Steiner of Arnhold and Company', CO 852/310/11,January and February 1940, British National Archives.

20　England, *Arnholds: China Trader*, p. 139.

21　J. F. R. Jacob, *An Odyssey in War and Peace: An Autobiography* (NewDelhi: Lotus, 2011).

22　与米高·嘉道理爵士的访谈，香港，2018 年 11 月 23 日。

23　Jackson, *The Sassoons*, p. 44.

24　O. W. Holmes, *Autocrat of the Breakfast Table* (New York: Sagamore Press, 1961 [1860])，转引自 Peter Dobkin Hall, 'A Historical Overviewof Family Firms in the United States', *Family Business Review*, vol.1, no. 1, Spring 1988, p. 51 (pp. 51–68)。

25　Harry Levinson, 'Conflicts That Plague Family Businesses', *Harvard Business Review*, vol. 49, no. 2, March/April 1971, p. 90 (pp. 90–98).

26　*Daily Telegraph*, 27 February 1968, p. 15.

27　以斯拉夫人的遗嘱，DSA，Box 71。

28　'The Estate of the Late Mr Arthur Sassoon', correspondence, The Rothschild Archive.

29　'Case between the Executors of Louise Sassoon (deceased in August1943) and the Commissioner of Inland Revenue in the High Court ofJustice', The Rothschild Archive.

30　*Daily Telegraph*, 20 November 1961, p. 17.

31　Jackson, *The Sassoons*, p. 259.

32　Bryan Ellis, *Walton Past* (Bognor Regis: Phillimore & Co., 2002), p. 41.

33　*Daily Mail*，1950 年 5 月 9 日，日记中的简报，1950 年 2 月 4 日，Victor's Papers, SMU。

34　'Houghton Revisited', *Vanity Fair*, October 1994.

35　Ibid..

36　*The Times*, 9 December 1994, p. 10.

37　Meir Ronnen, 'Collectibles of the Fabulous Sassoons', *Jerusalem Post*, 28 March 1999, p. 7.

38　Sotheby's catalogue, *Sassoon: A Golden Legacy*. See also *Guardian*, 29 October 2020.

39　有关全球化以及全球化在 19、20 世纪"工业时代"的综合论述，参阅 Jeffrey D. Sachs, *The Ages of Globalization: Geography,Technology, and Institutions* (New York: Columbia University Press,2020), ch. 7。

40　Roth, *Sassoon Dynasty*, p. 5.

41　Mann, *Buddenbrooks*, p. 426.

42　Roth, *Sassoon Dynasty*, p. 210.

索 引

（页码为原书页码，即本书边码）

George, Prince of Wales (later George V), 149, 152–3, 199, 209–11

Gladstone, William, 111, 112, 164, 166, 197

globalization, xxxii, 87, 308–10; and communication systems, 63, 64

Goddard, Paulette, 276

gold, 17, 79

Government of India Act (1833), 17

Government of India Act (1858), 45

Government of India Act (1919), 247

Government of India Act (1935), 274

Grain Trading Company, 183

Grant, Sir Robert, 22

Graves, Robert, 218

Greek War of Independence, 9

Green, Sir Michael, 303–4

Grey, Sir Edward, 206

Gulbenkian family, 306

Gunzburg family, 140–41, 213, 217

Hahn, Emily, 264

Haig, Sir Douglas, 236, 239

Hardoon family, 167, 246, 258

Harris, Lord and Lady, 146–7

Hart, J. P., 281

Hastings, Warren, 16

Hayim, Ellis, 257, 273, 274

Hayim, Mozelle (David's youngest daughter), 23, 93, 217; marries Rabbi Hayim (1873), 132

Hayim, Rabbi Jacob, 132

'Hebrath Beth David' (Brotherhood of the House of David), 23

High Society, 212

Hillel, David D'Beth, 1–2, 3, 4–5, 15–16

Hitler, Adolf, 272, 310

Hoare, Sir Samuel, 241

Holmes, Oliver Wendell, 305

homosexuality, 219, 242, 285

Hong Kong, 55, 76, 81–2, 89, 129, 130, 157; Suleiman Sassoon in, 24–5, 51, 66, 73, 79, 83, 85, 91, 105, 106, 108–10, 114, 118; British occupation of (1841), 32; ceded to Britain by Nanking Treaty (1842), 33; Arthur Sassoon in, 64–5, 74; Sephardi Jews in, 138; horse racing in, 150, 212; opium losses of 1890s, 160; Tent of Leah synagogue, 199; Chamber of Commerce, 202, 224; taipans (heads of business concerns), 257–8; and E. D. Sassoon, 261–2, 281, 289–90; fall of to Japanese (1941), 276; post-WW2 recovery, 280; Peninsula Hotels chain, 302

Hong Kong and Shanghai Bank, 78, 221, 226, 231, 261, 262, 287

Hong Kong and Whampoa Dock Company, 175

Hong Kong Trust Corporation, 222, 306

Hoo Mei- ping, 121

Hormusjee, Cooverjee, 35

horse racing: and Reuben Sassoon, 149, 152–3, 300; and social class, 150–54, 212, 252, 255, 300; and Victor Sassoon, 252, 255, 267, 279, 288, 289, 290, 292–3, 294; Sassoon owned stud farms, 306

Houghton Hall, Norfolk, 308

Huai River Commission, 262

Hungarian national debt, 98

hydro-electric schemes, 208–9

India, xxxi, xxxii; trade with the Gulf, 14–15, 37; East India Company takes control, 16–17; transition to colonialism, 16–17; development of banking/finance in colonial era, 17–18, 36–7, 38, 57, 78; early nineteenth-century economy, 17–18; early seventeenth–century economy, 17; as focal point for Anglo-Chinese trade, 17, 33; colonial education in, 23–4, 39–40; history of